WISSENSCHAFTLICHE BEITRÄGE
AUS DEM TECTUM VERLAG

Reihe Rechtswissenschaften

WISSENSCHAFTLICHE BEITRÄGE
AUS DEM TECTUM VERLAG

Reihe Rechtswissenschaften

Band 117

Julia Geschke

Das reformierte Unterhaltsprivileg

Im Zusammenhang mit der Frage der Verfassungsmäßigkeit von § 32 VersAusglG

Tectum Verlag

Julia Geschke

Das reformierte Unterhaltsprivileg. Im Zusammenhang mit der Frage der Verfassungsmäßigkeit von § 32 VersAusglG
Wissenschaftliche Beiträge aus dem Tectum Verlag:
Reihe: Rechtswissenschaften; Bd. 117

Zugl. Diss. Christian-Albrechts-Universität zu Kiel 2017
ISBN: 978-3-8288-4097-3
ISSN: 1861-7875
E-Book: 978-3-8288-7069-7

Druck und Bindung: Docupoint, Barleben
Printed in Germany

Besuchen Sie uns im Internet
www.tectum-verlag.de

Bibliografische Informationen der Deutschen Nationalbibliothek
Die Deutsche Nationalbibliothek verzeichnet diese Publikation in der Deutschen Nationalbibliografie; detaillierte bibliografische Angaben sind im Internet über http://dnb.d-nb.de abrufbar.

Gewidmet meinem Mann Felix und meiner Familie.

Inhaltsverzeichnis

Literaturverzeichnis

Bamberger/Roth, Kommentar zum Bürgerlichen Gesetzbuch, hrsg. von Heinz Georg Bamberger/Herbert Roth, Band 3: §§ 1297-2385, EGBGB, 2. Auflage, München 2008 (zitiert: Bamberger/Roth/*Bearb.*, BGB).

Baumbach/Lauterbach/Albers/Hartmann, Zivilprozessordnung, mit Gerichtsverfassungsgesetz und anderen Nebengesetzen, begr. von Adolf Baumbach, fortgesetzt von Wolfgang Lauterbach/Jan Albers/Peter Hartmann und hrsg. von Peter Hartmann, 66. Auflage, München 2008.

-, Zivilprozessordnung, mit FamFG, GVG und anderen Nebengesetzen, begr. von Adolf Baumbach, fort. von Wolfgang Lauterbach/Jan Albers/Peter Hartmann und hrsg. von Peter Hartmann, 74. Auflage, München 2015 (zitiert: *Baumbach/Lauterbach/Albers/Hartmann*, ZPO, Aufl.).

Bayer, Walter/Koch, Elisabeth, Aktuelle Fragen des Familienrechts, Baden-Baden 2009 (zitiert: *Bayer/Koch*).

Beck'scher Online-Kommentar BGB, hrsg. von Heinz Georg Bamberger/Herbert Roth, 40. Auflage, München 2016 (zitiert: Beck'scher Online-Kommentar BGB, Bamberger/Roth/*Bearb.*).

Bergner, Ludwig, Die Berechnung des Ehezeitanteils einer Beamtenversorgung bei Anwendung von Anrechnungs- oder Ruhevorschriften, NJW 1982, S. 1492 - 1497 (zitiert: *Bergner,* NJW 1982).

-, Das Gesetz zur Regelung von Härten im Versorgungsausgleich, DRV 1983, S. 215 - 253 (zitiert: *Bergner,* DRV 1983).

-, Die Berücksichtigung von Änderungen im Versorgungsausgleich, NJW 1986, S. 217 - 223 (zitiert: *Bergner,* NJW 1986).

-, Lösungsvorschläge im Zusammenhang mit der Verfassungswidrigkeit des § 1587a III BGB und der Barwertverordnung, FamRZ 1999, S. 1487 - 1493 (zitiert: *Bergner,* FamRZ 1999).

-, Einwände gegen den Entwurf einer Dritten Verordnung zur Änderung der Barwert-VO und Vorschläge für zweckmäßigere Übergangsregelungen, FPR 2006, S. 55 - 63 (zitiert: *Bergner,* FPR 2006).

-, Strategien im Versorgungsausgleich - Lösung der vorhandenen tatsächlichen Probleme bis zur Reform, FPR 2007, S. 142 - 151 (zitiert: *Bergner*, FPR 2007).

-, Der reformierte Versorgungsausgleich - Die wichtigsten Neuerungen des materiellen Rechts, NJW 2009, S. 1169 - 1175.

-, Der reformierte Versorgungsausgleich, Verfahrensrecht, Übergangsrecht und anzuwendendes altes bzw. neues Recht, NJW 2009, S. 1233 - 1237 (zitiert: *Bergner,* NJW 2009).

-, Anwendung und Nichtanwendung der Bagatellklausel des § 18 VersAusglG, NJW 2010, S. 3269 - 3274.

-, Das Unterhaltsprivileg der §§ 33, 34 VersAusglG, NJW 2010, S. 3545 - 3547 (zitiert: *Bergner,* NJW 2010).

-, Das Unterhaltsprivileg, FPR 2011, S. 483 - 490 (zitiert: *Bergner,* FPR 2011).

Bergner, Ludwig/Borth, Helmut, Das Unterhaltsprivileg nach § 33 VersAusglG - Verfassungsmäßigkeit der Beschränkung auf Regelsicherungssysteme sowie inhaltliche Reichweite -, FamRZ 2013, S. 589 - 593 (zitiert: *Bergner/Borth,* FamRZ 2013).

Berliner Kommentare, FamFG, Gesetz über das Verfahren in Familiensachen und in Angelegenheiten der freiwilligen Gerichtsbarkeit, hrsg. von Dirk Bahrenfuss, Berlin 2009 (zitiert: Berliner Kommentar/*Bearb.,* FamFG).

BGB – RGRK, Das Bürgerliche Gesetzbuch mit besonderer Berücksichtigung der Rechtsprechung des Reichsgerichts und des Bundesgerichtshofes, Kommentar, hrsg. von Bernhard Böckermann/Anneliese Cuny/Karin Graßhof/Elmar Kalthoener/Friedrich Lohmann/Hartmut Wick, 12. Auflage, Berlin 1999 (zitiert: BGB – RGRK/*Bearb.*).

Bork/Jacoby/Schwab, FamFG Kommentar, hrsg. von Reinhard Bork/Florian Jacoby/Dieter Schwab, 2. Auflage, München 2013 (zitiert: Bork/Jacoby/Schwab/*Bearb.,* FamFG).

Borth, Helmut, Der Versorgungsausgleich: in anwaltlicher und familiengerichtlicher Praxis, 4. Auflage, Köln 2008.

-, Der Versorgungsausgleich: in anwaltlicher und familiengerichtlicher Praxis, 6. Auflage, Köln 2012.

-, Der Versorgungsausgleich: in anwaltlicher und familiengerichtlicher Praxis, 7. Auflage, Köln 2014 (zitiert: *Borth,* Versorgungsausgleich, Aufl.).

-, Aktuelle Probleme des reformierten Versorgungsausgleichs, FamRZ 2010, S. 1210 - 1216 (zitiert: *Borth,* FamRZ 2010).

-, Anmerkung zur Entscheidung des OLG Hamm - VersAusglG §§ 33, 34; FamFG §§ 238, 239; ZPO § 767, FamRZ 2011, S. 815 - 818 (zitiert: *Borth,* FamRZ 2011).

Brudermüller, Gerd, Die Entwicklung des Familienrechts seit Mitte 2011 – Güterrecht und Versorgungsausgleich, NJW 2012, S. 1266 - 1271 (zitiert: *Brudermüller,* NJW 2012).

Bumiller/Harders/Schwamb, FamFG, Freiwillige Gerichtsbarkeit, hrsg. von Ursula Bumiller/Dirk Harders/Werner Schwamb, 11. Auflage, München 2015 (zitiert: *Bumiller/Harders/Schwamb,* FamFG).

Cuny, Annelise, Unterhalt und Versorgungsausgleich der geschiedenen Ehefrau, Beiträge zur Reform des Ehescheidungsrechts, Frankfurt am Main, Berlin 1970 (zitiert: *Cuny*).

Dastmaltchi, Elisabeth, Das formelle Scheidungsverfahren nach geltendem Recht und nach der geplanten Änderung des familiengerichtlichen Verfahrens, FPR 2007, S. 226 - 231 (zitiert: *Dastmaltchi,* FPR 2007).

Deisenhofer, Ulrich, Die Zusatzversorgung des öffentlichen Dienstes und § 32 VersAusglG, FamRZ 2011, S. 1122 - 1123 (zitiert: *Deisenhofer,* FamRZ 2011).

Deutscher Familiengerichtstag e.V., Strukturreform des Versorgungsausgleichs, Stellungnahme des Deutschen Familiengerichtstages e. V. und der Wissenschaftlichen Vereinigung für Familienrecht e.V. zu dem Abschlussbericht der hierfür eingesetzten Regierungskommission v. 27.10.2004, FamRZ 2005, S. 852 - 856 (zitiert: *Deutscher Familiengerichtstag e.V.,* FamRZ 2005).

Diederichsen, Uwe, Das Recht der Ehescheidung nach dem 1. EheRG (Scheidungsgründe), NJW 1977, S. 273 - 279 (zitiert: *Diederichsen,* NJW 1977).

DIW Berlin, Erwerbstätigkeit von Frauen – Entwicklung der Frauenerwerbsquote, http://de.statista.-com/statistik/daten/studie/13541/umfrage/frauenerwerbsquote---entwicklung-der-erwerbstaetig-keit-von-frauen/ (3.10.2016, 10.05 Uhr) (zitiert: *DIW Berlin,* Frauenerwerbsquote).

Dörr, Claus, Abänderungsverfahren nach § 10a VAHRG, FPR 2007, S. 130 - 133 (zitiert: *Dörr,* FPR 2007).

Drochner, Sabine/Uebelhack, Birgit, Die Betriebsrente im Versorgungsausgleich Textsammlung, mit Auszug aus der Amtlichen Begründung und einer Einführung von Prof. Dr. Franz Ruland, hrsg. von der Arbeitsgemeinschaft für betriebliche Altersversorgung e.V., 3. Auflage, Heidelberg 2014 (zitiert: *Drochner/Uebelhack,* Betriebsrente im Versorgungsausgleich).

Eichenhofer, Eberhard, Drei Wege zum Versorgungsausgleich, FamRZ 2008, S. 950 - 953 (zitiert: *Eichenhofer,* FamRZ 2008).

-, Stellungnahme zum Entwurf eines VA-Strukturreformgesetzes (VAStrRefG) – BT-Drucks. 16/10144 – aus Anlass der Sitzung des Rechtsausschusses des Deutschen Bundestages am 3.12.2008, http://webarchiv.bundestag.de/cgi/show.php?fileToLoad=1090&id=1118 (3.10.2016 10.41 Uhr) (zitiert: *Eichenhofer,* Stellungnahme).

-, Nachträgliche Änderung des Versorgungsausgleichs wegen Todes des Ausgleichsberechtigten vor Eintritt des Leistungsfalles, FamFR 2012, S. 108 - 109 (zitiert: *Eichenhofer,* FamFR 2012).

Eichenhofer/Rische/Schmähl, Handbuch der gesetzlichen Rentenversicherung SGB VI, hrsg. von Eberhard Eichenhofer/Herbert Rische/Winfried Schmähl, 2. Auflage, Köln 2012 (zitiert: Handbuch d. ges. RV/*Bearb.*).

Erman, Bürgerliches Gesetzbuch, Handkommentar mit AGG, EGBGB (Auszug), ErbbauRG, LPartG, ProdHaftG, UKlaG, VBVG, VersAusglG und WEG, hrsg. von Harm Peter Westermann/Barbara Grunewald/Georg Maier-Reimer, Band II, 14. Auflage, Köln 2014 (zitiert: Erman/*Bearb.,* BGB).

Fest, Timo, Zwei Jahre Reform des familiengerichtlichen Verfahrens: Eine Zwischenbilanz, NJW 2011, S. 2611 - 2615 (zitiert: *Fest,* NJW 2011).

Friederici, Peter, Anmerkungen zur Strukturreform des Versorgungsausgleichs, Forum Familienrecht 2005, S. 140 - 143 (zitiert: *Friederici,* Forum Familienrecht 2005).

-, Praxis des Versorgungsausgleichs, Köln 2011 (zitiert: *Friederici,* Praxis des Versorgungsausgleichs).

Garbe/Ullrich, NomosProzessHandbuch, Verfahren in Familiensachen, FamFG/ ZPO/ BGB, hrsg. von Roland Garbe/Christoph Ullrich, 3. Auflage, Baden-Baden 2012 (zitiert: Garbe/Ullrich/*Bearb.,* Verfahren in Familiensachen).

Gerhardt/v. Heintschel-Heinegg/Klein, Handbuch des Fachanwalts, Familienrecht, hrsg. von Peter Gerhardt/Bernd von Heintschel-Heinegg/Michael Klein, 9. Auflage, München 2013 (zitiert: Gerhardt/v. Heintschel-Heinegg/Klein/*Bearb.,* Familienrecht).

Gernhuber, Joachim/Coester-Waltjen, Dagmar, Familienrecht, 5. Auflage, München 2006.

-, Familienrecht, 6. Auflage, München 2010 (zitiert: *Gernhuber/Coester-Waltjen,* Familienrecht, Aufl.).

Glockner/Hoenes/Weil, Der neue Versorgungsausgleich, hrsg. von Rainer Glockner/Ute Hoenes/ Arndt Voucko-Glockner/Klaus Weil, München 2009 (zitiert: *Glockner/Hoenes/Weil,* Der neue Versorgungsausgleich).

Götsche, Frank, Das Unterhaltsprivileg im reformierten Versorgungsausgleich, ZFE 2010, S. 407 - 414 (zitiert: *Götsche,* ZFE 2010).

Götz, Isabell, Das neue Familienverfahrensrecht - Erste Praxisprobleme, NJW 2010, S. 897 - 902 (zitiert: *Götz,* NJW 2010).

-, Grenzen richterlicher Rechtsfortbildung im nachehelichen Unterhaltsrecht, NJW 2011, S. 801 -808 (zitiert: *Götz,* NJW 2011).

Gutdeutsch, Werner, Das Unterhaltsprivileg nach neuem Recht, FamRB 2010, S. 149 - 155 (zitiert: *Gutdeutsch,* FamRB 2010).

-, Das Unterhaltsprivileg im Verbund, FamRZ 2010, S. 1140 - 1141 (zitiert: *Gutdeutsch,* FamRZ 2010).

Gutdeutsch, Werner/Lardschneider, Ullrich, Probleme der neuen Ausgleichsform des Gesetzes zur Regelung von Härten im Versorgungsausgleich, FamRZ 1983, S. 845 - 851 (zitiert: *Gutdeutsch/Lardschneider,* FamRZ 1983).

Häußermann, Röse, Zehn Fallstricke des neuen Versorgungsausgleichs, FPR 2009, S. 223 - 231 (zitiert: *Häußermann,* FPR 2009).

Hahne, Meo-Micaela, Stellungnahme zum Entwurf eines VA-Strukturreformgesetzes (VAStrRefG) – BT-Drucks. 16/10144 – aus Anlass der Sitzung des Rechtsausschusses des Deutschen Bundestages am 3.12.2008, http://webarchiv.bundestag.de/cgi/show.php?fileToLoad =1090&id=1118 (3.10.2016, 11.28 Uhr) (zitiert: *Hahne,* Stellungnahme).

Hauß, Jörg, Der neue Versorgungsausgleich, AnwBl 2009, S. 577 - 581 (zitiert: *Hauß,* AnwBl 2009).

-, Praktische Fragen des neuen Versorgungsausgleichs, FamRB 2010, S. 251 - 257 (zitiert: *Hauß*, FamRB 2010).

Haußleiter, FamFG, Gesetz über das Verfahren in Familiensachen und in den Angelegenheiten der freiwilligen Gerichtsbarkeit, Kommentar, hrsg. von Martin Haußleiter, München 2011 (zitiert: Haußleiter/*Bearb.*, FamFG).

Heiß, Thomas A., Rentenkürzung und Unterhaltsprivileg nach §§ 33, 34 VersAusglG – Aussetzung der Rentenkürzung trotz Wegfall des Rentner-/ Pensionistenprivilegs, FamFR 2011, S. 291 - 294 (zitiert: *Heiß*, FamFR 2011).

Heubeck, Klaus, „Versicherungsmathematische Gesichtspunkte bei der Strukturreform des Versorgungsausgleichs" – Vorabzusammenfassung vom 29. August 2003, Abschlussbericht der Kommission Strukturreform des Versorgungsausgleichs, Anhang II Dokumente, http://www.gesmat.bundesgerichtshof.de/gesetzesmaterialien/16_wp/vastrrefg/Anhang_Abschlussbericht.pdf (3.12.2016 11.32 Uhr) (zitiert: *Heubeck*, Abschlussbericht der Kommission Strukturreform des Versorgungsausgleichs).

Holzwarth, Andreas, Die Übergangsvorschriften nach dem Entwurf der Bundesregierung für ein Gesetz zur Strukturreform des Versorgungsausgleichs, FamRZ 2008, S. 2168 - 2174 (zitiert: *Holzwarth*, FamRZ 2008).

-, Rechtsprechungsübersicht zum reformierten Versorgungsausgleich, FamRZ 2011, S. 933 - 945 (zitiert: *Holzwarth*, FamRZ 2011).

Hoppenz, Familiensachen, hrsg. von Rainer Hoppenz, 9. Auflage, Heidelberg 2009 (zitiert: Hoppenz/*Bearb.*, Familiensachen).

Horndasch/Viefhues, FamFG - Kommentar zum Familienverfahrensrecht, Betreuungs- und Unterbringungssachen, Nachlass- und Teilungssachen, Anwaltsgebühren und Gerichtskosten, hrsg. von K.-Peter Horndasch/Wolfram Viefhues, 2. Auflage, Münster 2010 (zitiert: Horndasch/Viefhues/*Bearb.*, FamFG).

Jarass/Pieroth, GG, Grundgesetz für die Bundesrepublik Deutschland, Kommentar, hrsg. von Hans D. Jarass/Bodo Pieroth, 14. Auflage, München 2016 (zitiert: Jarass/Pieroth/*Bearb.*, GG).

Johannsen/Henrich, Eherecht, Trennung, Scheidung, Folgen, Kommentar, hrsg. von Dieter Henrich, 4. Auflage, München 2003 (zitiert: Johannsen/Henrich/*Bearb.*, Eherecht, Aufl.).

-, Familienrecht, Scheidung, Unterhalt, Verfahren, Kommentar, hrsg. von Dieter Henrich/Kurt H. Johannsen/Christof Althammer/Gerd Brüdermüller/Dieter Büte/Isabell Götz/Hans-Ulrich /Dieter Henrich/Meo-Micaela Hahne/Dieter Henrich/Andreas Holzwarth/Wolfgang Jaeger/Winfried Maier/Angelika Markwardt, 5. Auflage, München 2010.

-, Familienrecht, Scheidung, Unterhalt, Verfahren, Kommentar, hrsg. von Dieter Henrich/Kurt H. Johannsen/Christof Althammer/Gerd Brüdermüller/Dieter Büte/Isabell Götz/Monika Hamm/Eckart Hammermann/Dieter Henrich/ Andreas Holzwarth/Wolfgang Jaeger/Winfried Maier/Angelika Markwardt, 6. Auflage, München 2015 (zitiert: Johannsen/Henrich/*Bearb.*, Familienrecht, Aufl.).

juris PraxisKommentar, BGB, Familienrecht, Band 4, hrsg. von Wolfram Viefhues/ Maximilian Herberger/Michael Martinek/Helmut Rüßmann/Stephan Weth, 5. Auflage, Saarbrücken 2011 (zitiert: jurisPK/*Bearb.*, Familienrecht).

Keidel, FamFG, Kommentar zum Gesetz über das Verfahren in Familienverfahren und in den Angelegenheiten der Freiwilligen Gerichtsbarkeit, begr. von Theodor Keidel, hrsg. von Helmut Engelhardt/Werner Sternal, 18. Auflage, München 2014 (Keidel/*Bearb.*, FamFG).

Kemper, Rainer, Versorgungsausgleich in der Praxis, ZAP Verlag 2011 (zitiert: *Kemper,* Versorgungsausgleich in der Praxis).

-, FamFG/ FGG/ ZPO, Kommentierte Synopse, 2. Auflage, Baden-Baden 2009 (zitiert: *Kemper,* FamFG).

-, Die Abänderung von Altentscheidungen zum Versorgungsausgleich, FuR 2010, S. 189 - 197 (zitiert: *Kemper,* FuR 2010).

-, Der neue Versorgungsausgleich, ZFE 2009, S. 204 - 211 (zitiert: *Kemper,* ZFE 2009).

Keske, Monika, Das neue FamGKG, Kurzkommentar mit Synopse, Köln 2009 (zitiert: *Keske,* FamGKG).

Klauser, Karl-August, Die (vorläufige) Korrektur des Versorgungsausgleichs, MDR 1983, S. 529 -534 (zitiert: *Klauser,* MDR 1983).

Koch, Handbuch des Unterhaltsrechts, begr. von Wolfgang Köhler, hrsg. Elisabeth Koch, 12. Auflage, München 2012 (zitiert: HdU/*Bearb.*).

Kommission „Strukturreform des Versorgungsausgleichs", Abschlussbericht, www.dnoti.de/DOC/2007/Abschlussbericht.pdf (3.10.2016, 12.26 Uhr) (zitiert: *Kommission Strukturreform des Versorgungsausgleichs,* Abschlussbericht).

Koritz, Nikola, Das neue FamFG, München 2009 (zitiert: *Koritz,* Das neue FamFG).

Kraus, Cornelia, Grundlagen des Unterhaltsrechts, Überlegungen für eine Harmonisierung des Verwandten-, Betreuungs- und Geschiedenenunterhalts, Baden-Baden 2011 (zitiert: *Kraus*).

Kreikebohm, Ralf, Sozialgesetzbuch, Gesetzliche Rentenversicherung – SGB VI -, 4. Auflage, München 2013 (zitiert: Kreikebohm/*Bearb.*).

Krenzler, Michael/Borth, Helmut Anwaltshandbuch Familienrecht, 2. Auflage, Köln 2012 (zitiert: Krenzler/Borth/*Bearb.*).

Lüderitz, Alexander/Dethloff, Nina, Familienrecht, Ein Studienbuch, 28. Auflage, München 2007 (zitiert: *Lüderitz/Dethloff,* Familienrecht).

Maier, Kurt/Michaelis, Klaus, Versorgungsausgleich, in der Rentenversicherung, hrsg. von der Bundesversicherungsanstalt für Angestellte, 6. Auflage, Berlin 2000 (zitiert: *Maier/Michaelis,* Versorgungsausgleich).

Michaelis, Klaus, Berücksichtigung von Rechtsänderungen bei der Bewertung von Anwartschaften der gesetzlichen Rentenversicherung im Versorgungsausgleich, FamRZ 1985, S. 550 - 554 (zitiert: *Michaelis,* FamRZ 1985).

Müller, Tanja, Anwendbarkeit des § 5 I VAHRG bei der Möglichkeit des Rentenbezuges durch den ausgleichsberechtigten Ehegatten?, FamRZ 2005, S. 1721 - 1725 (zitiert: *Müller,* FamRZ 2005).

Münchener AnwaltsHandbuch, Familienrecht, hrsg. von Klaus Schnitzler, 4. Auflage, München 2014 (zitiert: MAH/*Bearb.*, Familienrecht).

Münchener Kommentar, zum Bürgerlichen Gesetzbuch, Versorgungsausgleich, Fassung vor dem 1. September 2009, hrsg. von Franz Jürgen Säcker/Roland Rixecker/Kurt Rebmann, Band 7: Familienrecht I, §§ 1297-1588, VAHRG, VAÜG, HausratsV, 5. Auflage, München 2010.

-, zum Bürgerlichen Gesetzbuch, hrsg. von Franz Jürgen Säcker/Roland Rixecker/Hartmut Oetker/Bettina Limperg, Band 7: Familienrecht I, §§ 1297 - 1588, VersAusglG, GewSchG, LPartG, 6. Auflage, München 2013 (zitiert: MK/*Bearb.*, BGB, Aufl.).

Muscheler, Karlheinz, Familienrecht, 3. Auflage, München 2013 (zitiert: *Muscheler,* Familienrecht).

Musielak/Borth, Familiengerichtliches Verfahren Kommentar, 1. und 2. Buch, hrsg. von Helmut Borth/Mathias Grandel/Hans-Joachim Musielak, 5. Auflage, München 2015 (zitiert: Musielak/Borth/*Bearb.*, FamFG).

Naegele, Wolfgang, Der Versorgungsausgleich, Grundlagen - Probleme - Dispositionsmöglichkeiten, 3. Auflage, Freiburg 1990 (zitiert: *Naegele,* Der Versorgungsausgleich).

Niepmann, Birgit/Schwamb, Dieter, Die Entwicklung des Unterhaltsrechts seit Mitte 2009, NJW 2010, S. 2400 - 2408 (zitiert: *Niepmann/Schwamb,* NJW 2010).

NomosFormulare, Familienrecht, Vereinbarungen, Verfahren, außergerichtliche Kompetenzen, hrsg. von Karin Meyer-Götz, 3. Auflage, Baden-Baden 2014 (zitiert: Meyer-Götz/*Bearb.*).

NomosKommentar, Bürgerliches Gesetzbuch Handkommentar, hrsg. von Heinrich Dörner/Ina Ebert/Thomas Hoeren/Rainer Kemper/Ingo Saenger/Klaus Schreiber/Hans Schulte-Nötke/Reiner Schulze/Ansgar Staudinger, 5. Auflage, Baden-Baden 2007 (zitiert: HK/*Bearb.*, BGB).

-, Bürgerliches Gesetzbuch Familienrecht Handkommentar, hrsg. von Dagmar Kaiser/Klaus Schnitzler/Peter Friederici/Roger Schilling, 3. Auflage, Baden-Baden 2014 (zitiert: HK/*Bearb.*, BGB Familienrecht).

-, Familienrecht Handkommentar, hrsg. von Werner Schulz/Jörn Hauß, Baden-Baden 2008 (zitiert: HK/*Bearb.*, Familienrecht).

-, Familienrecht Handkommentar, hrsg. von Werner Schulz/Jörn Hauß, 2. Auflage, Baden-Baden 2011 (zitiert: HK/*Bearb.*, Familienrecht, Aufl.).

-, Familienverfahrensrecht Handkommentar, hrsg. von Rainer Kemper/Klaus Schreiber, 3. Auflage, Baden-Baden 2015 (zitiert: HK/*Bearb.*, FamFG).

-, Sozialgesetzbuch SGB VI, Gesetzliche Rentenversicherung, Lehr- und Praxiskommentar, hrsg. Helmut Reinhardt, Baden-Baden 2006 (zitiert: HK/*Bearb.*, SGB VI).

-, Versorgungsausgleichsrecht, VersAusglG, BGB, FamFG, FamGKG VersAusglKassG, BVersTG, SGB VI, Handkommentar, hrsg. Frank Götsche/Frank Rehbein/Christian Breuers, 2. Auflage, Baden-Baden 2012 (zitiert: HK/*Bearb.*, Versorgungsausgleich).

Palandt, Otto, Bürgerliches Gesetzbuch mit Nebengesetze, insbesondere mit Einführungsgesetz (Auszug), Allgemeines Gleichbehandlungsgesetz (Auszug), BGB-Informationspflichten-Verordnung, Unterlassungsklagengesetz, Produkthaftungsgesetz, Erbbaurechtsverordnung, Wohnungseigentumsgesetz, Hausratsverordnung, Vormünder- und Betreuervergütungsgesetz, Lebenspartnerschaftsgesetz, Gewaltschutzgesetz (Artikel 1), 68. Auflage, München 2009.

-, Bürgerliches Gesetzbuch mit Nebengesetzen, insbesondere mit Einführungsgesetz (Auszug) einschließlich Rom I- und Rom II- Verordnungen, Allgemeines Gleichbehandlungsgesetz (Auszug), BGB-Informationspflichten- Verordnung, Wohn- und Betreuungsvertragsgesetz, Unterlassungsklagengesetz, Produkthaftungsgesetz, Erbbaurechtsgesetz, Wohnungseigentumsgesetz, Versorgungsausgleichsgesetz, Lebenspartnerschaftsgesetz, Gewaltschutzgesetz, 75. Auflage, München 2016 (zitiert: Palandt/*Bearb.*, BGB, Aufl.).

Prütting/Helms, FamFG Kommentar, Gesetz über das Verfahren in Familiensachen und in den Angelegenheiten der freiwilligen Gerichtsbarkeit mit Gesetz über Gerichtskosten in Familiensachen, hrsg. von Hanns Prütting/Tobias Helms, 3. Auflage, Köln 2013 (zitiert: Prütting/Helms/*Bearb.*, FamFG).

Prütting/Wegen/Weinreich, BGB Kommentar, hrsg. von Hanns Prütting/Gerhard Wegen/Gerd Weinreich, 4. Auflage, Köln 2009.

-, BGB Kommentar, hrsg. von Hanns Prütting/Gerhard Wegen/Gerd Weinreich, 10. Auflage, Köln 2015 (zitiert: PWW/*Bearb.*, BGB, Aufl.).

Rauscher, Thomas, Familienrecht, 2. Auflage, Heidelberg 2008 (zitiert: *Rauscher,* Familienrecht).

Rehme, Eckhard, Verfassungswidrigkeit des Entwurfs einer Dritten Verordnung zur Änderung der Barwert-Verordnung, FuR 2006, S. 112 - 116 (zitiert: *Rehme,* FuR 2006).

-, Rechtliche und rechtspolitische Bedenken gegen das Ausgleichskonzept im Diskussionsentwurf des Bundesministeriums der Justiz v. 29.8.2007 für ein Gesetz zur Strukturreform des Versorgungsausgleichs, FamRZ, 2008, S. 738 - 747 (zitiert: *Rehme,* FamRZ 2008).

Ruland, Franz, Versorgungsausgleich, Ausgleich, steuerliche Folgen und Verfahren, NJW Praxis, Band 28, 3. Auflage, München 2011.

-, Versorgungsausgleich, Ausgleich, steuerliche Folgen und Verfahren, NJW Praxis, Band 28, 4. Auflage, München 2015 (zitiert: *Ruland,* Versorgungsausgleich, Aufl.).

-, Die Durchführung des Wertausgleichs, FPR 2011, S. 479 - 482 (zitiert: *Ruland,* FPR 2011).

-, Verfassungswidrigkeit des § 32 VersAusglG, FamFR 2012, S. 314 - 316 (zitiert: *Ruland,* FamFR 2012).

Sachs, Grundgesetz Kommentar, hrsg. von Michael Sachs, 7. Auflage, München 2014 (zitiert: Sachs/*Bearb.,* GG).

Schlüter, Wilfried, Familienrecht, 14. Auflage, Heidelberg [München, Landsberg, Frechen, Hamburg] 2013 (zitiert: *Schlüter,* Familienrecht).

Schmidbauer, Wilhelm, Der Versorgungsausgleich - Die Reform - Eine Einführung und ausführliche Erläuterung aufgrund amtlicher Unterlagen des neuen vom 1. September 2009 geltenden Rechts, z.T. grundlegend geänderten Rechts, 8. Auflage, Münsing 2009 (zitiert: *Schmidbauer,* Der Versorgungsausgleich).

Schmidt-Bleibtreu/Hofmann/Hopfauf, GG, Grundgesetz Kommentar, begr. von Bruno Schmidt-Bleibtreu/Franz Klein, hrsg. von Hans Hofmann/Axel Hopfauf, 12. Auflage, Köln, München 2011 (zitiert: Schmidt-Bleibtreu/Hofmann/Hopfauf/*Bearb.,* GG).

Schramm, Barbara, Unbilligkeitsaufwand im VA-Abänderungsverfahren, NJW-Spezial 2007, S. 199 - 200 (zitiert: *Schramm,* NJW-Spezial 2007).

Schulte-Brunert, Kai, Das neue FamFG, 2. Auflage, Köln 2010 (zitiert: *Schulte-Brunert,* Das neue FamFG).

Schulte-Brunert/Weinreich, Kommentar des FamFG, hrsg. von Kai Schulte-Brunert/Gerd Weinreich, 4. Auflage Köln 2013 (zitiert: Schulte-Brunert/Weinreich/*Bearb.,* FamFG).

Schwab, Dieter, Familienrecht, Verfassungswidrigkeit des Versorgungsausgleichs?, FamRZ 1977, S. 768 - 773 (zitiert: *Schwab,* FamRZ 1977).

-, Familienrecht, 16. Auflage, München 2008.

-, Familienrecht, 24. Auflage, München 2016 (zitiert: *Schwab,* Familienrecht, Aufl.).

Schwamb, Werner, Erste Rechtsprechung zum Unterhaltsprivileg gem. §§ 33, 34 VersAusglG, NJW 2011, S. 1648 - 1651 (zitiert: *Schwamb,* NJW 2011).

Sethe, Rolf/Höland, Armin, Versorgungsausgleich, Schriften zum Notarrecht, hrsg. von der Deutschen Notarrechtlichen Vereinigung e.V. Sachsen-Anhalt, Baden-Baden 2011 (zitiert: Sethe/Höland/*Bearb.* Versorgungsausgleich).

Simon, Carola, Die Berücksichtigung von aus einer Nachzahlung resultierender Rentenanwartschaft im Versorgungsausgleich, Bern Schweiz 2003 (zitiert: *Simon*).

Sodan, Grundgesetz, Beck'scher Kompakt-Kommentar, hrsg. von Helge Sodan, 3. Auflage, München 2015 (zitiert: Sodan/*Bearb.,* GG).

Soergel, Bürgerliches Gesetzbuch mit Einführungsgesetz und Nebengesetzen, begründet von Hs. Th. Soergel, neu hrsg. von W. Siebert/, Band 18, Familienrecht 2 (§§ 1587 – 1588) VAHRG, VAÜG, 13. Auflage, Stuttgart 2000 (zitiert: Soergel/*Bearb.,* BGB).

Staudinger, Kommentar zum Bürgerlichen Gesetzbuch mit Einführungsgesetz und Nebengesetzen, Buch 4 Familienrecht, §§ 1587 - 1588 (inkl. Barwert-VO), VAHRG (Versorgungsausgleich), Neubearbeitung, Berlin 2004 (zitiert: Staudinger/*Bearb.*, BGB).

Tschernitschek, Horst/Saar, Stefan Familienrecht Lehrbuch, 4. Auflage, München 2008 (zitiert: *Tschernitschek/Saar,* Familienrecht).

Weinreich/Klein, Fachanwaltskommentar Familienrecht, BGB, VersAusglG, EGBGB (Auszüge), LPartG, GewSchG, EStG (Auszüge), hrsg. von Gerd Weinreich/Michael Klein, 5. Auflage, Köln 2013 (zitiert: Weinreich/Klein/*Bearb.*, Familienrecht).

Wick, Hartmut, Der neue Versorgungsausgleich in der Praxis: erste Erfahrungen mit dem neuen Recht, Bonn 2009, (zitiert: *Wick,* Der neue Versorgungsausgleich in der Praxis).

-, Die Rechtsprechung zum neuen Versorgungsausgleich, Teil 1, FuR 2011, S. 363 - 369.

-, Die Rechtsprechung zum neuen Versorgungsausgleich, Teil 2, FuR 2011, S. 436 - 440.

-, Die Rechtsprechung zum neuen Versorgungsausgleich, Teil 3, FuR 2011, S. 555 - 561.

-, Die Rechtsprechung zum neuen Versorgungsausgleich, Teil 4, FuR 2011, S. 605 – 611, (zitiert: *Wick,* FuR 2011).

Zimmermann, Walter, Das neue FamFG, Verfahrensrecht, Rechtsmittel, Familiensachen, Betreuung, Unterbringung, Nachlasssachen und Kosten, 2. Auflage, München 2011 (zitiert: *Zimmermann,* Das neue FamFG).

Einleitung – Gegenstand, Ziel und Gang der Untersuchung

Der Versorgungsausgleich gilt als eines der schwierigsten Teilgebiete innerhalb des Familienrechts. Sinn und Zweck seiner Durchführung im Scheidungsfall ist die gerechte Aufteilung der während der Ehezeit erworbenen Rentenanrechte. Beide Ehegatten sollen zu gleichen Teilen eine Absicherung im Fall von Alter oder Invalidität erhalten. Er stellt regelmäßig den werthaltigsten Teil im Rahmen des Scheidungsverfahrens dar, seine praktische Umsetzung wirft jedoch aufgrund seiner Komplexität regelmäßig Fragen auf.[1]

Die Aufteilung der Versorgungsanwartschaften im Fall der Scheidung führt grundsätzlich zur Versorgungskürzung des ausgleichsverpflichteten Ehegatten, da dieser die Hälfte der während der Ehezeit erworbenen Anteile an den anderen Ehegatten mit Rechtskraft der Scheidung abgeben muss. Das in den §§ 33 bis 34 VersAusglG normierte „Unterhaltsprivileg" – Anpassung wegen Unterhalts – macht hiervon eine wichtige Ausnahme und soll Gegenstand dieser Untersuchung sein.

Die Regelung sieht vor, dass die Kürzung der laufenden Versorgung auf Antrag der ausgleichspflichtigen Person ausgesetzt werden kann, solange die ausgleichsberechtigte Person aus einem im Versorgungsausgleich erworbenen Anrecht keine laufende Versorgung erhält und sie gegen die ausgleichspflichtige Person ohne die Kürzung durch den Versorgungsausgleich einen Unterhaltsanspruch hätte.

Eine Anpassung nach Rechtskraft im Unterhaltsfall ist jedoch nur bei den in § 32 VersAusglG aufgezählten Regelsicherungssystemen – sog. anpassungsfähigen Anrechten – möglich. Die Vorschrift lautet:

---

1 *Hauß*, AnwBl 2009, S. 577, 581.

§ 32 Anpassungsfähige Anrechte

Die §§ 33 bis 38 gelten für Anrechte aus

1. der gesetzlichen Rentenversicherung einschließlich der Höherversicherung,
2. der Beamtenversorgung oder einer anderen Versorgung, die zur Versicherungsfreiheit nach § 5 Abs. 1 des SGB VI führt,
3. einer berufsständischen oder einer anderen Versorgung, die nach § 6 Abs. 1 Nr. 1 oder Nr. 2 des SGB VI zu einer Befreiung von der Sozialversicherungspflicht führen kann,
4. der Alterssicherung der Landwirte,
5. den Versorgungssystemen der Abgeordneten und der Regierungsmitglieder im Bund und in den Ländern.

Durch die Norm wird die Anpassung wegen Unterhalts auf Anrechte der „1. Säule" des Versorgungssystems beschränkt, Anrechte betrieblicher Versorgungen sowie Leistungen der privaten Vorsorge sind von einer Aussetzung ausgeschlossen.

Da § 32 VersAusglG den Anwendungsbereich für die Anpassung wegen Unterhalts definiert und dementsprechend zwingende Voraussetzung für eine umfassende Betrachtung des „Unterhaltsprivilegs" nach der derzeitigen Rechtslage ist, soll die Bestimmung ebenfalls Untersuchungsgegenstand dieser Arbeit sein.

Beide Vorschriften wurden im Rahmen der Strukturreform durch das „Gesetz über den Versorgungsausgleich", das am 1.9.2009 in Kraft trat, erlassen. Der Gesetzgeber hatte den erstmalig 1977 normierten Versorgungsausgleich in dem neuen VersAusglG sowohl strukturell als auch inhaltlich umfassend neu konzipiert.

Im Vergleich zu den Bestimmungen der alten Rechtslage begründen die neuen Regelungen Einschränkungen für den ausgleichspflichtigen Ehegatten, sodass ihre Ausgestaltung seit dem Inkrafttreten, insbesondere aus verfassungsrechtlicher Sicht, stark diskutiert wird. Das Thema hat in der aktuellen familienrechtlichen Jurisprudenz erhebliche Relevanz. Daher soll die derzeitige Rechtslage mit den aufgeworfenen Fragen im Rahmen dieser Untersuchung eingehend beleuchtet werden.

In seiner Grundsatzentscheidung im Jahr 1980 hatte sich das BVerfG zum ersten Mal zu der Verfassungsmäßigkeit des Versorgungsausgleichs geäußert. Demnach sei der Versorgungsausgleich als Eingriff in das Eigentum in Form der Rentenanwartschaften nur dann gerechtfertigt, wenn er nach dem „Prinzip der gleichen Teilhabe" i.S.v. Art. 6 Abs. 1 GG i.V.m. Art. 3 Abs. 2 GG die gleichmäßige Aufteilung der Anwartschaften unter den Ehegatten bewirke.[2] Dies sei dann nicht mehr der Fall, wenn bei dem Verpflichteten eine spürbare Kürzung erfolge, ohne dass sich diese Kürzung positiv in Form eines selbstständigen Versicherungsschutzes angemessen bei dem Berechtigten auswirke.[3]

Konsequenz dieser BVerfG-Entscheidung war die Einführung des „Gesetzes zur Regelung von Härten im Versorgungsausgleich" im Jahr 1983, welches u.a. die in §§ 4 ff. VAHRG normierten Härtefallregelungen beinhaltete. In den §§ 5 und 6 VAHRG wurde das „Unterhaltsprivileg" erstmalig gesetzlich festgehalten.

In dem neuen VersAusglG sind die Härtefallregelungen der alten Rechtslage in den Vorschriften im vierten Kapitel des Gesetzes, in den „Anpassungen nach Rechtskraft" normiert. Die Aussetzung im Unterhaltsfall ist in den §§ 33 und 34 VersAusglG im Grundsatz übernommen worden. Die Regelung unterliegt jedoch zwei einschränkenden Modifizierungen. Wie bereits erörtert, ist der Anwendungsbereich bei der „Anpassung wegen Unterhalts" nach der derzeitigen Rechtslage gem. § 32 VersAusglG auf die sog. Regelsicherungssysteme beschränkt. Zudem wurde das Anpassungsverfahren als solches restriktiv abgeändert. Während nach der alten Rechtslage die Kürzung des Versorgungsausgleichs in voller Höhe und unabhängig von der bestehenden Unterhaltsverpflichtung ausgesetzt wurde, erfolgt die Aussetzung nach der derzeitigen Rechtslage gem. § 33 Abs. 3 VersAusglG nur noch „in Höhe des Unterhaltsanspruchs".

Insbesondere die Regelung des § 32 VersAusglG ist seit ihrer Einführung starker Kritik ausgesetzt. Die Vereinbarkeit der Norm mit den verfassungsrechtlichen Anforderungen des BVerfGs wird kontrovers diskutiert. Zuletzt war das OLG Schleswig der Ansicht, dass

2 BVerfG FamRZ 1980, S. 326.
3 BVerfG FamRZ 1980, S. 326.

§ 32 VersAusglG nicht den Inhalts- und Schrankenbestimmungen von Art. 14 Abs. 1 GG entspreche, und legte die Frage im Rahmen eines Normenkontrollantrags dem BVerfG vor.[4] Das BVerfG stellte in seinem „Grundsatz-Beschluss" vom 6.5.2014 jedoch die Verfassungsmäßigkeit von § 32 VersAusglG klar. Nach Ansicht des BVerfG verstoße die Norm weder gegen Art. 14 Abs. 1 GG noch gegen Art. 3 Abs. 1 GG.[5]

Der Umstand, dass eine neue familienrechtliche Bestimmung nur kurz nach ihrer Verabschiedung auf dermaßen heftigen Widerstand getroffen ist und dem BVerfG zur Prüfung ihrer Verfassungsmäßigkeit vorgelegt wurde, gibt Anlass, sich mit dieser Vorschrift näher auseinanderzusetzen.

Darüber hinaus bereiten die Neuerungen in §§ 33, 34 VersAusglG seit ihrer Einführung zunehmend praktische Probleme. Insbesondere die Koppelung der Aussetzungshöhe an den nachehelichen Unterhalt sowie die damit einhergehende funktionelle Zuständigkeit der Familiengerichte führen sowohl zu materiell-rechtlichen als auch prozessualen Fragen, deren Lösungen in Literatur und Rechtsprechung überaus umstritten sind.

Infolgedessen ergeben sich weitere verfassungsrechtliche Bedenken, da der Ausgleichsverpflichtete insgesamt durch § 32 VersAusglG i.V. m. §§ 33, 34 VersAusglG bei der Anpassung „doppelt" benachteiligt wird.

Das Erkenntnisinteresse dieser Arbeit besteht im Wesentlichen darin, einen umfassenden Überblick über die derzeitige Rechtslage zu erarbeiten. Im engeren Sinn beschäftigt sich die Untersuchung mit zwei Leitfragen:

> Ob und inwieweit die neuen Regelungen der Anpassung wegen Unterhalts mit den verfassungsrechtlichen Vorgaben der vorherigen Rechtslage vereinbar sind.
> Ob und inwieweit mit den Neuerungen eine erfolgreiche Umsetzung der gesetzgeberischen Ziele, welche Leitfaden der Strukturreform waren, bejaht werden kann.

---

4 OLG Schleswig FamRZ 2012, S. 1388.

5 BVerfG FamRZ 2014, S. 1259, 1263.

Um diese Fragen zu beantworten, widmet sich das erste Kapitel zunächst allgemeinen Themen, die im Zusammenhang mit dem Versorgungsausgleich Relevanz besitzen, den Gründen für seine Einführung, dem verfassungsrechtlichen Hintergrund und Dialog sowie den Bestrebungen und Zielen des Gesetzgebers bei der Umgestaltung i.R.d. Strukturreform. Anschließend folgt eine überblicksartige Darstellung der gesamten Neuerungen durch das VersAusglG, da auf bestimmte Vorschriften im weiteren Verlauf der Untersuchung Bezug genommen wird. Der erste Teil stellt dementsprechend einen „Allgemeinen Teil" dar, in dem eine wichtige Grundlage für den Fortgang der Untersuchung erarbeitet wird. Zudem enthält das Kapitel trotz seiner darstellenden Funktion an manchen Stellen eigene Anmerkungen, um schon in diesem Stadium der Bearbeitung das Augenmerk des Lesers auf die relevanten Punkte zu lenken.

Das zweite Kapitel der Untersuchung befasst sich mit dem zweiten Teil des Titels der Arbeit, nämlich „mit der Frage der Verfassungsmäßigkeit des § 32 VersAusglG". Eine Auseinandersetzung mit dem „reformierten Unterhaltsprivileg" erfolgt erst danach. Denn es erscheint sinnvoll, erst die für alle Anpassungsfälle – und im Übrigen auch für das Abänderungsverfahren in § 225 f. FamFG – generell geltende Vorschrift in § 32 VersAusglG zu analysieren und deren grundsätzliche verfassungsrechtliche Vereinbarkeit zu klären. Da sich die Bearbeitung an der vorherigen Rechtslage und dem verfassungsrechtlichen Auftrag orientiert, bildet diese auch den Ausgangspunkt der Analyse. Zunächst soll anhand eines Rechtsvergleichs aufgezeigt werden, inwieweit sich der neue und der vorherige Regelungsbereich voneinander unterscheiden. In der nachfolgenden Darstellung der verfassungsrechtlichen Diskussion setzt sich die Arbeit eingehend mit den gegenüber der neuen Vorschrift erhobenen Bedenken sowie der einschlägigen Entscheidung des Bundesverfassungsgerichts auseinander.

Die Arbeit hat in Bezug auf § 32 VersAusglG das Ziel, die Verfassungsmäßigkeit der Vorschrift in ihrer Gesamtheit zu untersuchen. Neben der Untersuchung des Anwendungsbereichs im Zusammenhang mit dem Unterhaltsprivileg wird sich dieses Kapitel darüber hinaus ebenfalls mit dem geänderten Anwendungsbereich für die Abänderungsverfahren befassen. Denn auch gegenüber dem neuen eingeschränkten Anwendungsbereich des Abänderungsverfahrens werden verfassungsrechtliche Bedenken erhoben. Die Untersuchung stützt sich dabei immer wieder auf zuvor festgestellte Erkenntnisse, um ggf. Widersprüche der derzeitigen Gesetzeslage aufzeigen zu können.

Der Titel der Arbeit lautet: „Das reformierte Unterhaltsprivileg", dementsprechend stellt das dritte Kapitel, die Analyse der §§ 33, 34 VersAusglG, den Schwerpunkt der Bearbeitung dar. Ausgangspunkt sind die vor Einführung des VersAusglG geltende Rechtslage und die Beweggründe des Gesetzgebers zur Neukonzipierung im Rahmen der Strukturreform. Die Hauptaufgabe in diesem Teil der Untersuchung besteht zum einen in der Darstellung der derzeitigen Gesetzeslage mit all ihren Verästelungen und Problemen, zum anderen soll die neue Rechtslage mit der vorherigen verglichen werden, um Unterschiede zum bisherigen Recht aufzuzeigen. In methodischer Hinsicht widmet sich dieses Kapitel zunächst der umfassenden Erörterung des in §§ 33, 34 VersAusglG geregelten Unterhaltsprivilegs und zeigt anschließend gesondert die praktischen Probleme innerhalb des durchzuführenden Verfahrens auf.

Im vierten Kapitel werden die weiteren Anpassungs- sowie das im FamFG normierte Abänderungsverfahren der Vollständigkeit halber kurz dargestellt. Der Anwendungsbereich gem. § 32 VersAusglG beansprucht ebenso für diese Korrekturmöglichkeiten Geltung und die beiden weiteren Anpassungsverfahren komplettieren mit dem Unterhaltsprivileg die Anpassungen nach Rechtskraft im VersAusglG.

Im fünften Kapitel soll die zweite aufgeworfene Ausgangsfrage beantwortet werden: Ob und inwieweit durch die derzeitige Rechtslage nach §§ 32 ff. VersAusglG die gesetzgeberischen Ziele – als Anlass für die Strukturreform – erfolgreich umgesetzt wurden oder ob die Normen mit den eigentlichen Zielen konfligieren. In diesem Zuge widmet sich die Untersuchung der interessanten Frage, inwieweit sich die Regelungen in den Kontext der wandelnden Versorgungssysteme einfügen, ihre Geltung also mit den gesellschaftlichen und wirtschaftlichen Anforderungen im Einklang steht.

1. Kapitel: Grundlagen – der Versorgungsausgleich im 21. Jahrhundert

Das erste Kapitel befasst sich mit der Entwicklung des Versorgungsausgleichs seit seiner Einführung bis hin zur aktuellen Rechtslage. Zum einen werden historische und verfassungsrechtliche Hintergründe der Thematik aufgezeigt und die Bestrebungen und Ziele des Gesetzgebers im Rahmen der Strukturreform analysiert. Zum anderen ist in diesem Teil der Untersuchung ein Überblick über die Neuerungen durch das VersAusglG enthalten, der für die weitere Bearbeitung als eine Art „Allgemeiner Teil" fungiert. Der Schwerpunkt liegt in der Herleitung des verfassungsrechtlichen Hintergrundes und der gesetzgeberischen Bestrebungen im Rahmen der Strukturreform. Diese erzielten Ergebnisse sollen der Beantwortung der aufgeworfenen Ausgangsfragen in den weiteren Kapiteln dienen.

§ 1 Die bis 2009 geltende Rechtslage

A. Die rechtliche Ausgangslage 1977

Der Versorgungsausgleich wurde mit dem 1. Eherechtsreformgesetz eingeführt und trat zum 1.1.1977 in Kraft.[6] Mit dem Gesetz vollzog sich im Bereich des Scheidungsfolgerechts der Übergang von dem Ver-

---

6 Regierungsentwurf, Erstes Gesetz zur Reform des Ehe- und Familienrechts (1. EheRG) in BT-Drucks. 7/650; Bamberger/Roth, *Bergmann*, BGB, § 1587, Rn. 8; *Muscheler*, Familienrecht, § 26, Rn. 456; Johannsen/Henrich/*Hahne*, Eherecht, 4. Aufl., Vor §§ 1587–1587p, Rn. 1.

schuldensprinzip zum Zerrüttungsprinzip zu.[7] Ideell sollen beide Ehegatten unabhängig vom Verschulden im Falle einer Scheidung jeweils die Hälfte des während der Ehe Erwirtschafteten erhalten. Der Versorgungsausgleich stellt folglich eine Ausprägung des Gedankens der gleichen Teilhabe dar. Er soll die gleichberechtigte und eigenständige Absicherung im Alter oder bei Invalidität beider Ehegatten im Falle einer Scheidung bewirken. [8]

Der Gesetzgeber schuf mit dem Versorgungsausgleich ein neues „Rechtsinstitut“[9], das auch in anderen Rechtsordnungen bis dahin unbekannt war.[10] Er soll garantieren, dass der Ehegatte, der während der Ehe keine eigene Altersversorgung aufbauen konnte, durch die Beteiligung an der während der Ehezeit geschaffenen Altersversorgung des anderen Ehegatten eine eigene Sicherung erhält.[11] Diese Alterssicherung soll zugleich im Fall des Versterbens des anderen Ehegatten einen eigenen Anspruch bewirken, welcher losgelöst vom Konzept des Unterhaltsersatzes bestehen bleibt.[12]

I. Intention des damaligen Gesetzgebers

Der Versorgungsausgleich basiert auf der Annahme, „dass die in der Ehe erworbenen Versorgungsanrechte das Ergebnis einer partnerschaftlichen und gleichwertigen Lebensleistung darstellen, selbst wenn vorwiegend nur einer der Ehegatten mit seiner Erwerbstätigkeit und dem daraus erzielten Arbeitsverdienst finanziell zum Familienunterhalt beigetragen hat“.[13] Es ist also im Ergebnis nur gerecht, die erwor-

7 *Ruland*, Versorgungsausgleich, 4. Aufl., 1. Kapitel, Rn. 1; *Rauscher*, Familienrecht, Rn. 643.

8 *Schwab*, Familienrecht, 16. Aufl., § 40, Rn. 449; Palandt/*Brudermüller*, BGB, 68. Aufl., § 1587, Rn. 1; HK/*Kemper*, BGB, Vor § 1587, Rn. 1.

9 BT-Drucks. 16/10144, S. 29; *Simon*, S. 53.

10 *Gernhuber/Coester-Waltjen*, Familienrecht, 6. Aufl., § 28, Rn. 1.

11 Staudinger/Rehme, BGB, Vorbem zu §§ 1587 – 1587p, Rn. 3; Johannsen/Henrich/*Hahne*, Eherecht, 4. Aufl., Vor §§ 1587–1587p, Rn. 2; HK/Kemper BGB, Vor §§ 1587- 1587p, Rn. 1.

12 *Borth*, Versorgungsausgleich, 7. Aufl., Kapitel 1, Rn. 1; MK/*Dörr*, BGB, 5. Aufl., § 1587, Rn. 1.

13 BT-Drucks. 7/650, S. 154; MK/*Dörr*, BGB, 5. Aufl., § 1587, Rn. 1.

benen Versorgungsanwartschaften, die auf der gemeinsamen Lebensleistung beruhen, gleichmäßig zwischen den Ehegatten aufzuteilen.[14]

Bis zur Einführung des Versorgungsausgleichs 1977 erwarb der Ehegatte, der während der Ehe nicht erwerbstätig war, in der Regel keine oder nur geringfügige Versorgungsanwartschaften. Bedingt durch Haushaltsführung und Kindererziehung blieb eine eigene Erwerbstätigkeit meist aus, sodass keine eigenen Versorgungsanwartschaften aufgebaut werden konnten.[15] Damalige Zielsetzung des Versorgungsausgleichs war es, die schwache soziale Absicherung der nicht oder nur teilweise berufstätigen Ehefrau im Falle der Ehescheidung zu verbessern.[16] Der Ausgleichsberechtigten sollte durch den Versorgungsausgleich eine eigenständige Sicherung verschafft werden, deren Bestand vom Versorgungsschicksal des ausgleichspflichtigen Ehegatten unabhängig sein sollte.[17] Aufgrund des Verzichts oder des Fehlens einer eigenen Erwerbstätigkeit sollte der nicht erwerbstätige Ehegatte gleichberechtigt an der Vermögensbildung in Form der Versorgungsanwartschaften beteiligt werden.[18]

Bei der Einführung des Versorgungsausgleichs basierte die Alterssicherung für den Großteil der Bevölkerung auf der Absicherung durch die gesetzliche Rentenversicherung. Diese konnte in der ersten Hälfte der 70er-Jahre oftmals jährliche Erhöhungsraten von 10 % verbuchen. Betriebliche und private Altersversorgungen waren hingegen in ihrer Wertentwicklung und Verbreitung innerhalb der Bevölkerung nicht annähernd vergleichbar.[19] Zudem war die betriebliche Altersvorsorge vor Einführung des Betriebsrentengesetzes (BetrAVG) im Jahr 1974 lediglich durch das allgemeine Vertragsrecht geregelt.[20] Erst durch das Betriebsrentengesetz wurde diese normativ verankert. Die damalige Versorgungslage wurde also von der gesetzlichen Rentenver-

---

14 BT-Drucks. 7/650, S. 155; *Simon*, S. 57.

15 *Muscheler*, Familienrecht, § 26, Rn. 456; *Borth*, Versorgungsausgleich, 7. Aufl., Kapitel 1, Rn. 1; Johannsen/Henrich/*Hahne*, Eherecht, 4. Aufl., Vor §§ 1587–1587p, Rn. 1.

16 *Schlüter*, Familienrecht, § 18, Rn. 230.

17 BT-Drucks. 7/650, S. 155; MK/*Dörr* BGB, 5. Aufl., Vor § 1587, Rn. 2; *Gernhuber/Coester-Waltjen*, Familienrecht 6. Aufl., § 28, Rn. 1.

18 BT-Drucks. 7/650, S. 155.

19 BT-Drucks. 16/10144, S. 33.

20 *Drochner/Uebelhack*, Betriebsrente im Versorgungsausgleich, S. 126.

sicherung dominiert, sodass diese bei der Einführung des Versorgungsausgleichs als maßgebliche Altersversorgung betrachtet wurde.[21]

II. Grundgedanke bei der rechtlichen Ausgestaltung

Die Umsetzung des Versorgungsausgleichs wurde in den §§ 1587-587p BGB a.F. normiert. Sie basierte auf dem einfachen „Prinzip des Halbteilungsgrundsatzes", angelehnt an die Struktur des Zugewinnausgleichs. Im ersten Schritt wurden die in der Ehe erworbenen Versorgungsanrechte der Ehegatten aufgelistet und mit ihren Ehezeitwerten festgestellt. Aus den festgestellten Anrechten wurde eine Summe gebildet.[22] Anschließend wurde der Saldo im Sinne von § 1587a Abs. 1 BGB a.F. ermittelt. Der Ehegatte, der in der Ehezeit die wert-höheren Versorgungspositionen erworben hatte, war dem anderen in der Höhe der Hälfte des Wertunterschieds zum Ausgleich verpflichtet. Voreheliche sowie nacheheliche Anwartschaften waren nicht zu berücksichtigen.

Zur Durchführung stellte der damalige Gesetzgeber zwei verschiedene Ausgleichsformen im Gesetz bereit. Vorrangig war der öffentlich-rechtliche Versorgungsausgleich vorzunehmen.[23] Im Rahmen dieser Ausgleichsform hatte der zuvor ermittelte Ausgleichsverpflichtete die Höhe des auszugleichenden Wertes dem Ausgleichsberechtigten in der gesetzlichen Rentenversicherung zu verschaffen.[24] Nur in Ausnahmefällen konnte ein sog. schuldrechtlicher Versorgungsausgleich gem. § 1587f BGB a.F. durchgeführt werden. War ein kompletter Ausgleich im Rahmen des öffentlich-rechtlichen Versorgungsausgleichs nicht möglich, hatte der Verpflichtete dem ausgleichsberechtigten Ehegatten im Fall des späteren Versorgungsbezuges eine Geldrente in Höhe des auszugleichenden Betrages zu gewähren.[25]

---

21 *Eichenhofer*, FamRZ 2008, S. 950; *Bayer/Koch*, S. 154.

22 *Schmidbauer*, Der Versorgungsausgleich, Abschnitt A, S. 16; *Schwab*, Familienrecht, 16. Aufl., § 40, Rn. 445.

23 *Schwab*, Familienrecht, 16. Aufl., § 40, Rn. 440; Bamberger/Roth/*Bergmann*, BGB, § 1587, Rn. 8.

24 MK/*Dörr*, BGB, 5. Aufl., Vor § 1587, Rn. 7; *Bayer/Koch*, S. 154.

25 *Schwab*, Familienrecht, 16. Aufl., § 40, Rn. 442.

B. Bedeutende Veränderungen in den vergangenen 30 Jahren

I. Gesellschaftliche und wirtschaftliche Entwicklung

In den vergangenen 30 Jahren kam es jedoch gesellschaftlich und wirtschaftlich zu entscheidenden Veränderungen, die sich auf das System des Versorgungsausgleichs auswirkten. Das 1977 eingeführte Prinzip ließ den Versorgungsausgleich nur „in eine Richtung" zu.[26] Nach der Einmalsaldierung wurde lediglich ein Ausgleichsverpflichteter bestimmt, der dem Ausgleichsberechtigten die Hälfte des Wertunterschiedes in Form der Rentenanwartschaften zu übertragen hatte. Dieser Grundsatz resultierte aus dem damaligen Konzept der „Hausfrauenehe", in welcher es in der Regel nur einen Erwerbstätigen gab.[27]

In gesellschaftlicher Hinsicht erscheinen die damaligen Gegebenheiten in unserer heutigen Zeit überholt. Die Entwicklung in den letzten 30 Jahren ging weg vom „Alleinverdienermodell" zum „Doppelverdienermodell". Das immer größere Angebot an Kinderbetreuung ermöglicht es heute beiden Ehegatten, einem Beruf nachzugehen, sodass es in einem Haushalt zunehmend zwei Erwerbstätige gibt.[28]

Abgesehen von den gesellschaftlichen Veränderungen hat sich auch ein Wandel im Versorgungssystem vollzogen. Zur Zeit der Einführung des Versorgungsausgleichs war die Altersabsicherung von der gesetzlichen Rentenversicherung geprägt.[29] In der heutigen Zeit ist eine zuverlässige Absicherung allein durch die gesetzliche Rentenversicherung hingegen nicht mehr gewährleistet.[30] Die Bundesregierung stellte in ihrem „Entwurf eines Gesetzes zur Strukturreform des Versorgungsausgleichs" klar, dass „betriebliche und private Anrechte kein zu vernachlässigendes „Extra der Vorsorge" mehr seien, „sondern not-

26 *Borth*, Versorgungsausgleich, 7. Aufl., Kapitel 1, Rn. 2.

27 *Simon*, S. 54 f.; Cuny/*Stödter*, S. 62.

28 So ist die durchschnittliche Frauenerwerbsquote im Jahr 2009 auf 81,60% gestiegen, *DIW Berlin*, Frauenerwerbsquote, http://de.statista.com/statistik/daten/studie/13541/umfrage/frauenerwerbsquote---entwicklung-der erwerbstaetigkeit-von-frauen/.

29 *Gernhuber/Coester-Waltjen*, Familienrecht, 6. Aufl., § 28, Rn. 5.

30 BT-Drucks. 16/10144, S. 43.

wendiger Bestandteil einer Absicherung für den mit dem Alter oder der Invalidität verbundenen Versorgungsbedarf."[31]

II. Schwächen der bis 2009 geltenden gesetzlichen Ausgestaltung

Die Bundesrepublik Deutschland verfügt heute über verschiedene Versorgungssysteme, die in ihrer Finanzierung, ihrem Leistungsspektrum und ihrer Wertentwicklung höchst unterschiedlich ausgestaltet sind.[32] Deswegen zeigte sich, dass die Vereinbarkeit mit einem Ausgleichssystem, das sich zum einen nur an bestimmten Anrechten „der Maßstabsversorgungen"[33] orientierte und zum anderen nur über ein Versorgungssystem – die gesetzliche Rentenversicherung – abzuwickeln war, nicht mehr möglich war. Daher wurde im Laufe der Jahre deutlicher, „dass die Regelung des Versorgungsausgleichs unter schweren Mängeln litt."[34]

1. Probleme im Rahmen der „Einmalsaldierung"

Das Hauptproblem bestand in dem „zwingend vorgeschriebenen Einmalausgleich" [35] über die gesetzliche Rentenversicherung. Der erste Schritt des damaligen öffentlich-rechtlichen Versorgungsausgleichs war die Ermittlung der auszugleichenden Anrechte gem. § 1587 Abs. 1 BGB a.F. Dieser nahm Bezug auf § 1587a Abs. 2 BGB a.F., der eine Auflistung der regelmäßig vorkommenden und zu teilenden Anrechte enthielt. Demnach waren alle Anrechte der gesetzlichen Rentenversicherung, der Beamtenversorgung, Zusatzversorgungen sowie Betriebsanwartschaften und Privatversicherungen in den öffentlich-rechtlichen Ausgleich miteinzubeziehen.[36] Dies galt hingegen nicht für Versorgungszusagen auf Kapitalbasis, auch wenn sie der Ab-

---

31 BT-Drucks. 16/10144, S. 43.

32 *Schmidbauer*, Der Versorgungsausgleich, Abschnitt A, S. 17.

33 Gemeint ist die gesetzliche Rentenversicherung bzw. Beamtenversorgung, siehe BT-Drucks. 16/10144, S. 33.

34 *Bergner*, FPR 2006, S. 55ff.; *Schwab*, Familienrecht, 24. Aufl., § 40, Rn. 476; *Borth*, Versorgungsausgleich, 7. Aufl., Kapitel 1, Rn. 10; *Gernhuber/Coester-Waltjen*, Familienrecht, 5. Aufl., § 28, Rn. 6.

35 *Schmidbauer*, Der Versorgungsausgleich, Abschnitt A, S. 16.

36 Siehe ausführliche Darstellung dazu in: MK/*Dörr* BGB, 5. Aufl., § 1587, Rn. 5 ff.

sicherung im Alter dienten, wie z.B. bei einer Kapitallebensversicherung ohne Verrentung.[37]

Nachdem alle Anrechte beider Ehegatten festgestellt waren, wurde der Saldo, die Differenz der gesammelten Versorgungsanrechte, gebildet. Dies stellte sich jedoch aufgrund der unterschiedlichen Anrechte und ihrer andersartigen Bewertung als problematisch dar. Um eine Saldierung vorzunehmen, mussten zunächst alle Anrechte vergleichbar gemacht werden, um so ihre Wertunterschiede bestimmen zu können. Kriterium für die Vergleichbarmachung war die „Dynamik", also die Wertentwicklung eines Anrechts nach der Scheidung, in der weiteren Anwartschaftsphase und später in der Leistungsphase.[38] Als Instrument diente die sog. Barwert-VO, mit welcher der Kapitalwert eines nicht volldynamischen Anrechtes ermittelt wurde.[39] Mit Hilfe der Barwert-VO fand eine Umrechnung von statischen Anrechten, also Anrechten ohne Wertzuwachs, in Anwartschaften der gesetzlichen Rentenversicherung statt.[40] Es war für die Saldierung notwendig, alle Anrechte in Anwartschaften der gesetzlichen Rentenversicherung umzurechnen.[41]

37 BGH NJW 1984, S. 299; *Lüderitz/Dethloff*, Familienrecht, § 6, Rn. 134; Staudinger/Rehme, BGB, § 1587, Rn. 33.

38 Es wurde in diesem Zusammenhang zwischen volldynamischen Anrechten, d.h. Anrechten, die an die Einkommensentwicklung gekoppelt sind (z.B. Anrechte der gesetzlichen Rente) und minder dynamischen Anrechten unterschieden, BT-Drucks. 16/10144, S. 33; ausführliche Darstellung in MK/*Dörr*, BGB, 5. Aufl., Vor § 1587, Rn. 5.

39 *Schmidbauer*, Der Versorgungsausgleich, Abschnitt A, S. 17. Hinweis: Die Barwert-VO trat am 24.6.1977 in Kraft. Ihre ursprüngliche Fassung wurde bereits 1982 für verfassungswidrig erklärt, siehe dazu BGH, FamRZ 1983 S. 40, da gem. § 1 Abs. 3 Barwert-VO eigentlich volldynamische Versorgungen, als statische behandelt wurden, Gerhardt/v. Heintschel-Heinegg/Klein/*Gutdeutsch/Wagner*, Familienrecht, 7. Kapitel, Rn. 5.

40 Anhand der Barwert-VO wurde der Kapitalwert, auch Barwert genannt, des Anrechts zum Ehezeitende bestimmt, also der Betrag, der zum Ehezeitende fiktiv in die gesetzliche Rentenversicherung eingezahlt werden musste, so dass im Rentenfall der vom Ausgleichsberechtigten erworbene Betrag ausgezahlt werden konnte, BT-Drucks. 16/10144, S. 33 f.

41 Dies führte im Laufe der Jahre zunehmend zu Wertverzerrungen, da eine unterschiedliche Wertentwicklung von öffentlichen und privaten Anrechten nicht richtig berücksichtigt werden konnte. Schließlich verwarf der BGH die damals geltende Barwert-VO als verfassungswidrig, siehe BGH FamRZ 1983, S. 40. Sie blieb je-

2. Probleme im Rahmen der Durchführung

Das zweite Problem ergab sich aus der Durchführung des Ausgleichs selbst. In der ersten Fassung des Versorgungsausgleichs 1977 war nur für Anwartschaften der gesetzlichen und der Beamtenversorgung die direkte Teilung angeordnet. Bei allen anderen Versorgungen gem. § 1587b Abs. 3 S. 1 BGB a.F. erfolgte der Ausgleich durch Beitragszahlungen des Ausgleichsverpflichteten in die gesetzliche Rentenversicherung.[42] Diese starre Regelung war 1983 vom BVerfG für verfassungswidrig erklärt worden.[43] Dem Gesetzgeber wurde seitens der Verfassungsrichter aufgetragen, weitere Ausgleichsformen im Rahmen des Versorgungsausgleichs zu schaffen. Das Resultat dieses Auftrages war die Einführung ergänzender Ausgleichstechniken, die u.a. im Rahmen des Versorgungsausgleichshärtefallregelungsgesetzes (VAHRG) normativ umgesetzt wurden.[44]

Zuletzt stand in der bis 2009 geltenden Rechtslage eine Vielzahl von Ausgleichsmöglichkeiten für den öffentlich-rechtlichen Versorgungsausgleich zur Verfügung.[45] Es handelte sich um eine stark verworrene Systematik. Die Wichtigsten sollen überblicksartig dargestellt werden:[46]

1. Gem. § 1587b Abs. 1 BGB a.F. die Übertragung von Rentenanwartschaften vom Versicherungskonto des Ausgleichspflichtigen bei der

---

doch bis zur Strukturreform 2009 in Kraft und wurde nur noch als „Übergangslösung" geduldet, *Borth*, Versorgungsausgleich, 6. Aufl., Kapitel 1, Rn. 11.

42 Bamberger/Roth/*Bergmann*, BGB, § 1587, Rn. 10.

43 BVerfG FamRZ 1983, S. 338.

44 Der Gesetzgeber führte im Rahmen dieser Gesetzesnovellierung die Realteilung, das analoge Quasi-Splitting und den schuldrechtlichen Versorgungsausgleich gem. §§ 1, 2 VAHRG a.F. anstelle der beanstandeten Beitragszahlungen ein. 1986 folgten im Rahmen der Überarbeitung des VAHRG und der Einführung des Gesetzes über weitere Maßnahmen auf dem Gebiet des VA (VAwMG) zusätzliche Ergänzungen, insb. hinsichtlich des schuldrechtlichen Ausgleichs gem. §§ 3a, b VAHRG a.F., Gerhardt/v. Heintschel-Heinegg/Klein/*Gutdeutsch/Wagner*, 7. Kapitel, Rn. 6 ff.

45 Siehe dazu ausführlich MK/*Dörr*, BGB, 5. Aufl., § 1587b, Rn. 3 ff.; Bamberger/Roth/*Bergmann*, BGB, § 1587, Rn. 71.

46 Neben den aufgeführten Ausgleichsformen gab es noch die Möglichkeiten der „erweiterten Realteilung" gem. § 3b Abs. 1 Nr. 1 VAHRG a.F., des „erweiterten Splittings" gem. § 3b Abs. 1 Nr. 1 VAHRG a.F., des „erweiterten Quasi-Splittings" gem. § 3b Abs. 1 Nr. 1 VAHRG a.F. und der Verpflichtung zur Beitragszahlung gem. § 3b Abs. 1 Nr. 2 VAHRG a.F.

deutschen gesetzlichen Rentenversicherung auf das Versicherungskonto des Ausgleichsberechtigten, sog. „Splitting".

2. Gem. § 1587b Abs. 2 BGB a.F. die Begründung von Rentenanwartschaften auf dem Versicherungskonto des Ausgleichsberechtigten bei gleichzeitiger Minderung der beim Ausgleichspflichtigen vorhandenen Versorgungsanwartschaften aus einem öffentlich- rechtlichen Dienstverhältnis (Beamten- oder beamtenähnliche Versorgung), sog. „Quasi-Splitting".
3. Gem. § 1 Abs. 2 VAHRG a.F. die Begründung von Rentenanwartschaften außerhalb der gesetzlichen Rentenversicherung durch die direkte Teilung des Anrechts beim jeweiligen Versorgungsträger (bspw. private Lebensversicherungen), sog. „Realteilung".
4. Gem. § 1 Abs. 3 VAHRG a.F. die Begründung von Rentenanwartschaften auf dem Versicherungskonto des Ausgleichsberechtigten bei gleichzeitiger Minderung der beim Ausgleichsverpflichteten vorhandenen Versorgungsanwartschaften gegen einen öffentlich-rechtlichen Versorgungsträger (bspw. bei Anrechten der öffentlich-rechtlichen Zusatzversorgungen), sog. „analoges Quasi-Splitting".

Bei den verschiedenen Ausgleichsmöglichkeiten handelte es sich nicht um „gleichwertige Formen",[47] aus denen frei gewählt werden konnte. Vielmehr war im Rahmen der Durchführung eine gewisse Reihenfolge einzuhalten. Erst wenn kein Ausgleich durch Splitting oder Quasi-Splitting erfolgen konnte, war der Ausgleich nach dem VAHRG vorzunehmen. Im Rahmen des VAHRGs waren die Realteilung vor dem analogen Quasi-Splitting und diese vor dem schuldrechtlichen Ausgleich durchzuführen. Danach war ein Ausgleich in Form des Ersatzausgleichs i.S.v. § 3b VAHRG möglich.[48] Letztlich stand den Ehegatten als ultima ratio der schuldrechtliche Ausgleich nach der Scheidung gem. §§ 1587 ff. BGB a.F. und § 3a VAHRG a.F. zur Verfügung.[49]

---

47 *Gernhuber/Coester-Waltjen,* Familienrecht, 5. Aufl., § 28, Rn. 29; ebenso *Schwab,* Familienrecht, 16. Aufl., § 40, Rn. 451 ff.

48 Bamberger/Roth/*Bergmann,* BGB, § 1587, Rn. 62 ff; Palandt/*Brudermüller,* BGB, 68. Aufl., § 1587b, Rn. 44 f.

49 Der schuldrechtliche Ausgleich sollte nur als letzte Möglichkeit dienen. Er hatte den Nachteil, dass er sowohl an eine „laufende Versorgung" gekoppelt als auch an den Anspruch des Ausgleichsverpflichteten gebunden war. Im Falle seines Todes

III. Stellungnahme zur defizitären Lage

Dieser kurze Aufriss der alten Rechtslage zeigt die Notwendigkeit einer gänzlichen Neustrukturierung des Ausgleichssystems auf. Die Vielzahl der verschiedenen Durchführungsmöglichkeiten war nur schwer zu überblicken. Zudem blieb die gleiche Teilhabe als gewünschter Erfolg in den meisten Fällen dennoch aus, da der Ausgleich zwingend auf dem Transfer der Anrechte in die gesetzliche Rentenversicherung basierte.

Der Bedarf einer Neukonzipierung des Versorgungsausgleichs zeigte sich insbesondere auch an den Veränderungen im gesellschaftlichen und wirtschaftlichen Kontext. Geprägt durch das sich wandelnde Rollenbild der Frau im Zuge der fortschreitenden Emanzipation möchten immer mehr Frauen ihren Lebensunterhalt selbst verdienen, zumal es aufgrund der steigenden Lebenserhaltungskosten i.d.R. nicht mehr ausreichend ist, wenn nur ein Ehepartner den Familienunterhalt bestreitet. Durch die Zunahme der externen Kinderbetreuung werden zudem die äußeren Umstände für Eltern geschaffen, neben der Familie weiterhin ihren Beruf auszuüben.

Dementsprechend sind das „Zuverdienermodell" sowie das „Doppelversorgermodell" die in der heutigen Zeit vorherrschenden familiären Modelle. Die klassische „Hausfrauenehe", verbunden mit dem traditionellen „Ernähermodell", ist eher die Ausnahme geworden. Folglich erwerben i.d.R. beide Ehegatten während der Ehezeit Versorgungsanwartschaften, die es im Falle einer Scheidung in beide Richtungen gerecht zu verteilen gilt.

Darüber hinaus wirkt sich auch die zunehmende Bedeutung der ergänzenden Altersversorgung entscheidend auf das Ausgleichssystem des Versorgungsausgleichs aus. Eine Ausgleichsform, die sich allein an den Werten der gesetzlichen Rentenversicherung orientiert, ist nicht mehr zeitgemäß. Die Absicherung im Alter durch Leistungen der gesetzlichen Rentenversicherung nimmt parallel zum demographischen Wandel ab. Daher darf die Durchführung des Versorgungsausgleichs nicht zur Schaffung einer nachteiligen Situation für die Ehegatten füh-

---

stand dem Ausgleichsberechtigten dadurch kein eigener Anspruch zu gem. § 1587f BGB a.F.

ren, die mit der ohne durchgeführten Versorgungsausgleich bestehenden Lage konfligiert.

§ 2 Verfassungsrechtlicher Hintergrund des Versorgungsausgleichs der alten Rechtslage

Seit der Einführung des Versorgungsausgleichs hatte sich das BVerfG in verschiedenen Entscheidungen mit seiner Vereinbarkeit mit der Verfassung auseinanderzusetzen.

A. Rechtliche Beurteilung des BVerfGs im Grundsatzurteil 1980

Von Anfang an war der Versorgungsausgleich verfassungsrechtlicher Kritik ausgesetzt.[50] In seinem Grundsatzurteil vom 28.2.1980, drei Jahre nach seiner Einführung, legte das BVerfG erstmalig die verfassungsrechtlichen Richtlinien für den Versorgungsausgleich fest.[51]

I. Inhalt des Grundsatzurteils

Dem Urteil lag folgender Sachverhalt zugrunde:

Der Beschwerdeführer bezog eine durch den Versorgungsausgleich gekürzte Rente, musste aber noch die vollen Unterhaltsforderungen des Berechtigten befriedigen. Er wurde somit durch den Versorgungsausgleich zusätzlich negativ belastet.

Das BVerfG stellte in seiner Entscheidung im Einzelnen fest:

1. Die Versichertenrenten sowie die Rentenanwartschaften der gesetzlichen Rentenversicherungen fielen unter den Eigentumsschutz von Art. 14 GG.[52] Verfassungsrechtlich stelle der Versorgungsausgleich somit einen Eingriff in das Renteneigentum in Art. 14 Abs. 1 GG dar,

50 Damaliger Kritikpunkt war die Einbeziehung von „Altehen" in den Ausgleich, d.h. Ehen, die vor 1977 geschlossen wurden, *Ruland*, Versorgungsausgleich, 4. Aufl., 1. Kapitel, Rn. 5.

51 BVerfG FamRZ 1980, S. 326.

52 BVerfG FamRZ 1980, S. 326, 328; Sachs/*Wendt*, GG, Art. 14, Rn. 119.

da er dem Ausgleichsverpflichteten die Hälfte der in der Ehe erworbenen Rentenanwartschaften entziehe.

2. Grundsätzlich unterliegt das Renteneigentum als Bereich der Sozialversicherung „in besonderem Maße dem sozialbindenden Zugriff des Gesetzgebers".[53] Demnach habe der Gesetzgeber weite Gestaltungsmöglichkeiten innerhalb der Inhalts- und Schrankenbestimmungen des Art. 14 Abs. 1 S. 2 GG hinsichtlich eventueller Beschränkungen.[54] Die Rechtfertigung des Eingriffs in Form des Versorgungsausgleichs lasse sich aber nicht mit dem allgemeinen sozialen Bezug und der sozialen Funktion der rentenversicherungsrechtlichen Positionen herleiten, sondern resultiere vielmehr aus dem verfassungsrechtlichen Schutz der Ehe gem. Art. 6 Abs. 1 GG i.V.m. dem Grundsatz der Gleichberechtigung gem. Art. 3 Abs. 2 GG.[55]

Der in Art. 6 Abs. 1 GG garantierte Schutz der Ehe gebiete die gleichberechtigte Behandlung beider Partner, die auch nach Trennung und Scheidung der Ehegatten bei der Aufteilung des ihnen früher gemeinsam zustehenden Vermögens zu berücksichtigen sei. Beide Ehegatten sollen auch im Falle einer Scheidung zu gleichen Teilen an den in der Ehe erworbenen Versorgungsvermögen beteiligt werden.[56] Es bestünden somit gem. Art. 6 Abs. 1 GG auch über die Ehe hinaus gewisse Folgewirkungen, die eine spätere Einschränkung – wie hier in Art. 14 Abs. 1 GG – rechtfertigen. Im Ergebnis stelle der Versorgungsausgleich also eine verfassungskonforme Folgewirkung der Ehe dar.[57]

Das BVerfG räumte jedoch zugleich ein: „Der rechtskräftig vollzogene Versorgungsausgleich mit der Folge zweier getrennter Rentenversicherungsverhältnisse kann aber auch durch nachträglich eintretende Umstände zu Ergebnissen führen, die mit dem Grundgesetz nicht vereinbar sind. Die Rechtfertigung des Versorgungsausgleichs durch Art. 6 Abs. 1 GG und Art. 3 Abs. 2 GG entfällt dann, wenn einerseits beim Verpflichteten eine spürbare Kürzung der Rentenansprüche er-

53 Schmidt-Bleibtreu/Hofmann/Hopfauf/*Hofmann*, GG, Art. 14, Rn. 26.

54 Ders. A. Jarass/Pieroth/*Jarass*, GG, Art. 14, Rn. 65; Sodan/*Sodan*, GG, Art. 14, Rn. 14.

55 BVerfG FamRZ 1980, S. 326.

56 BVerfG FamRZ 1980, S. 326, 327.

57 BVerfG FamRZ 1980, S. 326; Sachs/*Schmitt-Kammler*, GG, Art. 6, Rn. 44; Schmidt-Bleibtreu/Hofmann/ Hopfauf/*Hofmann*, GG, Art. 14, Rn. 26.

folgt, ohne dass sich andererseits der Erwerb eines selbstständigen Versicherungsschutzes angemessen für den Berechtigten auswirkt. In einem solchen Fall erbringt der Verpflichtete ein Opfer, das nicht mehr dem Ausgleich zwischen den Ehegatten dient; es kommt vielmehr ausschließlich dem Rentenversicherungsträger, in der Sache der Solidargemeinschaft der Versicherten, zugute. Dies lässt sich weder mit den Nachwirkungen der Ehe (Art. 6 Abs. 1 GG) noch mit der Gleichberechtigung der Ehegatten (Art. 3 Abs. 2 GG) begründen [...].

Fälle, die nach rechtskräftigem Vollzug des Versorgungsausgleichs grundrechtswidrig sein können, sind im Zusammenhang mit dem Vorversterben des ausgleichsberechtigten vor dem ausgleichsverpflichteten Ehegatten denkbar [...]. Zu einem verfassungswidrigen Zustand kann es ebenfalls kommen, wenn beim Ausgleichspflichtigen vor dem Ausgleichsberechtigten der Versicherungsfall eintritt. Hier liegt das Schwergewicht bei den Fällen, in denen der ausgleichsberechtigte Teil, dem die übertragenden Werteinheiten mangels Vorliegens eines Versicherungsfalles noch nicht zugutekommen, auf Unterhaltsleistungen des Ausgleichsverpflichteten angewiesen ist [...]. Zur Vermeidung solch ungerechtfertigter Härten muss der Verpflichtete befugt sein, eine nachträgliche Korrektur zu beantragen."[58]

Aufgrund der zuvor festgestellten Erwägungen, machte das BVerfG klar, dass es die „verfassungsrechtliche Pflicht des Gesetzgebers" sei, ergänzende Regelungen zu normieren, „die es ermöglichen, nachträglich eintretenden grundrechtswidrigen Auswirkungen des Versorgungsausgleichs zu begegnen."[59] Dem Gesetzgeber wurde also der verfassungsrechtliche Auftrag zur Schaffung ergänzender Regelungen für eine nachträgliche Rückgängigmachung später eintretender Härten des Versorgungsausgleichs erteilt.

II. Umsetzung durch den Gesetzgeber

Der Gesetzgeber wollte dem „verfassungsrechtlichen Auftrag" durch die Einführung des Gesetzes zur Regelung von Härten im Versor-

58 BVerfG FamRZ 1980, S. 326, 335.
59 BVerfG FamRZ 1980, S. 326, 335.

gungsausgleich (VAHRG) 1983 gerecht werden.[60] Das VAHRG enthielt in den §§ 4 bis 10 VAHRG a.F. Vorschriften, wonach die Auswirkungen eines durchgeführten Versorgungsausgleichs zur Vermeidung verfassungswidriger Ergebnisse korrigiert werden sollten.[61] Demnach konnten unter bestimmten Voraussetzungen die Rechtsfolgen der Entscheidung über den Versorgungsausgleich zeitweise oder endgültig beseitigt werden. Der Gesetzgeber normierte – entsprechend den Urteilsausführungen des BVerfGs – zwei Fälle, in denen eine nachträgliche Korrektur möglich war.

1. Das sog. „Heimfallprivileg" wurde in §§ 4, 7, 8 und 10 VAHRG a.F. normiert.[62] Demnach war dem Hinterbliebenen seine ungekürzte Versorgung zu belassen, wenn der Berechtigte verstarb und vor seinem Tod aber keine angemessenen Leistungen aus den im Versorgungsausgleich erworbenen Anrechten bezogen hatte. Diese geregelte Ausnahme war nach Ansicht des BVerfG notwendig, da andernfalls die Altersversorgung des Ausgleichspflichtigen um den ausgeglichenen Anteil auf Dauer gekürzt werde, ohne dass der Versorgungsträger wiederum entsprechende Leistungen an die ausgleichsberechtigte Person zu erbringen habe. Dies würde im Ergebnis nur für den Versorgungsträger Vorteile bringen.[63]

2. Die §§ 5, 6 und 10 VAHRG a.F. regelten den zweiten Härtefall, das sog. „Unterhaltsprivileg".[64] Erfasst waren Fälle, in denen die Kürzung der Versorgung eintrat, bevor der Berechtigte einen Zuwachs an Versorgungsleistungen erhalten hatte. Dadurch war der Verpflichtete, zusätzlich zu der Kürzung seiner Versorgungen, mit Unterhaltszahlungen an den Ausgleichberechtigten doppelt belastet.[65] Die Härtefallrege-

---

60 Siehe die damalige Begründung der Einführung in dem Entwurf eines Gesetzes zur Ergänzung von Regelungen über den Versorgungsausgleich, in BT-Drucks. 9/2296.

61 BT-Drucks. 16/10144, S. 71; *Borth*, Versorgungsausgleich, 4. Aufl., 4. Kapitel, Rn. 567.

62 BGB – RGRK/*Wick*, Vor §§ 4 - 10 VAHRG, Rn. 1; HK/*Bergmann*, Familienrecht, VAHRG, § 4 Rn. 2.

63 So im Ergebnis das BVerfG FamRZ 1980, S. 326, 335; *Schlüter*, Familienrecht, § 19, Rn. 255.

64 BGB – RGRK/*Wick*, Vor §§ 4 - 10 VAHRG, Rn. 1; *Gutdeutsch*, FamRB 2010, S. 149; *Kemper*, ZFE 2009, S. 204, 210.

65 Staudinger/*Rehme*, BGB, § 5 VAHRG, Rn. 4; HK/*Bergmann*, Familienrecht, VAHRG, § 4 Rn. 2.

lung in § 5 VAHRG a.F. gab dem Verpflichteten unter bestimmten Voraussetzungen für die Dauer der doppelten Belastung einen Anspruch, die Versorgungskürzung durch den Versorgungsausgleich auszusetzen.

Dies galt ebenso für den Fall, in dem dem Berechtigten ein Unterhaltsanspruch nicht zustand, weil der Verpflichtete durch eine Minderung oder Kürzung seiner Versorgung unter den „Selbstbehalt" fiel und dadurch zu Unterhaltsleistungen nicht mehr in der Lage war.[66] Daneben regelte § 6 VAHRG a.F. eventuelle Nachzahlungen, die aus der Aussetzung der Minderung in Unterhaltsfällen entstehen konnten.

Bei Einführung des Unterhaltsprivilegs im Jahr 1981 wurde von einer Minderheit in Erwägung gezogen, die Kürzung der Versorgung nur um den Betrag des tatsächlich gezahlten Unterhalts rückgängig zu machen.[67] Der Gesetzgeber entschied sich jedoch bewusst dafür, keine dahingehende Differenzierung vorzunehmen. Maßgeblich für die Aussetzung sollte die Unterhaltspflicht sein und nicht, ob sich der Unterhaltsanspruch auch aus einem vollstreckbaren Titel ergab. Die Kürzung der Versorgung sollte vielmehr unabhängig von der Höhe des geleisteten Unterhalts in voller Höhe rückgängig gemacht werden.[68]

III. Stellungnahme

Die Frage der Vereinbarkeit des Versorgungsausgleichs mit Art. 14 Abs. 1 GG, wurde in der Grundsatzentscheidung des BVerfGs umfassend beantwortet. Demnach ist der Versorgungsausgleich grundsätzlich „als Bestimmung von Inhalt und Schranken des Eigentums im Sinne von Art. 14 GG durch Art. 6 Abs. 1 und Art. 3 Abs. 2 GG gerechtfertigt".[69] Seine Rechtfertigung ergibt sich nach Ansicht des BVerfG aus dem Grundsatz der „gerechten Teilhabe an den Versorgungsanwartschaften". Der „Grundsatz der gerechten Teilhabe" war zudem eines der Hauptargumente für die damalige Einführung des Versorgungsausgleichs 1977 und spielt daher eine entscheidende Rolle.

Das BVerfG stellte darüber hinaus fest, dass einzelne Auswirkungen des Versorgungsausgleichs sehr wohl grundrechtswidrige Eigen-

66 BT-Drucks. 9/2296, S. 14.
67 BT-Drucks. 9/2296, S. 3; ursprünglicher Entwurf in BT-Drucks. 9/34.
68 BT-Drucks. 9/2296, S. 14.
69 BVerfG FamRZ 1980, S. 326.

tumsbeeinträchtigungen und Freiheitsbeschränkungen zur Folge haben können.[70] Dies sei der Fall, wenn einerseits bei dem Verpflichteten eine spürbare Kürzung der Rentenansprüche erfolge, ohne dass sich andererseits der Erwerb eines selbstständigen Versicherungsschutzes angemessen für den Berechtigten auswirke. In dieser Fallgestaltung entspreche der Versorgungsausgleich nicht mehr den Inhalts- und Schrankenbestimmungen des Art. 14 Abs. 1 GG, da der Ausgleich nicht mehr den Ehegatten, sondern vielmehr nur noch dem Versorgungsträger zugutekomme.[71] Durch diese Aussage wird deutlich, dass es zwingende Bedingung für die „Verfassungskonformität des Versorgungsausgleichs" war, dass sich die Wegnahme der Anwartschaften bei dem Ausgleichspflichtigen als Versicherungsschutz bei dem ausgleichsberechtigten Ehegatten auswirkte.

Diesem Ansatz ist nur zuzustimmen, da die Scheidung und der damit verbundene Versorgungsausgleich nicht zur Benachteiligung der Ehegatten führen darf, was andernfalls aber die Folge wäre. Zwar hat die Ehe auch über die Scheidung hinaus gem. Art. 6 Abs. 1 GG eine gewisse Wirkung, dies darf aber nur für die gegenseitige Verpflichtung der Ehegatten untereinander gelten. Dadurch dürfen hingegen keine Nachteile verursacht werden, die in keinem Kontext zur ehelichen Pflicht stehen.

Der Gesetzgeber setzte die Vorgaben in dem VAHRG um. De facto dienten die darin normierten Fallkonstellationen dem Zweck, „grundrechtswidrige Auswirkungen" des Versorgungsausgleichs entgegenzuwirken. Dementsprechend wurde die Vereinbarkeit des Versorgungsausgleichs mit dem Verfassungsrecht in den genannten Ausnahmefällen durch die Etablierung der Bestimmungen fingiert. Erst die Normen des VAHRG verhalfen dem Versorgungsausgleich zu einer generellen Verfassungskonformität.

70 BVerfG FamRZ 1980, S. 326, 334.

71 BVerfG FamRZ 1980, S. 362, 335.

B. Weitere verfassungsrechtlich relevante Themen des alten Rechts

Abgesehen von der Entscheidung 1980 hatte sich das BVerfG noch weitere Male mit der verfassungsrechtlichen Vereinbarkeit einzelner Ausprägungen des Versorgungsausgleichs zu befassen:

I. Entscheidung aus dem Jahr 1986 zum schuldrechtlichen Versorgungsausgleich

Bereits im Jahr 1986 musste sich das BVerfG erneut mit der Verfassungsmäßigkeit des Versorgungsausgleichs auseinandersetzen.[72] Ausschlaggebend war die zuvor eingeführte Anordnung des schuldrechtlichen Versorgungsausgleichs im Rahmen des VAHRG. Nach §§ 1, 2 VAHRG a.F. sollte dieser durchgeführt werden, sofern die Voraussetzungen für eine Realteilung oder ein Quasi-Splitting nicht gegeben waren. Das BVerfG entschied jedoch, dass die Regelung verfassungswidrig sei und gegen Art. 3 Abs. 1 GG verstoße. Die Bestimmung wurde dementsprechend für nichtig erklärt.[73]

Der Gesetzgeber trug dieser Entscheidung Rechnung, indem er am 8.12.1986 das Gesetz über weitere Maßnahmen auf dem Gebiet des Versorgungsausgleichs (VAwMG) erließ und das VAHRG einer Neufassung unterzog. Durch die neue Regelung § 3b VAHRG a.F. wurde dem Richter die Befugnis eingeräumt, in bestimmten Fällen eine andere Ausgleichsform zu wählen, obwohl der Ausgleich eigentlich hätte schuldrechtlich erfolgen müssen.[74] Zudem wurde gem. § 3a VAHRG a.F. der sog. „verlängerte schuldrechtliche Versorgungsausgleich" eingeführt.[75]

72 BVerfG FamRZ 1986, S. 543, 550.

73 BVerfG FamRZ 1986, S. 543.

74 Der Gesetzgeber wollte mit dieser Regelung den schuldrechtlichen Ausgleich wieder zurückdrängen, welcher sich durch den Wegfall der Beitragszahlungen als Ausgleichsform ausgeweitet hatte, Bamberger/Roth/*Bergmann*, BGB, § 1587, Rn. 12 ff.

75 Wenn der Berechtigte bei der Lösung der Ehe durch den Tod des Verpflichteten einen Anspruch auf eine Hinterbliebenenversorgung gehabt hätte, so konnte er auch trotz Scheidung, im Falle des Todes des Verpflichteten eine Ausgleichsrente vom Versicherungsträger verlangen, siehe dazu Palandt/*Brudermüller*, BGB, 68. Aufl., Anhang I zu § 1587b (VAHRG), § 3b, Rn. 1 ff.

II. Zum Hintergrund des Abänderungsverfahrens gem. § 10a VAHRG

Im Zuge des VAwMG im Jahr 1986 wurde zur Abänderung von rechtskräftigen Entscheidungen über den öffentlich-rechtlichen Versorgungsausgleich die Vorschrift des § 10a in das VAHRG a.F. hinzugefügt.[76]

1. Gründe für die Einführung

Nach dem ursprünglichen Konzept des Versorgungsausgleichs sollte mit der Scheidung ein einmaliger und endgültiger Ausgleich der von den beiden Ehegatten in der Ehe erworbenen Versorgungsanrechte stattfinden. Dies sollte eigentlich dazu führen, dass sich die Versorgungsschicksale der Ehegatten unwiderruflich voneinander trennen und auch nacheheliche Entwicklungen keinen Einfluss auf den Versorgungsausgleich haben.[77] Da im Zeitpunkt der Scheidung der Versorgungsfall in der Regel jedoch noch nicht eingetreten war und sich der Wert aus tatsächlichen oder rechtlichen Gründen bis zu dessen Eintritt im Allgemeinen verändern konnte, wurde die Rechtslage schon bald als unbillig empfunden.[78]

Nach wiederholter Problematisierung in der Rechtsprechung[79] entschied der BGH, dass der „Grundsatz der Halbteilung" es gebiete, bei einer wesentlichen Wertänderung des Ausgleichsbetrages nach dem Ehezeitende eine nachträgliche Abänderung der gerichtlich getroffenen Entscheidung über den Versorgungsausgleich zu ermöglichen. Nur so könne in diesen Fällen ein verfassungswidriger Eingriff in grundrechtlich geschützte Versorgungen vermieden werden.[80]

---

76 BT-Drucks. 10/6369. Eigentlich war auch für § 10a VAHRG a.F. eine Befristung bis zum 31.12.1994 vorgesehen, um zunächst Erfahrungen gewinnen zu können, Soergel/*Minz*, BGB, VAHRG § 10a, Rn. 3. Letztlich wurde die Regelung im Rahmen des Rentenüberleitungsgesetzes aber zum Dauerrecht erklärt, so dass sie erst durch die Strukturreform abgelöst wurde, HK/*Bergmann*, Familienrecht, VAHRG, § 10a Rn. 2.

77 So die Vorstellung des damaligen Gesetzgebers, BT-Drucks. 7/650, S. 1 und 15.

78 Zu den einzelnen Problembereichen nach der alten Rechtslage: *Schwab*, FamRZ 1977, S. 768, 772; *Bergner*, NJW 1982, S. 1492; *Michaelis*, FamRZ 1985, S. 550; *Bergner*, NJW 1986, S. 217, 218; BGB – RGRK/*Wick*, § 10a VAHRG, Rn. 2.

79 BGH FamRZ 1984, S. 990, 992; FamRZ 1986, S. 447, 449.

80 BGH FamRZ 1986, S. 449, 450.

Schließlich sah auch der Gesetzgeber die Notwendigkeit, nachträglichen Veränderungen der Werte der Versorgungsanrechte Rechnung zu tragen, und statuierte § 10a VAHR a.F. als Konsequenz.[81]

Die Änderung einer gerichtlichen Endentscheidung im Rahmen des öffentlich-rechtlichen Versorgungsausgleiches war unter den in § 10a VAHRG a.F. normierten Voraussetzungen möglich. Bei der umfassenden Überprüfung i.S.v. § 10a VAHRG a.F. handelte es sich um eine „Totalrevision", die dazu führte, dass die materielle Rechtskraft von Versorgungsausgleichsentscheidungen jederzeit durch eine neue Entscheidung im Rahmen des Abänderungsverfahrens durchbrochen werden konnte.[82]

2. Entscheidung des BVerfGs aus dem Jahr 1993

Der einschlägigen Entscheidung des BVerfGs im Jahr 1993 zu den Abänderungsverfahren war dennoch zu entnehmen, dass die Umsetzung in § 10a VAHRG a.F. den verfassungsrechtlichen Vorgaben entsprach.[83] Das BVerfG erklärte die eingeführte Abänderungsmöglichkeit ebenfalls für verfassungskonform.[84] Die Richter begründeten ihre Entscheidung wie folgt: „Stellt sich später heraus, dass die ausgeglichenen Anrechte gar nicht oder nicht in der angenommenen Höhe entstanden sind oder dass der Ausgleichsberechtigte Anwartschaften erworben hat, die beim Versorgungsausgleich unberücksichtigt geblieben sind, so führt der Versorgungsausgleich zu einer Kürzung der Versorgung des Ausgleichspflichtigen, die nicht mehr mit dem Grundsatz der gleichmäßigen Aufteilung des in der Ehe Erworbenen gerechtfertigt ist. Das Vertrauen des Ausgleichsberechtigten auf den Fortbestand der ihm übertragenden oder für ihn begründeten Anrechte rechtfertige es ebenfalls nicht, eine spätere Änderung völlig auszuschließen."[85]

81 *Dörr*, FPR 2007, S. 130.

82 BGB – RGRK/*Wick*, § 10a VAHRG, Rn. 2. § 1587g Abs. 3 i.V.m. § 1587d Abs. 2 BGB a.F. regelte ergänzend die Änderung der schuldrechtlichen Ausgleichsrente, *Gernhuber/Coester-Waltjen*, Familienrecht, 5. Aufl. § 28, Rn. 79. § 53f FGG a.F. erfasste zudem die Aufhebung der Entscheidung zur Beitragszahlung.

83 BVerfG FamRZ 1993, S. 161.

84 BVerfG NJW 1993, S. 1057.

85 BVerfG NJW 1993, S. 1057.

3. Stellungnahme zur Einführung des § 10a VAHRG a.F.

Neben den in §§ 4 bis 9 VAHRG a.F. geregelten Härtefällen wurde somit eine weitere Möglichkeit zur Änderung gerichtlicher Entscheidungen bezüglich des Versorgungsausgleichs geschaffen. Der Gesetzgeber kam mit dieser zusätzlichen Regelung dem Bedürfnis nach, grundrechtswidrige Entscheidungen des Versorgungsausgleichs ausführlicher zu revidieren.[86] Man kann sagen, um die Verfassungsmäßigkeit von Versorgungsausgleichsentscheidungen weiter zu garantieren, musste deren Rechtskraft ipso iure eingeschränkt werden.

Die Einführung der Korrekturmöglichkeit sollte der besseren Umsetzung des Halbteilungsgrundsatzes dienen, welcher im Falle der Scheidung nach der alten Rechtslage regelmäßig nicht mehr vollends erreicht werden konnte. Folglich hatte auch die damalige Änderungsmöglichkeit gem. § 10a VAHRG a.F. die „verfassungsrechtliche Aufgabe", den Grundsatz der gerechten Teilhabe im Falle einer wesentlichen Wertänderung eines Anrechts weiterhin zu gewährleisten. Der Grundsatz der gerechten Teilhabe wurde also auch im Rahmen dieser Diskussion seitens des BVerfG als Argumentationsgrundlage zugrunde gelegt. Diente dieser Grundsatz in der Entscheidung von 1980 aber noch als Rechtfertigungsgrundlage des Versorgungsausgleichs an sich – im Rahmen der Inhalts- und Schrankenbestimmung von Art. 14 Abs. 1 GG – wurde die „gerechte Teilhabe" nun als Begründung für die „Abänderungsfähigkeit" von Versorgungsausgleichsentscheidungen herangezogen.

Darüber hinaus war der Grundsatz der gerechten Teilhabe für den Gesetzgeber von 1977 einer der Hauptgründe für die Statuierung des Versorgungsausgleichs. Dieser wurde anschließend wiederholt von Gesetzgeber und Rechtsprechung herangezogen, um die Durchführung und Auswirkungen des Versorgungsausgleichs zu rechtfertigen.

86 Vorgabe des BVerfG FamRZ 1986, S. 543.

C. Exkurs: Zusätzliche Gesetzesergänzungen des Versorgungsausgleichsrechts

Abgesehen davon wurde das Versorgungsausgleichsrecht noch weiteren Gesetzesergänzungen unterzogen.

Anlässlich der Wende und des Beitritts der neuen Bundesländer in die Bundesrepublik trat das Gesetz zur Überleitung des Versorgungsausgleichs auf das Beitrittsgebiet (VAÜG) am 1.1.1992 in Kraft. Demnach sollte unter bestimmten Voraussetzungen auch in den neuen Bundesländern der Versorgungsausgleich durchgeführt werden.[87]

Darüber hinaus wurden im Laufe der nächsten Jahre im Rahmen verschiedener Reformen (RRG, RÜG und Organisationsreformen) noch weitere Änderungen des VAHRG vorgenommen. Seit der Einführung des Versorgungsausgleichs gab es folglich keinen längeren Zeitraum, in dem das Gesetz nicht modifiziert wurde. Um den stetig wachsenden Anforderungen an das Versorgungssystem gerecht zu werden, musste sich parallel die Gesetzesmaterie den immer neuen Herausforderungen anpassen.

Neben den Gesetzesergänzungen kam es auch zur wiederholten Novellierung der Barwert-VO. Zuletzt wurde die Barwert-VO mit dem Beschluss des BGH vom 5.9.2001 dennoch für verfassungswidrig erklärt.[88] Nach Ansicht des BGHs entsprachen die Berechnungen für die bereits eingezahlten Renten und für Anwartschaften ab dem 1.1.2003 nicht mehr den tatsächlichen Gegebenheiten, womit die Barwert-VO nicht länger mit der Verfassung vereinbar gewesen sei. Sie wurde daraufhin unter Verwendung aktualisierter demographischer Rechengrößen novelliert, aber ihre Geltungsdauer wurde bis zum 31.5.2006 beschränkt.

Zum damaligen Zeitpunkt war dem Gesetzgeber bereits bewusst, dass die Probleme im Zusammenhang mit der Einmalsaldierung, basierend auf der Barwert-VO, nicht mehr zufriedenstellend gelöst werden konnten.[89] Die novellierte Barwert-VO wurde nur noch als „Übergangslösung“ gesehen. Das Versorgungsausgleichsrecht sollte in seiner

87 Bamberger/Roth/*Bergmann*, BGB, § 1587, Rn. 15.

88 BGH FamRZ 2001, S. 1695, 1696.

89 Gerhardt/v. Heintschel-Heinegg/Klein/*Gutdeutsch*/*Wagner*, 7. Kapitel, Rn. 9 f.

Gesamtheit reformiert werden, was letztlich auch die Barwert-VO überflüssig machen sollte.

§ 3 Die Neugestaltung des Versorgungsausgleichs im Rahmen der Strukturreform[90]

A. Gesetzgeberische Ausgangslage

Die verfassungsrechtlichen Bedenken des BGHs[91] und der Literatur[92] hinsichtlich des bis 2009 geltenden Rechts konnten nicht länger ignoriert werden. Es wurde vielmehr allgemein von der „Notwendigkeit" einer Reform des Versorgungsausgleichsrechts ausgegangen.[93] Hauptkritikpunkt war, dass der Wertausgleich aufgrund einer notwendigen Vergleichbarmachung, basierend auf einer unsicheren Prognose anhand einer überholten Barwert-VO, keine zufriedenstellenden Ergebnisse mehr erzielen konnte.[94]

Mit dem „Gesetzesentwurf zur Strukturreform des Versorgungsausgleiches" (VAStrRefG) leitete die Bundesregierung am 20.8.2008 ein neues Kapitel im Versorgungsausgleichssystem ein. Der Gesetzgeber machte deutlich, dass an dem Versorgungsausgleich als „unverzichtbares Rechtsinstitut" auch in Zukunft festgehalten werden soll.[95] Der Versorgungsausgleich sei gem. Art. 6 Abs. 1 GG i.V.m. Art. 3 Abs. 2 GG wegen des Grundsatzes der „gleichmäßigen Teilhabe an

---

90 BT-Drucks. 16/10144.

91 BGH NJW 2002, S. 296, 297

92 *Bergner*, FamRZ 1999, S. 1487; *Bergner*, FPR 2007, S. 142 ff.; *Rehme*, FuR 2006, S. 112, 115; HK/*Kemper*, BGB, Vor §§ 1587–1587p, Rn. 3; *Schwab*, Familienrecht, 16. Aufl., § 40, Rn. 438; *Borth*, Versorgungsausgleich, 4. Aufl., 2. Kapitel, Rn. 441.

93 BT-Drucks. 16/10144, S. 1 f.; *Bergner*, NJW 2009, S. 1169; *Ruland*, Versorgungsausgleich, 3. Aufl., 1. Kapitel, Rn. 21; deutlich in: *Gernhuber/Coester-Waltjen*, Familienrecht, 6. Aufl., § 28, Rn. 6; *Wick*, Der neue Versorgungsausgleich in der Praxis, Abschnitt A, Rn. 7; ebenso *Borth*, Versorgungsausgleich, 7. Aufl., Kapitel 1, Rn. 2; *Schwab*, Familienrecht, 24. Aufl., § 40, Rn. 476; *Schmidbauer*, Der Versorgungsausgleich, Abschnitt A, S. 17; kritisch zur Umsetzung im Rahmen der Reform: *Rehme*, FamRZ 2008, S. 738 ff.

94 *Ruland*, Versorgungsausgleich, 4. Aufl., Kapitel 1, Rn. 21.

95 BT-Drucks. 16/10144, S. 29.

dem in der Ehe erworbenen Vorsorgevermögen" verfassungsrechtlich geboten".[96]

Der hinter dem Versorgungsausgleich stehende Grundgedanke, „die Aufteilung der in der Ehezeit erworbenen Versorgungsanrechte nach dem Halbteilungsgrundsatz", wurde als Kernelement in das neue Gesetz übernommen.[97] Der „neue" Versorgungsausgleich soll zugleich eine abschließende Regelung der Aufteilung der Versorgungsanrechte mit Rechtskraft der Scheidung erzielen. Durch das Entstehen eines selbstständigen Versorgungsanrechts mit durchgeführtem Versorgungsausgleich soll in Zukunft die endgültige Trennung der Versorgungsschicksale der Ehegatten erreicht werden.[98] Im Ergebnis wurde also nur die Art des Ausgleichs geändert, da diese in der Vergangenheit eine gerechte Teilhabe verfehlt hatte.[99]

B. Der Weg des neuen Versorgungsausgleichsgesetzes

Die Strukturreform im Jahr 2008 konnte von der fünf Jahre zuvor eingesetzten „Kommission Strukturreform des Versorgungsausgleiches" erheblich profitieren.[100] Resultat der Kommission aus dem Jahr 2003 war ein beim Justizministerium eingereichter Vorschlag. Demzufolge sollte der Versorgungsausgleich weiterhin als familienrechtliches Rechtsinstitut ausgestaltet bleiben.[101] Ebenso bestand Einigkeit über die Beibehaltung des Halbteilungsgrundsatzes. Neben diesen grundsätzlichen Beurteilungskriterien griff der Gesetzgeber im Rahmen der Strukturreform auch auf weitere Denkansätze des erarbeiteten Konzepts der Kommission zurück, u.a. wurde die Ausweitung der Realteilung und die Beschränkung der Notwendigkeit eines schuldrechtlichen

96 BT-Drucks. 16/10144, S. 29 und insb. S. 41f.

97 *Borth,* Versorgungsausgleich, 7. Aufl., Kapitel 1, Rn. 4.

98 *Borth,* Versorgungsausgleich, 7. Aufl., Kapitel 1, Rn. 4; Johannsen/Henrich/*Hahne,* Familienrecht, 6. Aufl., § 1587 BGB, Rn. 5; *Schwab,* Familienrecht, 24. Aufl., § 40, Rn. 477.

99 BT-Drucks. 16/10144, S. 1.

100 *Heubeck,* Abschlussbericht der Kommission Strukturreform des Versorgungsausgleichs, http://www.ges-mat.BGH.de/gesetzesmaterialien/16_wp/vastrrefg/Anhang_Abschlussbericht.pdf.

101 *Ruland,* Versorgungsausgleich, 3. Aufl., 1. Kapitel, Rn. 24.

Versorgungsausgleichs zur Vermeidung der bisherigen evidenten Bewertungsprobleme im Rahmen des Einmalausgleichs als sinnvoll erachtet.[102]

Als Ausgleichsform wählte der Gesetzgeber eine gleichmäßige Aufteilung sämtlicher einzelner Anrechte der Ehegatten.[103] Er entschied sich für die individuelle Teilung jedes Anrechts und wich in diesem entscheidenden Punkt von dem eigentlichen Konzept der Kommission ab, die eine Unterteilung der Anrechte in zwei Gruppen vorgeschlagen hatte.[104] Andere Vorschläge, die das alte System lediglich ausbessern wollten, wurden gänzlich verworfen.[105]

Der anschließend vom Bundesministerium der Justiz ausgearbeitete „Diskussionsentwurf für ein Gesetz zur Strukturreform des Versorgungsausgleichs (VAStrRefG)" im Jahr 2007 zunächst den Ländern, den Verbänden und Institutionen vorgelegt. Nach zahlreichen Modifizierungen und Überarbeitungen beschloss der Bundestag am 21.5.2008 die Verabschiedung des „Entwurfs des Gesetzes zur Strukturreform des Versorgungsausgleichs". Nachdem auch der Bundesrat am 6.3.2009 dem Gesetz mehrheitlich seine Zustimmung erteilt hatte, trat das Gesetz am 1.9.2009 in Kraft.[106]

C. Zielsetzungen des Gesetzgebers

Das neue Versorgungsausgleichsrecht sollte das bisherige Grundproblem – den durchzuführenden Einmalausgleich im Rahmen des Wertausgleichs – neu strukturieren. Die gerechte Teilhabe sollte wieder im

---

102 *Gernhuber/Coester-Waltjen,* Familienrecht, 6. Aufl., § 28, Rn. 7–9.

103 *Schwab,* Familienrecht, 24. Aufl., § 40, Rn. 474; *Gernhuber/Coester-Waltjen,* Familienrecht, 6. Aufl., § 28, Rn. 7–9.

104 Die Kommission unterbreitete als eigentlichen Vorschlag die Aufteilung der Anrechte in zwei Gruppen. Während Anrechte der 1. Gruppe, Anrechte der Regelsicherungssysteme, intern ausgeglichen werden sollten, sollten Anrechte der 2. Gruppe, also Anrechte der ergänzenden Altersversorgung, nach dem Prinzip des Zugewinns ausgeglichen werden, *Kommission Strukturreform des Versorgungsausgleichs,* Abschlussbericht, S. 12 f.

105 Siehe andere Reformvorschläge von *Bergner,* FamRZ 1999, S. 1487, 1493; zuletzt in FPR 2007, S. 142, 151; oder *Friederici,* Forum Familienrecht 2005, S. 140, 143.

106 *Ruland,* Versorgungsausgleich, 3. Aufl., Kapitel 1, Rn. 26 ff.

Vordergrund stehen. Ziel war eine grundlegende inhaltliche Sachreform mit einer völligen Neukodifikation des Versorgungsausgleichsrechts.[107] Der Gesetzgeber war bei der Strukturreform von prägenden Gesichtspunkten geleitet,[108] Gerechtigkeits- und Anwendungsdefizit sollten mit der Reform behoben werden.[109]

I. Zusammenfassung der Reformgründe

Der Hauptgrund für die Reformierung des Versorgungsausgleichs war die mangelnde Erzielung des „der Grundsatzes der gerechten Teilhabe" in der Praxis durch das bis 2009 bestehende Ausgleichssystem.[110]

1. Verfehlung der Halbteilung durch die Einmalsaldierung

Die Verfehlung der „gleichmäßigen Teilhabe" basierte grundsätzlich auf dem damaligen Ausgleichsprinzip, dem Einmalausgleich in der Rentenversicherung und der damit verbundenen Vergleichbarmachung anderer Anrechte.

Bei der Einführung des Versorgungsausgleichs im Jahr 1977 galt die Rentenversicherung, neben der Beamtenversorgung, als Inbegriff einer volldynamischen Versorgung.[111] Mittlerweile hat die gesetzliche Rentenversicherung allerdings „ihre Eigenschaft als volldynamische Maßstabsversorgung weitgehend eingebüßt".[112] Die hohe Bewertung der Anrechte der Maßstabsversorgungen im Rahmen der Umrechnung ist folglich veraltet. Die Entwicklung der gesetzlichen Rente ist immer unsicherer und ein System, welches diese als alleinigen und entscheidenden Faktor behandelt, konfligiert mit den eigentlichen Gegebenheiten unseres vielfältigen Versorgungssystems. [113]

---

107 *Ruland*, Versorgungsausgleich, 3. Aufl., Kapitel 1, Rn. 31.

108 *Bergner*, NJW 2009, S. 1169.

109 BT-Drucks. 16/10144, S. 30 f.

110 BT-Drucks. 16/10144, S. 1.

111 *Ruland*, Versorgungsausgleich, 3. Aufl., 1. Kapitel, Rn. 21; *Kemper*, Versorgungsausgleich in der Praxis, Kapitel II, Rn. 15; Weinreich/Klein/*Wick*, Vor § 1 VersAusglG, Rn. 6.

112 *Ruland*, Versorgungsausgleich, 3. Aufl., 1. Kapitel, Rn. 21; BT-Drucks. 16/10144, S. 33.

113 *Rauscher*, Familienrecht, S. 556.

a. Die problematische Umsetzung im Rahmen der Durchführung

Die Anwendung des Einmalausgleichs machte eine flexible Handhabung schwierig. Wie bereits erörtert, musste der Gesetzgeber seit der Einführung immer neue Ausgleichsformen finden, bspw. das „analoge Quasi-Splitting", um dem Ausgleich bei unterschiedlichen Anrechten gerecht zu werden. Insbesondere komplexe Fallkonstellationen konnten mit dem alten System nur schwer bewältigt werden, sodass immer wieder auf den schuldrechtlichen Ausgleich zurückgegriffen werden musste. Dabei war der Gesetzgeber eigentlich bemüht, den schuldrechtlichen Ausgleich wegen seiner evidenten Nachteile zurückzudrängen.[114]

b. Nachträglich eintretende Änderungen bezogen auf den Ausgleich

Vor weitere Herausforderungen wurden Rechtsprechung und Gesetzgeber zunehmend gestellt, wenn sich nach dem Ausgleich im Rahmen der Scheidung Änderungen hinsichtlich der zuvor im Ausgleich bewerteten Anrechte ergaben. Der Gesetzgeber versuchte zwar, dies durch die Härtefälle in §§ 4 bis 9 VAHRG a.F. und die Korrekturmöglichkeit in § 10a VAHRG a.F. zu regulieren. § 10a VAHRF a.F. wurde in der Praxis allerdings selten angewendet, obwohl dadurch eine vollständige Überprüfung des gesamten Ausgleichs möglich war.[115]

2. Zunehmende Bedeutung der ergänzenden Altersversorgung

Darüber hinaus hat die Bedeutung der betrieblichen und privaten Vorsorge zugenommen und es ist zu warten, dass beide Vorsorgemöglichkeiten auch künftig eine noch gewichtigere Rolle einnehmen.[116] Insbesondere im Hinblick auf die aktuelle Rentendiskussion ist deutlich, dass eine Absicherung im Alter durch die gesetzliche Rente nicht mehr ausreicht. Mit der steigenden Bedeutung der betrieblichen und privaten Vorsorge haben weitere Arten von Vorsorgesystemen an Zuwachs gewonnen. Die gesetzliche Rentenversicherung ist vorerst zwar das

---

114 Siehe die Ausführungen zur alten Gesetzeslage auf Seite 23 f. dieser Arbeit.
115 BT-Drucks. 16/10144, S. 36.
116 BT-Drucks. 16/10144, S. 36.

„wichtigste soziale Versicherungssystem für die Mehrheit der Bevölkerung".[117] Um der zunehmend verändernden Versorgungslandschaft gerecht zu werden, erscheint das starre System des Einmalausgleichs aber nicht mehr geeignet.[118] Es sollte vielmehr ein System verankert werden, das auch einen gerechten Ausgleich hinsichtlich der betrieblichen und privaten Anrechte besser garantieren kann.[119]

II. Bestrebungen des Gesetzgebers

1. Beseitigung des Gerechtigkeitsdefizits

Durch eine neue Ausgleichstechnik soll eine gerechtere Teilhabe zukünftig wieder garantiert werden.[120] Anstatt des Einmalausgleichs wird nun jedes Anrecht intern oder in den gesetzlich normierten Fällen extern geteilt. Durch die Teilung der Versorgung innerhalb des jeweiligen Systems wird eine spätere Saldierung aller Anrechte überflüssig. Folglich bedarf es keiner Vergleichbarmachung und auch keines Instrumentes wie der Barwert-VO mehr, da eine Prognose über eine künftige Wertentwicklung der Anrechte nicht mehr nötig ist.[121]

Zugleich gewährleistet diese Lösung auch eine eigenständige Position für den Ausgleichsberechtigten.[122] Der „clean break"[123] bei der Scheidung ist weiterhin gewährleistet, da sich die Versorgungsschicksale der Ehegatten unabhängig voneinander entwickeln können.

2. Beseitigung des Anwendungsdefizits

Die Neukoordinierung und Strukturierung der Vorschriften in einem einheitlichen Gesetz soll dem besseren Verständnis der Materie die-

117 BT-Drucks. 16/10144, S. 36.
118 BT-Drucks. 16/10144, S. 36.
119 Diese konnten nach der alten Rechtslage meistens nur im Rahmen des schuldrechtlichen Ausgleichs berücksichtigt werden, siehe dazu BT-Drucks. 16/10144, S. 35.
120 BT-Drucks. 16/10144, S. 1; kritisch dazu: *Rehme*, FamRZ 2008, S. 738, 741.
121 BT-Drucks. 16/10144, S. 30.
122 BT-Drucks. 16/10144, S. 31.
123 *Eichenhofer*, FamRZ 2008, S. 950.

nen.[124] Das Versorgungsausgleichsrecht galt zuletzt nur noch als „Expertengebiet", dessen Verständnis für die Praxis und den Anwender extrem schwierig war.[125] Das neue Versorgungsausgleichsgesetz als „Kernstück"[126] umfasst in den 54 Paragraphen alle Regelungen zum Versorgungsausgleich.

Lediglich § 1587 BGB n.F. ist noch als allgemeiner Hinweis auf den Versorgungsausgleich im Bürgerlichen Gesetzbuch verblieben.[127] Der Kern der Normen wurde findet sich fortan in einem eigenen Gesetz. Das neue Gesetz soll durch seine klaren Strukturen Transparenz vermitteln.[128] Die ehemals unübersichtlichen „Satelliten-Gesetze "[129] sind Vergangenheit.

Das Gesetz ist in drei Teile unterteilt, welche wiederum in verschiedene Kapitel gegliedert sind. Der 1. Teil erörtert die Grundsätze zur Regelung des Ausgleichs der Anrechte. Teil 2 regelt die Wertermittlung im Rahmen des Ausgleichsverfahrens. Der 3. Teil, §§ 48 bis 54 VersAusglG, beinhaltet die Übergangsvorschriften für Verfahren, die vor dem 1.9.2009 eingeleitet wurden. Ziel des Gesetzgebers ist es, das neue Recht möglichst schnell umzusetzen und so zwei nebeneinander anzuwendende Rechtsordnungen zu vermeiden.[130] Demnach ist das „alte" materielle Recht und Verfahrensrecht gem. § 48 Abs. 1 VersAusglG nur für Verfahren, die vor dem 1.9.2009 eingeleitet worden waren, anzuwenden. Ausnahmen regelt § 48 Abs. 2 VersAusglG.[131] Diese Neugestaltung soll die Anwendung und Umsetzung des Versorgungsausgleichsrechts erleichtern.

---

124 BT-Drucks. 16/10144, S. 31; *Ruland,* Versorgungsausgleich, 3. Aufl., 1. Kapitel, Rn. 32.

125 *Schmidbauer,* Der Versorgungsausgleich, Abschnitt A, S. 17; Sethe/Höland/*Eichenhofer,* Versorgungsausgleich, S. 55.

126 *Bergner,* NJW 2009, S. 1169.

127 Die vorherige Gesetzeslage umfasste die §§ 1587 ff. BGB a.F., das VAHRG a.F., VAwMG a.F. und VAÜG a.F.

128 *Borth,* Versorgungsausgleich, 6. Aufl., Kapitel 1, Rn. 13.

129 *Gernhuber/Coester-Waltjen,* Familienrecht, 6. Aufl., § 28, Rn. 10.

130 *Ruland,* Versorgungsausgleich, 4. Aufl., 1. Kapitel, Rn. 58.

131 Dieses „Stichtagsprinzip" ist bis auf § 48 Abs. 2 VersAusglG ausnahmslos anzuwenden, ausführliche Darstellung bei *Bergner,* NJW 2009, S. 1233, 1235.

a. Neue Gestaltungsspielräume für Ehegatten und Gerichte

Das neue Gesetz enthält erweiterte Gestaltungsmöglichkeiten für die beteiligten Eheleute, sowie für das zuständige Familiengericht. Die Eheleute haben mehr gesetzliche Freiheiten, in welchem Umfang sie ihren Versorgungsausgleich regeln möchten. Die Familiengerichte haben hingegen einen größeren Ermessenspielraum während des Verfahrens, um besser auf Einzelfälle reagieren zu können.[132]

b. Entlastungen der Versorgungsträger

Zugleich sollen die Versorgungsträger so wenig wie möglich mit den neuen Regelungen belastet werden.[133] Durch die Einbeziehung der privaten Versorgungsträger in die interne Teilung entsteht ein Mehraufwand, der durch einen „durch die Struktur bedingten Minderaufwand"[134] ausgeglichen werden soll. Dieser Minderaufwand soll insbesondere durch die Reduzierung der Erstattungsverfahren gegenüber dem Rentenversicherungsträger erreicht werden. Zum einen durch den Ausschluss des Versorgungsausgleichs bei geringfügigen Ausgleichsbeträgen und zum anderen durch die Einschränkung des Anwendungsbereichs gem. § 32 VersAusglG bei „Abänderungsverfahren".

§ 4 Die Neuerungen des Versorgungsausgleichs im Einzelnen

A. Materiell-rechtliche Änderungen

Der Gesetzgeber hat neben dem neuen Gesetz und der neuen Ausgleichstechnik teilweise auch materielle Änderungen am Ausgleich vorgenommen. In anderen Bereichen wurden die Regelungen des alten Gesetzes hingegen übernommen und lediglich neu ausgestaltet.

132 Siehe dazu BT-Drucks. 16/10144, S. 31; bspw. die Überprüfung der Vereinbarungen der Ehegatten im Rahmen des ausführlichen Erörterungstermins gem. § 221 FamFG.

133 BT-Drucks. 16/10144, S. 31.

134 BT-Drucks. 16/10144, S. 2.

Im Folgenden sollen die allgemeinen Strukturen des neuen Gesetzes überblicksartig erörtert werden.

I. Funktion und dogmatische Einordnung des neuen Versorgungsausgleichs

Der Versorgungsausgleich ist weiterhin ein familienrechtliches Institut mit zentraler Bedeutung im Scheidungsfolgenrecht.[135] Er hat nach dem neuen Gesetz die gleichen Aufgaben wie zuvor.

Nach § 1 Abs. 1 VersAusglG soll der Versorgungsausgleich die während der Ehe erworbenen Anrechte gleichmäßig zwischen den Eheleuten aufteilen. Dabei soll gem. § 2 Abs. 2 Nr. 2 VersAusglG beiden Ehegatten eine eigenständige Versorgungsposition verschafft werden. Diese beiden Elemente geben dem Versorgungsausgleich einen sowohl güterrechtlichen als auch unterhaltsrechtlichen Charakter.[136] Weiterhin war und bleibt der Versorgungsausgleich ein eigenes Rechtsinstitut, das von Güterstand und Unterhalt streng abzugrenzen ist.[137] Gem. § 2 Abs. 4 VersAusglG dürfen Anrechte, die dem Versorgungsausgleich zuzuordnen sind, nicht güterrechtlich bewertet werden.[138] Zudem steht der Versorgungsausgleich gesondert neben dem Unterhalt.[139]

---

135 *Borth,* Versorgungsausgleich, 7. Aufl., Kapitel 1, Rn. 22; *Ruland,* Versorgungsausgleich, 4. Aufl., 1. Kapitel, Rn. 24; Weinreich/Klein/*Wick,* Vor § 1VersAuglG, Rn. 5.

136 *Wick,* Der neue Versorgungsausgleich in der Praxis, Abschnitt A, Rn. 1; *Gernhuber/Coester-Waltjen,* Familienrecht 6. Aufl., § 28, Rn. 11; *Borth,* Versorgungsausgleich, 7. Aufl., Kapitel 1, Rn. 22.

137 Es soll hier nicht im Einzelnen auf die unterschiedlichen Abgrenzungsfälle eingegangen werden. Vielmehr soll nur aufgezeigt werden, dass alle drei Rechtsinstitute im Scheidungsfolgenrecht nebeneinanderstehen und nicht vermischt werden sollten, siehe dazu Johannsen/Henrich/*Hahne,* Familienrecht, 5. Aufl., § 1587 BGB, Rn. 7 f.; Gerhardt/v. Heintschel-Heinegg/Klein/*Gutdeutsch/Wagner,* Familienrecht, 7. Kapitel, 40 f.

138 *Borth,* Versorgungsausgleich, 7. Aufl., Kapitel 1, Rn. 22.

139 *Gernhuber/Coester-Waltjen,* Familienrecht, 6. Aufl., § 28, Rn. 12.

II. Grundzüge des geltenden Rechts

1. Die neue Ausgleichsform

Anstatt eines Einmalausgleichs werden die Anrechte durch eine reale Teilung „Hin und Her"[140] verrechnet. Das Anrecht wird im Falle der Scheidung auf beide Ehegatten gleichmäßig verteilt. Es wird also nicht erst eine Summe der jeweils erworbenen Versorgungsanrechte gebildet und durch eine anschließende Saldierung eine Ausgleichspflicht des Ehegatten mit den höheren Versorgungswerten festgestellt. Beide Ehegatten sind so jeweils Ausgleichsberechtigter und Ausgleichsverpflichteter.[141]

Das Gesetz unterscheidet zwischen dem Wertausgleich bei der Scheidung in §§ 9 bis 19 VersAusglG als der primären Ausgleichsform und den Ausgleichsansprüchen nach der Scheidung in §§ 20 bis 26 VersAusglG.[142]

a. Wertausgleich bei der Scheidung

Im Rahmen des Wertausgleiches bei der Scheidung wird zwischen zwei Teilungstechniken unterschieden, der internen und der externen Teilung. Die zentrale Ausgleichsform ist die interne Teilung gem. § 10 Abs. 1 VersAusglG.[143] Demnach wird jedes Anrecht innerhalb seines Systems geteilt, was eine Realteilung jedes Anrechts bedeutet.[144] Für die Anrechte der „1. Säule" (Anrechte der gesetzlichen Rentenversicherung und Beamtenversorgung) ändert sich im Vergleich zu dem

---

140 *Bergner,* NJW 2009, S. 1169, 1172; Gerhardt/v. Heintschel-Heinegg/Klein/*Gutdeutsch/Wagner,* Familienrecht, 7. Kapitel, 46; *Friederici,* Praxis des Versorgungsausgleichs, § 1, Rn. 11; HK/*Götsche,* BGB Familienrecht, Vor § 1587, Rn. 16;

141 jurisPK/*Bregger,* § 1 VersAusglG, Rn. 5; *Schwab,* Familienrecht, 24. Aufl., § 40, Rn. 477;

142 *Borth,* Versorgungsausgleich, 6. Aufl., Kapitel 1, Rn. 16; *Gernhuber/Coester-Waltjen,* Familienrecht, 6. Aufl., § 28, Rn. 13; Johannsen/Henrich/*Hahne,* Familienrecht, 5. Aufl., § 1587 BGB, Rn. 56.

143 *Borth,* Versorgungsausgleich, 6. Aufl., Kapitel 1, Rn. 16; *Glockner/Hoenes/Weil,* Der neue Versorgungsausgleich, § 8, Rn. 4; PWW/*Müller-Tegethoff/Reimers,* BGB, 10. Aufl. 1, § 10 Rn. 1.

144 *Ruland,* Versorgungsausgleich, 3. Aufl., 1. Kapitel, Rn. 35; *Gernhuber/Coester-Waltjen,* Familienrecht, 6. Aufl., § 28, Rn. 13; *Schwab,* Familienrecht, 24. Aufl., § 40, Rn. 477.

bis 2009 geltenden Recht nichts, da bisher durch das „Splitting“, § 1587b Abs. 1 BGB a.F., gleiche Ergebnisse erzielt wurden. [145] Neu ist die interne Teilung bei Anrechten der „2. und 3. Säule“, also Anrechten der betrieblichen Versorgung und der privaten Vorsorge.[146] Diese mussten nach dem alten Recht erst in Anrechte der gesetzlichen Rentenversicherung umgerechnet werden, sodass sie nur teilweise und meist nicht mit ihrem tatsächlichen Wert ausgeglichen werden konnten.[147]

Die Fälle der externen Teilung sind gesetzlich in §§ 14 bis 17 VersAusglG geregelt.[148] Diese soll nur in den normierten Ausnahmefällen erfolgen. Unter der externen Teilung versteht man gem. § 14 Abs. 1 VersAusglG die Begründung von Anrechten des Ausgleichsberechtigten bei einem anderen Versorgungsträger als dem des Ausgleichsverpflichteten.[149] Das Familiengericht „schafft“ in diesem Fall zu Lasten des Ausgleichsverpflichteten neue Anrechte bei einem anderen Versorgungsträger.

b. Ausgleichsansprüche nach der Scheidung

Die Ausgleichsansprüche nach der Scheidung, ehemals die „schuldrechtliche Ausgleichsrente“, sind in §§ 20 bis 26 VersAusglG geregelt. Die Ausgleichsansprüche nach der Scheidung stellen auch nach dem jetzigen Recht die subsidiäre Ausgleichsform dar.[150] Sie kommen nur in Betracht, wenn Anrechte bei der Scheidung wegen fehlender Ausgleichs- oder Teilungsreife nicht ausgeglichen werden können gem. § 19 VersAusglG.[151] Die verschiedenen Fälle fehlender Teilungsreife

---

145 So der Gesetzgeber in BT-Drucks. 16/10144, S. 31.

146 *Schmidbauer,* Der Versorgungsausgleich, Abschnitt A, S. 19; *Borth,* Versorgungsausgleich, 6. Aufl., Kapitel 1, Rn. 11.

147 BT-Drucks. 16/10144, S. 30 und 33.

148 *Friederici,* Praxis des Versorgungsausgleichs, § 14, Rn. 1; Gerhardt/v. Heintschel-Heinegg/ Klein/*Gutdeutsch/Wagner,* 7. Kapitel, Rn. 14; *Schwab,* Familienrecht, 24. Aufl., § 40, Rn. 488.

149 *Wick,* FuR 2011, S. 558.

150 *Kemper,* Versorgungsausgleich in der Praxis, Kapitel IX, Rn. 1; Weinreich/Klein/ *Wick,* Familienrecht, Vor § 1 VersAusglG, Rn. 70.

151 *Borth,* Versorgungsausgleich, 6. Aufl., Kapitel 1, Rn. 19; *Schwab,* Familienrecht, 24. Aufl., § 40, Rn. 491.

sind in § 19 Abs. 2 Nr. 1 bis 4 VersAusglG aufgelistet. Einzelheiten und Voraussetzungen finden sich in den §§ 20 ff. VersAusglG.

Die Ausgleichsansprüche nach der Scheidung unterscheiden sich in ihrem Wesen erheblich von dem Wertausgleich bei der Scheidung. Während der Wertausgleich bei der Scheidung dem Ausgleichberechtigten einen unmittelbaren Anspruch gegen den Ausgleichsverpflichteten gibt, ist der Ausgleichsanspruch nach der Scheidung an die Versorgung des Verpflichteten gebunden. Dementsprechend erlischt mit dessen Tod der Anspruch des Ausgleichsberechtigten, was in § 31 Abs. 3 VersAusglG geregelt ist.[152] Zudem ist es gem. § 20 Abs. 1 VersAusglG Voraussetzung für den Anspruch des Ausgleichsberechtigten, dass die ausgleichspflichtige Person bereits eine laufende Versorgung bezieht.[153] Diese Nachteile machen die Ausgleichsansprüche nach der Scheidung zu einer zweitrangigen Ausgleichsform, auf die nur in bestimmten Fällen zurückgegriffen werden darf.

Der Gesetzgeber hat also drei Teilungsmöglichkeiten geschaffen diesbezüglich folgende Reihenfolge gilt: Primär wird intern geteilt, in Ausnahmefällen findet eine externe Teilung statt und subsidiär - nur in bestimmten Fällen - kann ein Ausgleich über die Ausgleichsansprüche nach der Scheidung erfolgen.[154]

2. Auszugleichende Anrechte

Das Gesetz legt in § 2 VersAusglG fest, welche Anrechte im Rahmen des Versorgungsausgleichs zu berücksichtigen sind.[155] Diese Rechtspositionen werden in § 2 Abs. 1 VersAusglG abschließend aufgelistet. Sie entsprechen im Wesentlichen der alten Gesetzeslage.[156] Demnach sind

152 Es bleiben jedoch die Ansprüche aus der Hinterbliebenenversorgung gem. §§ 25, 26 VersAusglG bestehen, siehe dazu PWW/*Müller-Tegethoff/Reimers*, BGB, 10. Aufl., § 20 Rn. 12; *Borth*, Versorgungsausgleich, 6. Aufl., Kapitel 1, Rn. 19.

153 Tritt der Versorgungsfall bei dem Ausgleichberechtigten schon früher ein, kann er selbst noch keine Leistung in Anspruch nehmen, HK/*Götsche*, Versorgungsausgleich, Vor §§ 20–26 VersAusglG, Rn. 11.

154 *Ruland*, FPR 2011, S. 479; *Gernhuber/Coester-Waltjen*, Familienrecht, 6. Aufl., § 28, Rn. 13.

155 Also im Rahmen des Wertausgleichs bei der Scheidung oder der Ausgleichsansprüche nach der Scheidung.

156 *Bergner*, NJW 2009, S. 1169; siehe in §§ 1587 Abs. 1 BGB a.F. mit Bezugnahme auf § 1587a Abs. 2 BGB a.F.

die in der Ehezeit durch Arbeit oder Vermögen begründete Anwartschaften und Ansprüche auf Versorgungsleistungen wegen Alters oder Invalidität vom Versorgungsausgleich erfasst. Gem. § 1587 BGB n.F. sind alle Anrechte des „Drei-Säulen-Modells", also aus den Regelsicherungssystemen, der betrieblichen Altersvorsorge und der privaten Alters- und Invaliditätsvorsoge in den Versorgungsausgleich miteinzubeziehen.[157]

Neu ist gem. § 2 Abs. 2 Nr. 3 VersAusglG, dass Anrechte im Sinne des Betriebsrentengesetzes und Altersvorsorgeverträge-Zertifizierungsgesetzes unabhängig von ihrer Leistungsform berücksichtigt werden.[158] Im Gegensatz zur alten Rechtslage können nun auch betriebliche Altersversorgungen in Form von Kapitalleistungen ausgeglichen werden.[159]

Im Gegensatz zu früher besteht über die Ausgleichsansprüche nach der Scheidung jetzt zusätzlich die Möglichkeit, Anwartschaften, deren Wartezeiten noch nicht erfüllt wurden, und auch sonstige Anrechte im Sinne von § 19 Abs. 2 S. 1 VersAusglG später gem. §§ 20 ff. VersAusglG zu berücksichtigen.[160]

3. Bestimmung von Ehezeit und Ehezeitanteil

Entsprechend der bis 2009 geltenden Rechtslage ist nur das „in der Ehezeit" erworbene Versorgungsvermögen auszugleichen. § 3 Abs. 1 VersAusglG definiert die Ehezeit: Sie beginnt mit dem Anfang des Monats der Eheschließung und endet mit dem Ende des der Zustellung des Scheidungsantrags vorausgehenden Monats. Die Ehegatten müssen

157 Dies entspricht im Wesentlichen der alten Rechtslage, vgl. BT-Drucks. 16/10144, S. 46; siehe auch PWW/*Müller-Tegethoff/Reimers*, BGB, 10. Aufl., § 2 Rn. 1.

158 *Wick*, FuR 2011, S. 365.

159 Bisher wurden diese Versorgungszusagen im Rahmen des Zugewinnausgleichs berücksichtigt; siehe dazu BT-Drucks. 16/10144, S. 46; Gerhardt/v. Heintschel-Heinegg/Klein/*Gutdeutsch/Wagner*, 7. Kapitel, Rn. 41.

160 Gerhardt/v. Heintschel-Heinegg/Klein/*Gutdeutsch/Wagner*, 7. Kapitel, Rn. 34; Weinreich/Klein/*Wick*, Vor § 1 VersAusglG, Rn. 50.

folglich nur die Hälfte der Anrechte an den anderen Ehegatten abgeben, die auch in die Ehezeit fallen.[161]

Die Bestimmung dieses Ehezeitanteils, also des in der Ehezeit erworbenen Teils des jeweiligen Anrechts wird unterschiedlich geregelt. Nach der alten Rechtslage regelte § 1587a BGB a.F. entsprechend festgelegter Prinzipien, wie für die verschiedenen Versorgungen der Ehezeitanteil zu berechnen ist.[162] Die aktuelle Gesetzeslage in § 5 Abs. 1 VersAusglG überlässt es den jeweiligen Versorgungsträgern, den Ehezeitanteil des bei ihm geführten Versorgungswertes zu berechnen.[163] Diese Wertermittlung wird in §§ 39 bis 46 VersAusglG detailliert geregelt. Gem. § 5 Abs. 1 und 3 VersAusglG unterbreiten die Versorgungsträger diesen Vorschlag dann dem zuständigen Familiengericht.

Nach § 10a VAHRG a.F. waren alle Veränderungen, die zu einer späteren Abänderung der Entscheidung führen können, bereits im Ausgangsverfahren zu berücksichtigen.[164] Dieses „Stichtagsprinzip“[165] ist nun in § 5 Abs. 2 S. 2 VersAusglG normiert, sodass spätere Änderungen nach der Ehezeit, die sich aber auf die Berechnung des Ehezeitanteils auswirken, zu berücksichtigen sind.[166]

4. Ausnahmen von der Durchführung des Wertausgleichs

Das neue Gesetz beinhaltet gewisse Abweichungen von dem bis 2009 geltenden Gesetz, in welchen Konstellationen ein Wertausgleich nun nicht mehr durchzuführen ist.

161 *Borth*, Versorgungsausgleich, 6. Aufl., Kapitel 1, Rn. 111; Johannsen/Henrich/*Hahne*, Familienrecht, 5. Aufl., § 1587 BGB, Rn. 37; *Schwab*, Familienrecht, 24. Aufl., § 40, Rn. 484.

162 Siehe § 1587a BGB a.F.; Gerhardt/v. Heintschel-Heinegg/Klein/*Gutdeutsch/Wagner*, 7. Kapitel, Rn. 40.

163 *Bergner*, NJW 2009, S. 1169, 1170; jurisPK/*Bregger*, Familienrecht, § 5 VersAusglG, Rn. 3; HK/*Götsche*, BGB Familienrecht, § 5 VersAusglG, Rn. 1.

164 BGH FamRZ 1988, S. 940, 941.

165 *Bergner*, NJW 2009, S. 1169, 1170.

166 *Gernhuber/Coester-Waltjen*, Familienrecht, 6. Aufl., § 28, Rn. 38.

a. Kein Ausgleich wegen Geringfügigkeit

Ein Ausgleich wegen Geringfügigkeit wird grundsätzlich in drei Fallkonstellationen nicht vorgenommen:[167]

- Bei einer Ehedauer unter drei Jahren findet ein Versorgungsausgleich gem. § 3 Abs. 3 VersAusglG nur auf Antrag statt.
- Gem. § 18 Abs. 1 VersAusglG nimmt das Familiengericht einen Ausgleich nicht vor, wenn die Differenz der Ausgleichswerte zu gering ist.
- Neben dem in § 18 Abs. 1 VersAusglG genannten Fall ist ein Ausgleich nach Abs. 2 ebenso bei Anrechten mit zu geringem Ausgleichswert nicht vorzunehmen.

Die in § 18 VersAusglG normierte „Bagatellklausel" wird in § 18 Abs. 3 VersAusglG genauer definiert.[168] Ein Wertunterschied nach Abs. 1 oder ein Ausgleichswert nach Abs. 2 ist demnach zu gering, wenn er am Ende der Ehezeit bei einem Rentenbetrag als maßgeblicher Bezugsgröße höchstens 1 %, in allen anderen Fällen als Kapitalwert höchstens 120 % der monatlichen Bezugsgröße nach § 18 Abs. 1 des SGB IV beträgt. Das Familiengericht muss in diesen Fällen eine „Vorsorgevermögensbilanz" auf Kapitalbasis erstellen, wobei die Versorgungsträger ggf. den „korrespondierenden Kapitalwert" als Hilfsgröße ermitteln müssen.[169] Dem Gericht wird jedoch ein Ermessen eingeräumt, einen Ausgleich ausnahmsweise dennoch durchzuführen.

b. Kein Ausgleich bei fehlender Ausgleichsreife gem. § 19 VersAusglG

Im Gegensatz zu den Fällen der Geringfügigkeit, in denen das Familienrecht einen Ausgleich nicht vornehmen soll, handelt es sich bei den Konstellationen der Ausgleichsreife in § 19 Abs. 2 VersAusglG um eine „Muss-Vorschrift".[170] Der Ausgleich wird bei den Ausgleichswerten in Form von § 19 Abs. 2 Nr. 1 bis 4 VersAusglG eingeschränkt. Der Wert-

167 *Ruland,* Versorgungsausgleich, 3. Aufl., 1. Kapitel, Rn. 52; Weinreich/Klein/*Wick,* Familienrecht, Vor § 1 VersAusglG, Rn. 42.

168 *Wick,* FuR 2011, S. 437; *Bergner,* NJW 2010, S. 3269, 3274; *Gernhuber/Coester-Waltjen,* Familienrecht, 6. Aufl., § 28, Rn. 38.

169 *Ruland,* Versorgungsausgleich, 3. Aufl., 1. Kapitel, Rn. 53.

170 HK/*Götsche,* BGB Familienrecht, § 19 VersAusglG, Rn. 1.

ausgleich bei der Scheidung entfällt demnach bei verfallbaren Anrechten, abschmelzenden Leistungen, Unwirtschaftlichkeit für den Berechtigten und bei Anrechten bei ausländischen, zwischenstaatlichen oder überstaatlichen Versorgungsträgern. Ein Ausgleich kann in diesen Fällen später über die Ausgleichsansprüche nach der Scheidung gem. §§ 20 ff. VersAusglG erreicht werden.[171]

c. Kein Ausgleich wegen unbilliger Härte gem. § 27 VersAusglG

Die dritte Fallgruppe umfasst Fälle, in denen ein Ausgleich wegen grober Unbilligkeit gem. § 27 VersAusglG nicht vorzunehmen ist. Bei der Billigkeitsklausel in § 27 VersAusglG handelt es sich um eine Generalklausel. Der Gesetzgeber hat damit die beispielhafte Aufzählung von Tatbeständen in den §§ 1587c, 1587h BGB a.F. und § 3a Abs. 6 VAHRG a.F. aufgegeben. Das bedeutet aber nicht, dass die konkretisierten Fallgruppen und die bis dahin einschlägige Rechtsprechung nicht auch in Zukunft von Bedeutung sein sollen.[172] Generell greift die Härteklausel i.S.v.§ 27 VersAusglG entsprechend der alten Rechtslage, wenn „die gesamten Umstände des Einzelfalls es rechtfertigen, von der Halbteilung abzuweichen".[173] Dies ist beispielsweise anzunehmen, wenn der Ausgleichsberechtigte bereits eine eigene Versorgung hat, während der Verpflichtete auf seine Versorgungsanrechte dringend angewiesen ist.[174]

5. Erweitere Spielräume für Ehegatten

Nach der alten Rechtslage war es für die Ehegatten nahezu unmöglich, eigene Vereinbarungen über den Versorgungsausgleich zu treffen. Die Rechtsprechung hatte den Versorgungsausgleich als wichtigen Bestandteil des Kernbereichs im Rahmen der familiengerichtlichen Inhalts- und Ausübungskontrolle erklärt, sodass Abweichungen von der

---

171 *Wick*, FuR 2011, S. 366.

172 BT-Drucks. 16/10144, S. 68; *Glockner/Hoenes/Weil*, Der neue Versorgungsausgleich, § 8, Rn. 74; *Gernhuber/Coester-Waltjen*, Familienrecht 6. Aufl., § 28, Rn. 17.

173 Ansicht des BVerfG zur alten Rechtlage, FamRZ 1984, S. 653, 654.

174 BGH FamRZ, 2005, S. 1238, 1239; MAH/*Glockner*, Familienrecht, § 22, Rn. 25; *Schwab*, Familienrecht, 24. Aufl., § 40, Rn. 497.

gesetzlichen Norm schwierig waren.[175] § 9 Abs. 1 VersAusglG fordert die Ehegatten nun explizit dazu auf, eigene Vereinbarungen über den Versorgungsausgleich zu treffen. Das neue Recht stärkt somit die Dispositionsmöglichkeiten der Ehegatten hinsichtlich des Versorgungsausgleichs.[176] In den §§ 6 bis 8 VersAusglG werden die einzelnen Vereinbarungsmöglichkeiten der Ehegatten erörtert. Abmachungen, die vor Rechtskraft der Entscheidung über den Wertausgleich bei der Scheidung getroffen werden, bedürfen gem. § 7 Abs. 1 VersAusglG der notariellen Beurkundung. Angelehnt an die alte Rechtslage wird in § 8 Abs. 1 VersAusglG ausdrücklich betont, dass die Vereinbarungen über den Versorgungsausgleich – nach wie vor – der Inhalts- und Ausübungskontrolle genügen müssen, welche jederzeit durch die Familiengerichte vorgenommen werden kann.[177]

6. Wegfall des Rentner- und Pensionistenprivilegs und der Regelungen über den Höchstbetrag

In der neuen Gesetzeslage sind zwei elementare Regelungen der alten Rechtslage nicht übernommen worden. Dies ist zum einen der Wegfall des Rentner- und Pensionistenprivilegs und zum anderen der Wegfall der Regelung über den Höchstbetrag.

Nach der alten Rechtslage wurde eine Rente oder Versorgung des Verpflichteten, die bereits „vor" Wirksamwerden der Entscheidung über einen Versorgungsausgleich ausgezahlt wurde, erst dann gekürzt, wenn der Berechtigte aufgrund des Versorgungsausgleichs die Leistung bezog.[178] Diese Privilegierung ist in der Neufassung nicht mehr zu finden. Der Wegfall wird einerseits mit der „schwer zu rechtferti-

175 Dies ergibt sich aus der Grundsatzentscheidung des BVerfG FamRZ 1980, S. 326. Nach der alten Rechtslage konnten Vereinbarungen über den Versorgungsausgleich nur im Rahmen eines Ehevertrags nach § 1408 Abs. 2 BGB oder im Rahmen einer Scheidungsfolgenvereinbarung gem. § 1587o BGB a.F. geschlossen werden.

176 *Borth*, Versorgungsausgleich, 6. Aufl., Kapitel 7, Rn. 906; Johannsen/Henrich/*Hahne*, Familienrecht, 5. Aufl., § 1587 BGB, Rn. 66; PWW/*Müller-Tegethoff/Reimers*, BGB, 10. Aufl., § 6 VersAusglG, Rn. 1.

177 *Bergner*, NJW 2009, S. 1169, 1173.

178 *Borth*, Versorgungsausgleich, 6. Aufl., Kapitel 9, Rn. 1011; *Bergner*, NJW 2009, S. 1169, 1174f.

genden Belastung des Versorgungsträgers" und andererseits mit der nun vorgesehenen neuen Struktur des Ausgleichs begründet.[179]

Gem. § 1587b Abs. 5 BGB a.F. und § 76 Abs. 2 S. 3 SGB VI a.F. konnten Anrechte der gesetzlichen Rentenversicherung nur über einen gewissen Höchstbetrag übertragen oder begründet werden.[180] Auf Grund der zunehmenden Abnahme dieser Anrechte wird diese Höchstgrenze für unnötig erachtet.

B. Formale Neustrukturierung der Korrekturmöglichkeiten[181]

I. Die Härtefallregelungen als Anpassungen nach Rechtskraft

Um auch in der reformierten Rechtslage weiterhin die verfassungsrechtliche Rechtfertigung des Versorgungsausgleichs als Eingriff in Art. 14 Abs. 1 GG zu gewährleisten, mussten die Vorgaben des BVerfGs auch im Rahmen einer Neuregelung berücksichtigt werden.[182] Der Gesetzgeber war bei der Umstrukturierung daher daran gebunden, in bestimmten Fällen die nachträgliche Möglichkeit einer Korrektur zu eröffnen. Er nutzte dabei seine gesetzgeberischen Kompetenzen und führte in diesem Zusammenhang gewisse Modifizierungen der einzelnen Verfahren durch.

Der Gesetzgeber setzte die in §§ 4 bis 10 VAHRG a.F. enthaltenen Fallgruppen im Wesentlichen in Kapitel 4 des Versorgungsausgleichsgesetzes in den Anpassungen im Unterhaltsfall gem. §§ 33, 34 VersAusglG und im Todesfall des Ausgleichsberechtigten in §§ 37, 38 VersAusglG um.[183] Er fasste beide Verfahren unter der Be-

179 Siehe dazu ausführlich in BT-Drucks. 16/10144, S. 100.

180 *Wick*, Der neue Versorgungsausgleich in der Praxis, Abschnitt A, Rn. 4.

181 Der Vollständigkeit halber soll die Neustrukturierung der Anpassungs- und des Abänderungsverfahrens an dieser Stelle kurz dargestellt werden. Eine ausführliche Beleuchtung der neuen Rechtslage folgt in Kapitel 3.

182 Dies ergibt sich aus der Begründung des Gesetzgebers, BT-Drucks. 16/10144, S. 71 und 97.

183 *Kemper*, ZFE 2009, S. 204, 210; *Borth*, Versorgungsausgleich, 6. Aufl., Kapitel 8, Rn. 952; Gerhardt/v. Heintschel-Heinegg/Klein/*Gutdeutsch*/*Wagner*, Familienrecht, 7. Kapitel, Rn. 315; MAH/*Glockner*, Familienrecht, § 22, Rn. 42.

grifflichkeit „Anpassung nach Rechtskraft“ zusammen[184] und erweiterte die Anpassungen um den neu eingeführten Fall der Invalidität gem. §§ 35, 36 VersAusglG.[185] Die Anpassungsverfahren ermöglichen unter gewissen Voraussetzungen die zeitweise oder dauerhafte Aussetzung der auf dem Versorgungsausgleich beruhenden Kürzung der Versorgung des Ausgleichsverpflichteten.[186] Der Ausgleichsverpflichtete erhält für einen bestimmten Zeitraum, oder dauerhaft, trotz bereits durchgeführten Versorgungsausgleichs seine volle Versorgung, aber nur bei den in § 32 VersAusglG genannten Anrechten. Dogmatisch stehen die Anpassungsverfahren, wie schon die Härtefallregelungen, in einem Spannungsverhältnis zu dem Versicherungsprinzip und können letztlich zu zusätzlichen Lasten für die Versichertengemeinschaft führen.[187]

Soweit die genannten Versorgungsträger in ihren Satzungen keine eigenen Regelungen zur Anpassung des Versorgungsausgleichs nach Rechtskraft getroffen haben, sind die Regelungen der §§ 33 ff. VersAusglG unmittelbar anzuwenden.[188]

II. Die Totalrevision als neues Abänderungsverfahren im neuen FamFG

Das ehemalige Abänderungsverfahren aus § 10a VAHRG a.F. wurde hingegen gesondert im ebenfalls neuen Gesetz über das Verfahren in Familiensachen und in den Angelegenheiten der freiwilligen Gerichtsbarkeit (FamFG) geregelt.[189] Der Gesetzgeber machte in seinem Referentenwurf zur Strukturreform des Versorgungsausgleichs klar, dass

184 HK/*Rehbein*, Versorgungsausgleich, Vor §§ 32 ff. VersAusglG, Rn. 1; kritisch zu der Bezeichnung Johannsen/Henrich/*Hahne*, Familienrecht, 5. Aufl., § 33 VersAusglG, Rn. 1, diese sei „missverständlich“, da die Gestaltungswirkung der ursprünglichen Entscheidung bestehen bleibt.

185 Das zusätzliche Anpassungsverfahren gem. §§ 35, 36 VersAusglG war aufgrund der Umstellung des Ausgleichssystems notwendig, Hoppenz/*Hoppenz*, Familiensachen, Vor §§ 32 ff. VersAusglG, Rn. 1; Palandt/*Brudermüller*, BGB, 75. Aufl., § 35, Rn. 1; *Schlüter*, Familienrecht, § 19, Rn. 255.

186 *Glockner/Hoenes/Weil*, Versorgungsausgleich, § 11, Rn. 1; *Friederici*, Praxis des Versorgungsausgleichs, § 4, Rn. 1.

187 BT-Drucks. 16/10144, S. 71.

188 *Borth*, Versorgungsausgleich, 6. Aufl., Kapitel 8, Rn. 954.

189 Kritsch zum verfahrensrechtlichen Standort Schulte-Brunert/Weinreich/*Rehme*, FamFG, § 225, Rn. 1.

die von § 10a VAHRG a.F. gefassten Sachlagen grundsätzlich auch im reformierten Versorgungsausgleich entstehen können. Eine Abänderungsmöglichkeit sei unter dem Gesichtspunkt des „Grundsatzes der gleichmäßigen Teilhabe“ in bestimmten Fällen also weiterhin geboten.[190] Der Ansatz von § 10a VAHRG a.F., rechtskräftige Entscheidungen des öffentlichen-rechtlichen Versorgungsausgleichs auch nachträglich abändern zu können, wurde in dem Abänderungsverfahren gem. §§ 225, 226 FamFG übernommen. Grundsätzlich erwachsen die Endentscheidungen des Familiengerichts über den Versorgungsausgleich gem. § 224 Abs. 1 FamFG in Rechtskraft.[191] Daneben wird in § 227 Abs. 1 FamFG i.V.m. § 48 VersAusglG die Möglichkeit der Abänderung von Entscheidungen über die Ausgleichsansprüche nach der Scheidung eröffnet. Da lediglich § 225 Abs. 1 FamFG auf den Anwendungsbereich von § 32 VersAusglG verweist, wird deutlich, dass § 32 VersAusglG nicht im Rahmen von Abänderungen von Entscheidungen über die Ausgleichsansprüche nach der Scheidung anwendbar ist. Nach § 227 Abs. 2 FamFG ist es zudem möglich, die Entscheidungen bezüglich der von den Ehegatten getroffenen Vereinbarungen über den Versorgungsausgleich abzuändern.

Der Vollständigkeit halber hat der Gesetzgeber im Rahmen der Übergangsvorschriften die Norm des § 51 VersAusglG statuiert. Die Regelung ermöglicht die Abänderung gerichtlicher Entscheidungen des Versorgungsausgleichs, die bis zum 31.8.2009 getroffen wurden.[192]

---

190 BT-Drucks. 16/10144, S. 97.

191 Die Norm entspricht den §§ 53b Abs. 3, 53d, 53g Abs. 1 FGG a.F.; Musielak/Borth/*Borth/Grandel*, FamFG, § 224, Rn. 1; Schulte-Brunert/Weinreich/*Rehme*, FamFG, § 224, Rn. 1; Haußleiter/*Fest*, FamFG, § 224, Rn. 1; Berliner Kommentar/*Schwedhelm*, FamFG, § 224, Rn. 1.

192 Also die Änderung „alter“ Versorgungsausgleichsentscheidungen. Sie entspricht im Wesentlichen § 10a VAHRG a.F. und war wegen der inhaltlichen Unterschiede von § 225 FamFG verfassungsrechtlich geboten, BT-Drucks. 16/10144, 88.

C. Verfahrensrechtliche Neuerungen im Zusammenhang mit dem FamFG

Im folgenden Abschnitt sollen ebenfalls überblicksartig die verfahrensrechtlichen Modifizierungen dargestellt werden, die sich aus dem erneuerten VersAusglG und dem ebenfalls veränderten FamFG ergeben können.

I. Die Scheidung als verfahrensrechtlicher Ausgangspunkt

1. Grundsätzliches zum FamFG

Der in § 1564 S. 1 BGB normierte Scheidungsantrag manifestiert ein „privates Gestaltungsrecht der Ehegatten“[193], die Ehescheidung wird ausschließlich auf Antrag eines Ehegatten durchgeführt. Sind die weiteren Scheidungsvoraussetzungen erfüllt, haben die Ehegatten gem. § 1564 S. 3 BGB einen „öffentlich-rechtlichen Anspruch auf Erlass eines Scheidungsbeschlusses.“[194] Die Auflösung der Ehe erfolgt hingegen durch gestaltende richterliche Entscheidung gem. § 1564 S. 2 BGB. Zwingende Bedingungen einer rechtskräftigen Scheidung sind der Antrag eines oder beider Ehegatten sowie der Scheidungsbeschluss seitens des Gerichtes.[195] Durch den Auflösungsbeschluss gem. §§ 38, 116 Abs. 1 FamFG entfallen alle gesetzlichen Ehewirkungen. Stattdessen treten die Folgen einer Scheidung ein: Unterhaltsansprüche, Zugewinnausgleich, Versorgungsausgleich und die Verteilung von Hausrat und Wohnung. Die Stattgabe des Scheidungsantrages ist demnach Grundvoraussetzung für die Durchführung des Versorgungsausgleichs.[196]

Innerhalb der letzten Jahre wurden die verschiedenen scheidungsrechtlichen Konsequenzen im Rahmen unterschiedlicher Reformen modifiziert. Der Unterhalt wurde durch die große Unterhaltsrechtsre-

193 *Diederichsen,* NJW 1977, S. 273; Johannsen/Henrich/*Jaeger,* Familienrecht, 5. Aufl., § 1564, Rn. 31.

194 *Gernhuber*/Coester-Waltjen, Familienrecht, 6. Aufl., § 25, Rn. 1

195 *Dastmaltchi,* FPR 2007, S. 226; Weinreich/Klein/*Weinreich,* Familienrecht, § 1564, Rn. 3; PWW/*Weinreich,* BGB, 10. Aufl., § 1564, Rn. 1.

196 *Muscheler, Familienrecht,* § 24, Rn. 407.

form 2007 umstrukturiert, welche am 1.1.2008 in Kraft trat.[197] Der Zugewinnausgleich wurde zusammen mit dem Vormundschaftsrecht im Jahr 2009 umgestaltet.[198]

Neben den Änderungen der materiellen Gesetzeslage entschied sich der Gesetzgeber dazu, auch die verfahrensrechtlichen Regelungen neu zu strukturieren. Das FamFG trat am 1.9.2009 in Kraft.[199] Der Gesetzgeber hatte bei der Neugestaltung das Ziel, eine transparente Gesetzeslage und eine vorhersehbare Ausgestaltung des familiengerichtlichen Verfahrens herzustellen.[200] Durch das gleichzeitige Inkrafttreten von FamFG und VersAusglG sollte eine völlige Neugestaltung der Versorgungsausgleichsverfahren erreicht werden.[201] Künftig ist zu beachten, dass sich materiell-rechtliche Änderungen auch in verfahrensrechtlicher Hinsicht auswirken können.[202]

Das FamFG gilt für alle Familiensachen im Sinne von § 111 FamFG. Im Gegensatz zur alten verfahrensrechtlichen Rechtslage wurde durch das Gesetz das „große" Familiengericht eingeführt.[203] Das Familiengericht ist nach der derzeitigen Rechtslage nun auch für sonstige vermögensrechtliche Auseinandersetzungen zuständig. Durch die

197 Entwurf eines Gesetzes zur Änderung des Unterhaltsrechts, 2007 in BT-Drucks. 16/1830; *Niepmann/Schwamb*, NJW 2010, S. 2400; siehe dazu auch *Kraus*, S. 198.

198 Entwurf eines Gesetzes zur Änderung des Zugewinnausgleichs- und Vormundschaftsrechts, in BT-Drucks. 16/13027.

199 Entwurf eines Gesetzes zur Reform des Verfahrens in Familiensachen und in den Angelegenheiten der freiwilligen Gerichtsbarkeit (FGG- Reformgesetz- FGG-RG), in BT-Drucks. 16/6308. Art. 1 FGG- RG enthielt als Inhalt das FamFG und Art. 111 FGG- RG die Regelungen zum Übergangsrecht, siehe dazu HdU/*Kamm*, 7. Kapitel, Rn. 7001; *Zimmermann*, Das neue FamFG, 1. Kapitel, Rn. 1.

200 BT-Drucks. 16/6308, S. 1, 162; *Fest*, NJW 2011, S. 2611.

201 Die in FGG- RG zunächst enthaltenen Regelungen waren noch auf das veraltete Versorgungsausgleichsrecht abgestimmt, Keidel/*Engelhardt*, FamFG, Art. 111 FGGRG, Rn. 1; Prütting/Helms/*Bömelburg*, FamFG, § 238, Rn. 5.

202 Zum Beispiel sind gem. § 2 Abs. 3 VersAusglG alle Anrechte, die auf die Rente gerichtet sind und Anrechte im Sinne des BetrG oder des AlrZG, unabhängig von ihrer Leistungsform auszugleichen. Durch diese Einbeziehung von betrieblichen Anrechten auf Kapitalbasis hat sich der Anwendungsbereich der Versorgungsausgleichssachen auch verfahrensrechtlich erweitert. Auswirkungen hat dies auf Formen der Altersversorgung, welche auf eine Absicherung im Alter abzielen und somit künftig nicht mehr als Güterrechtssachen zu bewerten sind, HK/*Kemper*, FamFG, § 111, Rn. 47.

203 *Schulte-Brunert*, Das neue FamFG, 2. Kapitel, Rn. 449; HdU/*Kamm*, 7. Kapitel, Rn. 7007; Hoppenz/*Gottwald*, Vor § 1 FamFG, Rn. 4.

Ausweitung der Zuständigkeit wird es ermöglicht, alle Verfahren innerhalb einer Familie von einem umfassend zuständigen Familiengericht führen zu lassen.[204] Strukturell wurde das neue „Familienverfahrensrecht" als einheitliche Verfahrensordnung gestaltet.[205] Das FGG und das 6. Buch der ZPO, das die Verfahren in Familiensachen beinhaltete, wurden aufgehoben und befinden sich jetzt im FamFG.[206] Das derzeitige Recht hat aber die systematische Gliederung in „ZPO-Familiensachen" und „FGG-Familiensachen" beibehalten. Es gibt also nach wie vor Familiensachen, auf die weiterhin die allgemeinen Regelungen der ZPO Anwendung finden, und Familiensachen der freiwilligen Gerichtsbarkeit, die sich nach den allgemeinen Vorschriften des FamFG richten.[207]

Gem. Art. 111 FGG-RG gilt im Rahmen der Übergangsfälle das „Stichtagsprinzip". Demnach ist das bisherige Recht für „Altfälle", d.h. Verfahren die bis zum 1.9.2009 eingeleitet oder beantragt wurden, weiter anzuwenden.[208] Der Gesetzgeber hat so das materielle Recht des Versorgungsausgleichsgesetzes und das neue Verfahrensrecht des FamFG aufeinander abgestimmt.[209] Für alle Verfahren, die nach dem 1.9.2009 eingeleitet oder beantragt wurden, gilt das neue Recht uneingeschränkt.[210]

---

204 HK/*Kemper*, FamFG, § 111, Rn. 4; Haußleiter/*Gomille*, FamFG, § 1, Rn. 1; HdU/*Kamm*, 7. Kapitel, Rn. 7004;

205 So sollen künftig die schwer verständlichen Hin- und Rückverweisungen zwischen ZPO und FGG vermieden werden, BT-Drucks. 16/6308, S. 1; *Götz*, NJW 2010, S. 897.

206 *Zimmermann*, Das neue FamFG, 1. Kapitel, Rn. 1; HdU/*Kamm*, 7. Kapitel, Rn. 7001.

207 *Koritz*, Das neue FamFG, § 2, Rn. 3; Schulte-Brunert/Weinreich/*Schöpflin*, Einleitung zum FamFG, Rn. 28.

208 HdU/*Kamm*, 7. Kapitel, Rn. 7006; HK/*Kemper*, FamFG, Einleitung, Rn. 17.

209 Bork/Jacoby/Schwab/*Borth*, FamFG, Vor § 217, Rn. 12.

210 Probleme hinsichtlich der Regelung des Art. 111 FGG- RG ergeben sich bei der Anwendbarkeit der Vorschrift auf das Verhältnis zwischen erster und zweiter Instanz, *Götz*, NJW 2010, S. 897; siehe auch HdU/*Kamm*, 7. Kapitel, Rn. 7006.

2. Verfahrensrechtliche Einteilung des Scheidungsverfahrens im FamFG

Das FamFG definiert in § 111 den Begriff der Familiensachen, welche in Nr. 1 bis 11 abschließend aufgezählt werden.[211] § 111 FamFG ersetzt somit die bisherigen § 621 Abs. 1 ZPO a.F. und § 23b Abs. 1 S. 2 GVG a.F.[212] Die sachliche Zuständigkeit der Familiengerichte für die Familiensachen ergibt sich weiterhin aus § 23a GVG.[213]

Innerhalb der Familiensachen wird zwischen „Ehesachen" gem. §§ 111 Nr. 1, 121 FamFG, Familienstreitsachen gem. § 112 FamFG und „gewöhnlichen Familiensachen" gem. § 111 Nr. 2 bis 7 und teilweise in Nr. 8 FamFG unterschieden.[214] Der Begriff der Ehesachen wird in § 121 FamFG dargelegt. Es handelt sich um Verfahren, die den Zustand der Ehe selbst betreffen, also Scheidung, Aufhebung oder Feststellung des Bestehens oder Nichtbestehens.[215] Die Verfahren, die als Familienstreitsachen definiert werden, sind in § 112 FamFG abschließend aufgezählt. Darunter fallen Unterhaltssachen nach § 231 Abs. 1 FamFG sowie auch die Güterrechtssachen gem. § 261 FamFG. Des Weiteren umfassen die Familienstreitsachen i.S.v. § 112 Nr. 3 FamFG auch die sonstigen Familiensachen im i.S.v. § 266 FamFG, z.B. unbenannte Zuwendungen unter Ehegatten und die Lebenspartnerschaftssachen i.S.v. § 269 Abs. 2 FamFG.[216]

Die „gewöhnlichen" Familiensachen ergeben sich dann nach dem Ausschluss der Ehesachen und der Familienstreitsachen. Familiensachen gem. § 111 FamFG sind: Kindschaftssachen (Nr. 2), Abstammungssachen (Nr. 3), Adoptionssachen (Nr. 4), Ehewohnungs- und Haushaltssachen (Nr. 5), Gewaltschutzsachen (Nr. 6), Versorgungsausgleichssachen (Nr. 7) und Unterhaltssachen (Nr. 8), soweit diese nicht von § 231 Abs. 1 FamFG erfasst sind.

---

211 Gerhardt/v. Heintschel-Heinegg/Klein/*Seiler*, 1. Kapitel, Rn. 11.

212 *Schulte-Brunert*, Das neue FamFG, 2. Kapitel, Rn. 449; *Koritz*, Das neue FamFG, § 2, Rn. 3; Gerhardt/v. Heintschel-Heinegg/Klein/*Seiler*, 1. Kapitel, Rn. 15.

213 Der Katalog von § 23b GVG a.F. ist also entfallen; *Zimmermann*, Das neue FamFG, 1. Kapitel, Rn. 7; *Koritz*, Das neue FamFG, § 2, Rn. 4.

214 Schulte-Brunert/Weinreich/*Schöpflin*, Einleitung zum FamFG, Rn. 28.

215 Keidel/*Weber*, FamFG § 121, Rn. 1; Johannsen/Henrich/*Markwardt*, Familienrecht, 6. Aufl., § 121 FamFG, Rn. 5.

216 HK/*Kemper*, FamFG, § 112, Rn. 2; Gerhardt/v. Heintschel-Heinegg/Klein/*Seiler*, 1. Kapitel, Rn. 156.

Auf die Ehesachen gem. § 121 FamFG und die Familienstreitsachen gem. § 112 FamFG sind nach § 113 Abs. 1 S. 2 FamFG die allgemeinen Vorschriften der ZPO anzuwenden.[217] Für die gewöhnlichen Familiensachen, also die Verfahren nach § 111 Nr. 2 bis 7 und teilweise Nr. 8 FamFG, sind hingegen die allgemeinen Vorschriften der freiwilligen Gerichtsbarkeit des FamFG entscheidend.[218]

Das Scheidungsverfahren ist grundsätzlich eine „Ehesache“ gem. §§ 111 Nr. 1, 121 Nr. 1 FamFG, die aber auch unter den Begriff der Familiensache gem. § 111 Nr. 1 FamFG fällt. Folglich handelt es sich bei dem Scheidungsverfahren zwar um ein Verfahren der freiwilligen Gerichtsbarkeit, gem. § 113 Abs. 1 S. 2 FamFG sind dennoch die allgemeinen Vorschriften der ZPO anwendbar. Im Übrigen gelten die besonderen Regelungen der §§ 122 bis 150 FamFG. Verfahrensrechtliche Besonderheiten im Scheidungsverfahren ergeben sich aus § 113 Abs. 5 FamFG. Entsprechend der Norm heißt es bspw. Beschluss und nicht Urteil, Antrag anstatt Klage sowie Antragsteller und Antraggegner anstelle von Kläger und Beklagten.

Während des Verfahrens gilt nur ein eingeschränkter Untersuchungsgrundsatz. Daher hat das Gericht gem. § 127 Abs. 1 FamFG von Amts wegen alle Ermittlungen durchzuführen, die zur Feststellung der entscheidungserheblichen Tatsachen notwendig sind.[219] Dabei ist die Einschränkung gem. § 127 Abs. 2 FamFG zu beachten, wonach Tatsachen, die von den Parteien nicht vorgebracht wurden, nur berücksichtigt werden dürfen, wenn sie geeignet sind, der Aufrechterhaltung der Ehe zu dienen oder wenn der Antragsteller der Berücksichtigung nicht widerspricht. Eine weitere wichtige verfahrensrechtliche Besonderheit ist der in § 114 Abs. 1 FamFG normierte und für alle Ehesachen herrschende Anwaltszwang.

---

217 Gerhardt/v. Heintschel-Heinegg/Klein/*Seiler*, 1. Kapitel, Rn. 157. In § 113 Abs. 1 S. 1 FamFG wird genau definiert, welche Vorschriften des FamFG Anwendung finden. § 113 Abs. 2 FamFG erweitert den Anwendungsbereich der ZPO bei Familienstreitsachen zusätzlich bei Urkunden- und Wechselprozessen.

218 *Bumiller/Harders/Schwamb*, FamFG, § 111, Rn. 4. Dies ergibt sich im Umkehrschluss aus § 113 FamFG, HdU/*Kamm*, 7. Kapitel, Rn. 7001.

219 *Muscheler, Familienrecht*, § 24, Rn. 407; *Bumiller/Harders/Schwamb*, FamFG, § 127, Rn. 1 ff.

Zentrales und prägendes Merkmal des Scheidungsverfahrens ist das „Prinzip der Verhandlungs- und Entscheidungsmaxime".[220] Dadurch wird ermöglicht, die Scheidung und die daraus resultierenden Scheidungsfolgen i.S.v. § 137 FamFG gemeinsam „im Verbund" in einem Verfahren zu verhandeln und zu entscheiden. Die Verbundmöglichkeit gem. § 137 FamFG ist nur im Rahmen des Scheidungsverfahrens nach § 121 Nr. 1 FamFG möglich. Die Verbindung von Scheidungs- und Folgesachen hat den Zweck, eine gemeinsame Entscheidung hinsichtlich der Scheidung der Ehe und der wichtigsten damit zusammenhängenden Scheidungsfolgen zu bewirken.[221]

II. Die Versorgungsausgleichssachen als gewöhnliche Familiensachen

1. Verfahrensrechtliche Auswirkungen

Wie soeben erörtert, sind Versorgungsausgleichssachen „gewöhnliche" Familiensachen gem. § 111 Nr. 7 FamFG. Daraus ergibt sich, dass auf Versorgungsausgleichssachen nur die Vorschriften der freiwilligen Gerichtsbarkeit anzuwenden sind.[222] Darüber hinaus wurden die Sonderbestimmungen in ZPO und FGG nach der alten Rechtslage im Wesentlichen in das FamFG übernommen.[223] Infolgedessen gilt für das gesamte Verfahren der Untersuchungsgrundsatz gem. § 26 FamFG.[224] Dadurch wird erreicht, dass alle dem Versorgungsausgleich unterliegenden Anrechte „von Amts" wegen vom Gericht zu ermitteln sind.[225]

---

220 Hoppenz/*Walter*, FamFG, § 137, Rn. 2; Haußleiter/*Roßmann*, FamFG, § 137, Rn. 4; *Muscheler, Familienrecht*, § 24, Rn. 407.

221 Schulte-Brunert/Weinreich/*Schröder*, FamFG, § 137, Rn. 1; Gerhardt/v. Heintschel-Heinegg/Klein/*Seiler*, Familienrecht, 1. Kapitel, Rn. 335.

222 Der Versorgungsausgleich wurde bereits bei seiner Einführung mit dem 1. EheRG der freiwilligen Gerichtsbarkeit zugeordnet. Dies beruht „auf der besonderen Bedeutung" des Versorgungsausgleichs für die soziale Sicherung der Ehegatten, *Borth*, Versorgungsausgleich, 6. Aufl., Kapitel 11, Rn. 1055.

223 *Zimmermann*, Das neue FamFG, 3. Kapitel, Rn. 396. Der Ausgleich wurde nach der alten Rechtslage in den §§ 621ff. ZPO a.F. und §§ 53b bis g FGG a.F. verfahrensrechtlich geregelt, Bamberger/Roth/*Bergmann* BGB, § 1587 BGB, Rn. 80; *Baumbach/Lauterbach/Albers/Hartmann*, ZPO, § 621, Rn. 19.

224 Würde man das Verfahren den Vorschriften der ZPO zuordnen, würde das Verfahren von dem Beibringungsgrundsatz beherrscht werden, siehe § 138 ZPO.

225 *Borth*, Versorgungsausgleich, 6. Aufl., Kapitel 11, Rn. 1055.

2. Exkurs: Einordnung der Unterhaltssachen i.S.v. § 111 Nr. 8 FamFG[226]

Die Ehe ist von dem Grundsatz gem. § 1353 Abs. 1 S. BGB geprägt, gegenseitig Verantwortung füreinander zu tragen. Im Falle einer Scheidung gehen beide Ehegatten ihren eigenen Weg. Demnach sind die Ehegatten gem. § 1569 S. 1 BGB dazu verpflichtet, für ihren Lebensunterhalt selbst zu sorgen.[227] Allerdings wird die Verantwortung, die durch die Ehe füreinander entstanden ist, durch die Scheidung nicht vollends gegenstandslos. Dieses Prinzip äußert sich darin, dass einem geschiedenen Ehegatten unter bestimmten Voraussetzungen ein Unterhaltsanspruch gegen seinen früheren Partner zustehen kann.[228] Man unterscheidet zwischen den Ehegatten grundsätzlich drei Arten von Unterhalt: den Unterhalt während der Ehe, den Trennungsunterhalt und den nachehelichen Unterhalt, der mit Rechtskraft der Scheidung eintritt.[229]

Im Gegensatz zu Versorgungsausgleichssachen muss bei der prozessualen Einordnung von Unterhaltssachen differenziert werden. Gem. § 112 Nr. 1 FamFG sind Unterhaltssachen gem. § 231 Abs. 1 FamFG nämlich Familienstreitsachen, Unterhaltssachen gem. § 231 Abs. 2 FamFG sind hingegen gewöhnliche Familiensachen i.S.v. § 111 Nr. 8 FamFG.

Auf Unterhaltsverfahren gem. § 231 Abs. 1 Nr. 1 bis 3 FamFG sind daher nach § 113 FamFG die Vorschriften der ZPO anwendbar sowie die Sondervorschriften der §§ 232 bis 245 FamFG.[230] Entsprechend § 231 Abs. 1 FamFG gilt dies für Unterhaltsverfahren über eine durch Verwandtschaft begründete Unterhaltspflicht gem. Nr. 1, durch eine

---

226 Die folgenden Ausführungen dienen als wichtige Grundlage für die in Kapitel 3 beleuchteten Probleme in § 33 VersAusglG und der Ermittlung des Unterhaltsanspruchs.

227 Johannsen/Henrich/*Büttner*, Familienrecht, 6. Aufl., § 1569 BGB, Rn. 5; *Schwab*, Familienrecht, 24. Aufl., § 39, Rn. 371.

228 Bei Einführung des Unterhalts durch das 1. EheRG 1977 hatte der Unterhaltsgedanke noch deutlich größere Auswirkungen. Das UÄnterhRÄndG von 2008 hat einschränkende Änderungen unternommen. Jeder soll nach der Scheidung selbst für seinen Unterhalt sorgen. Dies ergibt sich aus § 1569 BGB, Weinreich/Klein/*Uecker*, Familienrecht, § 1569 BGB, Rn. 7.

229 So klarstellend OLG Köln FamRZ 2002, S. 326.

230 *Koritz*, Das neue FamFG, § 15, Rn. 1; *Bumiller/Harders/Schwamb*, FamFG, § 112, Rn. 2.

Ehe begründete Unterhaltspflicht gem. Nr. 2 oder für Ansprüche nach §§ 1615l oder 1615m BGB gem. Nr. 3. Die Unterhaltsfälle des § 231 Abs. 2 FamFG unterliegen als gewöhnliche Familiensache hingegen den Vorschriften des FamFG.

§ 238 FamFG eröffnet die Möglichkeit, gerichtliche Entscheidungen in Unterhaltssachen nachträglich abzuändern. Dies gilt aber nur für die Abänderung von Unterhaltsbeschlüssen, also Unterhaltstiteln. [231] Das „Abänderungsverfahren" selbst wird als eine Unterhaltssache i.S.d. § 231 Abs. 1 FamFG eingeordnet. Demnach sind auf Abänderungsverfahren, als Familienstreitsachen gem. § 113 FamFG, die allgemeinen Vorschriften der ZPO anzuwenden.[232] Folglich gelten während des Verfahrens die allgemeinen Grundsätze der Beweislast und nicht des ansonsten im FamFG-Verfahren herrschenden Amtsermittlungsgrundsatzes. Jeder Beteiligte muss daher in diesem Rahmen Tatsachen vortragen und belegen, die für ihn günstig sind. §§ 235, 236 FamFG gibt dem Antragsteller in diesem Zusammenhang die Möglichkeit, Auskunft vom Antragsgegner zu fordern.[233]

III. Die Versorgungsausgleichssachen im Zusammenhang mit dem Verbund

Eine Entscheidung über den Versorgungsausgleichssachen kann im Scheidungsverbund gem. § 137 FamFG erfolgen.

1. Die Besonderheiten von Folgesachen im Rahmen des Verbundes

Das Scheidungsverfahren hat die verfahrensrechtliche Besonderheit, dass alle damit zusammenhängenden wichtigen Scheidungsfolgen im Verbund verhandelt und entschieden werden können.[234]

---

231 Horndasch/Viefhues/*Roßmann*, FamFG, § 238, Rn. 1; Schulte-Brunert/Weinreich/*Klein*, FamFG, § 238, Rn. 4.

232 *Bumiller/Harders/Schwamb*, FamFG, § 238, Rn. 1; Horndasch/Viefhues/*Roßmann*, FamFG, § 238, Rn. 31.

233 *Götz*, NJW 2010, S. 897, 900; Horndasch/Viefhues/*Roßmann*, FamFG, § 238, Rn. 31.

234 Dies entspricht § 623 ZPO a.F., wonach in Familiensachen eine gemeinsame Entscheidung für den Fall der Scheidung zu treffen ist, wenn dies von einem Ehegatten rechtzeitig begehrt wird, *Tschernitschek/Saar*, Familienrecht, Vierter Teil, Rn. 379.

Zum einen ist es Sinn und Zweck dieser Verbindung, den Ehegatten die gesamten rechtlichen Konsequenzen der Scheidung darzulegen. Zum anderen soll eine zügigere Erledigung der Verfahren erreicht werden, da durch die Verflechtung der Verfahren eine schnellere Entscheidung getroffen werden kann.[235] Es handelt sich dabei um einen reinen „Verhandlungs- und Entscheidungsverbund", sodass die Folgesachen ihren Charakter als eigenständige Verfahren nicht verlieren. Deswegen gilt auch nach der Verbindung für die einzelnen Verfahrensteile weiterhin das jeweilige Verfahrensrecht.[236] Dementsprechend sind auch bei Verfahren des Versorgungsausgleichs als Verbundsache nicht die Vorschriften der ZPO anwendbar.[237]

§ 137 Abs. 2 und 3 FamFG enthalten eine abschließende Aufzählung, welche Familiensachen als Folgesachen in den Verbund treten können.[238] Als Folgesachen sind sowohl „gewöhnliche" Familiensachen als auch Familienstreitsachen möglich. Da auf Familiensachen die Vorschriften des FamFG und auf Familienstreitsachen die der ZPO anwendbar sind, sind die jeweiligen Voraussetzungen für die Herstellung des Antragsverbundes zu unterscheiden.[239]

Gem. § 137 Abs. 2 S. 1 FamFG wird der Verbund mit einer Scheidungsfolge grundsätzlich vom Verhalten der Ehegatten abhängig gemacht, d.h., ob diese rechtzeitig eine Entscheidung beantragt haben.[240] „Rechtzeitig" im Sinne von § 137 Abs. 2 S. 1 FamFG bedeutet, dass der Antrag spätestens zwei Wochen vor der mündlichen Verhandlung erster Instanz in der Scheidungssache anhängig gemacht werden muss.[241] Während also für einfache Familiensachen ein bestimmter Sachantrag nach den Vorschriften der freiwilligen Gerichtsbarkeit nicht notwen-

235 Hoppenz/*Walter*, FamFG, § 137, Rn. 1; HK/*Kemper*, FamFG, § 137, Rn. 2.

236 HK/*Kemper*, FamFG, § 137, Rn. 6.

237 *Borth*, Versorgungsausgleich, 6. Aufl., Kapitel 11, Rn. 1055.

238 In § 137 Abs. 2 FamFG werden folgende Konstellationen aufgeführt: Versorgungsausgleichssachen gem. Nr. 1, Unterhaltssachen, sofern sie die Unterhaltspflicht gegenüber einem gemeinsamen Kind oder die durch die Ehe begründete gesetzliche Unterhaltspflicht betreffen gem. Nr. 2, Ehewohnungs- und Haushaltssachen gem. Nr. 3, Güterrechtssachen gem. Nr. 4 und gem. § 137 Abs. 3 FamFG Kindschaftssachen.

239 Hoppenz/*Walter*, FamFG, § 137 FamFG, Rn. 15.

240 *Fest*, NJW 2011, S. 2611.

241 Zu Problemen in diesem Zusammenhang, siehe *Götz*, NJW 2010, S. 897, 900.

dig ist, muss bei Familienstreitsachen ein entsprechender Antrag gem. § 113 Abs. 1 S. 2 FamFG i.V.m. § 253 ZPO gestellt werden.[242]

Eine relevante Ausnahme von dieser Antragsbedingung ist in § 137 Abs. 2 S. 2 FamFG für den Wertausgleich bei der Scheidung normiert. Dieser wird immer von Amts wegen von dem Familiengericht eingeleitet und so automatisch in den Verbund gestellt.[243]

2. Die Versorgungsausgleichssachen als Folgesachen

a. Unterscheidung innerhalb der Versorgungsausgleichsverfahren

Bei den Versorgungsausgleichssachen im Rahmen des Verbundes wird gem. § 137 FamFG zwischen dem Wertausgleich bei der Scheidung und allen anderen Versorgungsausgleichsverfahren unterschieden.

Umkehrschluss der Tatsache – der von Amts wegen zu erfolgenden Aufnahme des Wertausgleichs in den Verbund[244] – ist, dass die Scheidung auch nur im „Zwangsverbund“[245] mit dem Wertausgleich gem. §§ 6 bis 19 VersAusglG möglich ist. Eine Ausnahme gilt für Ehen mit einer kurzen Ehedauer bis zu drei Jahre, für die auch im Rahmen des Wertausgleiches ein Antrag gestellt werden muss.[246] Da die Ausgleichsansprüche nach der Scheidung gem. §§ 20 bis 26 VersAusglG nicht in § 137 Abs. 2 FamFG genannt werden, wird dieses Ausgleichsverfahren ebenfalls nur auf Antrag in den Verbund genommen.[247] Dieser Umstand hängt mit dem Ausgleich selbst zusammen. Er findet nur nach Eintritt des Versorgungsfalles des Verpflichteten statt, was in der Regel nicht schon bei der Scheidung der Fall ist.[248]

---

242 Gerhardt/v. Heintschel-Heinegg/Klein/*Seiler*, Familienrecht, 1. Kapitel, Rn. 382; Hoppenz/*Walter*, FamFG, § 137, Rn. 15; HK/*Kemper*, FamFG, § 137, Rn. 14.

243 *Bumiller/Harders/Schwamb*, FamFG, § 137, Rn. 4; Keidel/*Weber*, FamFG, § 137, Rn. 23.

244 An die Stelle des „Amtsverfahren“ nach § 1587b BGB a.F. und § 1 VAHRG a.F. ist also das Verfahren über den Wertausgleich gem. §§ 6 bis 19 VersAusglG getreten, Hoppenz/*Walter*, FamFG, § 137 FamFG, Rn. 9.

245 *Borth*, Versorgungsausgleich, 6. Aufl., Kapitel 11, Rn. 1058; HK/*Kemper*, FamFG, § 137, Rn. 20.

246 Kritisch dazu OLG Dresden NJW- RR 2011, S. 154, 155; *Fest*, NJW 2011, S. 2611.

247 Keidel/*Weber*, FamFG, § 137, Rn. 23; *Muscheler, Familienrecht*, § 26, Rn. 461.

248 HK/*Kemper*, FamFG, § 137, Rn. 13. Fraglich ist, ob die Ausgleichsansprüche nach der Scheidung künftig überhaupt im Scheidungsverbund stehen können, da ihre

Für alle anderen Versorgungsausgleichssachen i.S.v. § 217 FamFG gilt hingegen für die Aufnahme in den Verbund ebenso das Antragserfordernis gem. § 137 Abs. 2 S. 1 FamFG.

b. Verfahrensgrundsätze des Verbundes

Durch den Verbund im Scheidungsverfahren ergeben sich auch bezüglich der Durchführung der Versorgungsausgleichssachen prozessuale Besonderheiten. Die Verhandlung und die Entscheidung sollen gleichzeitig und zusammengeführt bzw. getroffen werden. So gilt auch in Versorgungsausgleichssachen trotz der Eigenschaft als gewöhnliche Familiensache der Mündlichkeitsgrundsatz, wenn er zusammen mit der Scheidung im Verbund steht.[249] Zudem herrscht für alle im Verbund stehenden Verfahren der Anwaltszwang gem. § 114 Abs. 2 FamFG.[250] Darüber hinaus sind alle Verhandlungen gem. § 170 GVG unter Ausschluss der Öffentlichkeit zu führen.

Die Entscheidung über das Scheidungsverfahren und die Folgesachen ergeht in einem einheitlichen Beschluss gem. § 142 Abs. 1 FamFG. Neu ist die Verfahrenserleichterung des § 142 Abs. 3 FamFG.[251] Dieser erlaubt bei einer Entscheidung über den Versorgungsausgleich, im Rahmen des Beschlusses bei der Verkündung auf die Beschlussformel Bezug zu nehmen. Zu beachten ist jedoch, dass gem. § 148 FamFG Entscheidungen bezüglich der Folgesachen nicht vor Rechtskraft des Scheidungsausspruches wirksam werden. Deren

---

Fälligkeitsvoraussetzungen meist noch nicht vorliegen, siehe dazu *Muscheler, Familienrecht,* § 26, Rn. 461.

249 Normalerweise ist dies bei Versorgungsausgleichssachen als Verfahren der freiwilligen Gerichtsbarkeit nicht notwendig, *Bumiller/Harders/Schwamb*, FamFG, § 137, Rn. 21; HK/*Götsche*, FamFG, Vor §§ 217, Rn. 8. Bleiben hingegen nur noch einfache Familiensachen im Verbund zurück, entfällt auch der Grundsatz der Mündlichkeit, HK/*Kemper*, FamFG, § 137, Rn. 56.

250 Die Regelung des § 140 Abs. 2 FamFG führe nicht dazu, dass der Anwaltszwang auch nach der Abtrennung des Verfahrens vom Verbund noch weiter gelte, so HK/*Götsche*, FamFG, Vor §§ 217, Rn. 8; a.A. Johannsen/Henrich/*Markwardt*, Familienrecht, § 137 FamFG, Rn. 25.

251 *Bumiller/Harders/Schwamb*, FamFG, § 217, Rn. 9; Horndasch/Viefhues/*Roßmann*, § 142, Rn. 17.

Wirksamkeit wird dann auf den Zeitpunkt der Rechtskraft der Scheidung verschoben.[252]

c. Die Abtrennung vom Verbund gem. § 140 Abs. 2 FamFG

Eine Abtrennung der Versorgungsausgleichssache als Folgesache vom Verbund ist nur gem. § 140 Abs. 2 Nr. 1 bis 5 FamFG zulässig. Die Angelegenheit verliert durch die Abtrennung nicht ihre Eigenschaft als Folgesache, sie ist nur nicht mehr gemeinsam im Verbund zu verhandeln und zu entscheiden.[253] Gem. § 137 Abs. 4 FamFG besteht unter mehreren abgetrennten Verfahren der Verbund fort, sodass diese auch weiterhin gemeinsam verhandelt und entschieden werden können. Für die übrigen Verfahren gilt dann hingegen § 142 FamFG.

Die Abtrennung der Versorgungsausgleichsverfahren ist in der Regel notwendig und auch ratsam, da die Verfahren auch nach dem neuen Recht vergleichbar langwierig sind.[254] Gerade in den Fällen des §§ 221 Abs. 2 und 3 FamFG, der Aussetzung des Versorgungsausgleichsverfahrens, ist eine Abtrennung gem. § 140 Abs. 2 Nr. 1 oder Nr. 2 FamFG zulässig und insbesondere auch zweckmäßig.

IV. Verfahren in Versorgungsausgleichssachen

1. Verfahren in Versorgungsausgleichssachen gem. § 217 FamFG

Die Verfahren in Versorgungsausgleichssachen werden in dem 8. Abschnitt des FamFG in §§ 217 bis 229 geregelt. Diese neuen verfahrensrechtlichen Vorschriften enthalten detaillierte Regelungen zum Ablauf der verschiedenen Versorgungsausgleichsverfahren.[255]

---

252 *Muscheler, Familienrecht*, § 26, Rn. 463; *Bumiller/Harders/Schwamb*, FamFG, § 217, Rn. 9.

253 BGH FamRZ 1998, S. 1505, 1506; HK/*Kemper*, FamFG, § 137, Rn. 53; HK/*Götsche*, FamFG, Vor §§ 217, Rn. 8, was auch weiterhin den geltenden Anwaltszwang begründe.

254 HK/*Kemper*, FamFG, § 137, Rn. 49.

255 Die Regelungen des FamFG ersetzen die §§ 53b ff. FGG a.F., Bork/Jacoby/Schwab/*Borth*, FamFG, Vor § 217, Rn. 12. Sie regeln im Einzelnen: in § 217 den Begriff, in § 218 die örtliche Zuständigkeit, in § 219 die Beteiligten, in § 220 die verfahrensrechtliche Auskunftspflicht, in § 221 die Erörterung der Aussetzung, in § 222 die Durchführung der externen Teilung, in § 223 das Antragserfordernis für

§ 217 FamFG definiert den Begriff der Versorgungsausgleichssachen und gibt somit Auskunft über ihren Anwendungsbereich. Es werden von § 217 FamFG „jegliche Formen" von Versorgungsausgleichsverfahren erfasst.[256] Unter Versorgungsausgleichssachen fallen alle Verfahren, die mit dem Versorgungsausgleich in Zusammenhang stehen. Dies sind im Einzelnen:[257]

- Verfahren über den Wertausgleich von Versorgungsanrechten, vor allem also das Verfahren über den Wertausgleich bei der Scheidung, §§ 9 bis 19 VersAusglG.
- Verfahren über die Ausgleichsansprüche nach der Scheidung in §§ 20 bis 26 VersAusglG. Erfasst werden davon nach dem neuen Recht auch nachträglich durchzuführende Versorgungsausgleichsverfahren, bspw. wegen einer Scheidung gem. § 19 Abs. 2 Nr. 4 VersAusglG.
- Verfahren über Auskünfte in Bezug auf Versorgungsanrechte nach §§ 4 VersAusglG gem. § 220 FamFG.
- Verfahren in Bezug auf die Wirksamkeit von Vereinbarungen über den Versorgungsausgleich gem. § 6 VersAusglG sowie in Bezug auf die Wirksamkeit von nach der alten Gesetzeslage geschlossenen Vergleichen.
- Verfahren gem. §§ 225, 226 FamFG über die Abänderung einer ergangenen Entscheidung im Rahmen des Wertausgleichs.
- Verfahren nach § 227 Abs. 1 FamFG i. V. m. § 48 VersAusglG über die Abänderung einer Entscheidung im Rahmen der Ausgleichsansprüche nach der Scheidung.

Ausgleichsansprüche nach der Scheidung, in § 224 die Entscheidung über den Versorgungsausgleich, in § 225 die Zulässigkeit einer Abänderung des Wertausgleichs bei der Scheidung, in § 226 die Durchführung der Abänderung, in § 227 Abs. 1 i.V.m. § 48 Abs. 1 VersAusglG die Abänderung sonstiger Entscheidungen, in § 227 Abs. 2 die Abänderung von Vergleichen, in § 228 zur Wertgrenze, in § 229 zum elektronische Rechtsverkehr.

256 § 217 FamFG entspricht im Wesentlichen § 621 Abs. 1 Nr. 6 ZPO a.F., HK/*Götsche*, FamFG, §§ 217, Rn. 1.

257 Horndasch/Viefhues/*Kemper*, FamFG, § 238, Rn. 3 ff; Hoppenz/*Hoppenz*, FamFG, § 217, Rn. 1; *Schulte- Brunert*, Das neue FamFG, 2. Kapitel, Rn. 741 ff. Kritisch bzgl. der unglücklichen Formulierung von § 217 FamFG, *Baumbach/Lauterbach/Albers/Hartmann*, ZPO, § 217 FamFG, Rn. 1.

- Verfahren über die Abänderung eines früheren Titels gem. § 51 VersAusglG.
- Verfahren gem. § 227 Abs. 2 FamFG über die Abänderung einer Vereinbarung der Ehegatten.
- Verfahren über die Anpassung wegen Unterhalts gem. §§ 33, 34 VersAusglG.[258]

Aus dem zuvor Erörterten ergibt sich, dass alle eben genannten Verfahren als Versorgungsausgleichssachen zum einen einfache Familiensachen im Sinne von § 111 Nr. 7 FamFG sind und zum anderen als Folgesachen im Verbund mit dem Scheidungsverfahren gem. § 137 Abs. 2 FamFG stehen können. Keine Versorgungsausgleichssachen sind hingegen Verfahren, die zwischen Ehegatten und Versorgungsträgern in Bezug auf den Bestand von Versorgungsausgleichsanrechten geführt werden, sowie Verfahren über die Angemessenheit der Teilungskosten, § 13 VersAusglG.[259]

2. Verfahrensregelungen gem. §§ 217 ff. FamFG

Trotz der Eigenschaft als Folgesache im Rahmen des Verbunds enthält das FamFG eigene Regelungen über die Versorgungsausgleichssachen gem. §§ 217 bis 229 FamFG. Es bleibt im Rahmen der Durchführung bei den speziellen verfahrensrechtlichen Regelungen.[260]

a. Umfassender Erörterungstermin nach § 221 FamFG

Nach der neuen materiellen Rechtslage hat der Erörterungstermin gem. § 221 Abs. 1 FamFG eine gewichtige Bedeutung.[261] Dies basiert zum einen auf der erweiterten Möglichkeit der Ehegatten, Vereinbarungen bezüglich des Versorgungsausgleichs zu treffen. Zum anderen

258 Nach der alten Rechtslage waren die Versorgungsträger für diesen Härtefall" zuständig.

259 Keidel/*Weber*, FamFG, § 217, Rn. 7a; HK/*Kemper*, FamFG, § 111, Rn. 56. Die Regelung entspricht im Wesentlichen § 53b FGG a.F., *Kemper*, FamFG, Abschnitt 8, S. 199.

260 Keidel/*Weber*, FamFG, § 217, Rn. 8.

261 Die neue Regelung entspricht inhaltlich § 53c FGG a.F., Johannsen/Henrich/*Hahne*, Familienrecht, 6. Aufl., § 221 FamFG, Rn. 2.

haben die materiellen Änderungen auch Auswirkungen auf die Ermessensspielräume der Familiengerichte. Im Rahmen des Erörterungstermins hat das Gericht nun die Möglichkeit, verschiedene materielle Fragen oder Unklarheiten umfassend zu prüfen.

In den Fällen der Geringfügigkeit soll das Gericht gem. § 18 Abs. 1 und 2 VersAusglG von einem Ausgleich absehen. Es liegt aber im Ermessen des Gerichts, den Ausgleich doch durchzuführen, wenn dies im Einzelfall geboten ist.[262] Nach § 27 VersAusglG kann ein Ausgleich ausgeschlossen sein, wenn dieser grob unbillig wäre. Diese Voraussetzungen sind mit den Ehegatten zu erörtern, da deren Feststellung unter Beachtung der gesamten Umstände des Sachverhalts zu treffen ist.[263]

Einer genaueren Klärung bedarf es ebenfalls beim Tod des Ehegatten. Nach § 31 Abs. 2 VersAusglG entscheidet das Gericht nach billigem Ermessen, welche Anrechte der Erben zum Ausgleich heranzuziehen sind.

Besondere Bedeutung hat die Überprüfungsmöglichkeit des Gerichts zudem bei vertraglichen Abreden der Ehegatten über den Versorgungsausgleich gem. §§ 6 bis 8 VersAusglG. Das Gericht hat in diesen Fällen zu entscheiden, ob diese formell und materiell wirksam sind.[264]

Darüber hinaus hat das Gericht auch bei Sachverhalten von Anpassungen wegen Unterhalts eine erweiterte Entscheidungskompetenz. Gem. § 33 Abs. 4 VersAusglG ist nach billigem Ermessen zu bestimmen, welche Kürzung ausgesetzt werden soll, wenn dem Pflichtigen mehrere Versorgungen zufließen.

Im Rahmen der Wertermittlung hat das Gericht gem. § 42 VersAusglG nach billigem Ermessen den Ausgleichswert zu festzulegen.

262 So die vertretene Auffassung des Gesetzgebers in, BT-Drucks. 16/10144, S. 61.

263 *Ruland*, Versorgungsausgleich, 3. Aufl., 7. Kapitel, Rn. 776; *Borth*, Versorgungsausgleich, 6. Aufl., Kapitel 6, Rn. 839; *Bumiller/Harders/Schwamb*, FamFG, § 221, Rn. 3.

264 *Bergner*, NJW 2009, S. 1169, 1174; *Bumiller/Harders/Schwamb*, FamFG, § 221, Rn. 5.

b. Zu den verfahrensrechtlichen Auskunftspflichten gem. § 220 FamFG

Nach § 220 FamFG haben die Beteiligten gegenüber dem Familiengericht verschiedene verfahrensrechtliche Auskunftspflichten. Das Gericht holt die erforderlichen „Auskünfte“ von Amts wegen gem. § 26 FamFG ein.[265]

Relevant sind gem. § 220 Abs. 1 FamFG Auskünfte über Grund und Höhe der Anrechte. Das Gericht kann sich in diesem Rahmen an die Ehegatten, ihre Hinterbliebenen sowie die Versorgungsträger und sonstige Stellen wenden, die zur Erteilung der Auskünfte in der Lage sind. Besonders die Versorgungsträger sind gem. § 220 Abs. 4 FamFG streng zur Mitwirkung verpflichtet. Für den Fall, dass ein Beteiligter nicht mitwirkt, kann das Gericht zur Durchsetzung der Auskunftspflichten nach § 95 FamFG Zwangshaft anordnen.

Von den verfahrensrechtlichen Auskunftspflichten dem Gericht gegenüber sind die materiell- rechtlichen Auskunftspflichten zu unterscheiden. Diese sind zusammenfassend in § 4 VersAusglG geregelt und betreffen die wechselseitigen Auskunftspflichten der Beteiligten untereinander.[266]

c. Aussetzung des Verfahrens in Versorgungsausgleichssachen

In § 221 FamFG Abs. 2 und 3 ist die Aussetzung eines Verfahrens i.S.v. § 217 FamFG geregelt. Das Verfahren kann nach § 221 Abs. 2 FamFG ausgesetzt werden, wenn Streit über die Höhe oder den Bestand eines Anrechts besteht. Ein Verfahren ist gem. § 221 Abs. 2 FamFG zwingend auszusetzen, wenn ein Verfahren über ein in den Versorgungsausgleich einzubeziehendes Anrecht bereits anhängig ist oder während des Verfahrens über den Versorgungsausgleich anhängig wird. So soll

265 Die Verfahrensrechtliche Auskunftspflicht war bisher in § 53b Abs. 2 S. 2 FGG a.F. und § 11 Abs. 2 S. 1 VAHRG a.F. geregelt. Der Gesetzgeber gab die alten Regelungen auf und schuf so eine einheitliche übersichtliche Regelung, *Schulte-Brunert*, Das neue FamFG, 2. Kapitel, Rn. 755.

266 Die wechselseitigen Auskunftspflichten unter den Beteiligten waren nach der alten Rechtslage an verschiedenen Stellen des BGB und VAHRG a.F. geregelt, siehe *Schlüter*, Familienrecht, § 19, Rn. 242.

vermieden werden, dass es zu zwei unterschiedlichen Ergebnissen zwischen dem Familiengericht und dem Fachgericht kommt.[267]

Nach § 221 Abs. 3 FamFG kann das Gericht das Verfahren über den Versorgungsausgleich auch aussetzen und einem oder beiden Ehegatten eine Frist zur Erhebung der Klage zur Klärung der Vorfrage vor dem zuständigen Spezialgericht geben.[268]

§ 5 Fazit

Das erste Kapitel hat ergeben, dass eine umfassende Strukturreform des Versorgungsausgleichsrechts aufgrund der defizitären Rechtslage notwendig war. Das alte Recht konnte den stetig wachsenden Anforderungen des wirtschaftlichen und gesellschaftlichen Wandels nicht mehr gerecht werden. Der ursprüngliche Zweck des Versorgungsausgleichs – die gleichmäßige Verteilung der während der Ehe erworbenen Rentenanwartschaften – wurde immer weniger erreicht.

Zudem wurde aufgezeigt, dass die in §§ 4 bis 10 VAHRG a.F. normierten Härtefallregelungen sowie das in § 10a VAHRG a.F. geregelte Abänderungsverfahren der alten Rechtslage ihren Ursprung in Vorgaben des BVerfGs hatten. Dem damaligen Gesetzgeber oblag die „verfassungsrechtliche Pflicht", in besonderen Fällen verfassungskonforme Ergänzungsregelungen zu schaffen. Im Rahmen der Strukturreform wurden die Vorschriften im Grundsatz in den „Anpassungen nach Rechtskraft" in §§ 33 bis 38 VersAusglG bzw. als Abänderungsverfahren in §§ 225, 226 FamFG vom Gesetzgeber übernommen. Das neue Recht eröffnet somit grundsätzlich die Möglichkeit, getroffene Entscheidungen über den Versorgungsausgleich nachträglich anzugleichen oder abzuändern.

---

267 *Bumiller/Harders/Schwamb*, FamFG, § 221, Rn. 12.

268 Musielak/Borth/*Borth/Grandel*, FamFG, § 221, Rn. 5; *Bumiller/Harders/Schwamb*, FamFG, § 221, Rn. 10.

2. Kapitel: Die Regelung des § 32 VersAusglG

Im Gegensatz zur vorherigen Rechtslage hat der Gesetzgeber die Anwendung der Anpassungs- und des Abänderungsverfahrens gem. § 32 VersAusglG auf die sog. *„anpassungsfähigen Anrechte"* beschränkt. Die Norm definiert nach jetzigem Recht den generellen Anwendungsbereich.

Das zweite Kapitel der Untersuchung durchleuchtet die neu eingeführte Regelung des § 32 VersAusglG. Ausgangspunkt ist zunächst ein Rechtsvergleich der Anwendungsbereiche nach vorherigem und jetzigem Recht. Anschließend befasst sich dieser Teil der Arbeit mit der verfassungsrechtlichen Diskussion rund um § 32 VersAusglG. Besonderes Augenmerk soll hier auf den einschlägigen Entscheidungen des BVerfGs sowie den in Rechtsprechung und der Literatur vertretenen Auffassungen liegen. In diesem Zuge soll die erste – in der Einleitung dargelegte – Leitfrage aufgegriffen werden: Ob und inwieweit die Norm des § 32 VersAusglG mit den „verfassungsrechtlichen Vorgaben" der vorherigen Rechtslage vereinbar ist.

§ 1 Vergleich der Rechtslagen

A. Der Anwendungsbereich von § 32 VersAusglG i.R.d. Anpassungsverfahren

Der in § 32 VersAusglG definierte Regelungsbereich gilt ausnahmslos für die in Kapitel 4 VersAusglG genannten Anpassungsverfahren.

I. Der Anwendungsbereich der alten Rechtslage

Die Möglichkeit der Aussetzung der Kürzung gem. §§ 4 bis 9 VAHRG a.F. war auch nach der alten Rechtslage auf bestimmte Anrechte beschränkt. Der Anwendungsbereich der Härtefallregelungen war zunächst in § 4 Abs. 1 VAHRG a.F. geregelt. Demnach waren die §§ 4 ff. VAHRG a.F. auf alle Fälle anwendbar, in denen ein öffentlich-rechtlicher Ausgleich durch die Übertragung von Anrechten durch „Splitting" i.S.v. § 1587b Abs. 1 BGB a.F. oder durch die Begründung von Anrechten durch „Quasi-Splitting" gem. § 1587 Abs. 2 BGB a.F. erfolgte.[269]

1. Erweiterung durch § 10 VAHRG a.F.

Darüber hinaus wurde der Anwendungsbereich durch § 10 VAHRG a.F. erweitert. Infolgedessen war eine Angleichung des Versorgungsausgleichs bei Anrechten möglich, die im Rahmen des „analogen Quasi-Splittings" gem. § 1 Abs. 3 VAHRG a.F. berücksichtigt wurden. Dabei handelte es sich um Anrechte, die nicht im Rahmen von § 1587b BGB a.F. ausgeglichen werden konnten und bei denen keine Realteilung gem. § 1 Abs. 2 VAHRG a.F. möglich war.

a. Anrechte i.R.d. Ausgleichs nach § 1 Abs. 3 VAHRG a.F.

Ausschlaggebender Punkt für den Ausgleich gem. § 1 Abs. 3 VAHRG a.F. war, dass das Anrecht gegen einen öffentlich-rechtlichen Versorgungsträger[270] bestand und dass bei dem jeweiligen Versorgungsträger keine Realteilung vorgesehen war.[271] Der Ausgleich i.S.v. § 1 Abs. 3 VAHRG a.F. wurde dann durch die Begründung eines dynamischen Anrechts zu Lasten des Ausgleichpflichtigen vollzogen.

Im Ergebnis hatte die Ausgleichsform des § 1 Abs. 3 VAHRG a.F. Bedeutung für Anrechte von Angehörigen: [272]

269 *Maier/Michaelis*, Versorgungsausgleich, § 4 VAHRG, S. 562; Staudinger/Rehme, BGB, § 4, Rn. 4; Johannsen/Henrich/*Hahne*, Eherecht, 4. Aufl., § 4 VAHRG, Rn. 3.

270 Unter die Regelung des § 1 Abs. 3 VAHRG a.F. fielen weder Anrechte rechtlich selbstständig privater Träger, die im Besitz der öffentlichen Hand waren noch öffentlich-rechtlicher Versorgungsträger, die sich zur Erfüllung ihrer Versorgungszusagen einer rechtlich selbstständigen aber privaten Pensionskasse bedienten, MK/*Gräper*, BGB, 5. Aufl., § 1 VAHRG, Rn. 70; BGB-RGRK/*Wick*, § 1 VAHRG, Rn. 49.

271 Es war zunächst immer zu prüfen, inwieweit das jeweilige Versorgungswerk eine Realteilung zuließ, *Borth*, Versorgungsausgleich, 4. Aufl., 3. Kapitel, Rn. 488.

272 So die damalige Vorstellung des Gesetzgebers, in: BT-Drucks. 9/2296, S. 12, wobei die Aufzählung nicht abschließend war. Siehe weitere Versorgungen in MK/

- der berufsständischen Versorgungen,
- der Zusatzversorgungen des öffentlichen Rechts,
- der Höherversicherung der gesetzlichen Rentenversicherung,
- der Zusatzversorgung im Schornsteinfegerhandwerk,
- der hüttenknappschaftlichen Zusatzversorgung Saar,
- der Alterssicherung der Landwirte,
- der gemeinsamen Ausgleichskasse im Seelotsenwesen der Reviere,
- der Versorgungen der Abgeordneten und Regierungsmitglieder aus Bund und Ländern.

b. Anrechte i.R.d. Ausgleichs nach § 1 Abs. 2 VAHRG a.F.

Da § 10 VAHRG a.F. nur ausdrücklich auf § 1 Abs. 3 VAHRG a.F. verwies,[273] waren Anrechte von der Anwendung der Härtefallregelungen ausgeschlossen, die im Rahmen der Realteilung gem. § 1 Abs. 2 VAHRG a.F. berücksichtigt worden waren. Bei der damaligen Einführung des VAHRG hatte der Gesetzgeber explizit keine entsprechende Härtefallregelung für die Realteilung vorgesehen.[274] Besonderheit der Realteilung war nämlich die Begründung von Anrechten außerhalb der gesetzlichen Rentenversicherung, zulasten des Ausgleichspflichtigen. [275] Für die Realteilung war es zunächst unabdingbare Voraussetzung, dass die maßgebliche Versorgungsregelung des jeweiligen Versorgungsträgers diese als Ausgleichsform vorsah.[276]

Es sollte dann Sache der Versorgungsträger sein, „maßgebliche Regelungen, hier Vorsorge gegen verfassungswidrige Härten", zu tref-

Gräper, BGB, 5. Aufl., § 1 VAHRG, Rn. 73 ff.; *Borth,* Versorgungsausgleich, 4. Aufl., 3. Kapitel, Rn. 490.

273 Johannsen/Henrich/*Hahne,* Eherecht, 4. Aufl., § 10 VAHRG, Rn. 1; BGB-RGRK/*Wick,* § 10 VAHRG, Rn. 1.

274 BT-Drucks. 9/2296, S. 16.

275 MK/*Gräper,* BGB, 5. Aufl., § 1 VAHRG, Rn. 35; Johannsen/Henrich/*Hahne,* Eherecht, 4. Aufl., § 1 VAHRG, Rn. 4. Dies unterscheidet die Realteilung von den anderen Ausgleichsformen, wie beispielsweise in § 3b Abs. 1 VAHRG a.F., wonach unverfallbare betriebliche oder private Anrechte durch die Begründung des Anrechts innerhalb der gesetzlichen Rentenversicherung ausgeglichen worden.

276 HK/*Bergmann,* Familienrecht, § 1 VAHRG, Rn. 4. Je nach Ausgestaltung konnte die Regelung auf Satzung, Betriebsvereinbarung, Ruhelohnordnung, Einzelzusage, Tarifvertrag oder Geschäftsplan beruhen, Johannsen/Henrich/*Hahne,* Eherecht, 4. Aufl., § 1 VAHRG, Rn. 5.

fen.[277] Entschied sich ein Versorgungsträger, die Realteilung als Ausgleichsform einzuführen, so musste dieser durch eigene Regelungen den Härtefällen entgegenwirken.

Problematisch waren Fälle, in denen bspw. eine Satzung keine Regelung hinsichtlich eventueller Härtefälle i.S.v. §§ 4 bis 9 VAHRG a.F. enthielt. Es stellte sich dann die Frage, ob Regelungen, die den §§ 4 ff. VAHRG a.F. entsprachen, als Mindestanforderungen für eine Realteilung in jeder maßgeblichen Versorgungsregelung normiert werden mussten, quasi als Bedingung für die Einführung der Realteilung. Diese Thematik wurde nach der damaligen Rechtslage differenziert behandelt.

aa. Privatrechtlich organisierter Versorgungsträger

Bei privatrechtlich organisierten Versorgungsträgern verneinten der BGH und die überwiegende Ansicht der Literatur entsprechende Regelungen gem. §§ 4 ff. VAHRG a.F. als Mindestanforderung für die Einführung der Realteilung.[278] Es war also nicht schon von einer Realteilung abzusehen, weil die maßgebliche Versorgungsregelung des Versorgungsträgers keine normierten Härtefälle entsprechend den §§ 4 ff. VAHRG a.F. enthielt.[279] Nach Auffassung des BGHs ließe sich für die privaten Versorgungsträger kein genereller Zwang ableiten, entsprechende Regelungen einzuführen.[280]

In diesem Zuge wurde in einem zweiten Schritt diskutiert, ob es dem Familiengericht bei der Durchführung des Ausgleichs gestattet war, eine entsprechende Härtefallregelung zu ersetzen, wenn der Sachverhalt dazu Anlass bot. Diese Frage wurde vom BGH im Grundsatz ebenfalls verneint.[281] Eine Ausnahme sollte nur für die Fallkonstellati-

---

277 BT-Drucks. 9/2296, S. 16.

278 BGH FamRZ 1998, S. 421, 423; *Gutdeutsch/Lardschneider,* FamRZ 1983, S. 845, 849; Johannsen/Henrich/*Hahne,* Eherecht, 4. Aufl., § 10 VAHRG, Rn. 1; MK/*Gräper,* BGB, 5. Aufl., § 1 VAHRG, Rn. 58; Soergel/*Häußermann,* BGB, § 1 VAHRG, Rn. 15.

279 BGH NJW 1998, S. 64, 65.

280 BGH NJW 1998, S. 64, 65.

281 BGH NJW-RR 1989, S. 1026, 1028; ders. A. *Gutdeutsch/Lardschneider,* FamRZ 1983, S. 845, 849.

on gemacht werden, in der im Zeitpunkt der Entscheidung bereits ein konkreter Härtefall vorlag, der Versorgungsfall also schon eingetreten war. In diesen Fällen oblag dem Familiengericht ausnahmsweise die Kompetenz, über den Versorgungsausgleich so zu entscheiden, als ob die Realteilung nicht bestünde, wodurch der vorliegende Härtefall entsprechend berücksichtigt werden konnte.[282]

bb. Öffentlich-rechtlicher Versorgungsträger

Für den Sonderfall, dass ein öffentlich-rechtlicher Versorgungsträger die Realteilung eingeführt hatte – eigentlich waren die Anrechte durch das analoge Quasi-Splitting gem. § 1 Abs. 3 VAHRG a.F. auszugleichen –, vertrat der BGH im Ansatz die gleiche Auffassung. Grundsätzlich führe eine entsprechende, fehlende Härtefallregelung in der maßgeblichen Versorgungsregelung eines öffentlich-rechtlichen Versorgungsträgers nicht zwangsläufig dazu, dass eine Realteilung zu unterbleiben habe.[283] Im Gegensatz zu privatrechtlichen Versorgungsträgern wohne öffentlich-rechtlichen Versorgungsträgern aber eine andere Verantwortung inne.[284] Demnach stünde es nicht zur Disposition des Versorgungsträgers, den durch die Härtefallregelungen gegebenen Schutz durch die Ersetzung einer öffentlich-rechtlichen Ausgleichsform zu verkürzen.[285] Hatte der Versorgungsträger die Realteilung bewusst als Ausgleichsform gewählt, um so den Härtefallregelungen gem. §§ 4 ff. VAHRG a.F. zu entgehen, so habe das Familiengericht in diesem Fall die Kompetenz, so zu entscheiden, als ob die Realteilung nicht bestünde.[286] Im Ergebnis musste dem ausgleichspflichtigen Ehegatten

282 BGH NJW 1998, S. 64. Dies hatte wiederum zur Konsequenz, dass nach dem Tod des Ausgleichsverpflichteten ein verlängerter schuldrechtlicher Anspruch gem. § 3a VAHRG a.F. zulasten des privaten Versorgungsträgers entstehen konnte, BGH NJW 1998, S. 64, 65. Siehe zur Thematik auch die Darstellung in *Maier/ Michaelis,* Versorgungsausgleich, § 1 VAHRG, S. 505 f.

283 BGH NJW-RR 1993, S. 259.

284 BGH NJW-RR 1993, S. 259, 260. Damaliger Gegenstand der Entscheidung war die Beurteilung bei öffentlich-rechtlichen Versorgungsträgern freier Berufe mit Zwangsmitgliedschaft.

285 BGH NJW-RR 1993, S. 259, 260; BGH NJW 1998 S. 64.

286 BGH NJW 1998 S. 64. Das Familiengericht hatte aufgrund des gem. § 12 FGG a.F. herrschenden Amtsermittlungsgrundsatzes die Möglichkeit zu klären, aus wel-

in diesen Fällen also ein entsprechender Schutz gem. §§ 4 ff. VAHRG a.F. verbleiben.[287]

2. Erweiterung durch § 3b Abs. 1 VAHRG a.F. i.V.m. § 10 VAHRG a.F.

Darüber hinaus herrschte nach der damaligen Rechtslage Einigkeit darüber, dass auch Anrechte in den Anwendungsbereich der Härtefallregelung einbezogen werden konnten, die im Rahmen des erweiterten Ausgleichs gem. § 3b Abs. 1 Nr. 1 VAHRG a.F. ausgeglichen worden waren.[288] § 3b Abs. 1 Nr. 1 VAHRG a.F. stellte eine weitere Form des öffentlichen Ausgleichs zur Verfügung. Das Familiengericht hatte die Möglichkeit, ein an sich dem schuldrechtlichen Ausgleich unterliegendes Anrecht im Rahmen des erweiterten Ausgleichs eines anderen Anrechts des Verpflichteten, das seiner Art nach dem Splitting, Quasi-Splitting oder der Realteilung unterlag, öffentlich-rechtlich auszugleichen.[289] Diese Form des Ausgleichs war gegenüber den anderen Ausgleichsformen subsidiär anzuwenden und auch nur, sofern ein restlicher Ausgleichsanspruch eines „unverfallbaren Anrechts“ noch verblieben war.[290] Der Anwendungsfall war damals besonders für Anrechte relevant, die bei einem privatrechtlichen Versorgungsträger bestanden, welcher die Realteilung gem. § 1 Abs. 2 VAHRG a.F. nicht eingeführt hatte. Dabei bestand Einigkeit darüber, dass § 3b Abs. 1 Nr. 1 VAHRG a.F. nur für „unverfallbare“ Anrechte der betrieblichen Vor-

---

chen Gründen eine den §§ 4 ff. VAHRG a.F. entsprechende Regelung nicht getroffen wurde, *Borth,* Versorgungsausgleich, 4. Aufl., 3. Kapitel, Rn. 481.

287 BGH NJW-RR 1993, S. 259, 260.

288 § 10 VAHRG a.F. war für § 3b Abs. 1 Nr. 1 VAHRG a.F. sinngemäß anzuwenden, da sich der erweiterte Ausgleich nach den Grundsätzen wie bei § 1587b BGB a.F. vollzog, Staudinger/Rehme, BGB, § 4 VAHRG, Rn. 4; MK/*Gräper/Dörr,* BGB, 5. Aufl., § 10 VAHRG, Rn. 1; *Borth,* Versorgungsausgleich, 4. Aufl., 4. Kapitel, Rn. 568.

289 BGB BGB-RGRK/*Wick,* § 3b VAHRG, Rn. 1; MK/*Weber,* BGB, 5. Aufl., § 3b VAHRG, Rn. 13. Es wurde ein an sich schuldrechtlich auszugleichendes Anrecht entweder gem. § 1587b Abs. 1 Nr. 2 BGB a.F. oder gem. § 1587 Abs. 1 Nr. 1, 3, 5 BGB a.F. für den Ausgleichsberechtigten in der gesetzlichen Rentenversicherung begründet, *Maier/Michaelis,* Versorgungsausgleich, § 3b VAHRG, S. 548; Staudinger/Rehme, BGB, § 3b VAHRG, Rn. 9.

290 Palandt/*Brudermüller,* BGB, 68. Aufl., Anh I zu § 1587b, § 3b VAHRG, Rn. 4; *Maier/Michaelis,* Versorgungsausgleich, § 3b VAHRG, S. 542; Johannsen/Henrich/*Hahne,* Eherecht, 4. Aufl., § 3b VAHRG, Rn. 5.

sorge sowie der privaten Altersversorgung anzuwenden war.[291] Demnach ermöglichte § 3b Abs. 1 Nr. 1 VAHRG a.F. einen Ausgleich bei Anrechten in Form eines erweiterten Splittings, Quasi-Splittings und der erweiterten Realteilung.[292] Entsprechend den Ausführungen zur Realteilung waren die Härtefallregelungen auch nicht für die Fälle der erweiterten Realteilung anwendbar.[293]

3. Zwischenergebnis

Von der Anwendung der Härtefallregelungen waren also Anrechte ausgeschlossen, die der Realteilung i.S.v. § 1 Abs. 2 VAHRG a.F. und der erweiterten Realteilung i.S.v. § 3b Abs. 1 Nr. 1 VAHRG a.F. unterlagen. Jedoch gab es auch bei diesen Anrechten – gleichgültig, ob sie bei öffentlich-rechtlichen oder privatrechtlich organisierten Versorgungsträgern bestanden – stets die Möglichkeit, eine entsprechende Berücksichtigung des Härtefalls gerichtlich durchzusetzen, sodass der Ausgleichspflichtige in diesen Fällen nicht vollkommen schutzlos war.[294]

II. Der neue Anwendungsbereich i.S.v. § 32 VersAusglG

Die Vorschrift § 32 VersAusglG bestimmt, dass die Anpassungen nach Rechtskraft nur für die in § 32 Nr. 1 bis Nr. 5 VersAusglG genannten Anrechte zulässig sind.

In § 32 Nr. 1 VersAusglG wird die gesetzliche Rentenversicherung einschließlich der Höherversicherung aufgezählt. Von der gesetzlichen Rentenversicherung sind alle Anrechte umfasst, die bei der Deutschen

291 Die Regelung des § 3b Abs. 1 Nr. 1 VAHRG a.F. war also nicht auf unverfallbare Anrechte der betrieblichen Vorsorge beschränkt, vielmehr waren darunter auch Anrechte gem. § 1587a Abs. 2 Nr. 1, 4 und 5 und Abs. 5 BGB a.F. zu fassen, *Maier/Michaelis,* Versorgungsausgleich, § 3b VAHRG, S. 544; BGB-RGRK/*Wick,* § 3b VAHRG, Rn. 4, somit auch die Anrechte der privaten Rentenversicherung gem. § 1587a Abs. 2 Nr. 5 BGB a.F. siehe dazu HK/*Gutdeutsch,* Familienrecht, § 1587a BGB, Rn. 83.

292 MK/*Gräper/Dörr,* BGB, 5. Aufl., § 4 VAHRG, Rn. 4; Soergel/*Schmeiduch,* BGB, § 4, Rn. 3; BGB-RGRK/*Wick,* § 4 VAHRG, Rn. 1; *Borth,* Versorgungsausgleich, 4. Aufl., 4. Kapitel, Rn. 568.

293 *Borth,* Versorgungsausgleich, 4. Aufl., 4. Kapitel, Rn. 568; MK/*Gräper/Dörr,* BGB, 5. Aufl., § 4 VAHRG, Rn. 4.

294 *Borth,* Versorgungsausgleich, 4. Aufl., 3. Kapitel, Rn. 481.

Rentenversicherung sowie bei Regionalträgern der Deutschen Rentenversicherung bestehen.[295] Die Höherversicherung wird in § 280 SGB VI genannt, existiert seit dem 1.1.1998 aber nicht mehr. Sie ist dennoch ein Teil der gesetzlichen Rentenversicherung und fällt daher unter den Regelungsbereich des § 32 Nr. 1 VersAusglG.[296] Darüber hinaus fasst der Gesetzgeber in dem „Strukturentwurf" die Deutsche Rentenversicherung Knappschaft-Bahn-See, welche gem. § 125 Abs. 2 SGB VI Bundesträger der gesetzlichen Rentenversicherung ist, und Anrechte der umlagefinanzierten hüttenknappschaftlichen Zusatzversicherung unter den Anwendungsbereich.[297]

§ 32 Nr. 2 VersAusglG nennt die Beamtenversorgung oder eine andere Versorgung, die zur Versicherungsfreiheit gem. § 5 Abs. 1 SGB VI führt. Unter die Beamtenversorgung fallen Bundesbeamte und Landesbeamte.[298]

Versorgungen, die gem. § 5 Abs. 1 Nr. 1 SGB VI zur Versicherungsfreiheit führen, sind Versorgungen von Beamten, Richtern und Soldaten.[299] In § 5 Abs. 1 Nr. 2 SGB VI werden die beamtenähnlichen Beschäftigten von Körperschaften, Anstalten oder Stiftungen des öffentlichen Rechts sowie Verbände, einschließlich der Spitzenverbände, genannt, aber nur, soweit die Inhaber eine Versorgung nach beamten- oder kirchenrechtlichen Regelungen zugesagt bekommen.[300] Ebenfalls

295 BT-Drucks. 16/10144, S. 72. Damit sind auch alle Zweige der gesetzlichen Rentenversicherung umfasst, siehe dazu Beck'scher Online-Kommentar BGB, Bamberger/Roth/*Gutdeutsch*, VersAusglG, § 32, Rn. 2.

296 Die Höherversicherung war eine nach Privatversicherungsgrundsätzen ausgestaltete freiwillige Zusatzversorgung. Sie wurde mit dem Rentenreformgesetz von 1992 als „sozialversicherungsfremd" abgeschafft, Handbuch d. ges. RV/*Seiter*, Kapitel 15, Rn. 75.

297 BT-Drucks. 16/10144, S. 72. Die Besonderheit der hüttenknappschaftlichen Zusatzversicherung ist, dass es sich um zusätzliche Rentenversicherung im Bereich der betrieblichen Altersversorgung auf öffentlich-rechtlicher Grundlage handelt. Träger der hüttenknappschaftlichen Zusatzversicherung ist gem. § 20 Abs. 1 Nr. 1 HZvG die Deutsche Rentenversicherung Saarland, *Ruland*, Versorgungsausgleich, 3. Aufl., 3. Kapitel, Rn. 963.

298 *Kemper*, Versorgungsausgleich in der Praxis, Kapitel X, Rn. 10.

299 Kreikebohm/*Grintsch*, SGB VI, § 5, Rn. 6.

300 HK/*Reinhardt*, SGB VI, § 5, Rn. 5. Dies gilt also auch für Versorgungen von Beschäftigten der privatrechtlich organisierten Spitzenverbände, wie z.B. der gesetzlichen Krankenkassen, *Kemper*, Versorgungsausgleich in der Praxis, Kapitel X, Rn. 10.

zu den anpassungsfähigen Anrechten gehören gem. § 5 Abs. 1 Nr. 3 SGB VI die Anrechte von Angehörigen kirchlicher Genossenschaften, Diakonissen und Angehörigen ähnlicher Gemeinschaften, wenn ihnen nach den Regeln der Gemeinschaft eine Anwartschaft auf die in der Gemeinschaft übliche Versorgung bei verminderter Erwerbsfähigkeit und im Alter gewährleistet und die Erfüllung der Gewährleistung zugesichert wird.[301]

Zudem werden in § 32 Nr. 3 VersAusglG Anrechte berufsständischer Versorgungen oder anderer Versorgungen erfasst, die nach § 6 Abs. 1 Nr. 1 und Nr. 2 SGB VI zu einer Befreiung von der Sozialversicherungspflicht in der gesetzlichen Rentenversicherung führen. Darunter fallen gem. § 6 Abs. 1 Nr. 1 SGB VI die berufsständischen Versorgungswerke. Unter den berufsständischen Versorgungen versteht man die auf einer gesetzlichen Pflichtmitgliedschaft beruhende Altersversorgung für die Angehörigen der kammerfähigen freien Berufe, wie z.B. Ärzte oder Rechtsanwälte. [302] Auf Antrag kann der Freiberufler von der Versicherungspflicht der gesetzlichen Rentenversicherung befreit werden.[303]

Daneben nennt § 32 Nr. 3 VersAusglG Versorgungen, die gem. § 6 Abs. 1 Nr. 2 SGB VI zu einer Befreiung von der Sozialversicherungspflicht führen können. Dies gilt gem. § 6 Abs. 1 Nr. 2 SGB VI aber nur, soweit ihnen nach beamtenrechtlichen Grundsätzen oder entsprechenden kirchenrechtlichen Regelungen Anwartschaften auf Versorgungen bei verminderter Erwerbsfähigkeit und im Alter sowie auf Hinterbliebenenversorgung gewährleisten werden; und nur dann, wenn diese Personen die Voraussetzungen nach § 5 Abs. 1 S. 2 Nr. 1 und 2 SGB VI erfüllen.[304]

---

301 Kreikebohm/*Grintsch*, SGB VI, § 5, Rn. 11; *Kemper*, Versorgungsausgleich in der Praxis, Kapitel X, Rn. 10; *Weinreich/Klein*/Wick, Familienrecht, § 32, Rn. 6.

302 Handbuch d. ges. RV/*Kreikebohm/Kuszynski*, Kapitel 10, Rn. 50. Der Gesetzgeber begründet ihre Einbeziehung in den Geltungsbereich des § 32 VersAusglG damit, dass sie als rechtlich selbstständige Anstalten des öffentlichen Rechts ebenfalls öffentlich-rechtliche Versorgungsträger sind, BT-Drucks. 16/10144, S. 72.

303 *Weinreich/Klein*/Wick, Familienrecht, § 32, Rn. 7.

304 HK/*Reinhardt*, SGB VI, § 6, Rn. 10; MK/*Gräper*, BGB, 5. Aufl., § 32 VersAusglG, Rn. 15.

In § 32 Nr. 4 VersAusglG werden die Anrechte der Alterssicherung der Landwirte erwähnt.[305] Nach dem Gesetz über die Altershilfe der Landwirte handelt es sich dabei um eine geregelte Form der gesetzlichen Rentenversicherung für den Berufsstand der Landwirte und andere in der Landwirtschaft Beschäftigte.[306] Berücksichtigt werden alle selbstständigen Landwirte und mitarbeitende Familienangehörige sowie auch deren Ehegatten. Diese gelten kraft Gesetzes ebenfalls als Landwirte, wobei nicht erforderlich ist, dass der Ehegatte tatsächlich in der Landwirtschaft mitarbeitet.[307] Die Alterssicherung der Landwirte ist also die berufsständische Altersversorgung für Landwirte.[308]

Schließlich werden in § 32 Nr. 5 VersAusglG die Versorgungen der Abgeordneten und der Regierungsmitglieder im Bund und in den Ländern genannt.[309] Die besondere Nennung der Versorgungen der Regierungsmitglieder war notwendig, da sich diese in einem öffentlich-rechtlichen Amtsverhältnis und nicht in einem öffentlich-rechtlichen Dienstverhältnis befinden und dementsprechend nicht in den Anwendungsbereich des BeamtVG fallen.[310]

III. Modifizierungen durch § 32 VersAusglG

1. Vergleich der Rechtslagen

Die Untersuchung hat gezeigt, dass die Härtefallregelungen nicht bei Anrechten anzuwenden waren, die der Realteilung unterlagen. Im Fall der Realteilung mussten die Versorgungsträger vielmehr selbst entsprechende Regelungen zu §§ 4 ff. VAHRG a.F. schaffen, um verfassungswidrigen Auswirkungen vorzusorgen.[311] Darüber hinaus konnte das Familiengericht im Einzelfall, bei Anrechten, die der Zuständigkeit

305 Von § 32 Nr. 4 VersAusglG sind alle Versorgungen der Versicherten der landwirtschaftlichen Sozialversicherung erfasst, BT-Drucks. 16/10144, S. 72.

306 *Weinreich/Klein*/Wick, Familienrecht, § 32, Rn. 9.

307 BSG FamRZ 1998, S. 1105; *Weinreich/Klein*/Wick, Familienrecht, § 32, Rn. 9.

308 *Kemper*, Versorgungsausgleich in der Praxis, Kapitel X, Rn. 11.

309 Wozu auch die Europaabgeordneten zählen, *Ruland*, Versorgungsausgleich, 3. Aufl., 9. Kapitel, Rn. 936.

310 *Kemper*, Versorgungsausgleich in der Praxis, Kapitel X, Rn. 13; *Weinreich/Klein*/Wick, Familienrecht, § 32, Rn. 10. Sie stehen gem. § 1 BminG zum Bund in einem öffentlich-rechtlichen Amtsverhältnis und sind jedoch keine Bundesbeamten.

311 BT-Drucks. 9/2216, S. 16.

eines privaten Versorgungsträgers unterlagen, die aus dem Härtefall resultierenden Umstände berücksichtigen. Die neue Regelung stellt somit insoweit keinen Unterschied dar, als private Versorgungsträger, welche die Realteilung gem. § 1 Abs. 2 VAHRG a.F. eingeführt hatten, von der direkten Anwendung der Anpassungsregeln ausgeschlossen sind. Im Gegensatz zur aktuellen Rechtslage hatte der Ausgleichspflichtige jedoch im Einzelfall die Möglichkeit, eine Regulierung durch eine familiengerichtliche Entscheidung zu erwirken.[312] Diese Option ist durch den gänzlichen Ausschluss der privaten und betrieblichen Versorgungen nach dem jetzigen Recht nicht mehr gegeben.

Zudem ergeben sich weitere Modifikationen im Hinblick auf Anrechte, die früher der Regelung des § 1 Abs. 3 VAHRG a.F. unterlagen. Vergleicht man die in § 32 VersAusglG erfassten Anrechte mit den Darstellungen zu § 1 Abs. 3 VAHRG a.F., so wird deutlich, dass der Gesetzgeber keine Anwendung der Anpassungen für Anrechte der Zusatzversorgung des öffentlichen Dienstes,[313] im Schornsteinfegerhandwerk,[314] der Land- und Forstwirtschaft[315] und der gemeinsamen Aus-

312 BGH NJW 1998, S. 64, 65; *Borth,* Versorgungsausgleich, 4. Aufl., 4. Kapitel, Rn. 481.

313 Die ZVÖD ist eine Zusatzversorgung für Arbeiter und Angestellte des öffentlichen Dienstes. Sie bildet gemeinsam mit der betrieblichen Altersversorgung die „2. Säule" des „Drei-Säulen-Modells" der Alterssicherung und soll als Zusatzversorgung die Leistungen der gesetzlichen Rentenversicherung ergänzen. Organisiert wird die ZVÖD bei einer Zusatzversorgungseinrichtung des öffentlichen Dienstes aufgrund tarifvertraglicher Verpflichtung in Form privatrechtlicher Versicherungsverträge. Eine bekannte Zusatzversorgungseinrichtung ist die Versorgungsanstalt des Bundes und der Länder.

314 Die Zusatzversorgung des Schornsteinfegerhandwerks wird in dem Gesetz über das Schornsteinfegerwesen (SchfG) geregelt. Es handelt sich dabei um eine ergänzende Versorgung im Bereich der betrieblichen Altersversorgung, welche gem. § 34 SchfG von der Versorgungsanstalt der deutschen Bezirksschornsteinfegermeister organisiert wird. Die Versorgungsanstalt ist gem. § 34 Abs. 1 SchfG eine bundesunmittelbare rechtsfähige Anstalt des öffentlichen Rechts.

315 Die Zusatzversorgung der Land- und Forstwirtschaft wird in dem Gesetz über die Errichtung einer Zusatzversorgungskasse für Arbeitnehmer in der Land- und Forstwirtschaft (ZVALG) geregelt. Demnach handelt es sich bei der Zusatzversorgungskasse gem. § 1 Abs. 1 ZVALG ebenfalls um eine bundesunmittelbare rechtsfähige Anstalt des öffentlichen Rechts.

gleichskasse im Seelotsenwesen der Reviere[316] vorsieht.[317] Die genannten Versorgungen haben gemein, dass sie Zusatzversorgungen im Bereich der betrieblichen Altersversorgung sind und von öffentlich-rechtlichen Versorgungsträgern organisiert werden.[318] Im Gegensatz zur aktuellen Rechtslage waren die Härtefallregelungen auf die Anrechte i.S.v. § 1 Abs. 3 VAHRG a.F. anwendbar.

2. Ausführungen des Gesetzgebers

Die Begründung zum Gesetzesentwurf i.R.v. § 32 VersAusglG leitet der Gesetzgeber mit folgenden Worten ein: [319]

„Die Vorschriften zur Vermeidung verfassungswidriger Härten sind nach § 32 VersAusglG obligatorisch nur für die Regelsicherungssysteme vorgesehen. Insoweit bleibt es beim bisherigen Rechtszustand. Im Bereich der ergänzenden Altersversorgung kommen die Anpassungsvorschriften grundsätzlich nicht zur Anwendung."

„Die Nummern 1 bis 5 nennen deshalb nur öffentlich-rechtliche Versorgungsträger. Im Übrigen waren private Versorgungsträger, die sich gemäß § 1 Abs. 2 VAHRG für eine (interne oder externe) Realteilung entschieden hatten, auch nach dem bislang geltenden Recht von der unmittelbaren Anwendung der §§ 4 bis 9 VAHRG ausgenommen."[320]

Die Beschränkung der Anpassung auf die „Regelsicherungssysteme" ist vom Gesetzgeber also explizit gewollt.

Weiter heißt es: „Die Nummern 1 bis 5 zählen abschließend auf, für welche Regelsicherungssysteme die Vorschriften der §§ 33 bis 38 VersAusglG gelten: [...].

---

316 Die Zuständigkeit und Organisation der Seemannskasse liegt gem. § 137 a SGB VI bei der Deutschen Rentenversicherung Knappschaft-Bahn-See, welche gem. § 125 Abs. 2 SGB VI Bundesträger der Deutschen Rentenversicherung ist.

317 BT-Drucks. 16/10144, S. 72.

318 *Ruland*, Versorgungsausgleich, 3. Aufl., 9. Kapitel, Rn. 936 ff; *Borth*, Versorgungsausgleich, 6. Aufl., Kapitel 8, Rn. 954.

319 BT-Drucks. 16/10144, S. 71.

320 So nach der damaligen Rechtslage klargestellt in BGH FamRZ 1997, S. 1470, 1471.

Anschließend werden die einzelnen Nummern vom Gesetzgeber erörtert.[321] Mit Ausnahme der „umlagefinanzierten hüttenknappschaftlichen Zusatzversicherung“ wird in dem Entwurf keine weitere Zusatzversorgung des öffentlichen Dienstes i.R.d. Anwendungsbereichs von § 32 VersAusglG aufgeführt.

Die Idee, die ergänzende Altersversorgung von jeglicher Anpassungsmöglichkeit auszuschließen, beruht auf dem Vorschlag der „Kommission Strukturreform des Versorgungsausgleichs.“ Diese hatte in ihrem Abschlussbericht aus dem Jahr 2003 die eingeschränkte Abänderbarkeit auf bestimmte Anrechte angebracht.[322]

Der Gesetzgeber nahm diesen Gedanken auch im Bereich der Anpassungsverfahren auf und setzte ihn um. Er verwies zwar in dem Entwurf auf den verfassungsrechtlichen Hintergrund der Vorschriften und legte dar, dass die Anpassungsregelungen als Nachfolger der Härtefälle seiner Ansicht nach weiterhin dem verfassungsrechtlichen Auftrag des BVerfGs entsprächen.[323] In diesem Zuge betonte er jedoch, dass die Härtefallregelungen mit dem Versicherungsprinzip in einem Spannungsverhältnis stünden, da durch die Entscheidung des Familiengerichts über den Versorgungsausgleich eigentlich zwei abgetrennte, voneinander unabhängige Versorgungsschicksale geschaffen werden sollen, was durch die §§ 32 ff. VersAusglG zu Lasten der Versichertengemeinschaft durchbrochen werde. [324]

3. Gegenmeinung

Entgegen der Auffassung des Gesetzgebers wird die Meinung vertreten, dass die Einschränkung durch § 32 VersAusglG hinsichtlich der Anpassungsverfahren einen erheblichen Unterschied zur alten Rechts-

321 Diesbezüglich wird auf die Ausführungen in Kapitel 2 zur neuen Rechtslage auf Seite 71 ff. der Untersuchung Bezug genommen.
322 *Kommission Strukturreform des Versorgungsausgleichs,* Abschlussbericht, S. 96 f.
323 BT-Drucks. 16/10144, S. 71 f.
324 BT-Drucks. 16/10144, S. 71 f.

lage darstellt,[325] die von dem Gesetzgeber auch nur ungenügend begründet worden sei.[326]

Dementsprechend wird die amtliche Begründung des Gesetzgebers teilweise kritisiert, insbesondere da entgegen der vorherigen Rechtslage keine Möglichkeit der Regulierung durch familiengerichtliche Entscheidung mehr möglich sei.[327] Der Gesetzgeber verkenne hier die Notwendigkeit dieser Versorgungen, wenn man diese entgegen ihrer steigenden Bedeutung von einer Anpassungsmöglichkeit gem. §§ 32 ff. VersAusglG ausschließe.[328]

Die oben dargestellte Aufzählung zu § 32 VersAusglG nenne explizit „abschließend" nur Anrechte öffentlich-rechtlicher Versorgungssysteme.[329]

Darüber hinaus ergebe sich durch die Einschränkung im Vergleich zur vorherigen Rechtslage eine differenzierte Rechtslage hinsichtlich der Anrechte öffentlich-rechtlicher Versorgungsträger im Bereich der betrieblichen Altersversorgung.[330] Nach der alten Rechtslage konnten öffentlich-rechtliche Versorgungsträger im Falle der Einführung der Realteilung verstärkt von den Familiengerichten überprüft werden, wenn sie nicht selbst entsprechende Regelungen gegen Härtefälle normiert hatten.[331] Demzufolge haben betriebliche Träger mit öffentlich-rechtlichem Status sehr wohl Maßnahmen gegen verfassungswidrige Härten, entsprechend der Härtefallregelungen, treffen müssen.[332] Die amtliche Begründung des Gesetzgebers sei folglich nur teilweise rich-

---

325 HK/*Rehbein*, Versorgungsausgleich, § 32 VersAusglG, Rn. 8; *Kemper*, Versorgungsausgleich in der Praxis, Kapitel X, Rn. 7; *Borth*, Versorgungsausgleich, 6. Aufl., Kapitel 8, Rn. 956; *Ruland*, Versorgungsausgleich, 3. Aufl., 9. Kapitel, Rn. 927.

326 MK/*Gräper*, BGB, 6. Aufl., § 32 VersAusglG, Rn. 5.

327 *Ruland*, Versorgungsausgleich, 3. Aufl., 9. Kapitel, Rn. 929; HK/*Rehbein*, Versorgungsausgleich, § 32 VersAusglG, Rn. 9; MK/*Gräper*, BGB, 6. Aufl., § 32 VersAusglG, Rn. 4 f.; *Kemper*, Versorgungsausgleich in der Praxis, Kapitel X., Rn. 5; *Borth*, Versorgungsausgleich, 6. Aufl., Kapitel 8, Rn. 955.

328 OLG Schleswig BeckRS 2012, 12880; *Ruland*, FamFR 2012, S. 314, 316.

329 *Ruland*, Versorgungsausgleich, 3. Aufl., 9. Kapitel 9, Rn. 926; *Borth*, Versorgungsausgleich, 6. Aufl., Kapitel 8, Rn. 955; Johannsen/Henrich/*Hahne*, Familienrecht, 5. Aufl., § 32 VersAusglG, Rn. 3.

330 *Ruland*, Versorgungsausgleich, 3. Aufl., 9. Kapitel, Rn. 929.

331 *Ruland*, Versorgungsausgleich, 3. Aufl., 9. Kapitel, Rn. 929.

332 Das Fehlen einer Härtefallregelung hätte bei öffentlich-rechtlichen Versorgungsträgern im Übrigen zum Eingreifen der Ausgleichsregelung nach § 1 Abs. 3

tig. Durch die Einführung des § 32 VersAusglG sei eine Überprüfung des Einzelfalls jenseits der in § 32 VersAusglG genannten Anrechte nämlich nicht mehr möglich.[333]

4. Stellungnahme

Der Rechtsvergleich hat ergeben, dass die Beschränkung der Anpassungsverfahren auf die Regelsicherungssysteme und der daraus resultierende Ausschluss der betrieblichen und privaten Anrechte einen erheblichen Unterschied zur alten Rechtslage darstellen. Dies betrifft sowohl Anrechte öffentlich-rechtlicher als auch privatrechtlich organisierter Versorgungsträger.

Demzufolge ist die vom Gesetzgeber getroffene Aussage: „Insoweit bleibt es beim bisherigen Rechtszustand“[334] nur teilweise zutreffend, im Hinblick auf Anrechte, die dem Ausgleich nach § 1 Abs. 3 VAHRG a.F. unterlagen, sogar fehlerhaft. Darüber hinaus ergeben sich aus der Gesetzesbegründung keinerlei Hinweise, wie nach der jetzigen Rechtslage mit Anrechten verfahren werden soll, die als Zusatzversorgungen der öffentlichen Hand unter § 1 Abs. 3 VAHRG a.F. fielen.

Denn im Gegensatz zur alten Rechtslage unterliegen Anrechte der Zusatzversorgungen des öffentlichen Dienstes, im Schornsteinfegerhandwerk, der Land- und Forstwirtschaft sowie der gemeinsamen Ausgleichskasse im Seelotsenwesen der Reviere nun nicht mehr der Möglichkeit einer Anpassung im Härtefall. Lediglich die umlagefinanzierte hüttenknappschaftliche Zusatzversicherung soll laut Gesetzesbegründung ausnahmsweise als Zusatzversorgung von § 32 VersAusglG erfasst sein. Im Gegensatz zur vorherigen Rechtslage sind Zusatzversorgungen des öffentlichen Dienstes also nicht mehr von den Härtefällen erfasst.

Hinsichtlich der Anrechte privater Versorgungsträger i.S.v. § 1 Abs. 2 VAHRG a.F. hat der Gesetzgeber insoweit Recht, als diese nach der alten Rechtslage von der unmittelbaren Anwendung der Härtefallregelungen §§ 4 ff. VAHRG a.F. ausgeschlossen waren. Die bishe-

VAHRG a.F. geführt, MK/*Gräper*, BGB, 5. Aufl., § 32 VersAusglG, Rn. 5; *Ruland*, Versorgungsausgleich, 3. Aufl., Kapitel 9, Rn. 929.

333 MK/*Gräper*, BGB, 6. Aufl., § 32 VersAusglG, Rn. 5.

334 BT-Drucks. 16/10144, S. 71.

rige Untersuchung hat jedoch gezeigt, dass bei den gegenständlichen Anrechten eine Berücksichtigung einer vorliegenden Härtefallsituation dennoch erfolgte. Im Ergebnis konnten vorliegende Härtefallkonstellationen auch bei Anrechten der betrieblichen Altersversorgung berücksichtigt werden. Öffentlich-rechtliche Versorgungsträger hatten zum einen selbst maßgebliche Regelungen zu treffen und zum anderen konnte der Ausgleichspflichtige im konkreten Einzelfall – auch bei Anrechten privater Versorgungsträger – bei einer unangemessenen Benachteiligung auf die Hilfe des Gerichts zurückgreifen.

5. Zwischenergebnis

Die Argumentation des Gesetzgebers ist im Kern unzutreffend. Der Vergleich der Rechtslagen hat gezeigt, dass sich durchaus Modifizierungen nach der neuen Rechtslage ergeben können. Der Gesetzgeber hätte sich i.R. der Strukturreform fundierter mit der Thematik auseinandersetzen müssen. Die kritischen Anmerkungen der Gegenauffassung sind daher überzeugend.

B. Der Anwendungsbereich von § 32 VersAusglG i.R.d. Abänderungsverfahren

Durch die Verweisung von § 225 Abs. 1 FamFG auf § 32 VersAusglG werden auch die künftig durchgeführten Abänderungsverfahren auf die in § 32 VersAusglG genannten Anrechte beschränkt. Die Vorschrift des § 10a VAHRG a.F. regelte den Anwendungsbereich nach der alten Rechtslage.

I. Der uneingeschränkte Anwendungsbereich von § 10a VAHRG a.F.

Die Abänderung von gerichtlichen Entscheidungen gem. § 10a VAHRG a.F. war bei allen Entscheidungen über den öffentlich-rechtlichen Versorgungsausgleich möglich. Der Anwendungsbereich der Korrekturmöglichkeit erstreckte sich auf alle Anrechte, die einem Ausgleich nach § 1587b Abs. 1 bis 4 BGB a.F., nach § 1 Abs. 2, 3 oder § 3b Abs. 1 VAHRG a.F. unterlagen.[335]

Für die Anwendung war lediglich entscheidend, ob einer der unter § 10a Abs. 1 Nr. 1 bis 3 VAHRG a.F. genannten Gründe vorlag. Die Gründe waren gem. § 10a Abs. 1 VAHR a.F. Nr. 1 die Änderung im Wertunterschied, gem. Nr. 2 der Eintritt der Unverfallbarkeit und gem. Nr. 3 die Einführung der Realteilung oder der Erwerb einer öffentlich-rechtlichen Trägerschaft. Demzufolge war eine Abänderung bei Anrechten der gesetzlichen Rentenversicherung und der Beamtenversorgung im Falle einer Rechtsänderung oder auch einer individuellen Änderung möglich.[336] Bei betrieblichen und „sonstigen" Renten konnte sich eine Abänderung der Entscheidung bspw. aus einer Satzungsänderung ergeben, da diese mit einer Rechtsänderung vergleichbar war und ebenso Wertverzerrungen nach sich ziehen konnte.[337] Das Vorliegen eines Abänderungsgrundes führte im Ergebnis zu einer „Totalrevision" aller Anrechte der vorangegangenen Entscheidung.[338] Nach der alten Rechtslage gab es also keinen Anwendungsbereich im eigentlichen Sinne, da die Änderung jedem Anrecht offenstand, das öffentlich-rechtlich ausgeglichen worden war.

II. Einschränkungen durch § 32 VersAusglG

1. Vergleich der Rechtslagen

Im Gegensatz zur alten Rechtslage ist eine Abänderung nun nur bei den zuvor erörterten Regelsicherungssystemen i.S.v. § 32 VersAusglG möglich. Diese Regelung grenzt den Anwendungsbereich im Rahmen

---

335 *Dörr,* FPR 2007, S. 130, 131; Palandt/*Brudermüller,* BGB, 68. Aufl., Anh I zu § 1587b, § 10a VAHRG, Rn. 4. Ausgenommen waren somit nur Anrechte, die dem schuldrechtlichen Ausgleich unterlagen. Die Vorschriften § 1587i Abs. 3 BGB a.F. und § 3a Abs. 4 VAHRG a.F. beinhalteten eigene Abänderungsregelungen hinsichtlich des schuldrechtlichen Versorgungsausgleichs, HK/*Bergmann,* Familienrecht, § 10a VAHRG, Rn. 3.

336 Siehe Beispiele dazu, in *Maier/Michaelis,* Versorgungsausgleich, § 10a VAHRG, ab S. 629 ff.

337 BGH NJW-RR, 1986, S. 1322; *Maier/Michaelis,* Versorgungsausgleich, § 10a VAHRG, ab S. 633.

338 MK/*Dörr,* BGB, 5. Aufl., § 10a VAHRG, Rn. 2; Musielak/Borth/*Borth/Grandel/* FamFG, § 225, Rn. 1.

des Abänderungsverfahrens gem. §§ 225 ff. VersAusglG erheblich ein. Eine Abänderung von betrieblichen Altersversorgungen und privaten Lebensversicherungen ist nach dem neuen Recht ausgeschlossen. [339] Daher können insbesondere auch Entscheidungen hinsichtlich kapitalgedeckter Versorgungen nicht mehr abgeändert werden.[340] Die in § 10a Abs. 1 VAHRG a.F. genannten Abänderungsgründe Nr. 2 und Nr. 3 sind bedingt durch die neue Gesetzeslage automatisch nicht mehr gegeben. Der Eintritt der Unverfallbarkeit eines Anrechts i.S.v. § 19 Abs. 2 Nr. 1 VersAusglG wird nach der neuen Rechtslage über die Ausgleichsansprüche nach der Scheidung gem. §§ 20 ff. VersAusglG reguliert.[341] Hingegen ist eine der Bestimmung in § 10a Abs. 1 Nr. 3 VAHRG a.F. entsprechende Regelung nach dem neuen Recht nicht mehr notwendig, da alle teilungsreifen Anrechte im Wertausgleich bei der Scheidung bereits vollständig geteilt werden.

Die Sachlage stellt sich hingegen bei Wegfall eines Anrechts der betrieblichen Altersversorgung anders dar. Während diese Konstellation früher von § 10a Abs. 1 Nr. 1 VAHRG a.F. erfasst war, führt der Wegfall nach rechtskräftig abgeschlossenem Verfahren heute nicht mehr zu einer Abänderung nach § 225 FamFG. Eigentlich wäre dieser Sachverhalt als ein Sonderfall i.S.v. § 225 Abs. 2 FamFG zu berücksichtigen. Durch den Ausschluss der betrieblichen Anrechte gem. § 225 Abs. 1 FamFG i.V.m. § 32 VersAusglG ist eine Abänderung in diesem Fall allerdings nicht mehr zulässig.[342]

---

339 Johannsen/Henrich/*Hahne*, Familienrecht, 6. Aufl., § 225, Rn. 7; Keidel/*Weber*, FamFG, § 225, Rn. 3; *Ruland*, Versorgungsausgleich, 3. Aufl., 10. Kapitel, Rn. 933.

340 *Bumiller/Harders/Schwamb*, FamFG, § 225, Rn. 4; HK/*Götsche*, Versorgungsausgleich, § 225 FamFG, Rn. 11.

341 HK/*Götsche*, Versorgungsausgleich, 225 FamFG, Rn. 11. Verfahrensrechtlich hat sich im Vergleich zur alten Rechtslage nichts geändert, da sowohl das Verfahren gem. § 10a Abs. 1 VAHRG a.F. sowie die Ausgleichsansprüche nach der Scheidung gem. § 20 Abs. 1 VersAusglG nur auf Antrag eingeleitet werden. Ein Unterschied besteht in materieller Hinsicht. Der Ausgleichsberechtigte muss sich nun mit einem Anspruch gem. §§ 20 ff. VersAusglG zufriedengeben, welcher gem. § 20 Abs. 1 VersAusglG eine laufende Versorgung als Voraussetzung hat und nur unter den bestimmten Voraussetzungen des § 25 VersAusglG auch nach dem Tod des Ausgleichsverpflichteten weiter besteht.

342 Wird also eine vertraglich zugesicherte Anwartschaft nach durchgeführtem Versorgungsausgleich wieder entzogen, so führt dies nicht zu einer Abänderung gem. §§ 225, 226 FamFG, kritisch dazu Musielak/Borth/*Borth/Grandel*, FamFG, § 225, Rn. 8.

2. Ausführungen des Gesetzgebers

Die Einführung des eingeschränkten Anwendungsbereichs für Abänderungsverfahren i.S.v. §§ 225 Abs. 1 FamFG basierte unmittelbar auf der Empfehlung der Kommission zur Strukturreform.[343] Diese vertrat die Ansicht, dass für die Anrechte der ergänzenden Vorsorge der „2. und 3. Säule" keine Abänderungsmöglichkeit mehr vorzusehen sei.[344]

Der Gesetzgeber betont in seiner Begründung, dass bei der ergänzenden Vorsorge „rechtstatsächlich" in der reformierten Gesetzeslage kein Bedarf mehr für eine nachträgliche Abänderung bestehe.[345] Handele es sich um kapitalgedeckte Anrechte, beruhe die Ermittlung des Ausgleichswerts auf der unmittelbaren Bewertung nach § 39 VersAusglG. Der Ehezeitanteil werde aber auf Grundlage der in der Ehezeit erworbenen Kapitalbeträge, einschließlich der Zinsen, bestimmt.[346] Nachträgliche Änderungen des Ehezeitanteils, die sich auf den Ausgleichswert auswirken, seien hier nicht vorstellbar.[347] Bei Anwartschaften der betrieblichen Altersversorgung erfolge die Bewertung gem. § 45 Abs. 2 VersAusglG zeitratierlich. Auch hier könnten sich keine rückwirkenden Änderungen zum Vorteil des Ausgleichspflichtigen ergeben, weil bei der Wertermittlung der Übertragungswert bzw. die unverfallbare Anwartschaft am Ehezeitende maßgeblich sei. Ändere sich hier das Zeit-Zeit-Verhältnis, weil z.B. der Ausgleichspflichtige vor Erreichen der festen Altersgrenze die Versorgung bezieht, dann wirke

343 *Kommission Strukturreform des Versorgungsausgleichs*, Abschlussbericht, www.dnoti.de/DOC/2007/-Abschlussbericht.pdf, S. 98 f.

344 Begründet wird dies damit, dass bei den genannten Anrechten ein Ausgleich auf der Grundlage des Kapitalwertes zum Ehezeitende erfolgen kann. Der Halbteilungsgrundsatz sei ungeachtet der weiteren Entwicklung, des in den Anrechten verkörperten Vorsorgevermögens gewahrt. Zudem stoße die Abänderung im Fall ausgeschlossener Anrechte bei der externen Teilung auf kaum überwindbare praktische Schwierigkeiten. Denn mit der Auszahlung des Ausgleichswerts werde die Entwicklung des neu begründeten Anrechts vom Schicksal der ausgeglichenen Versorgung gänzlich losgelöst, so die *Kommission Strukturreform des Versorgungsausgleichs*, Abschlussbericht, www.dnoti.de/DOC/2007/Abschlussbericht.pdf, S. 98 f.

345 BT-Drucks. 16/10144, S. 97.

346 *Borth*, Versorgungsausgleich, 6. Aufl., Kapitel 11, Rn. 1169.

347 BT-Drucks. 16/10144, S. 97 f.

sich dies nur vorteilhaft für den Ausgleichsberechtigten aus.[348] Der Ausgleich dieses Mehrbetrags sowie der „verfallbaren Einkommensdynamik" könne dann über die Ausgleichsansprüche nach der Scheidung erfolgen.[349]

3. Gegenmeinung

Die Einschränkung der abänderungsfähigen Anrechte wurde trotz vielfacher Kritik und „verfassungsrechtlicher Bedenken" übernommen.[350] Nach der Gegenansicht sei der Ausschluss von Anrechten der betrieblichen Altersversorgung und privaten Rentenversicherung von jeglichen Abänderungsmöglichkeiten nicht mit dem geltenden Halbteilungsgrundsatz vereinbar.[351] Darüber hinaus begründe der Gesetzgeber den Ausschluss der Anrechte außerhalb der Regelversorgungen des § 32 VersAusglG in dem Gesetzesentwurf nur ungenügend.[352] Entgegen den Angaben des Gesetzgebers seien nämlich sehr wohl auch hinsichtlich der Anrechte betrieblicher und privater Versorgungen rückwirkende Veränderungen möglich, die eine Abänderung rechtfertigen können.[353] Die Begründung des Gesetzgebers, dass „rechtstat-

348 Rechnerisch kann sich nur der Ehezeitanteil zugunsten des Ausgleichsberechtigten erhöhen, weil sich die Gesamtzeit der Ehezeit mindert, während die Ehezeit unverändert bleibt, *Borth*, Versorgungsausgleich, 6. Aufl., Kapitel 11, Rn. 1170.

349 Der Grund für diese Differenzierung ergibt sich aus den praktischen Schwierigkeiten bei der externen Teilung. Gem. § 14 Abs. 4 VersAusglG erfolgt die externe Teilung durch die Auszahlung des Ausgleichswertes in Form eines Kapitalbetrages an den Versorgungsträger des Ausgleichsberechtigten, Johannsen/Henrich/*Hahne*, Familienrecht, 5. Aufl., § 225 FamFG, Rn. 6.

350 *Ruland* war im Rahmen der Abstimmung gegen eine Einschränkung der Abänderungsmöglichkeiten, siehe, *Kommission Strukturreform des Versorgungsausgleichs*, Abschlussbericht, www.dnoti.de/DOC/2007/-Abschlussbericht.pdf, S. 99; ebenfalls kritisch MK/*Gräper*, BGB, 5. Aufl., § 32 VersAusglG, Rn. 3; Hoppenz/*Hoppenz*, Familienrecht, FamFG § 225, Rn. 6, hält die Regelung ebenso für verfassungsrechtlich bedenklich und im Ergebnis nicht haltbar.

351 *Ruland*, Versorgungsausgleich, 3. Aufl., 10. Kapitel, Rn. 993; *Borth*, Versorgungsausgleich, 6. Aufl., Kapitel 11, Rn. 1197; ders. A. HK/*Hauß*, Familienrecht, 2. Aufl., § 32 VersAusglG, Rn. 4.

352 Schulte-Brunert/Weinreich/*Rehme*, FamFG, § 225, Rn. 15; Hoppenz/*Hoppenz*, Familienrecht, § 225 FamFG, Rn. 6.

353 *Ruland*, Versorgungsausgleich, 3. Aufl., 10. Kapitel, Rn. 993; Schulte-Brunert/Weinreich/*Rehme*, FamFG, § 225, Rn. 15; *Borth*, Versorgungsausgleich, 6. Auf., Kapitel 11, Rn. 1172 ff.

sächlich" kein Bedarf mehr nach einer Abänderungsmöglichkeit bestehe und der Halbteilungsgrundsatz auch weiterhin gewahrt sei, [354] sei demzufolge nur teilweise korrekt.

Die Ausführungen des Gesetzgebers seien zwar hinsichtlich der unmittelbaren Bewertung bei kapitalgedeckten Anrechten sowie der zeitratierlichen Bewertung der Betriebsrente im Fall der nachträglichen Veränderung durch Erhöhung des Ausgleichswertes richtig.[355] Führe die nachträgliche Veränderung allerdings zu einer Verringerung des Ausgleichswertes, habe der Ausgleichspflichtige keine Möglichkeit, einen zu seinen Lasten überhöhten Wertausgleich korrigieren zu lassen.[356] Eine mögliche Abänderung sei in diesem Fall nach der aktuellen Rechtslage nicht mehr möglich.

Weiterer Kritikpunkt ist die nach dem jetzigen Recht fehlende Option, nachehezeitliche Veränderungen, die nicht auf der Willkür des Versorgungsinhabers beruhen, im Bereich der ergänzenden Altersversorgung zu berücksichtigen.[357] *Hauß* verweist darauf, dass die Versorgungswerte im Gegensatz zum Zugewinn, „lebendige" Vermögenspositionen seien, die vom Lebenslauf des Versorgungsinhabers, vom Schicksal des Versorgungsträgers und den gesellschaftlichen Risiken abhängig seien. Dadurch könnten sie unterschiedlichen nachehezeitlichen Veränderungen unterliegen, die vom Versorgungsinhaber selbst meist nicht steuerbar seien.[358] Ein Vergleich mit den jederzeit disponiblen Vermögenswerten des Zugewinns sei daher fehlerhaft.[359] Vermögenswerte im Zugewinn könnten im Fall eines drohenden Wertverlusts jederzeit verkauft werden, sodass deren Wertrealisierung im Gegensatz zu Versorgungsanrechten allein vom Vermögensinhaber abhängig sei.

---

354 BT-Druck 16/10144, S. 97.

355 *Ruland*, Versorgungsausgleich, 3. Aufl., 10. Kapitel, Rn. 993; vgl. auch *Bumiller/Harders/Schwamb*, FamFG, § 225, Rn. 4.

356 Hoppenz/*Hoppenz*, Familienrecht, § 225 FamFG, Rn. 6; *Ruland*, Versorgungsausgleich, 3. Aufl., 10. Kapitel, Rn. 994.

357 Schulte-Brunert/Weinreich/*Rehme*, FamFG, § 225, Rn. 15; HK/*Hauß*, Familienrecht, 2. Aufl., § 32 VersAusglG, Rn. 5.

358 HK/*Hauß*, Familienrecht, 2. Aufl., § 32 VersAusglG, Rn. 4 f.

359 So in dem Abschlussbericht der Kommission, welche angelehnt an das Stichtagsprinzip des Zugewinns, auch den Halbteilungsgrundsatz beim Versorgungsausgleich gewahrt sieht, *Kommission Strukturreform des Versorgungsausgleichs*, Abschlussbericht, S. 97.

Aufgrund dessen wird von *Ruland* gefordert, dass die nachträgliche Möglichkeit der Abänderbarkeit von Versorgungswerten gerade weiter ausgestaltet werden sollte als die Änderungsmöglichkeit bei Vermögenswerten des Zugewinns. Bei diesen könne der Vermögensinhaber nämlich zeitnah selbst Einfluss auf eventuelle Änderungen nehmen.[360]

4. Stellungnahme

Die Gesetzesbegründung überzeugt auch hier nur teilweise. Es mag zwar sein, dass nach der neuen Rechtslage kein Bedarf mehr für die Änderungskonstellationen i.S.v. § 10a Abs. 1 Nr. 1 und Nr. 2 VAHRG a.F. besteht. Insbesondere der Blick auf die betriebliche Altersversorgung zeigt jedoch, dass sich auch nach der neuen Rechtslage Fälle ergeben können, die die Möglichkeit einer Abänderung notwendig erscheinen lassen. Aufgrund dessen wird deutlich, dass eine Beschränkung auf die Regelsicherungssysteme auch bei den Abänderungsverfahren nicht sachgemäß ist. Denn auch im Rahmen der betrieblichen Altersversorgung können sich Veränderungen, wie bspw. rückwirkende Änderungen der Satzungen der Zusatzversorgungen, ergeben, die außerhalb des Einflussbereichs des Versorgungsinhabers liegen und auf die der Ausgleichpflichtige dann keinerlei Einfluss mehr hat. Ihm in diesen Fällen die Möglichkeit der nachträglichen Korrektur zu entziehen, hieße, den Versorgungsinhaber von äußeren Gegebenheiten abhängig zu machen. Demzufolge ist die Argumentation von *Ruland* hier überzeugend und schlüssig. Während eine eingeschränkte Abänderungsmöglichkeit bei Vermögenswerten des Zugewinns vertretbar ist, sollte dem Versorgungsinhaber aufgrund der unflexiblen Handhabung mit Anwartschaften eine umfassende Möglichkeit der Abänderung eingeräumt werden.

---

360 *Ruland*, in seiner Argumentation gegen die Einschränkung im Rahmen des Abschlussberichtes, *Kommission Strukturreform des Versorgungsausgleichs*,_Abschlussbericht, www.dnoti.de/DOC/2007/-Abschlussbericht.pdf, S. 100; ebenso HK/*Hauß*, Familienrecht, 2. Aufl., § 32 VersAusglG, Rn. 5.

5. Zwischenergebnis

Die Untersuchung kommt hier zu dem Ergebnis, dass der Gesetzgeber mit seiner Auffassung nur teilweise richtig liegt. Es können sich nach dem jetzigen Recht sehr wohl Sachverhalte ergeben, in denen dem Ausgleichspflichtigen die Möglichkeit einer nachträglichen Abänderung eröffnet werden sollte. Das jetzige Recht lässt eine Korrektur, bedingt durch § 32 VersAusglG, in den Fällen aber nicht mehr zu. Die geschiedenen Ehegatten werden dadurch in versorgungsrechtlicher Hinsicht schlechter gestellt, als wenn keine Scheidung erfolgt wäre.

C. Ergebnis

Im Ergebnis stellt der Ausschluss der ergänzenden Altersversorgung durch die Regelung des § 32 VersAusglG sowohl in Bezug auf die Anpassungs- als auch der Abänderungsverfahren eine erhebliche Einschränkung im Vergleich zur alten Rechtslage dar.

§ 2 Verfassungsrechtliche Untersuchung

Im Folgenden soll die verfassungsrechtliche Diskussion hinsichtlich des Regelungsbereichs des § 32 VersAusglG aufgezeigt und kritisch gewürdigt werden. Die Bearbeitung hat im ersten Abschnitt dieses Kapitels ergeben, dass der Anwendungsbereich der Härtefallregelungen durch § 32 VersAusglG im Vergleich zur vorherigen Rechtslage erheblich eingeschränkt wird. Die Härtefallregelungen der alten Rechtslage entstammten aber unmittelbaren Vorgaben des BVerfGs. Die Untersuchung widmet sich hier der ersten, in der Einleitung aufgeworfenen Leitfrage: Ob und inwieweit die Norm des § 32 VersAusglG mit den verfassungsrechtlichen Vorgaben der vorherigen Rechtslage vereinbar ist.

Der in § 32 VersAusglG definierte Regelungsbereich wird seit seiner Einführung im Rahmen der Strukturreform hinsichtlich seiner Verfassungsmäßigkeit kontrovers diskutiert. Brisanz hat die Diskussion durch den Vorlagebeschluss des OLG Schleswig vom 30.4.2012 gewonnen. Das OLG Schleswig vertritt die Ansicht, dass die Regelung des § 32 VersAusglG nicht mit Art. 14 Abs. 1 GG vereinbar sei und legte die Frage der Vereinbarkeit der Norm mit dem Grundgesetz dem BVerfG vor.[361]

Zunächst nahm der BGH in einer Entscheidung vom 7.11.2012 dazu ausdrücklich Stellung: Die Regelung des § 32 VersAusglG sei entgegen der Auffassung des OLG Schleswig bei der Anpassung der Rentenkürzung wegen einer fiktiven gesetzlichen Unterhaltspflicht mit dem Grundgesetz vereinbar.[362] Am 6.5.2014 schlossen sich die Richter des BVerfGs in einem Beschluss mit 7 zu 1 Stimmen der Ansicht des BGHs an.[363] Viele Stimmen in der Literatur haben hingegen nach wie vor erhebliche Bedenken gegen die Bestimmung.[364]

A. Verfassungsrechtlicher Diskurs i.R.d. Anpassungsverfahren

Als Grundlage der Diskussion und der verfassungsrechtlichen Untersuchung sollen anhand der Rechtsprechung des BVerfGs zunächst die verschiedenen verfassungsrechtlichen Positionen aufgezeigt werden, die durch den Versorgungsausgleich tangiert werden. Im Mittelpunkt der verfassungsrechtlichen Diskussion stehen einerseits die dem Eigentumsschutz des Art. 14 GG unterliegenden Anrechte des Ausgleichpflichtigen und andererseits eine entsprechende Rechtfertigung des Eingriffs durch den Grundsatz der gerechten Teilhabe.

361 OLG Schleswig FamRZ 2012, S. 1388.

362 BGH FamRZ 2013, S. 189.

363 BVerfG NJW 2014, S. 2093.

364 *Bergner/Borth*, FamRZ 2013, S. 589; *Ruland,* FamFR 2012, S. 314; *Götsche,* ZFE 2010, S. 407, 408; *Kemper,* Versorgungsausgleich in der Praxis, Kapitel X, Rn. 15; *Borth,* Versorgungsausgleich, 6. Aufl., Kapitel 8, Rn. 955; Weinreich/Klein/*Wick*, Familienrecht, § 32 VersAusglG, Rn. 3; MK/*Gräper,* BGB, 5. Aufl., § 32 VersAusglG, Rn. 5; Palandt/*Brudermüller*, BGB, 75. Aufl., § 32 VersAusglG, Rn. 1.

I. Verfassungsrechtliche Relevanz nach Ansicht des BVerfGs

1. Entscheidung des BVerfGs aus dem Jahr 2014

Das BVerfG entschied, dass § 32 VersAusglG, der die Anwendung der Anpassungsregelungen der §§ 33 und 37 VersAusglG auf Anrechte aus einer Zusatzversorgung des öffentlichen Dienstes ausschließt, sowohl mit Art. 14 GG als auch mit Art. 3 Abs. 1 GG vereinbar sei.[365]

In dem Beschluss legte der Senat Folgendes dar: [366]

1. „Die nach § 32 VersAusglG von den Anpassungsregelungen ausgeschlossenen Anrechte aus einer Zusatzversorgung des öffentlichen Dienstes sind durch Art. 14 Abs. 1 GG geschützt. Betriebsrenten und Anwartschaften auf Betriebsrenten weisen die konstituierenden Merkmale des Eigentums i.S.d. Art. 14 Abs. 1 GG auf [...], soweit sie unverfallbar sind."
2. „Der Versorgungsausgleich führt zu Kürzungen dieser durch Art. 14 Abs. 1 GG geschützten Renten und Anwartschaften der ausgleichspflichtigen Person [...]. Die Regelungen bestimmen damit in mit dem Grundgesetz grundsätzlich vereinbarer Weise Inhalt und Schranken des verfassungsrechtlichen Eigentums an Renten und Versorgungsanwartschaften."
3. „Der Gesetzgeber hat sich für den Versorgungsausgleich entschieden, weil er für die oder den Berechtigten – im Regelfall die Frau – bei Scheidung eine eigenständige Alters- und Invaliditätssicherung begründen wollte [...]."
4. „Der Gesetzgeber war zur Umsetzung dieser unterhaltsrechtlichen Überlegungen und des güterrechtlichen Prinzips der Vermögensteilung im Versorgungsausgleich durch Art. 6 Abs. 1 und Art. 3 Abs. 2 GG legitimiert [...]."
5. Entgegen der Entscheidung des BVerfG aus dem Jahr 1980 hänge „die Vereinbarkeit [...] mit dem Eigentumsrecht nicht davon ab, dass eine Anpassungsregelung die Aussetzung der Kürzung [...] ermöglicht."
6. Denn „die verfassungsrechtliche Rechtfertigung der Halbteilung von Anrechten entfällt nicht deshalb, weil bei der ausgleichspflich-

---

365 BVerfG NJW 2014, S. 2093.
366 BVerfG NJW 2014, S. 2093, 2094.

tigen Person eine spürbare Kürzung der Rentenansprüche erfolgt, sich der Erwerb eines selbstständigen Versicherungsschutzes jedoch wegen Vorversterbens nicht angemessen auswirkt und die Kürzung darum ihren Zweck verfehlte."

7. „Es ist kein Grund dafür ersichtlich, dass die Aussetzung der Kürzung der Versorgung des Ausgleichspflichtigen aus Anrechten in der Zusatzversorgung [...] verfassungsrechtlich geboten wäre."
8. „Eine verfassungsrechtliche Garantie, infolge einer Scheidung keine spürbaren Einschränkungen der Lebensführung hinnehmen zu müssen, besteht nicht."
9. Abgesehen von den Feststellungen zu Art. 14 GG führte das BVerfG aus:
10. „Dass Anrechte in der Zusatzversorgung des öffentlichen Dienstes nach § 32 VersAusglG von der Anpassung nach §§ 33, 37 VersAusglG ausgeschlossen sind, verstößt nicht gegen Art. 3 Abs. 1 GG [...], da der Ausschluss auf einem hinreichenden Sachgrund beruht."
11. Denn „die Unterscheidung ist vielmehr Ausdruck der legitimen versorgungsrechtlichen Gestaltungsentscheidung des Gesetzgebers, die Alters- und Invaliditätsversorgung auf eine stärker sozial geprägte Regelversorgung einerseits und auf eine stärker ökonomisch auf Kostenvermeidung bedachte Zusatzversorgung andererseits zu stützen."

2. Vergleich zur bisherigen Rechtsprechung des BVerfGs

Das BVerfG hatte in seiner Entscheidung aus dem Jahr 1980 dargelegt, dass Anwartschaften der gesetzlichen Rentenversicherung dem Eigentumsschutz aus Art. 14 Abs. 1 GG unterliegen und der Versorgungsausgleich einen Eingriff in das garantierte Recht auf Eigentum darstellt.[367] Durch den neuen Senatsbeschluss wurde klargestellt, dass dies auch für Anrechte der Betriebsrenten gilt, soweit diese unverfallbar sind.[368]

---

367 BVerfG NJW 1980, S. 692. Es wird auf die Darstellungen zum „verfassungsrechtlichen Hintergrund" in Kapitel 1 der Arbeit auf Seite 15 ff. Bezug genommen.

368 BVerfG NJW 2014, S. 2093.

Einigkeit besteht also insoweit, dass der Eingriff durch den aus Art. 6 Abs. 1 GG und Art. 3 Abs. 2 GG abgeleiteten Teilhabegrundsatz beider Ehegatten an dem in der Ehe erworbenen Versorgungsvermögen gerechtfertigt ist.[369] Im Gegensatz zur bisherigen Auffassung vertritt das Gericht aber nun nicht mehr die Ansicht, dass die Legitimation nachträglich in bestimmten Härtefallkonstellationen entfallen kann.[370] Es sei kein Grund ersichtlich, dass die Aussetzung der Kürzung der Versorgung des Ausgleichspflichtigen aus Anrechten in der Zusatzversorgung im Fall des Todes der ausgleichsberechtigten Person oder bei der gleichzeitigen Unterhaltsverpflichtung des Ausgleichspflichtigen verfassungsrechtlich geboten sei.[371]

In seiner ersten Grundsatzentscheidung hatte das BVerfG hingegen dargelegt, dass die Rechtfertigung dann entfalle, wenn einerseits bei dem Verpflichteten eine spürbare Kürzung der Rentenansprüche erfolgt, ohne dass sich andererseits der Erwerb eines selbstständigen Versicherungsschutzes angemessen für den Berechtigten auswirkt.[372] Der Verpflichtete erbringe dann ein Opfer, das nicht mehr dem Ausgleich der geschiedenen Ehegatten diene. Der Ausgleich komme dann vielmehr ausschließlich dem Rentenversicherungsträger, in der Sache der Solidargemeinschaft, zugute.[373]

Eine Rechtfertigung i.R.d. Inhalts- und Schrankenbestimmung des Art. 14 Abs. 2 GG könne in diesen Fällen weder durch die Nachwirkungen der Ehe gem. Art. 6 Abs. 1 GG noch durch den i.S.v. Art. 3 Abs. 2 GG garantierten Gleichberechtigungsgrundsatz bejaht werden. Um solch ungerechtfertigte Härten zu vermeiden, müsse es dem Verpflichteten vielmehr ermöglicht werden, eine nachträgliche Korrektur zu beantragen.[374]

In diesem Zuge hatte das BVerfG zur alten Rechtslage ausgeführt, dass das Versicherungsprinzip im Rahmen des Versorgungsausgleichs nur mit den sich aus Art. 14 Abs. 1 GG ergebenden Einschränkungen

369 BVerfG FamRZ 1980, S. 326.
370 BVerfG NJW 2014, S. 2093, 2094.
371 BVerfG NJW 2014, S. 2093, 2094 f.
372 BVerfG NJW 1980, S. 692, 695.
373 BVerfG NJW 1980, S. 692, 695.
374 BVerfG FamRZ 1980, S. 326.

gelte.[375] In der aktuellen Entscheidung betont das Gericht hingegen, dass die ausgleichsbedingte Teilung zur „Verselbstständigung der Versorgungsanrechte“ führe, aufgrund derer die Anrechte „eigenständigen voneinander unabhängigen Versicherungsverläufen folgen.“[376]

Im Ergebnis nimmt das BVerfG zwar einen Eingriff in Art. 14 GG an, kommt aber im Rahmen der weiteren Prüfung zu einer völlig anderen Schlussfolgerung als noch vor ca. 35 Jahren, nämlich dass es grundsätzlich in Härtefällen keiner besonderen Regelungen – insbesondere für Anrechte der öffentlichen Zusatzversorgungen – bedarf, um den Grundsatz der gerechten Teilhabe i.S.v. Art. 6 Abs. 1 GG i.V.m. Art. 3 Abs. 2 GG auch nach Durchführung des Ausgleichs zu gewährleisten.[377]

3. Stellungnahme

Das BVerfG ist in der aktuellen Entscheidung von seiner bisherigen Rechtsprechung zur Vereinbarkeit des Versorgungsausgleichs mit dem Grundgesetz abgewichen. Entgegen der seit mehr als 30 Jahren bestehenden Rechtsprechung hat das Gericht „die Verfahren gleichwohl genutzt, um den geltenden Härtefallregelungen insgesamt den verfassungsrechtlichen Schutz zu entziehen.“[378] Diese Entscheidung kann zu Recht als „Kehrtwende des Gerichts“ bewertet werden.[379]

a. Feststellungen zum Verstoß des § 32 VersAusglG gegen Art. 14 GG

Während in der Grundsatzentscheidung von 1980 betont wurde, dass eine Rechtfertigung des Eingriffs durch Art. 6 Abs. 1 GG und Art. 3

---

375 BVerfG FamRZ 1980 S. 326.

376 BVerfG NJW 2014, S. 2093, 2096.

377 Zu dieser Schlussfolgerung gelangen auch *Borth*, FamRZ 2014, S. 1264, 1265; *Ruland*, Versorgungsausgleich, 4. Aufl., 9. Kapitel, Rn. 1014 ff.; ebenso *Rehbein*, Versorgungsausgleich, § 32, Rn. 10.

378 Deutlich in der abweichenden Anmerkung *Gaier*, BVerfG NJW 2014, S. 2093, 2098.

379 *Ruland*, Versorgungsausgleich, 4. Aufl., Kapitel 9, Rn. 1016, der die Entscheidung in seiner Gesamtheit stark kritisiert; vgl. auch die kritischen Anmerkungen von *Borth*, FamRZ 2014, S. 1264, 1265.

Abs. 2 GG entfallen kann[380], vertritt das BVerfG in dem aktuellen Beschluss die gegenteilige Ansicht.[381]

Zwar hat der Senat in der aktuellen Entscheidung eine Klarstellung hinsichtlich des Schutzbereichs des Art. 14 GG bei Betriebsrenten und Anwartschaften auf Betriebsrenten einer Zusatzversorgung des öffentlichen Dienstes vorgenommen. Überraschend und nicht überzeugend ist hingegen die Aussage, dass die Vereinbarkeit der Einbeziehung der gegenständlichen Anrechte in den Versorgungsausgleich mit Art. 14 GG nicht von den normierten Anpassungsregelungen abhänge.[382]

Daraus kann entnommen werden, dass die Vereinbarkeit des Versorgungsausgleichs mit dem Eigentumsgrundrecht generell im Rahmen der Inhalts- und Schrankenbestimmung durch Art. 6 Abs. 1 GG i.V.m. Art. 3 Abs. 2 GG gerechtfertigt ist.

Diese Ansicht widerspricht sowohl der bisherigen ca. 35 Jahre bestehenden Rechtsprechung des BVerfGs und des BGHs als auch verfassungsrechtlichen Grundsätzen im Rahmen der Prüfung der Inhalts- und Schrankenbestimmung von Art. 14 Abs. 1 GG. Denn wie das BVerfG noch in der Entscheidung 1980 zutreffend festgestellt hatte, ist die „Grenze des Zumutbaren“ innerhalb der Inhalts- und Schrankenbestimmung von Art. 14 GG überschritten, wenn dem Grundrechtsträger – also dem Ausgleichspflichtigen – ein „sinnloses Opfer“ durch die Durchführung des Versorgungsausgleichs auferlegt wird.[383]

Die Härtefälle stellen aber Konstellationen dar, in denen dem Ausgleichspflichtigen durch die Aufteilung seiner Versorgungsanrechte ein Nachteil entsteht, ohne dass dem Ausgleichsberechtigten wiederum ein Vorteil gewährt wird.[384] Dementsprechend wird die „Grenze des Zumutbaren“ i.R.v. Art. 6 Abs. 1 und Art. 3 Abs. 2 GG in diesen Fällen gerade nicht mehr eingehalten, sodass die Aufteilung der Anwartschaften dann einen grundrechtswidrigen Eingriff in Art. 14 Abs. 1 GG verursacht. Es ist zwar vertretbar, die Nachwirkungen der Ehe sowie die Gleichbehandlung unter den Ehegatten als Argumentationsgrundlage heranzuziehen. Das BVerfG hatte allerdings in seiner damaligen Ent-

380 BVerfG NJW 1980, S. 692, 695.
381 BVerfG NJW 2014, S. 2093, 2094.
382 BVerfG NJW 2014, S. 2093, 2094.
383 BVerfG NJW 1980, S. 692; *Gaier* in BVerfG NJW 2014, S. 2093, S. 2098
384 So auch *Gaier* in BVerfG NJW 2014, S. 2093, S. 2098.

scheidung richtigerweise dargelegt, dass dies nur begrenzt möglich sein kann. Eine Grenze ist immer dann erreicht, wenn bei dem Ausgleichspflichtigen eine spürbare Kürzung der Rentenansprüche durch den Ausgleich eintritt, ohne dass sich andererseits der Erwerb eines selbstständigen Versicherungsschutzes angemessen für den Ausgleichsberechtigten auswirkt.[385] Nimmt man diese nicht an, würde die Durchführung des Ausgleichs in den genannten Sachverhalten seinem eigentlichen Sinn und Zweck – die Absicherung beider Ehegatten im Alter – konterkarieren.

Im Hinblick auf die steigende Bedeutung der ergänzenden Altersversorgung hätte der Senat vorliegend dementsprechend klarstellen sollen, dass diese in vielen Fällen den Großteil der Altersabsicherung darstellen kann und dass die „Grenze des Zumutbaren" – entsprechend der bisherigen Rechtsprechung – auch bei Anrechten der ergänzenden Altersversorgung im Härtefall überschritten werden. Das vom BVerfG in der aktuellen Entscheidung dargelegte Ergebnis widerspricht deshalb im Grundsatz den gesellschaftlichen und ökonomischen Gegebenheiten und Entwicklungen. Während der Gesetzgeber von dem Einzelnen verlangt, eigene Bemühungen hinsichtlich seiner Altersabsicherung anzustreben, wird der entsprechende gesetzliche Schutz durch den Beschluss vom BVerfG entzogen.

Argumentum e contrario hätte das Gericht nach Eröffnung des Schutzbereiches zu dem Ergebnis kommen müssen, dass die derzeitige durch § 32 VersAusglG eingeschränkte Rechtslage nicht mehr mit den Inhalts- und Schrankenbestimmungen von Art. 14 GG vereinbar ist, da eine Rechtfertigung im Härtefall bei Anrechten der ergänzenden Altersversorgung ausgeschlossen wird und infolgedessen ein verfassungswidrigen Eingriff vorliegt.[386] Dem neuen Ansatz des BVerfGs kann daher nicht gefolgt werden.

b. Feststellungen zum Verstoß des § 32 VersAusglG gegen Art. 3 Abs. 1 GG

Schließlich kann der Beschluss auch nicht hinsichtlich der Ausführungen zu Art. 3 Abs. 1 GG überzeugen. Es ist nämlich kein sachlicher

385 BVerfG NJW 1980, S. 692, 695.
386 So noch vertreten in BVerfG NJW 1980, S. 692.

Grund ersichtlich, der eine Ungleichbehandlung zwischen Anrechten der Regelversorgungen und der ergänzenden Altersversorgung - auch der Zusatzversorgungen des öffentlichen Dienstes - rechtfertigt. Insbesondere die Annahme, dass „keine besonders strengen Anforderungen" an die verfolgten Sachgründe aufgrund der Nichtbeeinträchtigung durch Art. 14 GG zu stellen sind, ist fehlerhaft. Infolgedessen hätte sich der Senat differenzierter mit der Frage auseinandersetzen müssen. Eben sowenig überzeugt das Argument, dass ein hinreichender Sachgrund aufgrund der unterschiedlichen Zielsetzung der Versorgung - sozial geprägt einerseits und ökonomisch auf Kostenvermeidung bedacht andererseits - vorliege.[387]

An dieser Stelle kann erneut auf die Ausführungen von *Gaier* in dem Beschluss Bezug genommen werden. Dieser erkennt zutreffend, dass „beide Versorgungssysteme nur ein und demselben Ziel" dienen, „nämlich eine ausreichende Altersversorgung breiter Bevölkerungskreise sicherzustellen".[388] Denn für den Ausgleichspflichtigen als Grundrechtsinhaber- und beeinträchtigten spielt die Ausgestaltung der Versorgung letztlich keine Rolle und soll ihm dementsprechend auch nicht zum Nachteil gelangen. Für Renteninhaber ist allein entscheidend, dass durch die Einzahlung in die Versorgung und entsprechende Ansammlung von Anrechten eine Absicherung im Alter geschaffen wird.

4. Ergebnis

An dieser Stelle der Untersuchung kann als Ergebnis festgehalten werden, dass die aktuelle Rechtsprechung des BVerfGs im erheblichen Widerspruch zu den in der Entscheidung von 1980 aufgestellten Grundsätzen steht. Da die Entscheidung aus vielen Gründen nicht überzeugt, kann der neuen Auffassung des BVerfGs - mit Ausnahme der Feststellung der Eröffnung des Schutzbereichs für betriebliche Anrechte - nicht gefolgt werden.

Dementsprechend sind im Rahmen der weiteren Bearbeitung die im Jahr 1980 vom BVerfG aufgestellten Grundsätze für die Bewertung

387 BVerfG NJW 2014, S. 2093, 2098.
388 *Gaier* in BVerfG NJW 2014, S. 2093, 2099.

der Verfassungsmäßigkeit der Norm als Maßstab zugrunde zu legen. Der anschließende Teil der Arbeit soll sich daher bei Beantwortung der ersten aufgeworfenen Leitfrage an diesen orientieren.

II. Verfassungsrechtliche Diskussion i.R.d. Anpassungsverfahren

Bereits vor der Entscheidung des BVerfGs wurde seitens der Literatur aufgrund der Einschränkungen der Norm bei den Härtefällen erhebliche verfassungsrechtliche Bedenken gegen den § 32 VersAusglG vorgebracht. Die überwiegende Auffassung in der Rechtsprechung und auch Teile der Literatur erheben wiederum keine verfassungsrechtlichen Bedenken gegen die Norm.[389]

1. Keine verfassungsrechtlichen Bedenken

Der BGH hat in seiner aktuellen Entscheidung festgehalten, dass Anrechte bei privaten Rentenversicherungsträgern sowie bei betragsfinanzierten Zusatzversorgungskassen nicht dem Eigentumsschutz des Art. 14 GG unterlägen, sodass schon gar kein Eingriff in den Eigentumsschutz bei solchen Anrechten möglich sei.[390]

Darüber hinaus sei die analoge Anwendung des § 32 VersAusglG auf „obligatorische berufsständische Zusatzversorgungen"[391] und auch auf „privatrechtlich organisierte Zusatzversorgungen des öffentlichen Dienstes"[392] nicht notwendig und möglich. Es fehle an einer Regelungslücke, da der Gesetzgeber die Anpassungsregeln ausdrücklich und bewusst auf die Regelsicherungssysteme beschränkt habe. Dies ergebe sich ganz deutlich aus der amtlichen Begründung des Gesetzgebers, sodass eine entsprechende Anwendung dem gesetzgeberischen Willen widerspreche.[393] Daraus sei jedoch keine verfassungsrechtliche

389 BGH FamRZ 2013, S. 189; OLG Hamm BeckRS 2012, 02306; OLG Stuttgart BeckRS 2011, 17585; Johannsen/Henrich/*Hahne*, Familienrecht, 5. Aufl., § 32 VersAusglG, Rn. 3.

390 BGH NJW 2013, S. 226, 227.

391 So das BVerwG, BeckRS 2012, 52304 hinsichtlich der Anrechte der Zusatzversorgungen der Bezirksschornsteinfegermeister.

392 OLG Hamm BeckRS 2012, 02306, hinsichtlich der Anrechte der ZVÖD. Versorgungsträger ist die Versorgungsanstalt des Bundes und der Länder.

393 BVerwG BeckRS 2012, 52304.

Beanstandung herzuleiten. Die beschränkte Anwendung der Anpassungsvorschriften auf die fünf Regelsicherungssysteme entspreche vielmehr dem früheren Recht.[394]

In diesem Zusammenhang werden verschiedene Argumente für die Verfassungsmäßigkeit von § 32 VersAusglG mit Art. 14 GG vorgebracht, die im Folgenden dargelegt werden:

a. Verstoß gegen das Versicherungsprinzip

Zuletzt hat sich der BGH konkret mit der Frage der Verfassungsmäßigkeit von § 32 VersAusglG auseinandergesetzt und diese bejaht. Der BGH begründet seine Entscheidung hauptsächlich mit dem Versicherungsprinzip, das durch eine Rückabwicklung beeinträchtigt werde. [395] Demnach handele es sich bei den in §§ 33 ff. VersAusglG normierten Verfahren um „Privilegien" in Form von nicht kostenneutralen versicherungsmathematischen Besserstellungen geschiedener Ehegatten gegenüber anderen Angehörigen der Versichertengemeinschaft.[396] Der ausgleichsberechtigte Ehegatte erwerbe den hälftigen versicherungsmathematischen Wertanteil des ehezeitlich erworbenen Anrechts bereits mit der Durchführung des Versorgungsausgleichs als eine eigenständige Versorgung. Er werde darüber hinaus privilegiert, da er über das Unterhaltsprivileg an zusätzlichen Rentenleistungen teilnehme, die ihm aufgrund des eingetretenen Versicherungsfalls gewährt werden. Daraus resultiere eine Vermehrung der Leistungspflichten des Versicherers, die nicht durch rentenrechtliche Zeiten im Sinne von § 54 SGB VI verdient seien. Im Ergebnis stelle die Anpassung somit eine versicherungsfremde Sozialleistung des Trägers der Rentenversicherung an die geschiedenen Ehegatten dar.[397]

Die nach der Rechtsprechung des BVerfGs notwendigen und für den Versicherer aufwandserhöhenden Privilegierungen geschiedener Ehegatten habe das neue Versorgungsausgleichsgesetz aber nur den Trägern der staatlichen Regelsicherungssysteme auferlegt. Träger der ergänzenden Altersversorgung seien zu Recht davon ausgeschlossen,

394 BGH NJW 2012, S. 1661, 1662.
395 BGH FamRZ 2013, S. 189.
396 BGH FamRZ 2013, S. 189, 190.
397 BGH FamRZ 2013, S. 189; *Bergner/Borth*, FamRZ 2013, S. 589.

da sich deren Rentenleistungen in ein versicherungsmathematisches Äquivalenzverhältnis zu vorherigen Beitragsleistungen, im Falle der Zusatzversorgung durch Umlagesystem, fügen müssten. Die in §§ 33 ff. VersAusglG normierten Privilegien bürdeten dem Träger der ergänzenden Altersversorgung zusätzliche Leistungspflichten und Risiken auf, welche das versicherungsmathematische Gleichgewicht von Beitragszahlungen und Leistungsanspruch einseitig zulasten des Versicherers oder der Versichertengemeinschaft verschiebe.[398]

b. Erhöhter Stellenwert der Versorgungen der Regelsicherungssysteme

Nach der Ansicht des BVerwG ist entscheidend, dass eine Zusatzversorgung nicht die gesetzliche Rentenversicherung ersetze, sondern nur ergänzend hinzutrete. Sie sei zwar für den Ausgleichspflichtigen obligatorisch, trete aber nicht an die Stelle der Pflichtversicherung.[399] Darüber hinaus haben die Versorgungen der Regelsicherungssysteme, einschließlich der berufsständischen Versorgungen, als grundlegende Säulen der Alterssicherung eine existenzielle Bedeutung und die Zusatzversorgungen nur eine ergänzende, wie der Begriff selbst schon sage. Die zusätzlichen Versorgungssysteme würden somit nur eine über die Grundsicherung hinausgehende Lebensstellung ermöglichen.[400]

Auch das OLG Hamm hält die Differenzierung des Gesetzgebers in § 32 VersAusglG für sachgerecht, da den Zusatzversorgungen trotz ihrer zunehmenden Bedeutung kein vergleichbarer Stellenwert zukäme.[401]

c. Unterschiedliche Struktur der Regelsicherungssysteme

Das OLG Stuttgart begründet seine Meinung hingegen damit, dass die Beschränkung aufgrund der unterschiedlichen Struktur der Versorgungssysteme gerechtfertigt sei.[402] Auf der einen Seite stünden die „auf Solidarität gegründeten Regelsicherungssysteme" und auf der anderen

398 BGH FamRZ 2013, S. 189; *Bergner/Borth*, FamRZ 2013, S. 589, 590.
399 BVerwG BeckRS 2012, 52304.
400 OLG Stuttgart BeckRS 2011, 17585.
401 OLG Hamm BeckRS 2012, 02306; ebenso *Eichenhofer*, FamFR 2012, S. 108, 109.
402 OLG Stuttgart BeckRS 2011, 17585.

Seite die „gewinnorientierten privat- bzw. betriebsrechtlichen Versorgungssysteme“. Eine mit § 32 VersAusglG vergleichbare Regelung führe bei den privaten bzw. betrieblichen Versorgungsträgern zu einem verfassungsrechtlich nicht unproblematischen Eingriff in ihr Eigentum gem. Art. 14 Abs. 1 GG.[403]

d. Keine Drittwirkung der Grundrechte

Gegen die Einbeziehung der privaten Versorgungsträger und der öffentlich-rechtlich organisierten Versorgungsträger der betrieblichen Altersversorgung in den Anwendungsbereich der Anpassungsvorschriften wird von *Hahne* eingewandt, dass die Drittwirkung der Grundrechte für diese als private Rechtspersonen keine Wirkung entfalte.[404] Diese seien im Gegensatz zu den öffentlich-rechtlichen Versorgungsträgern nicht zur Wahrung der Grundrechte verpflichtet, sondern unterfielen vielmehr dem Schutzbereich des Art. 14 GG. Deswegen seien die privaten Versorgungsträger auch nach der alten Rechtslage von der Anwendung der Härtefallregelung ausgenommen gewesen.[405] Dieser Ausschluss gelte insbesondere auch weiterhin für die Zusatzversorgung des öffentlichen Dienstes, da diese auf einem Tarifvertrag beruhe und privatrechtlich organisiert sei. Eine kostenträchtige Rückabwicklung zu Lasten des Versicherungsnehmers würde gegen das Versicherungsprinzip verstoßen und so vielmehr einen Eingriff in dessen Eigentum bedeuten.[406]

2. Verfassungsrechtliche Bedenken – Gegenansicht

Das OLG Schleswig und Teile der Literatur vertreten hingegen die Auffassung, dass die Beschränkung des § 32 VersAusglG hinsichtlich der privaten Versorgungsträger und insbesondere hinsichtlich der öffentlich-rechtlich organisierten Versorgungsträger der betrieblichen

403 OLG Stuttgart BeckRS 2011, 17585.

404 Johannsen/Henrich/*Hahne*, Familienrecht, 5. Aufl., § 32 VersAusglG, Rn. 3.

405 HK/*Rehbein*, Versorgungsausgleich, § 32 VersAusglG, Rn. 10.

406 So Johannsen/Henrich/*Hahne*, Familienrecht, 5. Aufl., § 32 VersAusglG, Rn. 3 in Bezug auf eine Rückabwicklung durch den privaten Versorgungsträger.

Altersversorgung nicht den verfassungsrechtlichen Vorgaben des BVerfGs entspreche. [407]

Der Versorgungsausgleich stelle für alle Anrechte einen Eingriff in Art. 14 GG dar, unabhängig, welcher Säule der Alterssicherung diese zuzuordnen seien.[408] Während das BVerfG aber grundsätzlich den Eingriff im Rahmen der Inhalts- und Schrankenbestimmung durch Art. 6 Abs. 1 GG i.V.m. Art. 3 Abs. 2 GG als verfassungsgemäß beurteilt, vertritt das OLG Schleswig die Ansicht, dass „eine Rentenkürzung mit nachteiligen Auswirkungen [...] auf verfassungswidrige Weise den Eigentumsschutz nach Art. 14 Abs. 1 GG verletzt".[409]

Entsprechend den Ausführungen zu Anwartschaften der gesetzlichen Rentenversicherung und den Vorgaben des BVerfG aus dem Jahr 1980 müsse es dem Ausgleichsverpflichteten auch nach der neuen Rechtslage ermöglicht werden, nachträgliche Anpassungskonstellationen oder Abänderungen durchzuführen. Dementsprechend müsse der Anwendungsbereich des § 32 VersAusglG auch für solche Anrechte der ergänzenden Altersversorgung eröffnet sein, die auch nach dem bisherigen Recht den Härtefallregelungen bzw. dem Abänderungsverfahren unterfielen.[410] Andernfalls sei der Eingriff in Art. 14 Abs. 1 GG nicht mehr gerechtfertigt, da die Kürzung dann nur dem Versorgungs-

407 OLG Schleswig BeckRS 2012, 12880; *Ruland*, FamFR 2012, S. 314; *Götsche*, ZFE 2010, S. 407, 408; *Kemper*, Versorgungsausgleich in der Praxis, Kapitel X, Rn. 15; *Borth*, Versorgungsausgleich, 6. Aufl., Kapitel 8, Rn. 955; Weinreich/Klein/*Wick*, Familienrecht, § 32 VersAusglG, Rn. 3; MK/*Gräper*, BGB, 5. Aufl., § 32 VersAusglG, Rn. 5; Palandt/*Brudermüller*, BGB, 75. Aufl., § 32 VersAusglG, Rn. 1.

408 *Ruland*, Versorgungsausgleich, 9. Kapitel, 3. Aufl., Rn. 934; das BVerfG für Anrechte der Zusatzversorgung des öffentlichen Dienstes NJW 2014, S. 2093; *Ruland*, FamFR 2012, S. 314, 315; *Bergner/Borth*, FamRZ 2013, S. 589, 591.

409 OLG Schleswig FamRZ 2012, S. 1388, 1389; *Bergner/Borth*, FamRZ 2013, S. 589, 591; *Ruland*, FamFR 2012, S. 314, 315; *Ruland*, Versorgungsausgleich, 3. Aufl., 9. Kapitel, Rn. 933.

410 *Borth*, Versorgungsausgleich, 6. Aufl., Kapitel 8, Rn. 954; *Kemper*, Versorgungsausgleich in der Praxis, Kapitel X, Rn. 14; Weinreich/Klein/*Wick*, Familienrecht, § 32, Rn. 11, die eine entsprechende Anwendung für die öffentlich-rechtlich organisierten betrieblichen Versorgungssysteme vornehmen wollen, jedoch nicht für öffentlich-rechtliche Versorgungsträger die privatrechtlich organisiert sind, wie bspw. die ZVÖD.

träger und nicht mehr den Ehegatten zugutekomme, sodass § 32 VersAusglG verfassungswidrig sei.[411]

Aufgrund dessen bestünde nach der alten wie nach der neuen Rechtslage die Notwendigkeit einer Rückabwicklung bei betrieblichen und privaten Anrechten in der gleichen Weise wie bei den gesetzlichen Regelversicherungssystemen.[412]

Diese Auffassung wird durch verschiedene Argumente gestützt:

a. Überbewertung des Versicherungsprinzips

Gegen die Argumentation des BGHs wird von *Bergner* und *Borth* vorgebracht, dass der BGH die Verletzung des Versicherungsprinzips falsch bewerte.[413] So werde das Versicherungsprinzip in erster Linie durch den „Wertausgleich" bei der Scheidung und nicht durch den möglicherweise später durchzuführenden „Rückausgleich" verletzt. Der Verstoß stelle sich in der Übertragung/Begründung eines erworbenen Anrechts von einem Ehegatten zugunsten des anderen Ehegatten dar. Diese Verletzung werde seitens des Gesetzgebers jedoch gar nicht zur Kenntnis genommen, dafür aber später über den „Rückausgleich" auf Anrechte der Regelsicherungssysteme beschränkt. [414] Hauptsächlich stelle nämlich der Wertausgleich einen Eingriff in die erworbenen Anrechte dar. Der Rückausgleich solle somit vielmehr als „Wiedergutmachung" bewertet werden, da er eintrete, wenn die Rechtfertigung des Wertausgleichs durch nachträglich eintretende Härtefälle entfällt. Im Ergebnis könne diese „Wiedergutmachung" nicht als unzulässige Verletzung des Versicherungsprinzips gewertet werden.[415]

b. Gestiegene Bedeutung der ergänzenden Altersversorgung

Neben dem Argument der Überbewertung wird eingewandt, dass die ergänzende Altersversorgung so an Bedeutung zugenommen habe, dass eine gleichwertige Behandlung mit den Regelsicherungssystemen

411 OLG Schleswig BeckRS 2012, 12880; *Ruland*, FamFR 2012, S. 314, 315; *Ruland*, Versorgungsausgleich, 3. Aufl., 9. Kapitel, Rn. 933.

412 *Ruland*, Versorgungsausgleich, 3. Aufl., 9. Kapitel, Rn. 933.

413 *Bergner/Borth*, FamRZ 2013, S. 589, 590.

414 *Bergner/Borth*, FamRZ 2013, S. 589, 590.

415 *Bergner/Borth*, FamRZ 2013, S. 589, 591; a.A. BGH FamRZ 2013, S. 189, 189.

gerechtfertigt sei.[416] Nach der Grundsatzentscheidung des BVerfGs bedürfe es einer Rechtfertigung des Versorgungsausgleiches, sobald eine „spürbare Kürzung“ der Rentenansprüche bei dem Ausgleichspflichtigen erfolge und nicht erst bei der Kürzung von Anrechten mit existenzieller Bedeutung.[417] Die Notwendigkeit einer Korrekturmöglichkeit sei somit nicht auf bestimmte Anrechte beschränkt.

Nach der Ansicht *Rulands* führte die mittlerweile „weite Verbreitung der betrieblichen Altersversorgung“ dazu, dass es sich nicht mehr um „atypische Fälle“ im Rahmen des Versorgungssystems handele, die „der Gesetzgeber in seiner Gestaltungsfreiheit hätte übergehen dürfen“.[418] Er legt weiter dar, dass sich beide Entscheidungen des BVerfGs aus den Jahren 1980 und 1989 zu der Eingriffswirkung des Versorgungsausgleichs nur deswegen auf Anrechte der gesetzlichen Rentenversicherung und der Beamtenversorgung bezogen hätten, „da es eine Realteilung für betriebliche Anrechte zu diesem Zeitpunkt noch nicht gab“.[419] Nach den Vorgaben des BVerfGs und der aktuellen Rechtslage hätte der Gesetzgeber die ergänzende Altersversorgung ebenso in den Anwendungsbereich der Anpassungsverfahren aufnehmen müssen.[420] Beachtlich sei in diesem Zusammenhang der Umstand, dass der betrieblichen und privaten Vorsorge durch die staatliche Unterstützung im Bereich der sozialen Sicherung ein immer größer werdender Verantwortungsbereich zukomme. Somit müssten die sich daraus ergebenden Pflichten und Risiken ebenso mitgetragen werden.[421] Darüber hinaus „sei zu bedenken, dass die Anrechte der betrieblichen Altersversorgung oft höher sein können als bspw. in der gesetzlichen Rentenversicherung“, sodass sich die Kürzung noch „spürbarer“ bei dem Ausgleichspflichtigen auswirken könne.[422] Auch außerhalb der in § 32 VersAusglG genannten Regelversorgungen gehe es um erhebliche Werte.[423]

---

416 OLG Schleswigs FamRZ 2012, S. 1388, 1390; vgl. auch *Ruland*, Versorgungsausgleich, 3. Aufl., 9. Kapitel, Rn. 933.
417 OLG Schleswig BeckRS 2012, 12880.
418 *Ruland*, Versorgungsausgleich, 3. Aufl., 9. Kapitel, Rn. 933.
419 *Ruland*, Versorgungsausgleich, 3. Aufl., 9. Kapitel, Rn. 933.
420 *Ruland*, FamFR 2012, S. 314, 316.
421 *Ruland*, Versorgungsausgleich, 3. Aufl., 9. Kapitel, Rn. 934.
422 *Ruland*, Versorgungsausgleich, 3. Aufl., 9. Kapitel, Rn. 933.
423 Ebenso MK/*Gräper*, BGB, 5. Aufl., § 32 VersAusglG, Rn. 6.

Deisenhofer verweist zudem darauf, dass die betriebliche Altersversorgung bei öffentlich-rechtlich organisierten Versorgungsträgern teilweise als Pflichtversicherung konzipiert sei und insoweit für den betroffenen Personenkreis eher einer Regelversicherung gleichzusetzen sei.[424] Eine Kürzung könne somit nicht ohne Rücksicht auf die Fernwirkungen durchgeführt werden.

c. Keine Unterscheidung bei der Eigentumsgarantie in Art. 14 Abs. 1 GG

Nach der Ansicht des OLG Schleswig lässt sich die Beschränkung auch nicht mit der unterschiedlichen Ausgestaltung der Versorgungen hinreichend begründen. In der Eigentumsgarantie in Art. 14 Abs. 1 GG sei keine Unterscheidung dahingehend zu finden, ob ein Anrecht auf einer „auf Solidarität gründenden" oder auf einer nur „gewinnorientierten" Versorgung beruht. Auch Anrechte der privat- bzw. betriebsrechtlichen Versorgungen stünden unter dem Schutz des Art. 14 Abs. 1 GG, da nicht zwischen unterschiedlichen Systemgruppen differenziert werde.[425] Das Opfer stelle sich für den betroffenen Ehegatten gleich dar, unabhängig davon, woher das Anrecht komme. Insbesondere im Zusammenhang mit den Versorgungen der öffentlich-rechtlichen Systeme der betrieblichen Altersversorgung sei dieses Argument irrelevant, da diese öffentlich-rechtlich organisiert und somit nicht auf Gewinnerzielung ausgerichtet seien.[426]

Borth und Bergner weisen darauf hin, dass auch nach der bis 2009 geltenden Rechtslage Anrechte der Zusatzversorgungen des öffentlichen Dienstes über die Härtefallregelungen ausgleichbar gewesen seien. Aus der Gesetzesbegründung werde nicht ersichtlich, warum der

424 *Deisenhofer*, FamRZ 2011, S. 1122, 1123.

425 OLG Schleswig BeckRS 2012, 12880.

426 OLG Schleswig BeckRS 2012, 12880. Dies gilt im Ergebnis auch für die ZVÖD, deren Verhältnis zu ihren Versicherten zwar privatrechtlicher Natur ist, welches aber von der Versorgungsanstalt des Bundes und der Länder und somit von einer Anstalt des öffentlichen Rechts organisiert wird, *Ruland*, FamFR 2012, S. 314, 315.

Eigentumsschutz und die damit verbundene Möglichkeit einer Anpassung nicht mehr bestehen soll.[427]

d. Kein verfassungswidriger Eingriff bei privaten Versorgungsträgern

Das schlagende Argument der Gegenauffassung, nämlich die fehlende Drittwirkung der Grundrechte, spiele bei allen öffentlich-rechtlichen Versorgungsträgern keine Rolle. Diese seien als rechtsfähige Anstalten des öffentlichen Rechts grundsätzlich nicht grundrechtsfähig und könnten sich somit nicht auf den Eigentumsschutz aus Art. 14 Abs. 1 GG berufen. *Ruland* leitet diesen Ansatzpunkt aus der Rechtsprechung des BGH zur alten Rechtslage ab, nach der die Möglichkeit einer „Rückabwicklung des Versorgungsausgleichs der öffentlich-rechtlichen Träger vom BGH bejaht worden" sei. Ohne diese Verpflichtung sei der Verstoß des Versorgungsausgleichs nicht mehr legitimiert gewesen. [428] Seiner Ansicht nach sei „die Begrenzung des § 32 VersAusglG insoweit verfassungswidrig, als Anrechte aus der betrieblichen Altersversorgung, die sich gegen öffentlich-rechtliche Träger richten, ausgeschlossen sind."[429]

Hinsichtlich der privaten Versorgungsträger räumt er ein, dass die Grundrechtsfähigkeit zwar grundsätzlich zu bejahen sei, dementsprechend komme diesen auch ein Eigentumsschutz durch Art. 14 Abs. 1 GG zu. Diese ändere jedoch nichts an der Notwendigkeit einer Rückabwicklung bei betroffenen Anrechten. Der Eigentumsschutz der privaten Versorgungsträger könne insoweit nicht uneingeschränkt Geltung beanspruchen. Die verfassungsrechtlichen Vorgaben hinsichtlich des Versorgungsausgleichs seien in Bezug auf jedes Anrecht zu beachten, „ganz gleich, ob dieses Anrecht der zweiten oder dritten Säule der Alterssicherung angehöre". [430]

Daher sei seiner Meinung nach im Ergebnis „zwischen dem Schutz der privaten Versorgungsträger und der aufgrund von Art. 14 Abs. 1

---

427 *Bergner/Borth*, FamRZ 2013, S. 589, 591; ebenso A. HK/*Rehbein*, Versorgungsausgleich, § 32 VersAusglG, Rn. 10, da das BVerfG mit der jetzigen von seiner früheren Entscheidung abrückt.

428 *Ruland*, Versorgungsausgleich, 3. Aufl., 9. Kapitel, Rn. 934.

429 *Ruland*, FamFR 2012, S. 314, 315.

430 *Ruland*, FamFR 2012, S. 314, 315 f.

GG geforderten Notwendigkeit einer Rückabwicklung abzuwägen", wobei das Interesse des Ausgleichspflichtigen an einer Rückabwicklung des Versorgungsausgleichs überwiege.[431] Denn der Versorgungsträger werde in diesen Fällen letztlich nicht anders behandelt, als wenn die Ehe des Ausgleichspflichtigen nicht geschieden worden wäre.[432]

Derselben Ansicht ist auch *Borth*. Dieser führt diesbezüglich aus, dass die Rückabwicklung durch die zur Regel gemachte Realteilung einfach möglich sei. Probleme der Rückzahlung des Ausgleichswertes bestünden nur bei der externen Teilung. Die schwierige Gestaltung einer entsprechenden Regelung dürfe in diesem Zusammenhang allerdings kein Argument für einen gänzlichen Ausschluss sein, vor allem da die „Finanzierung des ungeteilten Anrechts schon zum Zeitpunkt der Durchführung des Wertausgleichs bei der Scheidung bestehe".[433]

Ruland schlägt zur Lösung der Problematik vor, dass in Konstellationen, in denen sich ein Mehraufwand ergebe, der Versorgungsträger diesen auf die „Versicherten seiner Solidargemeinschaft abwälzen" könne sollen. Im Gegenzug erhielten diese dafür die „Chance, im Falle einer Scheidung von der Möglichkeit einer Rückabwicklung des Versorgungsausgleichs zu profitieren".[434]

Wick nennt als weiteren zu beachtenden Aspekt, dass „die Ehegatten im Fall schwerwiegender Härten ohne hinreichende Rechtfertigung wesentlich schlechter gestellt werden als die Ehegatten, die Anrechte bei Versorgungsträgern der Regelsicherungssysteme erworben haben". Durch die nach der neuen Rechtslage verbindliche Teilung für privatrechtliche Versorgungsträger müssten die Ehegatten ihren Ausgleich bei dem privaten Versorgungsträger durchführen lassen, ohne hingegen die Möglichkeit einer späteren Anpassung zu erlangen. Ehegatten, die hingegen nur Anrechte bei der gesetzlichen Rentenversicherung erwerben, könnten auch nach dem neuen Recht eine Anpassung durchführen lassen. Im Ergebnis sei diese Differenzierung nicht mit dem aus Art. 3 Abs. 1 GG resultierenden Gleichbehandlungsgrundsatz vereinbar.[435]

---

431 *Ruland*, FamFR 2012, S. 314, 316.

432 *Ruland*, FamFR 2012, S. 314, 316.

433 *Borth*, Versorgungsausgleich, 6. Aufl., Kapitel 8, Rn. 955.

434 *Ruland*, Versorgungsausgleich, 3. Aufl., 9. Kapitel, Rn. 935.

435 Weinreich/Klein/*Wick*, Familienrecht, § 32 VersAusglG, Rn. 3.

3. Stellungnahme

Unter Bezugnahme auf die Ausführungen der vorherigen Stellungnahme kann klargestellt werden, dass die im Rahmen der Härtefälle bedingte Kürzung der Versorgungsanrechte beim Ausgleichspflichtigen – auch nach Ansicht des BVerfG – ein verfassungswidriger Eingriff in Art. 14 GG ist.

Den weiteren Feststellungen des BVerfG kann allerdings nicht gefolgt werden. Infolgedessen muss die Verfassungsmäßigkeit des § 32 VersAusglG anhand allgemeiner Grundsätze beurteilt werden. Es erscheint fraglich, inwieweit die Regelung des § 32 VersAusglG noch den Inhalts- und Schrankenbestimmungen entspricht.

Die Beantwortung dieser Frage erfordert eine differenzierte Auseinandersetzung mit den vorgebrachten Argumenten der verschiedenen Auffassungen:

a. Bewertung des Versicherungsprinzips

Im Rahmen der Bewertung des Rückausgleichs im Spannungsverhältnis mit dem Versicherungsprinzip ist streitig, ob das Versicherungsprinzip bereits durch die Teilung der Anrechte im Ausgleich oder erst durch den Rückausgleich verletzt wird. Da bereits bei Scheidung erstmalig die Anrechte zwischen den Ehegatten verteilt werden, überzeugt hier der Ansatz von *Bergner* und *Borth*, die bereits in diesem Zeitpunkt einen Eingriff annehmen. Würde man im Gegenzug keinen Rückausgleich zulassen, so würde die Versichertengemeinschaft in manchen Fällen in nicht unerheblicher Weise von dem Konzept profitieren.

b. Gestiegene Bedeutung der ergänzenden Altersversorgung

Auch bei der Beurteilung der Verfassungsmäßigkeit der Norm ist die steigende Bedeutung der ergänzenden Altersversorgung ein schlagendes Argument, das sich wie ein roter Faden durch die gesamte Untersuchung zieht. Zumal der zunehmende Stellenwert der ergänzenden Altersversorgung ein entscheidender Reformgrund für die Neukonzipierung des Versorgungsausgleichs war. Nicht ohne Grund hat der Gesetzgeber in dem Gesetzesentwurf zum neuen VersAusglG ausgeführt: „Die gesetzliche Rentenversicherung ist zwar nach wie vor das wichtigste soziale Sicherungssystem für die Mehrheit der Bevölkerung. Sie hat in ihrer Bedeutung für die Altersvorsorge seit der Einführung des Versorgungsausgleichs aber abgenommen und wird – flankiert durch den Ausbau der ergänzenden betrieblichen und privaten Versorgungen – voraussichtlich auch künftig eher weiter abnehmen."[436]

Demgemäß sollte hinsichtlich der privaten Vorsorge das Gleiche gelten. Es erscheint verfehlt, ein Ausgleichssystem an die neuen Gegebenheiten anzupassen, ohne jedoch das Gleiche im Hinblick auf die Korrekturmöglichkeiten durchzuführen. Im Gegenteil, die Bedeutung der privaten Versorgungsträger hat im Ausgleichssystem zugenommen, wurde aber im Bereich der Rückabwicklung gemindert. Der Gesetzgeber hätte gerade durch die zunehmende Verantwortung der Versorgungsträger auch eine entsprechende Einbindung in die daraus entstehenden Pflichten vornehmen müssen. Die Regelung des § 32 VersAusglG hätte somit den Anwendungsbereich für die ergänzende Altersversorgung eröffnen müssen. Insbesondere im Hinblick auf die in der Öffentlichkeit problematisierte Altersarmut wird deutlich, dass eine ausreichende Rente durch die gesetzliche Rentenversicherung immer weniger erreicht werden kann. Dem Bürger wird aufgetragen, die entstehenden Lücken durch eine eigene ergänzende Vorsorge zu schließen. Wie paradox erscheint es, dem Versicherten dann im Fall der Inanspruchnahme nicht die Möglichkeit zu gewähren, im Härtefall eine Rückabwicklung zu ermöglichen und ihn so zu unterstützen. Den Anrechten der Regelversicherungssysteme ist demnach kein erheblich höherer Stellenwert einzuräumen, der eine derartige Differenzierung rechtfertigt.

c. Keine Unterscheidung bei der Eigentumsgarantie

Erfreulicherweise hat das BVerfG in seiner Entscheidung klargestellt, dass Anrechte der Betriebsrenten bzw. Anwartschaften darauf unter den Schutz von Art. 14 GG fallen.[437]

Dieser Auffassung ist zu folgen. Denn eine öffentlich-rechtliche Versorgung, ob öffentlich-rechtlich oder privatrechtlich organisiert, ist

436 BT-Drucks. 16/10144, S. 36.
437 BVerfG NJW 2014, S. 2093, S. 2094.

weder auf eine Gewinnorientierung ausgerichtet, noch ist sie als rechtsfähige Anstalt des öffentlichen Rechts grundrechtsfähig. Eine Rechtfertigung der Beschränkung müsste sich also in diesen Fällen aus ihrer bloß „ergänzenden" Bedeutung im Rahmen der Alterssicherung herleiten. Darüber hinaus ist ein Ausschluss der Zusatzversorgungen der betrieblichen Altersversorgung aus den Anpassungsvorschriften unter dem Aspekt ihrer teilweise als Pflichtversicherung konzipierten Natur problematisch. In diesen Fällen tritt die Zusatzversorgung gerade nicht nur ergänzend zu der gesetzlichen Rentenversicherung hinzu, sondern ist für den Ehegatten obligatorisch und damit für den betroffenen Personenkreis mit einer Regelversicherung gleichzusetzen, worauf *Deisenhofer* richtigerweise hinweist. Dem Ehegatten sollte in diesen Fällen die dann spürbare Kürzung erspart werden.

d. Abwägung der Grundrechtspositionen privater Versorgungsträger

Die Darlegung *Hahnes* ist insoweit richtig, dass privatrechtlich organisierte Versorgungsträger ebenso den Schutz von Art. 14 GG genießen. Allerdings ist auch bzgl. dieses Argumentes, der gegenteiligen kritischen Ansicht *Rulands* zu folgen. In jedem Fall der praktischen Konkordanz zweier verfassungsrechtlicher Positionen hat eine Abwägung stattzufinden. M.E. kann das Überwiegen der Interessen einer Partei daher nicht einfach ohne sorgfältige Abwägung – also unbegründet – festgestellt werden.

Zudem soll an dieser Stelle auf das schlagende Argument von *Ruland* verwiesen werden: Der Versorgungsträger wäre durch eine Anpassung nicht anders gestellt, als wenn gar keine Scheidung stattgefunden hätte. Andernfalls würde die Norm zu Privilegierungen führen, die je nach Sachverhalt nicht mehr verhältnismäßig wären. Insbesondere, da ein Eingriff durch ein milderes Mittel – eine entsprechende gesetzliche Ausnahmeregelung – möglich wäre.

e. Ergebnis

Damit kann die erste in der Einleitung aufgeworfene Leitfrage: Ob und inwieweit die Norm des § 32 VersAusglG mit den verfassungsrechtlichen Vorgaben der vorherigen Rechtslage vereinbar ist, entgegen den

Ausführungen des BVerfG mit Nein beantwortet werden. Die Beschränkung der Anpassungsvorschriften ist verfassungsrechtlich bedenklich, insbesondere, da die Aussetzung einer Kürzung wegen eines Härtefalls – im Gegensatz zu den Abänderungsverfahren – praktisch sehr relevant ist.[438] Es kann nur durch die Regelung eines „Rückausgleichs" für alle Anrechte in den vom BVerfG vorgegebenen Härtefällen sichergestellt werden, „dass die eigentumsrechtliche Position des Ausgleichspflichtigen in verfassungsmäßiger Weise ausgestaltet und eingeschränkt wird".[439] Daher ist es nur konsequent und richtig, den in § 32 VersAusglG geregelten Anwendungsbereich für Anrechte der ergänzenden Altersversorgung zu eröffnen bzw. entsprechend anzuwenden. Die vom OLG Schleswig eingereichte Normenkontrolle hätte zu einem anderen Ergebnis gelangen müssen.

Darüber hinaus ist ein Grund für eine differenzierte Betrachtung von Anrechten privater Versorgungsträger und der Zusatzversorgungen des öffentlichen Dienstes nicht ersichtlich. Im Gegenteil, beide Versorgungen dienen der Absicherung im Alter und eine umfassende Versorgung kann durch die gesetzliche Rentenversicherung immer unzureichender gewährleistet werden. Infolgedessen wird die Bevölkerung zunehmend dazu angehalten sein, durch die eigene private Initiative eine adäquate Vorsorge zu schaffen.[440]

4. Eröffnung des Regelungsbereichs durch entsprechende Anwendung?

Fraglich ist, wie man die derzeit gegebene verfassungswidrige Rechtslage handhabt. Man könnte das Problem der Verfassungswidrigkeit umgehen, indem man eine analoge Anwendung des § 32 VersAusglG für die öffentlichen Systeme der betrieblichen Altersversorgung zulässt. Damit wären alle Anrechte entsprechend der alten Rechtslage erfasst, sodass es keiner Neufassung des § 32 VersAusglG bedürfte. Die Anpassungsvorschriften würden weiterhin nicht im Bereich der priva-

---

438 Dies ergibt sich aus den Grafiken der Deutschen Rentenversicherung zu den Statistiken über Rentenanträge gemäß § 5 RSVwV – Berichtszeitraum: Januar bis Dezember 2011, siehe Anhang der Arbeit. Die Statistik auf Seite 3 zeigt, dass im Jahr 2011 insgesamt 31.490 Anträge auf Anpassung gestellt worden sind, von denen insgesamt 26.991 Anträge bewilligt worden sind.

439 *Gaier*, in BVerfG NJW 2014, S. 2093, 2099.

440 Ebenso *Gaier*, in BVerfG NJW 2014, S. 2093, 2099.

ten Vorsorge angewendet werden und das neue Versorgungsausgleichsrecht würde letztlich zum Stand der alten Rechtslage zurückkehren.[441]

Allerdings ist es streitig, inwieweit eine entsprechende Anwendung der Vorschrift überhaupt möglich wäre.

a. Keine entsprechende Anwendung auf andere Zusatzversorgungen

Die überwiegende Ansicht spricht sich gegen eine analoge Anwendung aus, da die Aufzählung vom Gesetzgeber explizit „abschließend"[442] gemeint sei und dieser keine entsprechende Anwendung auf andere Zusatzversorgungen gewollt habe.[443] Gegen eine Analogiefähigkeit spreche, dass es sich bei der Regelung des § 32 VersAusglG um eine Ausnahmenorm handele.[444] Zudem diene eine analoge Anwendung des Gesetzes der Schließung einer Gesetzeslücke. Da die Aufzählung im Gesetzesentwurf aber ausdrücklich als „abschließend" bezeichnet werde, ergebe sich daraus, dass der Gesetzgeber offensichtlich keine weiteren öffentlich-rechtlichen Versorgungssysteme im Bereich der betrieblichen Altersversorgung unter den Regelungszweck des § 32 VersAusglG fassen wollte.[445] Auch der schwammige Wortlaut in der Begründung des Gesetzgebers, dass § 32 VersAusglG „obligatorisch nur für Regelsicherungssysteme" vorgesehen sei und die Anpassungsvorschriften grundsätzlich im Bereich der ergänzenden Altersversorgung nicht zu Anwendung kommen sollten, nehme der „abschließenden Aufzählung der Regelsicherungssysteme nicht ihre durchschlagend richtungsweisende Bedeutung".[446]

Zwar zeige die Erwähnung der hüttenknappschaftlichen Zusatzversorgung, dass in diesem Fall der betrieblichen Altersversorgung

441 *Rehme*, FamRZ 2008, S. 738, 746, der die Reform in diesem Bereich als „Rückschritt" empfindet.

442 BT-Drucks. 16/10144, S. 72.

443 OLG Schleswig BeckRS 2012, 12880; OLG Hamm BeckRS 2012, 02306; *Gutdeutsch*, FamRB 2010, S. 149, 150; *Götsche*, ZFE 2010, S. 407, 408; MK/*Gräper*, BGB, 5. Aufl., § 33 VersAusglG, Rn. 18.

444 Zu dem Ergebnis kommt das OLG-Schleswig BeckRS 2012, 12880; *Kemper*, Versorgungsausgleich in der Praxis, Kapitel X, Rn. 14.

445 MK/*Gräper*, BGB, 5. Aufl., § 33 VersAusglG, Rn. 18.

446 OLG Schleswig BeckRS 2012, 12880.

eine Anpassung möglich sei. Durch die Einbeziehung der hüttenknappschaftlichen Zusatzversicherung mache der Verfasser mit dem Wortlaut „einschließlich" jedoch deutlich, dass er diesen Versorgungsträger als Teil der gesetzlichen Rentenversicherung betrachte und nicht die Anpassungsfähigkeit grundsätzlich auf die betriebliche Altersversorgung erweitern wolle.[447] Da es dementsprechend an einer Gesetzeslücke fehle, sei eine analoge Anwendung von § 32 VersAusglG auf Anrechte bei öffentlich-rechtlich strukturierten Versorgungsträgern im Bereich der betrieblichen Altersversorgung nicht zulässig. Im Ergebnis würde sie dem Willen des Gesetzgebers widersprechen.[448]

b. Gegenmeinung

Dennoch wird in der Literatur teilweise eine entsprechende Anwendung bei öffentlich-rechtlich organisierten betrieblichen Versorgungssystemen gefordert.[449] Nach der Ansicht von *Ruland* und *Kemper* spreche der Umstand, dass die in § 32 VersAusglG erfassten Versorgungen im Grundsatz alle öffentlich-rechtlich organisiert sind, für eine analoge Anwendung. Darüber hinaus zeige die Einbeziehung der hüttenknappschaftlichen Zusatzversorgung, dass auch eine betriebliche Zusatzversorgung in den Anwendungsbereich der Anpassungsregeln fallen könne.[450] Aufgrund dessen wird seitens dieser Auffassung argumentiert, dass es dem Gesetzgeber wohl nicht gelungen sei, alle öffentlich-rechtlichen Systeme zu erfassen. Dies habe zur Folge, dass § 32 VersAusglG auch auf andere „öffentlich-rechtlich organisierte betriebliche Versorgungssysteme" entsprechend anzuwenden sei.[451]

447 OLG Schleswig BeckRS 2012, 12880.

448 OLG Schleswig BeckRS 2012, 12880; ebenso MK/*Gräper*, BGB, 5. Aufl., § 33 VersAusglG, Rn. 18.

449 *Borth*, Versorgungsausgleich, 6. Aufl., Kapitel 8, Rn. 954; *Kemper*, Versorgungsausgleich in der Praxis, Kapitel X, Rn. 14; *Ruland*, Versorgungsausgleich, 3. Aufl., 9. Kapitel, 937; Weinreich/Klein/*Wick*, Familienrecht, § 32 VersAusglG, Rn. 11.

450 *Ruland*, Versorgungsausgleich, 3. Aufl., 9. Kapitel, 937; ebenso. *Kemper*, Versorgungsausgleich in der Praxis, Kapitel X, Rn. 14.

451 *Ruland*, Versorgungsausgleich, 3. Aufl., 9. Kapitel, Rn. 937. Die Aufzählung des Gesetzgebers sei folglich nicht abschließend, *Borth*, Versorgungsausgleich, 6. Aufl., Kapitel 8, Rn. 954.

Allerdings wird auch innerhalb dieser Meinung zwischen öffentlich-rechtlich und privatrechtlich organisierten Zusatzversorgungen differenziert. Bei privatrechtlich organisierten Zusatzversorgungen wird eine entsprechende Anwendung trotz Widerspruchs zur bisherigen Rechtslage allgemein verneint.[452] Eine entsprechende Anwendung des § 32 VersAusglG wird nur im Ergebnis nur für öffentlich-rechtlich organisierte Systeme vorgeschlagen, denen eine ergänzende Versorgungsfunktion im Bereich der betrieblichen Altersversorgung zukommt. Dies sind im Einzelnen die Zusatzversorgungen des Schornsteinfegerhandwerks, der Seemannskasse und der Land- und Forstwirtschaft.[453]

c. Stellungnahme

Der Gesetzgeber hat in dem Gesetzesentwurf explizit betont, dass die Aufzählung in § 32 VersAusglG „abschließend" ist.[454] Zwar leuchtet der Wunsch, Anrechte dieser Versorgungen durch eine entsprechende Anwendung zu erfassen, ein, die Meinung kann dennoch nicht überzeugen. Denn sie widerspräche ganz klar der Intention des Gesetzgebers.

Insbesondere die Argumentation von *Ruland* und *Borth*, dass es dem Gesetzgeber nicht gelungen sei, alle öffentlich-rechtlichen Systeme zu erfassen, erscheint unwahrscheinlich. Vielmehr hätte der Gesetzgeber nämlich mit einem Blick in die umfassende Literatur zur alten Rechtslage feststellen können, welche öffentlich-rechtlich organisierten betrieblichen Altersversorgungen von den Härtefallregelungen der §§ 4 ff. VAHRG a.F. erfasst wurden. Eine entsprechende Übernahme in die neue Gesetzeslage wäre unproblematisch möglich gewesen, was im Übrigen an der Nennung der hüttenknappschaftlichen Zusatzversicherung deutlich wird.

---

452 OLG Schleswig BeckRS 2012, 12880; *Ruland,* Versorgungsausgleich, 3. Aufl., 9. Kapitel, Rn. 936; *Borth,* Versorgungsausgleich, 6. Aufl., Kapitel 8, Rn. 954; *Kemper,* Versorgungsausgleich in der Praxis, Kapitel X, Rn. 13; Weinreich/Klein/*Wick*, Familienrecht, § 32 VersAusglG, Rn. 11.

453 *Ruland,* Versorgungsausgleich, 9. Kapitel, Rn. 937; *Borth,* Versorgungsausgleich, 6. Aufl., Kapitel 8, Rn. 954; *Kemper,* Versorgungsausgleich in der Praxis, Kapitel X, Rn. 14.

454 BT-Drucks. 16/10144, S. 72.

Die gesonderte Erwähnung der hüttenknappschaftlichen Zusatzversorgung zeigt m.E. vielmehr, dass sich der Gesetzgeber mit der Problematik auseinandergesetzt hat und sich allerdings offenkundig entschieden hat, weitere öffentlich-rechtliche Systeme aus dem Anwendungsbereich des § 32 VersAusglG herauszunehmen. Dementsprechend ist der Wortlaut in der Gesetzesbegründung, eher so zu interpretieren, dass der Gesetzgeber den Anwendungsbereich des § 32 VersAusglG mit dem Wortlaut „grundsätzlich" im Bereich der ergänzenden Altersversorgung nicht für den Einzelfall eröffnen wollte. Dem Gesetzgeber war es durch die bewusst offene Wortwahl dennoch möglich, die hüttenknappschaftlichen Zusatzversorgung als Ausnahmefall unter den Anwendungsbereich des § 32 VersAusglG zu fassen.

Eine analoge Anwendung scheidet daher erst recht auf Anrechte privatrechtlich organisierter Versorgungsträger aus. Denn der Gesetzgeber hat sich diesbezüglich in dem Gesetzesentwurf klar ausgedrückt, die Anpassungen wegen Rechtskraft sollen gem. § 32 VersAusglG nur die Regelsicherungssysteme erfassen.

Die Vorschrift sollte im Ergebnis aufgrund der nicht möglichen entsprechenden Anwendung auf weitere Anrechte neu konzipiert werden. Die ergänzende Altersversorgung hat m.E. im Versorgungssystem eine so bedeutende Stellung eingenommen, dass der Anwendungsbereich auf alle Anrechte, gleichgültig ob öffentlich- oder privatrechtlich organisiert, eröffnet werden sollte. Aufgrund dessen wäre es wünschenswert gewesen, wenn sich das BVerfG der Ansicht des OLG Schleswig angeschlossen hätte. Die Regelung des § 32 VersAusglG hätte hinsichtlich des Ausschlusses der öffentlich-rechtlichen Systeme der betrieblichen Altersversorgung für verfassungswidrig erklärt werden müssen.

Zwar hat sich das BVerfG mit der grundsätzlichen Frage auseinandergesetzt, ob der Schutz des Art. 14 Abs. 1 GG auch für die Anrechte außerhalb der Regelsicherungssysteme gilt, ist aber leider zu dem Ergebnis gekommen, dass es aufgrund der Verfassungskonformität keiner weiteren Legitimation mehr bedarf.

Es erscheint daher unwahrscheinlich, dass der Gesetzgeber ohne die Feststellung eines Grundrechtsverstoßes vom BVerfG künftig von sich aus weitere Reformen diesbezüglich einleiten wird, um den Regelungsbereich zu erweitern. Es ist im Ergebnis festzuhalten, dass mit

§ 32 VersAusglG eine Rechtslage geschaffen worden ist, die zwar – nach Ansicht des BVerfGs – keinen verfassungswidrigen Zustand begründet, aber dennoch mit den tatsächlichen Anforderungen unserer Gesellschaft konfligiert.

B. Verfassungsrechtlicher Diskurs i.R.d. Abänderungsverfahren

Im Vergleich zur alten Rechtslage haben sich auch hinsichtlich der Abänderungsverfahren gem. §§ 225, 226 FamFG gravierende Einschränkungen ergeben. Infolgedessen stellt sich auch i.R.d. Anwendungsbereichs nach § 32 VersAusglG bei den Abänderungsverfahren die Frage, ob und inwieweit die Norm des § 32 VersAusglG mit den „verfassungsrechtlichen Vorgaben" der vorherigen Rechtslage vereinbar ist.

Im Gegensatz zur Thematik bei den Anpassungsverfahren hat das BVerfG in seiner aktuellen Entscheidung keine Ausführungen zu dem eingeschränkten Anwendungsbereich hinsichtlich der Abänderungsverfahren dargelegt.

I. Keine verfassungsrechtlichen Bedenken

Der Gesetzgeber und auch die vorangegangene Kommission „Strukturreform" sahen hinsichtlich der Einschränkung keinerlei verfassungsrechtliche Bedenken. Demnach bestehe „rechtstatsächlich kein Bedarf" mehr für die übrigen Anrechte.[455] Darüber hinaus sei eine Abänderungsmöglichkeit nicht mehr notwendig, da das Versorgungsanrecht seinen eigenen Schicksalsweg gehe und in Anlehnung an den Zugewinn eine nachträgliche Abänderung aufgrund des Stichtagsprinzips nicht gerechtfertigt sei.[456]

Dieser Auffassung wird in der Literatur insbesondere von *Hahne* gefolgt.[457] Die Verweisung der nach der Scheidung eintretenden Un-

455 BT-Drucks. 16/10144, S. 97 f.

456 *Kommission Strukturreform des Versorgungsausgleichs*, Abschlussbericht, S. 98 f.

457 *Hahne*, Stellungnahme, http://webarchiv.bundestag.de/cgi/show.php?fileToLoad =1090&id=1118, S. 7; Johannsen/Henrich/*Hahne*, Familienrecht, 5. Aufl., § 225 FamFG, Rn. 6, da sich bei kapitalgedeckten Anrechten durch die unmittelbare Bewertung keine und bei der zeitratierlichen Bewertung der betrieblichen Anrechte nur Änderungen zugunsten der Ausgleichspflichtigen ergeben können.

verfallbarkeit der betrieblichen Altersversorgung auf die Ausgleichsansprüche nach der Scheidung sei sachgerecht. Dies sei aufgrund der sich ergebenden praktischen Schwierigkeiten im Zusammenhang mit der externen Teilung notwendig. Die externe Teilung gem. § 14 Abs. 4 VersAusglG erfolgt durch die Auszahlung des Ausgleichswertes in Form eines Kapitalbetrags an den Versorgungsträger des Ausgleichsberechtigten.[458] Eine spätere Rück- oder Mehrzahlung sei somit praktisch nicht berechenbar. Das so begründete Anrecht nehme von da an vielmehr eine eigene Entwicklung.[459] Da ein nachträglicher interner oder externer Ausgleich ausscheide, müsse sich der Ausgleichsberechtigte in diesem Fall vielmehr an die Ausgleichsansprüche nach der Scheidung halten.[460]

Als weiteres Argument wird von *Hahne* vorgebracht, dass grundsätzlich eine erweiterte Abänderungsmöglichkeit nicht notwendig sei, da der Abänderung nach der alten Rechtslage nur eine untergeordnete Rolle zugekommen sei. Daran werde sich auch im künftigen Recht nichts ändern.[461] *Eichenhofer* ist derselben Ansicht, zumal den Ehegatten durch die erweiterten Dispositionsmöglichkeiten des reformierten Rechts die Möglichkeit zustünde, selbst Einfluss auf ihre Versorgungspositionen zu nehmen und so eventuellen nachträglichen Änderungen entgegenzuwirken.[462]

II. Die Gegenmeinung – verfassungsrechtliche Bedenken

Die meisten Stimmen in der Literatur halten die gänzliche Verneinung eines Abänderungsbedarfs hingegen für verfassungsrechtlich nicht vertretbar. Es könnten sich auch nach der Reform Sachverhalte ergeben, die eine Abänderungsmöglichkeit bei der ergänzenden Altersversor-

458 Siehe zur Problematik bei der externen Teilung *Wick*, FuR 2011, S. 555, 558.

459 Johannsen/Henrich/*Hahne*, Familienrecht, 5. Aufl., § 225 FamFG, Rn. 6.

460 So auch in der Gesetzesbegründung, BT-Drucks. 16/10144, S. 97; Johannsen/Henrich/*Hahne*, Familienrecht, 5. Aufl., § 225 FamFG, Rn. 6.

461 Johannsen/Henrich/*Hahne*, Familienrecht, 5. Aufl., § 225 FamFG, Rn. 6; *Hahne*, Stellungnahme, http://webarchiv.-bundestag.de/cgi/show.php?fileToLoad=1090&id=1118, S. 4.

462 *Eichenhofer*, Stellungnahme, http://webarchiv.bundestag.de/cgi/show.php?fileToLoad=1090&id=1118, S. 7.

gung für notwendig erscheinen lassen.[463] Dies ergebe sich insbesondere im Rahmen der betrieblichen Altersvorsoge bei der zeitratierlichen Bewertung zu Lasten des Ausgleichspflichtigen und bei Änderungen, die außerhalb des Wirkungsbereiches des Ausgleichspflichtigen liegen.

Borth begründet seine Bedenken damit, dass der eingeschränkte Regelungsbereich des § 32 VersAusglG die verfassungsrechtlichen Vorgaben hinsichtlich des Teilhabegrundsatzes aus Art. 3 Abs. 1 GG i.V.m. Art. 6 Abs. 1 GG nicht mehr erfülle.[464] Das BVerfG habe in seiner Entscheidung 1993 eine generelle Korrekturmöglichkeit zur Wahrung des Halbteilungsgrundsatzes gefordert.[465] Eine Einschränkung werde diesen Vorgaben nicht mehr gerecht. Die Begründung des Gesetzgebers sei insoweit ungenügend. Andernfalls würden die Versorgungsträger durch die Beschneidung der Interessen der Ehegatten profitieren.[466]

Hauß vertritt die Auffassung, dass eine Parallele zum Zugewinn fehlerhaft sei. Das Vorsorgevermögen sei im Gegensatz zum Zugewinn nämlich eine „lebendige" Vermögensposition, die von vielen anderen Faktoren abhängig sei, die außerhalb des Einflussbereiches des Versorgungsinhabers liegen. Vermögenswerte im Zugewinn seien hingegen disponibel handhabbar, da der Inhaber im Fall einer Änderung jederzeit auf die Position zugreifen und so dementsprechend reagieren könne. Daraus ergebe sich, dass bei den Versorgungspositionen nachträglich ein ganz anderer Bedarf nach einer Abänderungsmöglichkeit bestehe.[467]

---

463 *Rehme,* FamRZ 2008, S. 738, 746; Schulte-Brunert/Weinreich/*Rehme,* FamFG, § 225, Rn. 16; *Borth,* Versorgungsausgleich, 6. Aufl., Kapitel 8, Rn. 955; *Ruland,* Versorgungsausgleich, 3. Aufl., 10. Kapitel, Rn. 993; Hoppenz/*Hoppenz,* FamFG § 225, Rn. 6; HK/*Hauß,* Familienrecht, 2. Aufl., § 32 VersAusglG, Rn. 4.

464 Musielak/Borth/*Borth/Grandel,* FamFG, § 225, Rn. 3. *Ruland* und *Borth* nehmen zusätzlich eine Verletzung des Eigentumsschutzes gem. Art. 14 Abs. 1 GG des betroffenen Anrechts an, *Ruland,* Versorgungsausgleich, 3. Aufl., 10. Kapitel, Rn. 993; *Borth,* Versorgungsausgleich, 6. Aufl., Kapitel 8, Rn. 955. *Rehme* leitet die Verfassungswidrigkeit hingegen aus der Ungleichbehandlung der Anrechte hinsichtlich ihrer Abänderungsmöglichkeit aus dem allgemeinen Gleichheitssatz in Art. 3 Abs. 1 GG her, Schulte-Brunert/Weinreich/*Rehme,* FamFG, § 225, Rn. 3 und 26.

465 *Borth,* Versorgungsausgleich, 6. Aufl., Kapitel 8, Rn. 955.

466 *Borth,* Versorgungsausgleich, 6. Aufl., Kapitel 8, Rn. 955.

467 HK/*Hauß,* Familienrecht, 2. Aufl., § 32 VersAusglG, Rn. 4 f.

Für *Ruland* ist hingegen die Einschränkung der Abänderung bei Fällen im Zusammenhang mit der Unverfallbarkeit der Betriebsrente problematisch.[468] In der Entscheidung des BVerfGs am 8.4.1986 sei die zu weitgehende Verweisung der Betriebsrente in den schuldrechtlichen Ausgleich gem. § 2 VAHRG a.F. ausdrücklich für verfassungswidrig erklärt worden.[469] Nach neuem Recht könne ein Ausgleich in diesem Fall aber nur noch über die Ausgleichsansprüche nach der Scheidung erreicht werden. Die Ausgleichsansprüche nach der Scheidung sind in diesem Bereich der Betriebsrente also wieder ausgeweitet worden, was im Hinblick auf die Entscheidung des BVerfGs bedenklich sei.[470]

III. Stellungnahme

Auch bzgl. der Abänderungsverfahren hat die Untersuchung ergeben, dass – entgegen der Ansicht des Gesetzgebers – eine erhebliche Diskrepanz zur alten Rechtslage entstanden ist, aufgrund derer verfassungsrechtliche Bedenken an der Norm des § 32 VersAusglG durchaus angebracht sind. Das Änderungsverfahren entstammt wie auch die Anpassungsverfahren verfassungsrechtlichen Vorgaben. Um die verfassungsrechtliche Legitimation des Versorgungsausgleichs zu gewährleisten, bedarf es bei wesentlichen Änderungen einer späteren Korrekturmöglichkeit.[471] Das BVerfG hat sich bisher zum Anwendungsbereichs von § 32 VersAusglG bei den Abänderungsverfahren noch nicht geäußert, sodass deren generelle Notwendigkeit weiterhin anzunehmen ist. Die Vereinbarkeit des neuen Abänderungsverfahrens mit dem Grundgesetz soll im Lichte der Rechtsprechung zur alten Rechtslage beurteilt werden.

Geht man wie der Gesetzgeber davon aus, dass sich im Bereich der ergänzenden Altersversorgung, insbesondere der betrieblichen Vorsorge, keine Veränderungen mehr ergeben können, die den Ausgleichspflichtigen nachteilhaft treffen, so ist der Teilhabegrundsatz auch im reformierten Recht mit eingeschränkter Abänderungsmöglichkeit ge-

468 *Ruland,* Versorgungsausgleich, 3. Aufl., 10. Kapitel, Rn. 994.
469 BVerfG FamRZ 1986, S. 543.
470 *Ruland,* Versorgungsausgleich, 3. Aufl., 10. Kapitel, Rn. 994.
471 BVerfG NJW 1993, S. 1057.

wahrt. Weitere Abänderungsmöglichkeiten sind zur Einhaltung der Vorgaben des BVerfGs nicht mehr notwendig.

Die Untersuchung ist allerdings zu dem Ergebnis gelangt, dass auch weiterhin ein Abänderungsbedarf, insbesondere im Bereich der betrieblichen Altersversorgung, bestehen kann. Daher sind verfassungsrechtliche Bedenken in Bezug auf den Ausschluss der betrieblichen Altersversorgung durchaus gerechtfertigt.

Ob eine Abänderungsmöglichkeit letztlich praktisch relevant ist oder, ob im Fall der Unverfallbarkeit später gleiche Ergebnisse im Rahmen der Ausgleichsansprüche nach der Scheidung erzielt werden können, ist zunächst irrelevant. Es geht m.E. vielmehr darum, dass sich der Gesetzgeber im Rahmen seiner Begründung nur ungenügend mit der Problematik auseinandergesetzt hat und deswegen zu falschen Ergebnissen gekommen ist.[472] Er hat sich durch die Einschränkung gem. § 225 Abs. 1 FamFG i.V.m. § 32 VersAusglG bewusst für eine praktisch leichter umsetzbare Regelung, aber auch für eine im Widerspruch zur bisherigen Rechtsprechung des BVerfGs stehende Lösung entschieden.[473]

Diese Entscheidung ist nicht nachvollziehbar, insbesondere da die Rückabwicklung im Rahmen der internen Teilung praktisch unproblematisch ist.[474] Die interne Ausgleichsform ist im neuen Recht die Regel, so dass eine Rückabwicklung grundsätzlich immer möglich ist. Schwierigkeiten bei der externen Teilung gem. § 14 Abs. 4 VersAusglG könnten, bspw. durch entsprechende Klauseln zwischen Ehegatten und Versorgungsträgern, abgemildert werden.[475]

Schließlich sollte nicht vergessen werden, dass die Ehegatten die Leidtragenden einer Scheidung sind. Durch die Beschränkung ihrer Rechtsbehelfe im Bereich der ergänzenden Altersversorgung werden die Interessen der Ehegatten zusätzlich beschnitten. Letztlich kommt dem privaten Versorgungsträger der Vorteil des hälftigen Anrechts zu-

472 So auch Schulte-Bunert/Weinreich/*Rehme*, FamFG, § 225, Rn. 15.

473 Ebenso *Bergner/Borth*, FamRZ 2013, S. 589, 593.

474 *Borth*, Versorgungsausgleichsrecht, 6. Aufl., Kapitel 8, Rn. 955; *Ruland*, Versorgungsausgleich, 3. Aufl., 10. Kapitel, Rn. 994.

475 Man könnte die externe Teilung unter dem Hinweis durchführen, dass eine nachträgliche Abänderung bei einer späteren Veränderung nicht oder nur begrenzt möglich ist.

gute. Nimmt man an, dass die Abänderungsverfahren auch künftig nur eine untergeordnete Rolle spielen werden, wäre es kein Problem, für die wenigen Fälle, die dann tatsächlich durchgeführt werden, eine Änderungsmöglichkeit zu eröffnen. Der Versorgungsträger würde in den anderen Fällen weiterhin von dem hälftigen Anrecht profitieren.[476]

C. Fazit

Die neue Vorschrift § 32 VersAusglG wirft im Ergebnis viele Fragen hinsichtlich ihrer verfassungsrechtlichen Konformität auf. Die Untersuchung gelangt an diesem Punkt zu folgenden Ergebnissen:

- In Bezug auf den Ausschluss der betrieblichen und privaten Vorsorge aus den Anpassungsvorschriften bestehen erhebliche verfassungsrechtliche Bedenken gem. Art. 14 Abs. 1 GG und aus Art. 3 Abs. 1 GG.
- Sowohl die Anrechte der Zusatzversorgungen des öffentlichen Dienstes als auch privater Versorgungsträger unterliegen dem Eigentumsschutz. Die Rechtfertigung des Eingriffs in Art. 14 GG in Form des Versorgungsausgleichs entfällt, da entgegen der Vorgaben des BVerfGs eine Rückabwicklung im Bereich der ergänzenden Altersversorgung nicht mehr möglich ist. § 32 VersAusglG entspricht insoweit nicht den verfassungsmäßigen Anforderungen innerhalb der Inhalts- und Schrankenbestimmung gem. Art. 14 Abs. 1 GG.
- Dies gilt insbesondere bei Anrechten öffentlich-rechtlich organisierter Versorgungsträger der betrieblichen Altersversorgung und sollte letztlich auch bei privatrechtlich organisierten Versorgungsträgern gelten, da deren Bedeutung für die Gesellschaft stetig zunimmt.
- Als Konsequenz der Unvereinbarkeit des § 32 VersAusglG mit Art. 14 GG muss der Anwendungsbereich der Norm im Lichte der alten Rechtslage erweitert werden. Soll der Anwendungsbereich entsprechend der bisherigen Rechtslage auf die Zusatzversorgungen des öffentlichen Dienstes beschränkt werden, könnte die Problematik durch eine analoge Anwendung gelöst werden. Allerdings

476 So auch *Borth*, Versorgungsausgleichsrecht, 6. Aufl., Kapitel 8, Rn. 955.

würde eine analoge Anwendung dem expliziten Willen des Gesetzgebers widersprechen. Der Anwendungsbereich des § 32 VersAusglG müsste also neu konzipiert werden.

- Die verfassungsrechtlichen Bedenken bezüglich Art. 3 Abs. 1 GG ergeben sich aus der Ungleichbehandlung der verschiedenen Anrechte. Es ist kein hinreichender Sachgrund für eine Ungleichbehandlung zwischen einer sozial geprägten Regelversorgung und einer stärker ökonomisch auf Kostenvermeidung bedachten Zusatzversorgung gegeben. Beide Versorgungsarten verfolgen nämlich den gleichen Zweck, die Absicherung des Versicherten im Alter.
- Die Bedenken hinsichtlich Art. 3 Abs. 1 GG kann man auch auf die Abänderungsverfahren übertragen, da die Anrechte in diesem Fall ebenso ohne einen hinreichenden Sachgrund ungleich behandelt werden.
- Die durch § 32 VersAusglG bedingte, fehlende Änderungsmöglichkeit hinsichtlich betrieblicher und privater Anrechte ist mit den verfassungsrechtlichen Vorgaben in Bezug auf den Teilhabegrundsatz nicht vereinbar.
- Entgegen der Begründung des Gesetzgebers besteht auch im reformierten Recht, insbesondere im Bereich der betrieblichen Altersversorgung, „rechtstatsächlich" der Bedarf nach einer Korrekturmöglichkeit. Es können sich nach wie vor auch im Bereich der ergänzenden Altersversorgungen nachträgliche Änderungen ergeben, die sich wesentlich auf den Ausgleichswert auswirken, sodass den Ehegatten die Möglichkeit eines Änderungsverfahrens zur Verfügung gestellt werden muss.

3. Kapitel: Das reformierte Unterhaltsprivileg

Das zweite Kapitel der Untersuchung hat ergeben, dass durch die Regelung des § 32 VersAusglG sowohl der Anwendungsbereich der Anpassungsverfahren als auch des Abänderungsverfahrens im Vergleich zur vorherigen Rechtslage erheblich eingeschränkt wird. Diese Beschränkung ist insbesondere aufgrund der steigenden Bedeutung der ergänzenden Altersversorgung nicht mit der Verfassung vereinbar.

Nachdem dieser wichtige Punkt erarbeitet wurde, widmet sich die Untersuchung nun dem „reformierten Unterhaltsprivileg" als zweitem Schwerpunkt. Denn der Gesetzgeber hat in der Strukturreform weitere beeinträchtigende Modifizierungen bei den Bestimmungen über die „Aussetzung der Kürzung zur Sicherung von Unterhaltsansprüchen" gem. §§ 33 ff. VersAusglG vorgenommen. Dies gibt Anlass, sich mit den „neuen Anpassungen wegen Unterhalts" näher auseinanderzusetzen.

Zum Gang der Untersuchung sei dabei gesagt, dass zuerst der Hintergrund der Normen und ihr Telos kurz erörtert werden. Anschließend werden die neuen Regelungen in materiell-rechtlicher Hinsicht in § 33 VersAusglG und in verfahrensrechtlicher Hinsicht in § 34 VersAusglG beleuchtet. Die Darstellung orientiert sich bei jeder Bestimmung zunächst an der alten Rechtslage bzw. den Ausführungen des Gesetzgebers i.R.d. Strukturreform. In einem zweiten Schritt werden die Voraussetzungen des jetzigen Rechts in untersucht. Ziel dieses Kapitels ist die Erarbeitung der aktuellen Rechtslage mit Blick auf die Feststellung eventueller Unterschiede im Vergleich zum vorherigen Recht. Fragen, die sich bei bereits bestehenden Unterhaltstiteln ergeben, werden im nachfolgenden Teil gesondert dargestellt.[477]

---

477 Die Problematik beherrscht die aktuelle Rechtsprechung und Literatur: BGH NJW 2012, S. 1661; OLG Düsseldorf BeckRS 2012, 15746; OLG Hamm NJW 2011, S. 1681; OLG Frankfurt am Main NJOZ 2012, S. 1243; OLG Zweibrücken BeckRS 2011, 29043; *Hauß*, AnwBl 2009, S. 577, 581.

§ 1 Einleitender Teil

A. Zweck und Wirkung des Unterhaltsprivilegs

Das in §§ 5 ff. VAHRG a.F. geregelte Unterhaltsprivileg entstammte dem direkten verfassungsrechtlichen Auftrag des BVerfGs.[478] Die ursprüngliche Norm sollte gem. § 13 Abs. 1 Nr. 1, Abs. 2 VAHRG a.F. eigentlich nur bis zum 31.12.1994 befristet gelten.[479] Die Befristung der Regelungen des VAHRG wurde jedoch aufgehoben, sodass die §§ 5, 6 VAHRG a.F. letztlich bis zum 31.8.2009 in ihrer Urfassung in Kraft waren.[480]

Die Bestimmungen hatten den Zweck, die nacheheliche wirtschaftliche Situation der Parteien, primär des Ausgleichspflichtigen, zu stärken.[481] Die Besonderheit der Vorschrift gegenüber der anderen Härtefallregelung in § 4 VAHRG a.F. lag darin, dass nur vorübergehend, für die Dauer des Vorliegens bestimmter Tatbestände, die Kürzung der Versorgung ausgesetzt wurde,[482] ohne aber die Entscheidung des Familiengerichts abzuändern.[483] Der Ausgleichspflichtige wurde durch die Aussetzung der Kürzung der Versorgung aus § 1587 Abs. 1 und 2 BGB a.F. wirtschaftlich gestärkt. Entsprechendes galt gem. § 10 VAHRG a.F. für Minderungen infolge der Anwendung durch „Quasi-Splitting“ gem. § 1 Abs. 3 VAHRG a.F. sowie für solche infolge des „erweiterten Splitting und Quasi-Splitting“ gem. § 3b Abs. 1 Nr. 1 VAHRG a.F.[484]

---

478 Es wird auf die Ausführungen des ersten Kapitels auf Seite 17 ff. der Untersuchung Bezug genommen.

479 BT-Drucks. 9/2296, S. 3; Soergel/*Schmeiduch*, BGB, § 5 VAHRG, Rn. 3.

480 Die Befristung wurde durch Art. 30 Nr. 2b des RÜG aufgehoben. Darin wurde die Regelung gem. § 13 Abs. 2 VAHRG a.F. gestrichen, so dass das VAHRG bis zur neuen Gesetzeseinführung des VersAusglG bestehen blieb.

481 *Maier/Michaelis*, Versorgungsausgleich, § 5 VAHRG, S. 577; MK/*Gräper*, BGB, 5. Aufl., § 5 VAHRG, Rn. 2; Staudinger/*Rehme*, BGB, § 5 VAHRG, Rn. 4; PWW/*Rehme*, BGB, 4. Aufl., § 5 VAHRG, Rn. 1.

482 MK/*Gräper*, BGB, 5. Aufl., § 5 VAHRG, Rn. 2; *Borth*, Versorgungsausgleich, 4. Aufl., 4. Kapitel, Rn. 578.

483 *Maier/Michaelis*, Versorgungsausgleich, § 5 VAHRG, S. 577.

484 Siehe weitere Einzelheiten zu dem Anwendungsbereich der Härtefallregelungen der alten Rechtslage in Kapitel 2 unter § 2 auf Seite 53 ff. der Arbeit.

Dies hatte zum Ergebnis, dass der Ausgleichspflichtige zeitlich begrenzt seine volle Versorgung erhielt.[485] Die Ausnahmeregelung des § 5 VAHRG a.F. setzte somit den Gedanken des Erhalts der „wirtschaftlichen Leistungsfähigkeit" des Ausgleichspflichtigen um.[486] Dieser Ansatz war in dem Gesamtkonzept des Versorgungsausgleichs nicht neu. Denn nach den durch das 1. Eherechtsreformgesetz bestehenden Regelungen wurde in dem Fall, in dem der Ausgleichspflichtige bei Eintritt der Rechtskraft der Entscheidung des Familiengerichts über den Versorgungsausgleich bereits eine Versorgung erhielt, diese Versorgung ungemindert bis zu dem Zeitpunkt gezahlt, in dem der Ausgleichsberechtigte die ihm übertragenen oder begründeten Anwartschaften durch eine eigene Rentenleistung aktivieren konnte.[487] Der Versorgungsträger wurde durch § 5 VAHRG a.F. verpflichtet, die um den Versorgungsausgleich erhöhten Leistungen an den Ausgleichspflichtigen zu zahlen. Eine Auszahlung an den Ausgleichsberechtigten war in § 5 VAHRG a.F. hingegen nicht normiert.[488] Ausnahmen waren lediglich für Nachzahlungsbeträge gem. § 6 VAHRG a.F. vorgesehen. [489]

B. Die Bestrebungen des Gesetzgebers bei der Neugestaltung im Rahmen der Strukturreform

Der Gesetzgeber hat die Aussetzung der Kürzung im Härtefall gem. § 5 VAHRG a.F. durch das Anpassungsverfahren nach Rechtskraft wegen Unterhalts gem. §§ 33, 34 VersAusglG ersetzt. Die Regelung fällt unter den eingeschränkten Anwendungsbereich des § 32 VersAusglG, sodass

485 MK/*Gräper,* BGB, 5. Aufl., § 5 VAHRG, Rn. 3; Soergel/*Schmeiduch,* BGB, § 5 VAHRG, Rn. 2.

486 MK/*Gräper,* BGB, 5. Aufl., § 5 VAHRG, Rn. 3; *Borth,* Versorgungsausgleich, 4. Aufl., 4. Kapitel, Rn. 578.

487 Das sog. Rentner- oder Pensionistenprivileg war in § 57 Abs. 1 S. 2 BeamtVG, § 101 Abs. 3 SGB VI a.F. geregelt, *Maier/Michaelis,* Versorgungsausgleich, § 5 VAHRG, S. 578.

488 *Borth,* Versorgungsausgleich, 4. Aufl., 4. Kapitel, Rn. 578.

489 Die Regelung des § 6 VAHRG a.F. ordnete als pauschale Sonderregelung die Nachzahlung jeweils zur Hälfte an den Ausgleichsverpflichteten und den Ausgleichsberechtigten an, MK/*Gräper,* BGB, 4. Aufl., § 5 VAHRG, Rn. 4.

ein Anpassungsverfahren wegen Unterhalts nur noch bei Anrechten der Regelsicherungssysteme i.S.v. § 32 VersAusglG möglich ist.[490] Neben dieser grundsätzlichen Neuregelung im Bereich der Anpassungsverfahren hat der Gesetzgeber den Normenbestand der §§ 33, 34 VersAusglG neu konzipiert.[491] Den Grundtatbestand bildet § 33 VersAusglG, der die Voraussetzungen für eine Anpassung enthält. Daneben beinhaltet § 34 VersAusglG die einzelnen Regelungen hinsichtlich der Durchführung. Diese wurden teilweise von der allgemeinen Verfahrensvorschrift § 9 VAHRG a.F. übernommen.

Durch die Neugestaltung sollen insbesondere die Versorgungsträger entlastet werden.[492] Dies soll durch zwei entscheidende inhaltliche Änderungen erreicht werden. Zum einen durch die Begrenzung der Aussetzung auf die Höhe des Unterhalts und zum anderen durch die neue Zuständigkeit der Familiengerichte für die Anpassungsverfahren wegen Unterhalts.

I. Begrenzung der Aussetzung auf die Höhe des Unterhalts

Anders als nach dem bisher geltenden Recht ist die Kürzung der Versorgung des ausgleichspflichtigen Ehegatten nicht mehr in voller Höhe auszusetzen, sondern gem. § 33 Abs. 3 VersAusglG nur noch in Höhe des Unterhaltsanspruchs, der bei ungekürzter Versorgung gegeben wäre.

Der Gesetzgeber begründet diese weitreichende und nicht unproblematische Änderung wie folgt: „Dies führt im Einzelfall zu angemessenen Ergebnissen. Die bisherige vollständige Aussetzung der Kürzung bei nur geringen Unterhaltsansprüchen führte gerade im Bereich höherer Versorgungen zu ungerechtfertigten Belastungen der Versorgungsträger. Die neue Regelung begegnet somit auch der Gefahr von Manipulationen durch kollusives Zusammenwirken der Ehegatten.“ [493]

490 Es wird auf die Ausführungen in Kapitel 2 der Untersuchung auf Seite 71 ff. Bezug genommen.

491 BT-Drucks. 16/10144, S. 72.

492 Dieses allgemeine Ziel nennt der Gesetzgeber in seiner Gesetzesbegründung, BT-Drucks. 16/10144, S. 2 und S. 72; kritisch dazu *Rehme*, FamRZ 2008, S. 738, 746.

493 BT-Drucks. 16/10144, S. 72.

Diese am „Einzelfall orientierte Aussetzung“ entspreche auch in ausreichendem Maße den verfassungsrechtlichen Anforderungen des BVerfGs.[494] Die in den Unterhaltsfällen auftretende doppelte Belastung werde durch die differenzierte Rechtsfolge sachgerecht kompensiert, zumal die neue Regelung im Übrigen einem Vorschlag aus dem Gesetzgebungsverfahren bei der Einführung der §§ 4 ff. VAHRG a.F. entstamme. Die Begrenzung auf die „Höhe des Unterhaltsanspruchs“ sei bei der damaligen Einführung der Härtefallregelung in § 5 VAHRG a.F. in Erwägung gezogen und seinerzeit nur aus „Gründen der Praktikabilität des Verfahrens“ abgelehnt worden.[495] Diese Rechtfertigung trage aber nach der Abschaffung des Verwaltungsverfahrens nicht mehr, da die Familiengerichte in der Lage seien, auch die jetzt vorgesehene differenzierte Regelung umzusetzen.[496]

II. Zuständigkeit der Familiengerichte

Verfahrensrechtlich soll eine Entlastung durch die Abschaffung des Verwaltungsverfahrens erreicht werden. Gem. § 34 Abs. 1 VersAusglG ist ein entsprechender Antrag nicht mehr an den Versorgungsträger, sondern an das Familiengericht zu richten.[497] Im Gegensatz zu der alten Rechtslage und zu den anderen Anpassungsverfahren gem. §§ 35, 36 und §§ 37, 38 VersAusglG ist also künftig das Familiengericht für ein Anpassungsverfahren gem. §§ 33, 34 VersAusglG zuständig.[498] Nach der alten Rechtslage hatten die Versorgungsträger das Bestehen gesetzlicher Unterhaltsansprüche der ausgleichsberechtigten Person zu überprüfen und als Rechtsfolge die Kürzung der Versorgung der ausgleichspflichtigen Person auszusetzen. Die Versorgungsträger haben sich in diesem Zusammenhang mit der „schwierigen familienrechtlichen Prüfung des materiellen Unterhaltsrechts befassen“ müssen. Die „neue“ Zuständigkeit des Familiengerichts entspreche dem Wunsch der Versorgungsträger, damit sich diese künftig nicht mehr mit dem ihnen unbekannten und komplizierten nachehelichen Unterhaltsrecht

494 BT-Drucks. 16/10144, S. 72; BVerfG FamRZ 1980, S. 326.
495 Siehe dazu BT-Drucks. 9/2296, S. 14 f.
496 BT-Drucks. 16/10144, S. 72.
497 BT-Drucks. 16/10144, S. 73.
498 BT-Drucks. 16/10144, S. 72.

auseinandersetzen müssen.[499] Bei den Familiengerichten sei hingegen die „erforderliche Expertise in Unterhalts- und Versorgungsausgleichssachen vorhanden.“ [500]

§ 2 Darstellung der Rechtslage

A. Materiell-rechtliche Regelungen gem. § 33 VersAusglG

Zunächst sollen die Voraussetzungen und die Probleme behandelt werden, die sich aus § 33 VersAusglG ergeben. Die Vorschrift normiert die allgemeinen Voraussetzungen, die für die Aussetzung der Kürzung erfüllt sein müssen.

I. Grundtatbestand des § 33 Abs. 1 VersAusglG

§ 33 Abs. 1 VersAusglG bildet den Grundtatbestand für die Anpassung wegen Unterhalts. Nach dem Wortlaut des § 33 Abs. 1 VersAusglG ist eine Aussetzung der Kürzung der laufenden Versorgung des Ausgleichspflichtigen möglich, solange der Ausgleichsberechtigte aus einem im Versorgungsausgleich erworbenen Anrecht keine laufende Versorgung erhalten kann und er gegen den Ausgleichspflichtigen ohne die Kürzung durch den Versorgungsausgleich einen gesetzlichen Unterhaltsanspruch hätte.

1. Alte Rechtslage: Voraussetzungen gem. § 5 Abs. 1 VAHRG a. F.

Die Härtefallregelung des § 5 VAHRG a.F. vollzog den Gedanken des Erhalts der wirtschaftlichen Leistungsfähigkeit nur unvollständig.[501] Die Aussetzung der Minderung durch den Versorgungsausgleich war nur bei dem kumulativen Vorliegen verschiedener Tatbestandsmerk-

499 BT-Drucks. 16/10144, S. 73.
500 BT-Drucks. 16/10144, S. 73.
501 *Maier/Michaelis*, Versorgungsausgleich, § 5 VAHRG, S. 577.

male möglich und erforderte darüber hinaus den Antrag eines Ehegatten.[502]

a. Bezug einer Versorgung des Ausgleichspflichtigen

Der Ausgleichsverpflichtete musste eine Versorgung erhalten, die nach den für diese Versorgung geltenden Normen oder untergesetzlichen Regelungen um den auf den Versorgungsausgleich entfallenden Anteil gemindert wurde.[503] Der Bezug einer Versorgung des Ausgleichspflichtigen wurde in § 5 VAHRG a.F. nicht ausdrücklich als Voraussetzung genannt, jedoch ergab sich aus dem Zweck von § 5 VAHRG a.F., dass dieser nicht anzuwenden war, wenn sich der Versorgungsausgleich auf die Versorgung des Ausgleichspflichtigen nicht mindernd ausgewirkt hatte. Die Versorgung musste also unmittelbar von der Minderung betroffen sein.[504] Relevant waren die „Versorgungen kraft eigenen Rechts" des Ausgleichspflichtigen. [505] Nicht anwendbar war die Härtefallregelung hingegen für Anrechte aus einer geminderten Hinterbliebenenrente.[506]

502 MK/*Gräper*, BGB, 5. Aufl., § 5 VAHRG, Rn. 6; Bamberger/Roth/*Gutdeutsch*, BGB, § 5, Rn. 3.

503 PWW/*Rehme*, BGB, 4. Aufl., § 5, VAHRG Rn. 2; Palandt/*Brudermüller*, BGB, 68. Aufl., Anh I zu § 1587b, § 5 VAHRG, Rn. 3; MK/*Gräper*, BGB, 5. Aufl., § 5 VAHRG, Rn. 6.

504 *Maier/Michaelis*, Versorgungsausgleich, § 5 VAHRG, S. 579; MK/*Gräper*, BGB, 5. Aufl., § 5 VAHRG, Rn. 9. Bezog der Ausgleichspflichtige etwa eine beamtenrechtliche Versorgung, ohne zugleich Anrechte aus der gesetzlichen Rentenversicherung zu erhalten, so konnte sich § 5 VAHRG a.F. nur erhöhend auf den beamtenrechtlichen Anteil auswirken, MK/*Gräper*, BGB, 5. Aufl., § 5 VAHRG, Rn. 10.

505 Diese waren in der gesetzlichen Rentenversicherung die Rente wegen Beruf- bzw. Erwerbsunfähigkeit oder wegen Alters und in der beamtenrechtlichen bzw. beamtenähnlichen Versorgung vor allem die Ruhegelder wegen Alters und Dienstunfähigkeit, *Borth*, Versorgungsausgleich, 4. Aufl., 4. Kapitel, Rn. 579.

506 Soergel/*Schmeiduch*, BGB, § 5 VAHRG, Rn. 5; MK/*Gräper*, BGB, 5. Aufl., § 5 VAHRG, Rn. 13; Staudinger/*Rehme*, BGB, § 5 VAHRG, Rn. 11.

b. Kein Rentenanspruch des Ausgleichsberechtigten

Des Weiteren durfte der Ausgleichsberechtigte selbst noch keine Rente aus der gesetzlichen Rentenversicherung erhalten.[507]

Die Anknüpfung an die gesetzliche Rentenversicherung basierte auf dem alten Ausgleichssystem. Nach diesem fand überwiegend die Übertragung oder Begründung von Versorgungsanrechten aus dem Versorgungsausgleich in der gesetzlichen Rentenversicherung statt.[508] Entscheidend war, ob der Ausgleichsberechtigte aus den erworbenen Anrechten eine Leistung erhalten konnte, welche ihm aus der gesetzlichen Rentenversicherung zugeflossen war. Konnte der Ausgleichsberechtigte eine Versorgung aus einem anderen Versorgungssystem erhalten, so schloss dies die Aussetzung der Minderung nicht aus. [509]

Problematisch war in diesem Zusammenhang die Frage, wie der Wortlaut des § 5 VAHRG a.F. „keine Rente erhalten kann" gedeutet werden musste. Es war umstritten, ob bereits ein einzahlbarer Rentenanspruch auf der Grundlage eines Verwaltungsaktes bestehen musste oder ob es ausreichend war, dass der Anspruch dem Grunde nach vorlag und ein zahlbarer Anspruch nur mangels Antrags des Ausgleichsberechtigten nicht entstehen konnte.

Unter Beachtung des Zweckes von § 5 VAHRG a.F., die Doppelbelastung des Verpflichteten zu vermeiden, sollte nach der damaligen Auffassung in der Literatur wie folgt differenziert werden: Erfüllte der Berechtigte die Voraussetzungen der vorgezogenen Altersruhegelder der EU- oder BU-Rente, stellte er aber keinen Antrag, so stand dies der Anwendung des § 5 VAHRG a.F. nicht entgegen. Als Begründung wurde von *Borth* angeführt, dass es grundsätzlich in der Entscheidungsfreiheit des Berechtigten liege, wann er seine Rente beziehen wolle. Zudem sei die Ermittlung des Anspruches auf EU- oder BU-Rente ohne

507 Unter dem Rentenanspruch versteht man den durch Verwaltungsakt zum Stammrecht erstarkten Anspruch auf eine Rente aus eigener Versicherung, woraus regelmäßig auch der entsprechende Einzelanspruch fließt, *Maier/Michaelis*, Versorgungsausgleich, § 5 VAHRG, S. 580.

508 Gem. § 1587b Abs. 1 und 2 BGB a.F., § 1 Abs. 3 VAHRG a.F. wurde der öffentlich-rechtliche Ausgleich bei der Scheidung über die gesetzliche Rentenversicherung geregelt.

509 *Borth*, Versorgungsausgleich, 4. Aufl., 4. Kapitel, Rn. 580; MK/*Gräper*, BGB, 5. Aufl., § 5 VAHRG, Rn. 17.

Mithilfe des Berechtigten nur schwer möglich, sodass letztlich der Versorgungsträger ein umfangreiches Ermittlungsverfahren durchführen müsste.[510]

Einigkeit bestand hingegen darüber, dass die Anwendung des § 5 VAHRG a.F. ausgeschlossen sein sollte, wenn der Berechtigte die Voraussetzungen des normalen Altersruhegeldes erfüllte, er dieses aber noch nicht beantragt hatte. In diesem Fall konnte der Versorgungsträger dem Antrag des Berechtigten gem. § 5 VAHRG a.F. entgegenhalten, dass er einen Anspruch auf Altersruhegeld hatte. Der Berechtigte hatte in diesen Fällen die Bedürftigkeit im Sinne von § 5 VAHRG a.F. selbst bewirkt, wenn er keinen Rentenantrag stellte und dadurch formal die Voraussetzungen von § 5 VAHRG a.F. schuf.[511] Letztlich konnte damit auch dem kollusiven Zusammenwirken der Ehegatten zur Erlangung der Vorteile von § 5 VAHRG a.F. vorgebeugt werden.[512]

Die Höhe der Rente des Ausgleichsberechtigten und der darin enthaltene Betrag aus dem Versorgungsausgleich waren in diesem Zusammenhang nicht von Bedeutung. Darüber hinaus war es nicht relevant, ob und in welchem Umfang die Rente des Ausgleichsberechtigten von anderen Stellen oder Personen in Anspruch genommen wurde.[513]

---

510 *Borth,* Versorgungsausgleich, 4. Aufl., 4. Kapitel, Rn. 580; Staudinger/*Rehme,* BGB, § 5 VAHRG, Rn. 16. Eine ähnliche Differenzierung nimmt *Maier/Michaelis* vor. Demnach sollte es für eine Anwendung des § 5 VAHRG a.F. ausschlaggebend sein, ob sich der Anspruch auf Altersrente ohne weitere Ermittlungen, vor allem ohne Mitwirkung des Ausgleichsberechtigten feststellen ließe, *Maier/Michaelis,* Versorgungsausgleich, § 5 VAHRG, S. 580.

511 MK/*Gräper,* BGB, 5. Aufl., § 5 VAHRG, Rn. 19; PWW/*Rehme,* BGB, 4. Aufl., § 5, Rn. 2; Palandt/*Brudermüller,* BGB, 68. Aufl., Anh I zu § 1587b, § 5 VAHRG, Rn. 3.

512 Johannsen/Henrich/*Hahne,* Eherecht, 4. Aufl., § 5 VAHRG, 7; *Borth,* Versorgungsausgleich, 4. Aufl., 4. Kapitel, Rn. 581; MK/*Gräper,* BGB, 5. Aufl., § 5 VAHRG, Rn. 19.

513 Die Anrechte dritter Stellen auf die Rente des Ausgleichsberechtigten berührten das Stammrecht nicht, *Maier/Michaelis,* Versorgungsausgleich, § 5 VAHRG, S. 581; MK/*Gräper,* BGB, 5. Aufl., § 5 VAHRG, Rn. 23.

c. Nachehelicher Unterhaltsanspruch

aa. Bestehen eines Unterhaltsanspruchs

Darüber hinaus verlangte § 5 VAHRG a.F., dass ein Unterhaltsanspruch des Ausgleichsberechtigten gegen den Ausgleichsverpflichteten bestand. Umfasst war davon sowohl der Fall, in dem der Ausgleichsberechtigte einen Anspruch auf Unterhalt hatte, als auch der, in dem er einen solchen deshalb nur nicht hatte, weil der Ausgleichsberechtigte wegen der auf dem Versorgungsausgleich beruhenden Minderung der Rente nicht leistungsfähig war.[514]

Maßgeblich war allein das Bestehen eines nachehelichen Unterhaltsanspruchs, wie er sich ohne Minderung der Versorgung des Ausgleichspflichtigen darstellte.[515] Das Vorliegen anderer Unterhaltsansprüche konnte die Rechtsfolgen des § 5 VAHRG a.F. hingegen nicht herbeiführen, selbst dann nicht, wenn diese die Unterhaltsansprüche des Ausgleichsberechtigten verdrängten, bzw. selbst dann nicht, wenn die Leistungsfähigkeit des Ausgleichsberechtigten durch die Aussetzung der Minderung erhöht wurde.[516]

Die Höhe des Unterhaltsanspruchs hatte für die Aussetzung keine Bedeutung. Selbst nur geringfügige Unterhaltsansprüche konnten den Anspruch aus § 5 VAHRG a.F. auslösen.[517] Es erfolgte keine Prüfung über die Höhe des Unterhaltsanspruchs, vielmehr wurde eine pauschale Kürzung vorgenommen.

---

514 *Nagel,* Der Versorgungsausgleich, S. 125; *Borth,* Versorgungsausgleich, 4. Aufl., 4. Kapitel, Rn. 580; *Maier/Michaelis,* Versorgungsausgleich, § 5 VAHRG, S. 582; MK/*Gräper,* BGB, 5. Aufl., § 5 VAHRG, Rn. 25.

515 Johannsen/Henrich/*Hahne,* Eherecht, 4. Aufl., § 5 VAHRG, Rn. 8; MK/*Gräper,* BGB, 5. Aufl., § 5 VAHRG, Rn. 25.

516 PWW/*Rehme,* BGB, 4. Aufl., § 5, Rn. 2. Unterhaltsansprüche auf Kindesunterhalt wegen gemeinsamer Kinder führten nicht zu den Rechtsfolgen des § 5 VAHRG a.F. *Maier/Michaelis,* Versorgungsausgleich, § 5 VAHRG, S. 582; MK/*Gräper,* BGB, 5. Aufl., § 5 VAHRG, Rn. 26.

517 BT-Drucks. 9/2296, S. 15; BVerwG NJW-RR 1994, S. 1219; Johannsen/Henrich/*Hahne,* Eherecht, 4. Aufl., § 5 Rn. 8; PWW/*Rehme,* BGB, 4. Aufl., § 5, Rn. 2; Staudinger/*Rehme,* BGB, § 5 VAHRG, Rn. 24.

bb. Vorliegen eines gesetzlichen Unterhaltsanspruchs

Der Wortlaut „Anspruch auf Unterhalt“ umfasste grundsätzlich nur den gesetzlichen Unterhaltsanspruch.[518] Dieser konnte sich nach deutschem Recht aus den §§ 1569 ff. BGB und auch aus dem Anspruch auf Familienunterhalt gem. § 1360 BGB ergeben.[519] Letzterer konnte ausnahmsweise in Fällen der Wiederheirat von Ausgleichspflichtigem und Ausgleichsberechtigtem entstehen, also wenn die geschiedenen Ehegatten erneut heirateten.[520] Auch nach ausländischem Recht konnte gem. § Art. 18 Abs. 4 EGBGB ein Unterhaltsanspruch entstehen, wenn infolge der Scheidung der Versorgungsausgleich nach deutschem Recht durchgeführt wurde.[521]

Ein vereinbarter Unterhaltsanspruch genügte hingegen selbst dann nicht, wenn er den gesetzlich geschuldeten Unterhalt konkretisierte, auch wenn dieser tituliert war.[522] Die Beschränkung der Anwendung ergab sich aus dem Normzweck des § 5 VAHRG a.F., insofern konnte also nur die gesetzliche Verpflichtung zur Unterhaltsleistung die vom BVerfG aufgezeigten verfassungswidrigen Auswirkungen bewirken.[523]

cc. Prüfungsumfang der Versorgungsträger

Der Versorgungsträger hatte dementsprechend zu prüfen, inwieweit die Unterhaltspflicht auf der Grundlage der gesetzlichen Bestimmun-

518 BSG NJW-RR 1995, S. 840; PWW/*Rehme*, BGB, 4. Aufl., § 5, Rn. 2; Bamberger/Roth/*Gutdeutsch*, BGB, § 5 VAHRG, Rn. 2; Soergel/*Schmeiduch*, BGB, VAHRG § 5, Rn. 12.

519 BGH FamRZ 1983, S. 461; *Borth*, Versorgungsausgleich, 4. Aufl., 4. Kapitel, Rn. 580; Palandt/*Brüdermüller*, 68. Aufl., Anh I zu § 1587b VAHRG, § 5, Rn. 3.

520 BGH NJW 1983, S. 1317, 1319; *Maier/Michaelis*, Versorgungsausgleich, § 5 VAHRG, S. 582; *Borth*, Versorgungsausgleich, 4. Aufl., Kapitel 4, Rn. 580.

521 MK/Gräper, BGB, 5. Aufl., § 5 VAHRG, Rn. 28; Palandt/*Brüdermüller*, 68. Aufl., Anh I zu § 1587b VAHRG, § 5, Rn. 3.

522 Dies ergibt sich aus BGH NJW 1998, S. 64; BVerwG NVwZ 2005, S. 830; zustimmend Palandt/*Brüdermüller*, 68. Aufl., Anh I zu § 1587b VAHRG, § 5, Rn. 3.

523 OVG Koblenz NJW 1989, S. 2831; Staudinger/*Rehme* BGB, § 5 VAHRG, Rn. 22; MK/*Gräper*, BGB, 5. Aufl., § 5 VAHRG, Rn. 28.

gen, insbesondere der §§ 1569 ff. BGB und unter Beachtung der hierzu ergangenen Rechtsprechung, bestand.[524]

Die Vorschriften über den nachehelichen Unterhalt werden in den §§ 1569 bis 1576 BGB abschließend aufgezählt. Demnach kann derjenige Ehegatte von dem anderen Ehegatten Unterhalt verlangen, wenn von ihm eine Erwerbstätigkeit aufgrund einer der in §§ 1569 ff. BGB genannten Tatbestände nicht erwartet werden kann. Der Versorgungsträger, der die Aussetzung der Kürzung vorzunehmen hatte, musste sich somit bei Prüfung der Aussetzung auch mit unterhaltsrechtlichen Fragen, wie der Leistungsfähigkeit des Ausgleichspflichtigen i.S.v. § 1581 BGB auseinandersetzen.

Relevant waren in diesem Zusammenhang daher auch die Ausführungen zum „billigen Selbstbehalt" des Verpflichteten. Der Versorgungsträger war in seinem Prüfungsumfang an die allgemein verbreiteten Richtlinien zum Unterhalt der Oberlandesgerichte gebunden.[525] Demzufolge war der Selbstbehalt nach dem Willen des Gesetzgebers zunächst an der unteren Grenze anzusetzen, um so jedem, nur denkbaren Unterhaltsanspruch Rechnung zu tragen und verfassungswidrigen Ergebnissen entgegenzuwirken.[526] Die Regelung des § 5 VAHRG a.F. war allerdings nicht anwendbar, wenn ein Unterhaltsanspruch auch unter Außerachtlassung der Kürzung wegen Unterschreitens des Selbstbehalts nicht gegeben war.[527]

Umstritten war die Frage, ob der Unterhalt bereits von dem Ausgleichspflichtigen an den Ausgleichsberechtigten geleistet werden musste oder ob das Bestehen des gesetzlichen Unterhaltsanspruchs für die Wirkungen des § 5 VAHRG a.F. ausreichte. Dazu wurde teilweise die Auffassung vertreten, dass der Unterhalt zumindest vom Aus-

524 *Maier/Michaelis,* Versorgungsausgleich, § 5 VAHRG, S. 585; *Borth,* Versorgungsausgleich, 4. Aufl., 4. Kapitel Rn. 590; Staudinger/*Rehme,* BGB, § 5 VAHRG, Rn. 29.

525 MK/*Gräper,* BGB, 5. Aufl., § 5 VAHRG, Rn. 29; ders. A., PWW/*Rehme,* BGB, 4. Aufl., § 5, Rn. 3.

526 Dies entspreche der damaligen Auffassung des Gesetzgebers, so *Maier/Michaelis,* Versorgungsausgleich, § 5 VAHRG, S. 595.

527 *Borth,* Versorgungsausgleich, 4. Aufl., 4. Kapitel, Rn. 581; MK/Gräper, BGB, 5. Aufl., § 5 VAHRG, Rn. 29.

gleichsberechtigten geltend gemacht werden müsse[528] und der Ausgleichsverpflichtete diesen tatsächlich zu leisten habe.[529]

Die überwiegende Meinung vertrat allerdings die Ansicht, dass es nur auf das Bestehen eines gesetzlichen Unterhaltsanspruchs als Rechtsfolge aus den gesetzlichen Vorschriften ankomme. Demnach war es nach der damaligen Rechtslage gerade nicht von Bedeutung, ob tatsächlich Unterhalt geleistet oder überhaupt geltend gemacht wurde.[530] Der Versorgungsträger musste insoweit keine weitere Prüfung vornehmen, sondern nur entscheiden, ob ein gesetzlicher Unterhaltsanspruch vorlag.[531] Die Anwendung des § 5 VAHRG a.F. konnte grundsätzlich auch nicht durch Vereinbarungen der Ehegatten ausgeschlossen werden.[532]

Die Entscheidung des Versorgungsträgers über den gesetzlichen Unterhaltsanspruch hatte nur Bedeutung für die Anwendung des § 5 VAHRG a.F. bzgl. der vorliegenden Versorgung. Er war nicht an die Entscheidung anderer Versorgungsträger gebunden, die sich ebenfalls mit einer Aussetzung gem. § 5 VAHRG a.F. befassten.[533]

dd. Bindung an bereits bestehende Unterhaltstitel?

Interessant war die Frage einer möglichen Bindung an eventuell vorangegangene Unterhaltsverfahren oder sogar bestehende Unterhaltstitel.

528 OLG Nürnberg FamRZ 1997, S. 961; Staudinger/*Rehme,* BGB, § 5 VAHRG, Rn. 24.

529 VGH Baden-Württemberg NVwZ-RR 1991, S. 314; Soergel/*Schmeiduch,* BGB, VAHRG § 5, Rn. 18.

530 BT-Drucks. 9/2296, S. 15 f.; BVerwG NJW-RR 1994, S. 1219; *Bergner,* DRV 1983, S. 215, 244; Johannsen/Henrich/*Hahne,* Eherecht, 4. Aufl., § 5 VAHRG Rn. 10; *Borth,* Versorgungsausgleich, 4. Aufl., 4. Kapitel, Rn. 590; Bamberger/Roth/*Gutdeutsch,* BGB, § 5 VAHRG, Rn. 2; MK/*Gräper,* BGB, 5. Aufl., § 5 VAHRG, Rn. 30; Palandt/*Brüdermüller,* 68. Aufl., Anh I zu § 1587b VAHRG, § 5, Rn. 3.

531 MK/*Gräper,* BGB, 5. Aufl., § 5 VAHRG, Rn. 32.

532 Bei einem Unterhaltsverzicht ohne Abfindung bestand der Anspruch gem. § 5 VAHRG a.F. allerdings nicht mehr. Auf weitere Einzelheiten in Verbindung mit einer Abfindung soll in diesem Umfang nicht weiter eingegangen werden, siehe dazu MK/*Gräper,* BGB, 5. Aufl., § 5 VAHRG, Rn. 31; PWW/*Rehme,* BGB, 4. Aufl., § 5, Rn. 2.

533 MK/*Gräper,* BGB, 5. Aufl., § 5 VAHRG, Rn. 32.

Grundsätzlich wurde eine Bindung an Ergebnisse vorangegangener Unterhaltsverfahren von der überwiegenden Ansicht verneint.[534] Bei dem Vorliegen eines Unterhaltstitels konnte aber zunächst von dem Bestehen einer gesetzlichen Unterhaltspflicht ausgegangen werden.[535] Der Versorgungsträger hatte allerdings gem. §§ 323, 767 ZPO a.F. zu prüfen, ob sich zwischenzeitlich Änderungen ergeben hatten, die eine Beseitigung des Unterhaltstitels ermöglicht hätten. Hatten sich die Verhältnisse der Parteien seit dem Bestehen nicht wesentlich geändert, konnte sich der Versorgungsträger daran orientieren und von dem weiteren Bestehen ausgehen. War dies jedoch nicht der Fall, so war das Bestehen einer gesetzlichen Unterhaltsverpflichtung ungeachtet des Fortbestehens des Unterhaltstitels zu verneinen.[536]

d. Rechtsfolge

Der Versorgungsträger hatte dann über die Aussetzung der Kürzung und die daraus resultierende volle Auszahlung zu entscheiden. Die Vorschrift § 5 VAHRG a.F. selbst gab keine Auskunft über den Beginn oder das Ende für die Zahlung des Erhöhungsbetrages. Es lag vielmehr bei den einzelnen Versorgungssystemen, die Dauer nach den dort geltenden Grundsätzen systemgerecht festzulegen.[537] Im Ergebnis erhielt der Ausgleichsverpflichtete für den Zeitraum der gleichzeitigen Unterhaltsverpflichtung die volle Auszahlung seiner Rente durch den Versorgungsträger.

---

534 BSG NJW-RR 1996, S. 899, 900; *Klauser,* MDR 1983, S. 529, 532; Johannsen/Henrich/*Hahne,* Eherecht, 4. Aufl., § 5 VAHRG Rn. 10; *Maier/Michaelis,* Versorgungsausgleich, § 5 VAHRG, S. 585; PWW/*Rehme,* BGB, 4. Aufl., § 5, Rn. 2; MK/*Gräper,* BGB, 5. Aufl., § 5 VAHRG, Rn. 32; Staudinger/*Rehme,* BGB, § 5 VAHRG, Rn. 29.

535 *Maier/Michaelis,* Versorgungsausgleich, § 5 VAHRG, S. 585; *Borth,* Versorgungsausgleich, 4. Aufl., 4. Kapitel, Rn. 583.

536 OVG Koblenz NJW 1989, S. 2831; *Bergner,* DRV 1983, S. 215, 239; MK/*Gräper,* BGB, 5. Aufl., § 5 VAHRG, Rn. 33; *Borth,* Versorgungsausgleich, 4. Aufl., 4. Kapitel, Rn. 583; *Maier/Michaelis,* Versorgungsausgleich, § 5 VAHRG, S. 585; Palandt/*Brüdermüller,* 68. Aufl., Anh I zu § 1587b VAHRG, § 5, Rn. 4.

537 In der gesetzlichen Rentenversicherung wurden der Beginn und der Wegfall nach dem allgemeinen Grundsatz in §§ 99, 100 SGB VI bestimmt. In den beamtenrechtlichen oder beamtenähnlichen Versorgungssystemen waren Beginn und Ende hingegen tageweise zu bestimmen, MK/*Gräper,* BGB, 5. Aufl., § 5 VAHRG, Rn. 34.

2. Ausführungen des Gesetzgebers

Der Gesetzgeber führt zu § 33 Abs. 1 VersAusglG in dem Entwurf i.R.d. Strukturreform Folgendes aus:

„Absatz 1 normiert die Voraussetzungen der Unterhaltsfälle wie im bislang geltenden § 5 Abs. VAHRG a.F. Die ausgleichspflichtige Person muss eine Versorgung erhalten, die um den auf den Versorgungsausgleich entfallenden Anteil gemindert ist. Die ausgleichsberechtigte Person darf gleichzeitig noch keine laufende Versorgung erhalten und müsste bei einer ungekürzten Versorgung des anderen Ehegatten nach den gesetzlichen Bestimmungen einen nachehelichen Unterhaltsanspruch gegen diesen haben.“[538]

Zu beachten ist, dass der Gesetzgeber mit dem nachehelichen Unterhaltsanspruch den „fiktiven“ Unterhaltsanspruch meint, also den Anspruch, den der Ehegatte bei einer ungekürzten Versorgung des anderen Ehegatten gegen diesen hätte.[539]

3. Neue Rechtslage gem. § 33 Abs. 1 VersAusglG

Im Folgenden werden die Voraussetzungen der jetzigen Rechtslage dargestellt:

a. Rechtskräftige Entscheidung über den Versorgungsausgleich

Zunächst muss der Ausgleichspflichtige bereits eine Versorgung erhalten, die aufgrund der Versorgungsausgleichsentscheidung gekürzt worden ist. In die Anpassung können nur Anrechte einbezogen werden, die im Wertausgleich bei der Scheidung ausgeglichen worden sind.[540] Die Kürzung nach dem neuen Recht setzt voraus, dass das Anrecht bei der Scheidung intern gem. §§ 10 ff. VersAusglG oder extern gem. §§ 14 ff. VersAusglG ausgeglichen wurde. Bei einer Altentscheidung kommt eine Anpassung nur in Frage, wenn das Anrecht im Rah-

538 BT-Drucks. 16/10144, S. 72.

539 Dies ergibt sich aus BT-Drucks. 16/10144, S. 72.

540 *Wick*, FuR 2011, S. 605, 607; *Gutdeutsch*, FamRB 2010, S. 149; Weinreich/Klein/*Wick*, Familienrecht, § 33 VersAusglG, Rn. 1; HK/*Rehbein*, Versorgungsausgleich, § 33 VersAusglG, Rn. 7.

men des öffentlich-rechtlichen Versorgungsausgleichs berücksichtigt wurde.[541]

Eine Einschränkung ergibt sich aus der Regelung des § 32 VersAusglG, der die anpassungsfähigen Anrechte definiert. Demzufolge ist die Anpassung im Unterhaltsfall nur bei in § 32 VersAusglG genannten Anrechten der Regelsicherungssysteme möglich.[542] Entscheidungen über Anrechte der betrieblichen Altersversorgung und der privaten Vorsorge können nicht nach § 33 VersAusglG ausgesetzt werden.[543]

b. Gekürzter Versorgungsbezug des Ausgleichspflichtigen

Der Ausgleichsverpflichtete muss also aus einem anpassungsfähigen Anrecht i.S.v. § 32 VersAusglG eine bereits gekürzte Versorgung beziehen. Erfasst werden sämtliche Rentenzahlungen wegen Alters oder wegen Minderung der Erwerbstätigkeit.[544] Bezieht der Ausgleichspflichtige mehrere Versorgungen i.S.v. § 32 VersAusglG, so ist es als Voraussetzung für die Aussetzung ausreichend, wenn er aus einer der Versorgungen bereits eine Leistung bezieht.[545] Es ist also entscheidend, dass aufgrund eines bindenden Bescheides feststeht, dass dem Ausgleichspflichtigen ein Rentenanspruch zusteht. Der Ausgleichspflichtige muss die Versorgungsleistung allerdings nicht unbedingt selbst empfangen. Ein Versorgungsbezug liegt daher auch dann vor, wenn die Rente gem. §§ 53 f. SGB I abgetreten oder gepfändet wurde.[546] Eine als Vorschuss

541 Das Anrecht musste im Rahmen des Splittings, des Quasi-Splittings oder der Realteilung ausgeglichen worden sein, *Kemper,* Versorgungsausgleich in der Praxis, Kapitel X, Rn. 28.

542 Es wird auf die Ausführungen in Kapitel 2 der Arbeit auf Seite 71 ff. Bezug genommen.

543 BGH FamRZ 2013, S. 189; *Bergner,* FPR 2011, S. 483.

544 *Götsche,* ZFE 2010, S. 407, 410; *Gutdeutsch,* FamRB 2010, S. 149; HK/*Rehbein,* Versorgungsausgleich, § 33 VersAusglG, Rn. 10; *Kemper,* Versorgungsausgleich in der Praxis, Kapitel X, Rn. 26.

545 *Götsche,* ZFE 2010, S. 407, 410; HK/*Rehbein,* Versorgungsausgleich, § 33 VersAusglG, Rn. 11; Palandt/*Brudermüller,* BGB, 75. Aufl., VersAusglG § 33, Rn. 2.

546 *Bergner,* FPR 2011, S. 483, 485; MK/*Gräper,* BGB, 6. Aufl., VersAusglG § 33, Rn. 8; *Ruland,* Versorgungsausgleich, 3. Aufl., 9. Kapitel, Rn. 944; HK/*Rehbein,* Versorgungsausgleich, § 33 VersAusglG, Rn. 10. Ob dies auch bei einer ruhenden Rente gem. §§ 93 bis 95 SGB VI anzunehmen ist, wird in der Literatur nicht einheitlich

gezahlte Leistung gem. § 42 SGB I steht der Versorgung gleich.[547] Der Bezug einer gesetzlichen Unfallrente genügt hingegen ebenso wenig, wie der Bezug eines Übergangsgeldes oder einer Rehabilitationsmaßnahme.[548]

Es ist hingegen nicht ausreichend, wenn der Ausgleichspflichtige zwar die Anspruchsvoraussetzungen für den Bezug einer Versorgung erfüllt, aber einen erforderlichen Rentenantrag noch nicht gestellt hat.[549] Stellt der Ausgleichsverpflichtete bereits vor dem Versorgungsbezug einen Antrag, so ist dieser unzulässig. [550] Es bedarf also einer Bezugnahme, bevor das Verfahren nach § 33 VersAusglG eingeleitet werden kann.

Die Anpassung kann nur bei einer Kürzung der Versorgung des Ausgleichspflichtigen, nicht jedoch bei einer Hinterbliebenenrente des verstorbenen Ausgleichspflichtigen erfolgen, auch wenn die Unterhaltspflicht nach § 1586b BGB auf die Hinterbliebenen als gleichzeitige Erben übergegangen ist.[551]

c. Kein Versorgungsanspruch des Ausgleichsberechtigten

aa. Grundsätzliche Bedingungen

Der Ausgleichsberechtigte darf aus dem im Versorgungsausgleich erworbenen Anrecht noch keine laufende Leistung wegen Alters oder Invalidität erhalten.[552] Dadurch wird die Anwendung des § 33

---

beantwortet, dafür MK/*Gräper,* BGB, 6. Aufl., VersAusglG § 33, Rn. 8; a.A. *Ruland,* Versorgungsausgleich, 3. Aufl., 9. Kapitel, Rn. 944.

547 *Ruland,* Versorgungsausgleich, 3. Aufl., 9. Kapitel, Rn. 944.

548 *Götsche,* ZFE 2010, S. 407, 410; so auch in HK/*Rehbein,* Versorgungsausgleich, § 33 VersAusglG, Rn. 10. Eine Kürzung hat mangels Versorgungscharakter nicht zu erfolgen, so auch Johannsen/Henrich/*Hahne,* Familienrecht, 6. Aufl., § 33 VersAusglG, Rn. 5.

549 *Götsche,* ZFE 2010, S. 407, 410; Weinreich/Klein/*Wick,* Familienrecht, § 33 VersAusglG, Rn. 5; HK/*Rehbein,* Versorgungsausgleich, § 33 VersAusglG, Rn. 11.

550 BSG FamRZ 1990, S. 620; *Ruland,* Versorgungsausgleich, 3. Aufl., 9. Kapitel, Rn. 944; Johannsen/Henrich/*Hahne,* Familienrecht, 5. Aufl., § 33 VersAusglG, Rn. 17.

551 Insoweit hat sich gegenüber der alten Rechtslage nichts geändert, so MK/*Gräper,* BGB, 6. Aufl., VersAusglG § 33, Rn. 9.

552 *Gutdeutsch,* FamRB 2010, S. 149; *Borth,* Versorgungsausleich, 6. Aufl., Kapitel 8, Rn. 962; Weinreich/Klein/*Wick,* Familienrecht, § 33 VersAusglG, Rn. 5.

VersAusglG aber nicht bei Bezug einer Leistung des Ausgleichsberechtigten aus einer eigenen Versorgung verhindert,[553] da nur Renten wegen Alters oder einer Erwerbsminderung gemeint sind, die der Ausgleichsberechtigte in dem Versorgungsausgleich erworben hat.[554] Ob ein Rentenbezug des Ausgleichsberechtigten vorliegt, ergibt sich aus einem von dem Antrag abhängigen Rentenbescheid und dem sich daraus ergebenden Rentenbeginn.

Eine Versorgung „läuft" bereits, wenn sie nur auf Zeit bewilligt worden ist.[555] Dies gilt ebenfalls, wenn eine Rente nur ruht, wie bspw. eine gesetzliche Unfallrente i.S.v. § 93 SGB VI, sie abgetreten, gepfändet oder nach entsprechenden anderen Bestimmungen ganz oder teilweise an andere Personen oder Stellen gezahlt wird.[556] Hat der Berechtigte eine Zeitrente erhalten und fällt diese wieder weg, so kann § 33 VersAusglG erneut angewendet werden.[557]

553 *Götsche*, ZFE 2010, S. 407, 410; *Ruland*, Versorgungsausgleich, 3. Aufl., 9. Kapitel, Rn. 942; *Borth*, Versorgungsausleich, 6. Aufl., Kapitel 8, Rn. 962. Eine Ausnahme davon bildet die Erziehungsrente, bei der sich der Versorgungsausgleich auf die Wartezeit und die Rentenhöhe auswirkt gem. § 47 SGB VI, vgl. Johannsen/Henrich/*Hahne*, Familienrecht, 5. Aufl., § 33 VersAusglG, Rn. 3.

554 *Gutdeutsch*, FamRB 2010, S. 149; *Borth*, Versorgungsausleich, 6. Aufl., Kapitel 8, Rn. 962. Andere Regelleistungen, wie bspw. der beruflichen und medizinischen Rehabilitation, stehen einer Versorgung nicht gleich, Johannsen/Henrich/*Hahne*, Familienrecht, 5. Aufl., § 33 VersAusglG, Rn. 3; MK/*Gräper*, BGB, 6. Aufl., § 33 VersAusglG, Rn. 2.

555 *Ruland*, Versorgungsausgleich, 3. Aufl., 9. Kapitel, Rn. 943; MK/*Gräper*, BGB, 6. Aufl., § 33 VersAusglG, Rn. 7; Weinreich/Klein/*Wick*, Familienrecht, § 33 VersAusglG, Rn. 6. Dies ist gem. § 102 Abs. 2 SGB VI bei der Erwerbsminderungsrente aus der gesetzlichen Rentenversicherung regelmäßig der Fall.

556 So in der alten Rechtslage BVerwG FamRZ 2005, S. 709; Staudinger/*Rehme*, BGB, § 5 VAHRG, Rn. 12; ebenso zur jetzigen Rechtslage *Bergner*, FPR 2011, S. 483, 485; Weinreich/Klein/*Wick*, Familienrecht, § 33 VersAusglG, Rn. 6; MK/*Gräper*, BGB, 6. Aufl., § 33 VersAusglG, Rn. 8.

557 *Borth*, Versorgungsausgleich, 6. Aufl., Kapitel 8, Rn. 962; *Ruland*, Versorgungsausgleich, 3. Aufl., 9. Kapitel, Rn. 942; Johannsen/Henrich/*Hahne*, Familienrecht, 5. Aufl., § 33 VersAusglG, Rn. 3; HK/*Rehbein*, Versorgungsausgleich, § 33 VersAusglG, Rn. 13; Weinreich/Klein/*Wick*, Familienrecht, § 33 VersAusglG, Rn. 6.

bb. Strittige Punkte im Rahmen des Tatbestandsmerkmals

Bei der Auslegung der Voraussetzung sind verschiedene Punkte unklar und dementsprechend in Rechtsprechung und Literatur umstritten:

(1) Bezug mehrerer Versorgungen

Es stellt sich die Frage, ob eine Aussetzung gem. § 33 VersAusglG auch dann möglich ist, wenn der Ausgleichsberechtigte mehrere Versorgungen im Versorgungsausgleich erworben hatte und nur aus einem dieser Anrechte noch keine Versorgungsleistungen beziehen kann.

Götsche vertritt hierzu die Ansicht, dass der Ausgleichsberechtigte gar keine Leistung aus einem in dem Versorgungsausgleich erworbenen Anrecht beziehen darf, um die Voraussetzungen der Anpassung zu erfüllen.[558] Dies gelte auch für bezogene Renten, die nicht unter § 32 VersAusglG fallen. Folglich hindere der Bezug einer erlangten Leistung aus einem nicht anpassungsfähigen Anrecht gem. § 32 VersAusglG seiner Meinung nach die Anwendung des § 33 VersAusglG.[559]

Die überwiegende Gegenauffassung will eine Anwendung des § 33 VersAusglG hingegen auch dann zulassen, wenn der Ausgleichsberechtigte aus einem anderen erworbenen Anrecht noch keine Versorgungsleistungen beziehen kann.[560] Begründet wird dies zum einen mit dem Telos des § 33 VersAusglG, der die Verbesserung der Unterhaltsfähigkeit des Ausgleichspflichtigen und die Begründung oder Erhöhung des Unterhaltsanspruchs des Ausgleichsberechtigten erreichen möchte, und zum anderen mit dem klaren Wortlaut der Vorschrift.[561]

---

558 Götsche, ZFE 2010, S. 407, 410.

559 Götsche, ZFE 2010, S. 407, 410; ebenso HK/*Rehbein*, Versorgungsausgleich, § 33 VersAusglG, Rn. 12.

560 *Bergner*, FPR 2011, S. 483, 485; *Ruland*, Versorgungsausgleich, 3. Aufl., 9. Kapitel, Rn. 941; *Borth*, Versorgungsausleich, 6. Aufl., Kapitel 8, Rn. 962; MK/*Gräper*, BGB, 6. Aufl., § 33 VersAusglG, Rn. 2; Johannsen/Henrich/*Hahne*, Familienrecht, § 33 VersAusglG, Rn. 3; Weinreich/Klein/*Wick*, Familienrecht, § 33 VersAusglG, Rn. 6; Palandt/*Brudermüller*, BGB, 75. Aufl., VersAusglG § 33, Rn. 4.

561 *Bergner*, FPR 2011, S. 483, 485; *Ruland*, Versorgungsausgleich, 3. Aufl., 9. Kapitel, Rn. 941.

(2) Stellungnahme

Die zuletzt genannte Ansicht überzeugt, zumal kein plausibler Grund ersichtlich ist, den Ausgleichsverpflichteten zusätzlich zur Beschränkung gem. § 32 VersAusglG zu benachteiligen. Die Leistungsfähigkeit und die damit zusammenhängende Versorgung der Ehegatten sollten vielmehr Vorrang haben, insbesondere, da der Wortlaut der Norm keine weitere Einschränkung dahingehend verlangt.

Bezieht der Ausgleichsberechtigte also nur aus einem im Versorgungsausgleich erworbenen Anrecht eine laufende Versorgung und aus einem anderen noch nicht, so wird die Aussetzung der Kürzung dadurch nicht ausgeschlossen. Hat der Ausgleichsberechtigte bereits einen Anspruch auf eine in dem Versorgungsausgleich erworbene Leistung, z.B. aus einer privaten Lebensversicherung, so kann eine Aussetzung wegen eines Anrechts aus einer berufsständischen Versorgung weiterhin erfolgen, wenn er aus eben dieser noch keine laufende Versorgung erhalten kann.

(3) Deutung des Wortlautes „keine laufende Versorgung erhalten kann"

Darüber hinaus ist umstritten, wie der unklare Wortlaut „keine laufende Versorgung erhalten kann" des § 33 Abs. 1 VersAusglG zu deuten ist. Da die Formulierung hier der Vorgängernorm § 5 VAHRG a.F. ähnelt, stellt sich entsprechend der alten Rechtslage die Frage, ob eine Anpassung grundsätzlich ausscheidet, wenn der Ausgleichsberechtigte zwar alle Voraussetzungen für einen Rentenbezug erfüllt, aber kein entsprechender Antrag gestellt wurde.

Eine Ansicht vertritt hinsichtlich dieser Streitfrage einen restriktiven Ansatz und möchte eine Anpassung in diesen Fällen verwehren.[562] Als Argument wird der Wortlaut der Norm angeführt, da die Formulierung „erhalten kann" andeute, dass eine Anpassung regelmäßig aus-

---

562 In der alten Rechtslage dazu BVerwG FamRZ 2005, S. 709; *Müller*, FamRZ 2005, S. 1721, 1725 Dieser Auffassung in der reformierten Rechtslage folgend, PWW/ *Müller-Tegethoff/Reimers*, BGB, 10. Aufl., § 33 VersAusglG, Rn. 2. In diesem Fall sei dieser Sachverhalt einer laufenden Versorgung gleichzusetzen, so Hoppenz/ *Hoppenz*, Familiensachen, § 33 VersAusglG, Rn. 4.

zuscheiden habe, wenn der Ausgleichsberechtigte ohne anerkennenswerten Grund keinen Rentenantrag stellt.[563]

Zwar stehe es dem Ausgleichsberechtigten grundsätzlich frei, ab welchem Zeitpunkt er eine Rente beziehen möchte. Jedoch dürfe wegen einer möglichen Inanspruchnahme von Leistungen gem. § 33 VersAusglG keine Antragstellung grundlos unterlassen werden, zumal dadurch Manipulationen zugunsten des Ausgleichspflichtigen und zulasten der Versichertengemeinschaft möglich seien.[564]

Die Gegenauffassung bejaht grundsätzlich eine Anpassung trotz fehlender Antragstellung des Ausgleichsberechtigten.[565] *Kemper* ist der Ansicht, dass der Ausgleichsberechtigte grundsätzlich nicht zu einer Antragstellung gezwungen werden könne, da er ein legitimes Interesse haben könne, keinen Rentenantrag zu stellen.[566] *Wick* stützt seine Begründung auf die grundrechtliche Freiheit aus Art. 12 GG. Diese ermögliche dem Berechtigten, autonom zu entscheiden, wie lange er seiner Erwerbstätigkeit nachgehen möchte.[567] Daraus ergebe sich, dass von dem Berechtigten nicht erwartet werden könne, seine Erwerbstätigkeit vor Erreichen der Regelaltersgrenze aufzugeben, nur um zum frühestmöglichen Zeitpunkt eine Altersversorgung in Anspruch nehmen zu können, insbesondere, da die vorzeitige Inanspruchnahme einen Versorgungsabschlag zur Folge habe.[568]

Weitgehende Übereinstimmung in der Literatur besteht also insoweit, dass ein nicht gestellter Antrag dann unschädlich ist, wenn er eine Versorgung mit Abschlag zur Folge hat.[569] Etwas anderes soll allerdings dann gelten, wenn die Voraussetzungen des normalen Alters-

563 *Ruland,* Versorgungsausgleich, 4. Aufl., 9. Kapitel, Rn. 1022.

564 *Ruland,* Versorgungsausgleich, 4. Aufl., 9. Kapitel, Rn. 1022.

565 *Kemper,* Versorgungsausgleich in der Praxis, Kapitel X, Rn. 31.

566 *Kemper,* Versorgungsausgleich in der Praxis, Kapitel X, Rn. 31.

567 Weinreich/Klein/*Wick,* Familienrecht, § 33 VersAusglG, Rn. 7; *Kemper,* Versorgungsausgleich in der Praxis, Kapitel X, Rn. 31; *Borth,* Versorgungsausgleich, 6. Aufl., Kapitel 8, Rn. 962.

568 *Gutdeutsch,* FamRB 2010, S. 149; Weinreich/Klein/*Wick,* Familienrecht, § 33 VersAusglG, Rn. 7.

569 *Bergner,* FPR 2011, S. 483, 485; *Gutdeutsch,* FamRB 2010, S. 149; *Borth,* Versorgungsausgleich, 6. Aufl., Kapitel 8, Rn. 962; Palandt/*Brudermüller,* BGB 75. Aufl., VersAusglG § 33, Rn. 4; Johannsen/Henrich/*Hahne,* Familienrecht, 5. Aufl., § 33 VersAusglG, Rn. 3; *Friederici,* Praxis des Versorgungsausgleichs, § 33, Rn. 2 f. Dies gilt im Ergebnis für das vorgezogene Altersruhegeld nach § 77 Abs. 2a SGB VI

ruhegelds eingetreten sind. In diesem Fall hat die Beantragung für den Berechtigten keine Nachteile, sodass die Nichtbeantragung dann regelmäßig grundlos unterbleibt.[570] *Borth* ist der Meinung, dass der Versorgungsträger dem Antrag des Ausgleichspflichtigen dann entgegenhalten könne, dass der Ausgleichsberechtigte einen Anspruch auf Altersruhegeld habe.[571]

Götsche möchte diese Problematik mit Hilfe des materiellen Unterhaltsrechts lösen, da der Härtefall in Form der doppelten Belastung des Ausgleichspflichtigen erst durch das Hinzutreten der Unterhaltsverpflichtung zustande komme.[572] Entscheidendes Kriterium sei seiner Meinung nach die Frage, ob sich der „unterhaltspflichtige Ehegatte wegen eines Obliegenheitsverstoßes auf die Möglichkeit des Rentenbezuges berufen könne" und der Ausgleichsberechtigte den Rentenantrag grundlos unterließe. Liege ein solcher Verstoß vor, könne die Aussetzung der Kürzung gem. § 33 VersAusglG nicht verlangt werden. Eine Anpassung sei hingegen möglich, wenn der Berechtigte nur die Voraussetzungen für eine vorgezogene Altersrente oder eine Rente wegen Minderung der Erwerbstätigkeit erfülle, da es dann an einem Obliegenheitsverstoß fehle.[573] Es stünde dem Berechtigten zu, zu entscheiden, ob er von dem Rentenbezug Gebrauch machen möchte, sodass § 33 VersAusglG weiterhin anwendbar bleibe.[574]

---

und für die Rente wegen verminderter Erwerbsfähigkeit nach § 77 Abs. 2 Nr. 3 SGB VI, so *Ruland*, Versorgungsausgleich, 3. Aufl., 9. Kapitel, Rn. 942; MK/*Gräper*, BGB, 6. Aufl., § 33 VersAusglG, Rn. 3.

570 Johannsen/Henrich/*Hahne*, Familienrecht, 5. Aufl., § 33 VersAusglG, Rn. 3; ebenso Weinreich/Klein/*Wick*, Familienrecht, § 33 VersAusglG, Rn. 7.

571 Auf diese Weise soll ein eventuell kollusives Zusammenwirken der Ehegatten verhindert werden, so *Borth*, Versorgungsausgleich, 6. Aufl., Kapitel 8, Rn. 962; ebenso Johannsen/Henrich/*Hahne*, Familienrecht, 5. Aufl., § 33 VersAusglG, Rn. 3.

572 *Götsche*, ZFE 2010, S. 407, 410.

573 Weitere Ausführungen dazu in HK/*Rehbein*, Versorgungsausgleich, § 33 VersAusglG, Rn. 14.

574 *Gutdeutsch*, ZFE 2010, S. 407, 410; HK/*Rehbein*, Versorgungsausgleich, § 33 VersAusglG, Rn. 14.

(4) Stellungnahme

Letztlich kommt der Ansatz *Götsches* zu dem gleichen Ergebnis wie die anderen Auffassungen, sodass alle Ansichten die Thematik im Grundsatz einheitlich bewerten. Entscheidend ist, ob die Antragstellung des Berechtigten grundlos unterbleibt. Dies wird übereinstimmend bejaht, wenn dem Berechtigten keine Nachteile durch die Beantragung entstehen, was bei Eintritt der Regelaltersgrenze in der Regel der Fall ist.

Die Zulässigkeit einer Anpassung kann also bei fehlender Antragstellung weder grundsätzlich bejaht noch verneint werden. Es ist vielmehr danach zu differenzieren, ob der Ausgleichsberechtigte den Antrag ohne anerkennenswerten Grund unterlässt.

d. Gesetzlicher Unterhaltsanspruch des Ausgleichsberechtigten

aa. Bestimmung des gesetzlichen Unterhaltsanspruchs

Entsprechend der alten Rechtslage muss dem Ausgleichsberechtigten gegen den Ausgleichpflichtigen ein nachehelicher Unterhaltsanspruch zustehen. Im Gegensatz zu § 5 VAHRG a.F. stellt die neue Vorschrift klar, dass es sich um einen gesetzlichen Unterhaltsanspruch handeln muss.[575] Nur das Vorliegen eines gesetzlichen Unterhaltsanspruchs i.S. der §§ 1569 bis 1576 BGB oder gem. Art. 18 Abs. 4 EGBGB, nach den maßgeblichen ausländischen Vorschriften, kann die Rechtsfolgen des § 33 Abs. 1 VersAusglG auslösen.[576] Vereinbarte Unterhaltsansprüche, die nicht nur den gesetzlich geschuldeten Unterhalt konkretisieren, genügen demzufolge auch dann nicht, wenn sie tituliert sind.[577]

---

575 Rein vertraglich vereinbarte Unterhaltsansprüche reichen nicht aus, *Kemper,* Versorgungsausgleich in der Praxis, Kapitel X, Rn. 37. Dies ergibt sich aus der Stellung der Anpassung als ehemaliger Härtefallgrund, so *Borth,* Versorgungsausgleich, 6. Aufl., Kapitel 8, Rn. 962.

576 *Ruland,* Versorgungsausgleich, 3. Aufl., 9. Kapitel, Rn. 948; Palandt/*Brudermüller,* BGB, 75. Aufl., VersAusglG § 33, Rn. 3; Johannsen/Henrich/*Hahne,* Familienrecht, 5. Aufl., § 33 VersAusglG, Rn. 4; MK/*Gräper,* BGB, 6. Aufl., § 33 VersAusglG, Rn. 10.

577 Das entspricht der alten Rechtslage, Palandt/*Brudermüller,* BGB, 75. Aufl., VersAusglG § 33, Rn. 3; *Ruland,* Versorgungsausgleich, 3. Aufl., 9. Kapitel, Rn. 948; a.A. *Kemper,* Versorgungsausgleich in der Praxis, Kapitel X, Rn. 37, der es für ausreichend hält, wenn der gesetzliche Unterhalt durch vertragliche Abre-

Der Unterhaltsanspruch erlischt gem. § 1586 Abs. 1 BGB mit der Wiederheirat des früheren Ehegatten. Dabei ist zu beachten, dass der Unterhaltsanspruch gem. § 1586a BGB nach der Auflösung der weiteren Ehe grundsätzlich wiederaufleben kann, sodass dementsprechend auch wieder eine Anpassung möglich ist.[578] Wurde jedoch gem. § 1585c BGB rechtswirksam auf einen Unterhalt verzichtet, so scheidet eine Anpassung gem. § 33 VersAusglG aus.[579]

Das Familiengericht muss im Rahmen von § 33 Abs. 1 VersAusglG ermitteln, ob dem Ausgleichsberechtigten ein gesetzlicher nachehelicher Unterhaltsanspruch bei ungekürzter Versorgung des Ausgleichspflichtigen zustehen würde.[580] Dieser muss aber nicht bereits tituliert sein. Es wird vielmehr die Auffassung vertreten, dass das tatsächliche Bestehen eines Unterhaltsanspruches für § 33 Abs. 1 VersAusglG ausreicht.[581] Relevant ist also, ob ein gesetzlicher „fiktiver Unterhaltsanspruch" gegeben ist. Eine Titulierung ist in diesem Fall ebenso wenig

---

den ausgestaltet wurde. Dem widersprechen *Gutdeutsch*, FamRB 2010, S. 149, 150 und *Bergner*, FPR 2011, S. 483, 486. Im Rahmen der Anpassung sei ein nur vereinbarter Unterhaltsanspruch zu berücksichtigen, wenn dieser den gesetzlichen Unterhaltsanspruch konkretisiere. Ebenso BGH FamRZ 2013, S. 189, wonach der Unterhaltsanspruch dann sowohl durch die Unterhaltsvereinbarung als auch durch den fiktiven Unterhaltsanspruch begrenzt werde.

578 Ebenso das OVG Münster, FamRZ 2001, S. 1152 zur alten Rechtslage. Dies gilt nach einer gescheiterten Wiederheirat der früheren Ehegatten entsprechend für den Unterhaltsanspruch des Ausgleichsberechtigten aus der zweiten Ehe, *Ruland*, Versorgungsausgleich, 3. Aufl., 9. Kapitel, Rn. 949.

579 Das Familiengericht muss in diesem Fall keine weitere Prüfung eines Unterhaltsanspruches durchführen. Etwas anderes gilt, wenn der Unterhalt gem. § 1585 Abs. 2 BGB durch Kapitalabfindung abgegolten wurde. Die Anwendung des § 33 VersAusglG sei in diesen Fällen grundsätzlich nicht ausgeschlossen, OVG Münster, FamRZ 2009, S. 618; *Ruland*, Versorgungsausgleich, 3. Aufl., 9. Kapitel, Rn. 949; Johannsen/Henrich/*Hahne*, Familienrecht, 5. Aufl., § 33 VersAusglG, Rn. 4; *Borth*, Versorgungsausgleich, 6. Aufl., Kapitel 8, Rn. 965; Weinreich/Klein/*Wick*, Familienrecht, § 33 VersAusglG, Rn. 8; Hoppenz/*Hoppenz*, Familiensachen, § 33 VersAusglG, Rn. 5; a.A. *Gutdeutsch*, FamRB 2010, S. 149, 150, demnach sei die Rechtsprechung zur alten Rechtslage nicht auf das gegenwärtige Recht übertragbar.

580 BT-Drucks. 16/10144, S. 72; *Bergner*, FPR 2011, S. 483, 485.

581 So jedenfalls die Ansicht des damaligen Gesetzgebers bei der Einführung in BT-Drucks. 9/2296, S. 14. Ders. A. nach dem neuen Recht *Ruland*, Versorgungsausgleich, 3. Aufl., 9. Kapitel, Rn. 949; MK/*Gräper*, BGB, 6. Aufl., § 33 VersAusglG, Rn. 12.

notwendig, wie die Tatsache, dass der Unterhalt tatsächlich gezahlt oder geltend gemacht wird. Anderenfalls wären die Ehegatten gezwungen, ein Unterhaltsverfahren einzuleiten, allein um festzustellen, dass der Unterhalt wegen der Versorgungskürzung nicht oder nicht in voller Höhe gezahlt wird.[582] Infolgedessen kann es dazu kommen, dass das Familiengericht im Rahmen der Anpassung den Unterhaltsanspruch erstmalig feststellt.

Maßgeblicher Zeitpunkt für die Prüfung, ob ohne die Versorgungskürzung ein fiktiver gesetzlicher Unterhaltsanspruch besteht, ist der sich aus § 34 Abs. 2 VersAusglG ergebende Zeitpunkt des Wirksamwerdens der Anpassungsentscheidung.[583] Von Bedeutung ist gem. § 34 Abs. 2 VersAusglG der Monatsbeginn nach dem Monat der Antragstellung und nicht bereits das Ende der Ehezeit.

Ein seit der Einführung umstrittener Diskussionspunkt ist die Frage, ob sich ein bereits titulierter Unterhaltsanspruch auf eine erneute Feststellung des Unterhaltsanspruchs durch das Familiengericht gem. § 33 Abs. 1 VersAusglG auswirkt, also ob dieser eine Bindungswirkung im Anpassungsverfahren entfaltet.[584]

Aus dem Sinnzusammenhang des Verfahrens ergibt sich gem. § 33 Abs. 1 und 3 VersAusglG, dass grundsätzlich der fiktive Unterhaltsanspruch bestimmt werden muss. Daraus wird teilweise geschlossen, dass eine generelle Bindung an vorliegende Unterhaltstitel nicht bestehe.[585] Liege allerdings bereits ein Unterhalstitel vor, so brauche das Familiengericht das Vorliegen des Unterhaltsanspruchs grundsätzlich nicht weiter zu prüfen, da das Vorliegen eines Anspruchs zunächst bewiesen sei.[586]

582 Johannsen/Henrich/*Hahne*, Familienrecht, 5. Aufl., § 33 VersAusglG, Rn. 5; *Friederici*, Praxis des Versorgungsausgleichs, § 33, Rn. 7.

583 *Bergner*, FPR 2011, S. 483, 485.

584 Der Umfang der Bindung an eine bestehende Unterhaltsfestsetzung ist das zentrale Problem bei der Ermittlung des Unterhaltsanspruchs gem. § 33 Abs. 1 und 3 VersAusglG. Die Problematik wird anschließend unter § 3 ab Seite 168 ff. gesondert behandelt.

585 *Borth*, FamRZ 2010, S. 1210, 1214; *Bergner*, FPR 2011, S. 483, 486; *Ruland*, Versorgungsausgleich, 3. Aufl., 9. Kapitel, Rn. 950; *Kemper*, Versorgungsausgleich in der Praxis, Kapitel X, Rn. 36.

586 BGH NJW 2012, S. 1663; OLG Hamm FamRZ 2011, S. 814, 815; OLG Frankfurt am Main NJOZ 2012, S. 1243; Weinreich/Klein/*Wick*, Familienrecht, § 33 VersAusglG, Rn. 8; MK/*Gräper*, BGB, 6. Aufl., § 33 VersAusglG, Rn. 12.

Eine erneute Feststellung wird auch bei bestehenden Unterhaltstiteln hingegen überwiegend für notwendig erachtet, wenn sich Anhaltspunkte ergeben, dass der titulierte Anspruch nicht mehr in bisheriger Höhe existiert und dementsprechend abzuändern ist.[587]

bb. Unterhaltsanspruch „ohne die Kürzung durch den Versorgungsausgleich"

Nach dem Wortlaut des § 33 Abs. 1 VersAusglG „hätte der Ausgleichsberechtigte ohne die Kürzung der Versorgungen gegen den Ausgleichspflichtigen einen Unterhaltsanspruch." Aufgrund dieser Formulierungen herrschen in der Jurisprudenz Unstimmigkeiten im Zusammenhang mit Fragen der unterhaltsrechtlichen Leistungsfähigkeit gem. § 1582 BGB.

Zunächst ist festzuhalten, dass die Versorgungskürzung für den Wegfall oder die Verringerung des gesetzlichen Unterhaltsanspruches kausal sein muss.[588] Eine Anwendung des § 33 VersAusglG scheidet dementsprechend aus, wenn der Ausgleichspflichtige auch ohne Versorgungskürzung keinen Unterhalt schulden würde, weil seine vollen Rentenbezüge noch unter seinem unterhaltsrechtlich angemessenen Selbstbehalt i.S.v. § 1603 Abs. 1 BGB liegen.[589] Es ist also erforderlich, dass dem Berechtigten ohne die Versorgungskürzung überhaupt ein Unterhaltsanspruch zugestanden hätte und der Ausgleichspflichtige ohne Kürzung leistungsfähig wäre.[590]

---

587 BGH NJW 2012, S. 1663; OLG Hamm NJW 2011, S. 1681; *Borth*, FamRZ 2010, S. 1210, 1214; MK/*Gräper*, BGB, 6. Aufl., § 33 VersAusglG, Rn. 12; *Ruland* Versorgungsausgleich, 3. Aufl., 9. Kapitel, Rn. 950; *Kemper*, Versorgungsausgleich in der Praxis, Kapitel X, Rn. 36; HK/*Rehbein*, Versorgungsausgleich, § 33 VersAusglG, Rn. 19.

588 Johannsen/Henrich/*Hahne*, 5. Aufl., Familienrecht, § 33 VersAusglG, Rn. 5.

589 *Bergner*, NJW 2010, S. 3545; Johannsen/Henrich/*Hahne*, Familienrecht, 5. Aufl., § 33 VersAusglG, Rn. 5; *Ruland*, Versorgungsausgleich, 3. Aufl., 9. Kapitel, Rn. 951; a.A. *Borth*, Versorgungsausgleich, 6. Aufl., Kapitel 8, Rn. 957. § 33 VersAusglG sei im Übrigen auch dann anzuwenden, da es Zweck der Vorschrift sei, die wirtschaftliche Leistungsfähigkeit des Ausgleichspflichtigen zu erhalten.

590 BT-Drucks. 16/10144, S. 72; Weinreich/Klein/*Wick*, Familienrecht, § 33 VersAusglG, Rn. 8 f; MK/Gräper, BGB, 6. Aufl., § 33 VersAusglG, Rn. 13.

(1) Diskussion bei gesicherter Leistungsfähigkeit des Ausgleichspflichtigen

Es ist aber umstritten, ob eine Anpassung gem. § 33 VersAusglG auch dann zu erfolgen hat, wenn der Ausgleichspflichtige trotz der Kürzung seiner Versorgung zur Leistung des Unterhalts imstande wäre, also der umgekehrte Fall.

Teilweise wird hierzu die Ansicht vertreten, dass nach der neuen Rechtslage, anders als nach dem bisherigen Recht, eine Anpassung in diesen Fällen ausscheide. [591] Da der Ausgleichspflichtige über genügend Einkommen verfüge, sei eine Aussetzung der Kürzung nicht notwendig.[592] Der Wortlaut des § 33 Abs. 1 VersAusglG sei demnach so auszulegen, dass eine Anpassung ausgeschlossen sei, wenn auch „trotz Kürzung durch den Versorgungsausgleich" noch ein geringerer Unterhaltanspruch besteht. Es wird vielmehr vorausgesetzt, dass der Ausgleichsberechtigte „ohne Kürzung" einen Unterhaltsanspruch hätte, was nicht der Fall sei, wenn der Unterhaltsanspruch in voller Höhe unabhängig von der Kürzung bestehe.[593] Demnach erfasse § 33 VersAusglG vielmehr nur Fälle, in denen die Kürzung der Versorgung durch den Versorgungsausgleich bzw. ihre Aussetzung darüber entscheiden, ob der Ausgleichspflichtige leistungsfähig und damit dem Ausgleichsberechtigten gegenüber unterhaltspflichtig ist oder nicht.[594]

Die überwiegende Gegenauffassung hält die Anpassung gem. § 33 VersAusglG auch in diesen Fällen für zulässig.[595] Der Wortlaut sei

---

591 So *Ruland,* Versorgungsausgleich, 3. Aufl., 9. Kapitel, Rn. 951 und auch Johannsen/Henrich/*Hahne,* Familienrecht, 5. Aufl., § 33 VersAusglG, Rn. 5. Beide Meinungen haben nach der alten Rechtslage in diesen Fällen eine Aussetzung gem. § 5 VAHRG a.F. für zulässig gehalten.

592 Johannsen/Henrich/ *Hahne,* Familienrecht, 5. Aufl., § 33 VersAusglG, Rn. 5.

593 *Bergner/Borth,* FamRZ 2013, S. 589, 593; *Ruland,* Versorgungsausgleich, 3. Aufl., 9. Kapitel, Rn. 951; a.A. BGH, FamRZ 2013, S. 189, 191.

594 So die Argumentation von *Ruland,* Versorgungsausgleich, 3. Aufl., 9. Kapitel, Rn. 951. Dadurch werde der Anwendungsbereich des § 33 VersAusglG im Gegensatz zur alten Rechtslage jedoch erheblich eingeschränkt.

595 BGH, FamRZ 2013, S. 189; OLG Frankfurt am Main BeckRS 2011, 06466; *Schwamb,* NJW 2011, S. 1648, 1649; *Bergner,* NJW 2010, S. 3545; *Gutdeutsch,* FamRB 2010, S. 149, 150; *Götsche,* ZFE 2010, S. 407, 410; HK/*Rehbein,* Versorgungsausgleich, § 33 VersAusglG, Rn. 15; w. N. in *Kemper,* Versorgungsausgleich in der Praxis, Kapitel X, Rn. 42; Beck'scher Onlinekommentar Bamberger/Roth/ *Gutdeutsch,* BGB, § 33, Rn. 2a.

nämlich so auszulegen, dass die Kürzung der Versorgung grundsätzlich in Höhe des Unterhaltsanspruches „ohne Kürzung durch den Versorgungsausgleich" ausgesetzt werden könne. Dies gelte entsprechend, wenn „nach Kürzung durch den Versorgungsausgleich" noch ein (geringerer) Unterhaltsanspruch und damit eine teilweise Leistungsfähigkeit verbleibe.[596] Demnach solle die Kürzung auch dann ausgesetzt werden, wenn der Ausgleichspflichtige aus den gekürzten Renteneinkünften den Unterhaltsbetrag weiterhin sicherstelle. Nach der Ansicht des OLG Frankfurt am Main könne das Unterhaltsprivileg nicht davon abhängig gemacht werden, ob zufällig ein minimaler Unterhaltsanspruch verbleibe und die Kürzung letztlich zur Beeinträchtigung der Leistungsfähigkeit des Ausgleichspflichtigen führe.[597]

Bergner und *Borth* räumen ein, dass dies anders zu beurteilen sein könne, wenn der Unterhaltsanspruch durch die Kürzung überhaupt nicht beeinträchtigt werde, also weiterhin in „voller Höhe" bestehe.[598]

(2) Stellungnahme

Der Telos der Vorschrift ist der Erhalt und die Sicherung der Leistungsfähigkeit des ausgleichspflichtigen Ehegatten. Zwar ist der ausgleichspflichtige Ehegatte in diesen Konstellationen grundsätzlich hinsichtlich seiner Unterhaltsverpflichtung leistungsfähig. Allerdings kann die Versorgungskürzung dazu führen, dass die Leistungsfähigkeit (erheblich) gemindert wird. Dementsprechend kann die Auffassung von *Hahne* hier nicht überzeugen. Zumal es in gewisser Weise willkürlich wäre, die Anpassung davon abhängig zu machen, ob noch zufällig ein minimaler Unterhaltsanspruch verbleibt. Ziel der Vorschrift sollte stets sein, die volle Leistungsfähigkeit des Ausgleichspflichtigen zu ermöglichen.

---

596 *Bergner,* NJW 2010, S. 3545; HK/ *Götsche,* Versorgungsausgleich, § 33 VersAusglG, Rn. 15.

597 OLG Frankfurt am Main NJW 2011, S. 2741; OLG Karlsruhe NJW 2012, S. 1296; *Brudermüller,* NJW 2012, S. 1266, 1270; *Schwamb,* NJW 2011, S. 1648, 1649.

598 *Bergner,* FPR 2011, S. 483, 485; *Bergner/Borth,* FamRZ 2013, S. 589, 593; a.A. BGH, NJW 2013, S. 189, 191.

Eine Anwendung des § 33 VersAusglG sollte also auch dann bejaht werden, wenn der Ausgleichspflichtige trotz Kürzung der Versorgung zur Leistung des geschuldeten Unterhalts im Stande ist. Die Anpassung kann nicht davon abhängig gemacht werden, ob auch ohne Aussetzung eine gewisse Leistungsfähigkeit verbleibt. Dies sollte nur dann nicht gelten, wenn der Unterhaltsanspruch auch ohne Kürzung weiterhin in voller Höhe besteht, der Ausgleichspflichtige diesen also ganz alleine leisten könnte.

4. Ergebnis zu § 33 Abs. 1 VersAusglG

Die Untersuchung hat ergeben, dass § 33 Abs. 1 VersAusglG im Grundsatz seiner Vorgängervorschrift § 5 Abs. 1 VAHRG a.F. ähnelt, aber bei einigen Tatbestandsmerkmalen entscheidend modifiziert wurde. Neue Probleme tauchen insbesondere auch durch die Beschränkung des § 32 VersAusglG auf.

Der Wortlaut der Norm stellt jetzt klar, dass der Versorgungsbezug des Ausgleichspflichtigen bereits durch den Versorgungsausgleich gemindert sein muss, und dass nur ein gesetzlicher Unterhaltsanspruch die Rechtsfolgen von § 33 f. VersAusglG auslösen kann. Es besteht entsprechend der alten Rechtslage allerdings weiterhin die Frage, wie der Wortlaut „erhalten kann" auszulegen ist bzw. ein fehlender Antrag des Berechtigten zu behandeln ist.

Durch die Übertragung der Zuständigkeit auf die Familiengerichte haben sich alle Fragen im Zusammenhang mit der Prüfungskompetenz der Versorgungsträger erledigt. Jedoch hat diese Modifizierung zur Folge, dass die Thematik einer möglichen Bindungswirkung an bereits bestehende Unterhaltstitel erheblich an Bedeutung gewonnen hat. Darüber hinaus führt die Einfügung des Wortlautes „ohne die Kürzung durch den Versorgungsaugleich" zu Fragen in Verbindung mit der unterhaltsrechtlichen Leistungsfähigkeit des Ausgleichspflichtigen.

Eine Gegenüberstellung der Normen zeigt also, dass grundsätzlich die gleichen Voraussetzungen für eine Anpassung erfüllt sein müssen. Dementsprechend ist die Aussage des Gesetzgebers in der Gesetzesbegründung zutreffend.[599] Die einzelnen Bedingungen der Anpassungen

599 BT-Drucks. 16/10144, S. 72.

wurden jedoch teilweise konkretisiert. Dies führt auf der einen Seite zwar dazu, dass nach der alten Rechtslage unklare Punkte nun beantwortet sind. Auf der anderen Seite zeigt sich, dass neue und genaue Formulierungen des Gesetzes – „ohne die Kürzung durch den Versorgungsausgleich" – bisher unbekannte Fragen aufwerfen können, die es zu beantworten gilt.

II. Neueinführung des § 33 Abs. 2 VersAusglG

Im Gegensatz zu § 33 Abs. 1 VersAusglG, der angelehnt an § 5 Abs. 1 VAHRG a.F. modifiziert übernommen wurde, wurde § 33 Abs. 2 VersAusglG im Rahmen der Reform neu in das VersAusglG eingeführt.

1. Ausführungen des Gesetzgebers

§ 33 Abs. 2 VersAusglG führt eine Wertgrenze ein, die der Wertgrenze des § 14 Abs. 2 Nr. 2 VersAusglG entspricht, „damit die Gerichte nicht bei Fällen von geringer Bedeutung tätig werden müssen".[600] Eine Anpassung ist nur noch möglich, wenn die in § 33 Abs. 2 VersAusglG geregelte Wertgrenze überschritten wird.

In der Gesetzesbegründung heißt es wie folgt: „Maßgeblich ist der Wert der Kürzung am Ende der Ehezeit. Damit kann auf Grundlage des Scheidungsurteils auf einfache Weise festgestellt werden, ob der Antrag auf Anpassung zulässig ist."[601]

2. Neue Rechtslage gem. § 33 Abs. 2 VersAusglG

Neben den in § 33 Abs. 1 VersAusglG genannten Voraussetzungen enthält § 33 Abs. 2 VersAusglG also eine weitere materielle Bedingung, die für eine Aussetzung erfüllt sein muss. Demnach darf die Anpassung gem. § 33 Abs. 1 VersAusglG nur erfolgen, wenn die Versorgung des Ausgleichspflichtigen um einen bestimmten Mindestbetrag gekürzt wurde.

600 BT-Drucks. 16/10144, S. 72.
601 BT-Drucks. 16/10144, S. 72.

a. Berechnung bei „Neufällen"

Die Anpassung ist nach § 33 Abs. 2 VersAusglG nur zulässig, wenn die Kürzung am Ende der Ehezeit bei einem Rentenbetrag als maßgeblicher Bezugsgröße mindestens 2 %, in allen anderen Fällen als Kapitalwert mindestens 240 % der monatlichen Bezugsgröße nach § 18 Abs. 1 SGB IV betragen hat. Die Bestimmung des Mindestwertes hängt davon ab, ob der Versorgungsträger den Ausgleichswert des betroffenen Anrechts als Rentenbetrag oder in einer anderen Bezugsgröße i.S.d. § 5 Abs. 1 VersAusglG ermittelt hat.[602] Diese Bezugsgröße wird dann wiederum an die monatliche Bezugsgröße nach § 18 Abs. 1 SGB IV als dynamischen Faktor angeknüpft.[603]

Tabelle: **Grenzbeträge gem. § 33 Abs. 2 VersAusglG seit**

Jahr	**Bezugsgröße** (bis 2001 in DM, danach in EUR)	**2% der Bezugsgröße**	**240% der Bezugsgröße**
ab 1. 1. 2000	4480,-	89,60,-	10752,-
ab 1. 1. 2001	4480,-	89,60,-	10752,-
ab 1. 1. 2002	2345,-	46,90,-	5628,-
ab 1. 1. 2003	2380,-	47,60,	5712,-
ab 1. 1. 2004	2415,-	48,30,-	5796,-
ab 1. 1. 2005	2415,-	48,30,-	5796,-
ab 1. 1. 2006	2450,-	49,00-,	5880,-
ab 1. 1. 2007	2450,-	49,00,-	5880,-
ab 1. 1. 2008	2485,-	49,70,-	5964,-
ab 1. 1. 2009	2520,-	50,40,-	6048,-
ab 1. 1. 2010	2555,-	51,10,-	6132,-
ab 1. 1. 2011	2555,-	51,10-,	6132,-

602 *Gutdeutsch*, FamRB 2010, S. 149, 151; *Ruland*, Versorgungsausgleich, 3. Aufl., 9. Kapitel, Rn. 947; HK/*Rehbein*, Versorgungsausgleich, § 33 VersAusglG, Rn. 21. Die Wertgrenze entspricht im Übrigen der absoluten Wesentlichkeitsgrenze des Abänderungsverfahrens in § 51 Abs. 2 VersAusglG.

603 Weinreich/Klein/*Wick*, Familienrecht, § 33 VersAusglG, Rn. 11.

ab 1. 1. 2012	2625,-	52,50,-	6300,-
ab 1. 1. 2013	2695,-	53,90,-	6468,-
ab 1. 1. 2014	2765,-	55,30,-	6636,-
ab 1. 1. 2015	2835,-	56,70,-	6804,-
ab 1. 1. 2016	2905,-	58,10,-	6972,-

Der Gesetzgeber hat die Mindestbeträge in § 33 Abs. 2 VersAusglG eingeführt, um die Familiengerichte künftig vor Verfahren in Bagatellfällen zu schützen.[604] Anders als in § 33 Abs. 1 VersAusglG kommt es in § 33 Abs. 2 VersAusglG nicht auf die „Kürzung der laufenden Versorgung" an, sondern auf die „Kürzung des einzelnen Anrechts" am Ende der Ehezeit.[605] Dies gilt auch, wenn das Ehezeitende Jahre oder Jahrzehnte vor dem Versorgungsbezug liegt.[606]

aa. Anknüpfungspunkt des Mindestbetrages

(1) Meinungsstand

In der juristischen Fachliteratur ist umstritten, ob bei der Prüfung gem. § 33 Abs. 2 VersAusglG der Ausgleichswert, also der Betrag, der auf den Ausgleichsberechtigten übertragen wurde, oder der Betrag der Kürzung des Anrechts des Ausgleichspflichtigen, der sog. Kürzungsbetrag, maßgeblich ist. Beide Werte sind zwar in den meisten Fällen nahezu identisch, jedoch können sich insbesondere bei der Verrechnung der Anrechte gem. § 10 Abs. 2 VersAusglG im Rahmen des Wertausgleichs Unterschiede ergeben.[607]

Die überwiegende Auffassung orientiert sich bei der Prüfung der Mindestwerte i.S.v. § 33 Abs. 2 VersAusglG an dem aktuellen Kür-

604 BT-Drucks. 16/10144, S. 72; Weinreich/Klein/*Wick*, Familienrecht, § 33 VersAusglG, Rn. 10.

605 *Bergner*, FPR 2011, S. 483, 485; HK/*Rehbein*, Versorgungsausgleich, § 33 VersAusglG, Rn. 22.

606 *Götsche*, ZFE 2010, S. 407, 409. Kritsch zu dieser Verfahrenserleichterung äußert sich *Ruland*. Demnach könne sich in diesen Fällen ein Wertverlust ergeben, *Ruland*, Versorgungsausgleich, 3. Aufl., 9. Kapitel, Rn. 947.

607 *Kemper*, Versorgungsausgleich in der Praxis, Kapitel X, Rn. 47.

zungsbetrag zum Ehezeitende, also dem Betrag der Kürzung des Anrechts des Ausgleichspflichtigen.[608] Demnach entspreche der Ausgleichswert im Regelfall zwar dem Kürzungsbetrag, dieser sei mit dem Ausgleichswert dennoch nicht identisch und müsse insbesondere bei der Verrechnung der Anrechte gem. § 10 Abs. 2 VersAusglG selbstständig ermittelt werden. Der Mindestwert müsse dann anhand des nach der Verrechnung verbleibenden Differenzbetrages überprüft werden.[609]

Nach der Gegenansicht *Bergners* richte sich eine erhebliche Kürzung hingegen allein nach dem Ausgleichswert, der zulasten eines Anrechts i.S.v. § 32 VersAusglG des Ausgleichspflichtigen für den Ausgleichsberechtigten übertragen oder begründet wurde. Eine Verrechnung der beiderseitigen Ausgleichswerte zur Feststellung des Kürzungsbetrages sei für die Prüfung des Grenzwertes nicht vorgesehen.[610] Zudem ergebe sich aus einem Vergleich mit § 10 Abs. 2 VersAusglG und § 120 f SGB VI, dass eine Verrechnung grundsätzlich nur bei Anrechten „gleicher Art bei demselben Versorgungsträger" in Betracht komme. Sie widerspreche im Übrigen der Gesetzesbegründung, wonach mit dem Kürzungswert zum Ehezeitende „auf der Grundlage des Scheidungsurteils auf einfache Weise" die Zulässigkeit des Anpassungsantrags festgestellt werden solle. Da der „Kürzungswert" aus der gerichtlichen Entscheidung gar nicht ersichtlich sei, sondern nur der Ausgleichswert, könne mit dem Kürzungswert nur der Ausgleichswert gemeint sein.[611] § 33 Abs. 2 VersAusglG sehe im Gegensatz zu § 33 Abs. 3 VersAusglG keine entsprechende Regelung vor, die eine Verrechnung der Ausgleichswerte normiere.[612]

---

608 *Ruland,* Versorgungsausgleich, 3. Aufl., 9. Kapitel, Rn. 947; HK/*Rehbein,* Versorgungsausgleich, § 33 VersAusglG, Rn. 25; Weinreich/Klein/*Wick,* Familienrecht, § 33 VersAusglG, Rn. 11; *Kemper,* Versorgungsausgleich in der Praxis, Kapitel X, Rn. 47.

609 Weinreich/Klein/*Wick,* Familienrecht, § 33 VersAusglG, Rn. 10; *Ruland,* Versorgungsausgleich, 3. Aufl., 9. Kapitel, Rn. 947; MK/*Gräper,* BGB, 6. Aufl., VersAusglG § 33, Rn. 17.

610 *Bergner,* FPR 2011, S. 483, 484.

611 *Bergner,* FPR 2011, S. 483, 484.

612 *Bergner,* FPR 2011, S. 483, 484. Nach § 33 Abs. 3 VersAusglG ist die Aussetzung in Höhe des fiktiven Unterhaltsanspruches auf die Differenz des beiderseitigen Ausgleichs i.S.d. § 32 VersAusglG begrenzt.

(2) Stellungnahme

Welche Vorgehensweise gewählt wird, ist im Regelfall unerheblich, da beide Werte in den meisten Fällen nahezu identisch sind. Unterschiede können sich gleichwohl bei der Verrechnung der Anrechte gem. § 10 Abs. 2 VersAusglG ergeben. Obwohl die Argumentation der überwiegenden Auffassung insoweit überzeugend ist, dass sich Ausgleichswert und Kürzungswert unterscheiden können, erscheint der Ansatz von *Bergner* zweckmäßiger. Dies ergibt sich insbesondere im Hinblick auf den vom Gesetzgeber vorgegebenen Hinweis, der Wert könne „auf der Grundlage des Scheidungsurteils auf einfache Weise" festgestellt werden. Diese einfache Feststellung ist nur anhand des Ausgleichswertes möglich, ohne dass die Anrechte erneut verrechnet werden müssen. Aus praktischer Sicht sollte das Familiengericht grundsätzlich also den Ausgleichswert als Grundlage nehmen. Eine Ausnahme sollte im Fall einer Verrechnung gem. § 10 Abs. 2 VersAusglG gemacht werden, auch wenn dies einen Mehraufwand darstellt.

bb. Anwendung bei mehreren Anrechten

Wurden mehrere Anrechte des Ausgleichspflichtigen ausgeglichen und erreicht aber nur die Kürzung eines Anrechts den Mindestwert, stellt sich die Frage, ob auch die Kürzung der anderen Anrechte ausgesetzt werden sollte.

(1) Meinungsstand

Nach der Auffassung *Bergners* sollten die anderen Anrechte mitausgesetzt werden. Da sowieso ein Anpassungsverfahren durchzuführen sei, würde die Berücksichtigung anderer Anrechte innerhalb dieses Verfahrens keinen erheblichen Mehraufwand darstellen.[613]

Die Gegenansicht, vertreten durch *Götsche* und *Kemper*, möchte die Bagatellgrenze hingegen für jede Versorgung gesondert bestim-

613 *Bergner*, FPR 2011, S. 483.

men.[614] Danach sollen die Anrechte nicht addiert werden, um die Wertgrenze zu ermitteln.

(2) Stellungnahme

Die Herangehensweise von *Bergner* ist überzeugender, da § 33 Abs. 2 VersAusglG eigentlich einen Mehraufwand vermeiden möchte. Zumal *Bergner* die anderen Anrechte bei der Anpassung lediglich mitberücksichtigen und nicht addieren möchte, um eine Wertgrenze zu erreichen. Dies erscheint insbesondere auch im Hinblick auf die Historie und den Kontext des § 33 VersAusglG vorzugswürdiger, der den Zweck hat, die wirtschaftliche Leistungsfähigkeit des Ausgleichspflichtigen zu erhalten. Erreicht ein Anrecht die Wertgrenze, sollte die Aussetzung der Kürzung im Ergebnis ebenfalls bei anderen Anrechten in dem Aussetzungsverfahren durchgeführt werden.

b. Berechnung bei Verfahren in „Altfällen"

Es ist zu beachten, dass regelmäßig noch Verfahren durchgeführt werden müssen, bei denen der Versorgungsausgleich vor dem 1.9.2009, also nach dem alten Recht, vorgenommen wurde. Gemäß den Übergangsregelungen §§ 48, 49 VersAusglG sind auf diese Verfahren die neuen Regelungen der §§ 33, 34 VersAusglG anwendbar. Problematisch ist in diesem Zusammenhang der Wortlaut des § 33 Abs. 2 VersAusglG, welcher sich nur auf Entscheidungen bezieht, die nach dem 1.9.2009 getroffen wurden.[615]

Die bis zum 31.8.2009 durchgeführten Verfahren kannten aber keine „maßgebliche Bezugsgröße" i.S.d. § 5 VersAusglG, sondern nur die Übertragung oder Begründung von Anrechten in „Rentenform".

Nach überwiegender Auffassung innerhalb der Literatur ist der erforderliche Mindestwert der Kürzung in diesen Fällen anhand des Rentenbetrags zum Zeitpunkt der Entscheidung, also zum Ehezeiten-

614 *Götsche,* ZFE 2010, S. 407, 409; HK/*Rehbein,* Versorgungsausgleich, § 33 VersAusglG, Rn. 24; *Kemper,* Versorgungsausgleich in der Praxis, Kapitel X, Rn. 47.

615 Siehe Darstellung in *Bergner,* FPR 2011, S. 483.

de, zu ermitteln.[616] Relevant sei als Bezugsgröße gem. § 18 Abs. 1 SGB IV nur der Rentenwert, der in der Entscheidung über den Wertausgleich übertragen wurde.[617] Der Kürzungsbetrag ergebe sich dabei aus dem Anrecht, das bezogen auf das Ehezeitende zulasten des Ausgleichspflichtigen auf den Ausgleichsberechtigten übergegangen ist. Diese Besonderheit werde in der Praxis häufig nicht beachtet, sodass eine Überprüfung gem. § 33 Abs. 2 VersAusglG teilweise unzutreffend durchgeführt werde. [618]

Die Berechnung soll anhand eines Beispiels verdeutlich werden: Bei einer Ehezeit bis zum 31.12.2000 betragen 2% der monatlichen Bezugsgröße nach § 18 Abs. 1 SGB IV insgesamt 89,60 DM. Das Anrecht aus der gesetzlichen Rentenversicherung des Ehemannes beträgt 500 DM und das der Ehefrau 300 DM. Gemäß § 1587b Abs. 1 BGB a.F. findet eine Übertragung von 150 DM zulasten des Ehemannes statt. Folglich soll die Kürzung in einem Verfahren nach §§ 33, 34 VersAusglG in Höhe von 150 DM ausgesetzt werden. Der Kürzungsbetrag ist nicht geringer als der Mindestbetrag, 89,60 DM, sodass eine Aussetzung zulässig wäre.[619]

Weitere Probleme ergeben sich bei der Überprüfung der Kürzung, wenn ein Anrecht der gesetzlichen Rentenversicherung durch Splitting und ein Anrecht aus der betrieblichen Altersversorgung durch Quasi-Splitting ausgeglichen wurde. Hierbei ergibt sich die Kürzung des Anrechts aus der gesetzlichen Rentenversicherung nur, indem beide Ausgleichsbeträge zusammengezählt werden.[620] Ist ein Anrecht der betrieblichen Altersversorgung hingegen durch Beitragszahlung gem.

---

616 *Bergner*, FPR 2011, S. 483; *Gutdeutsch*, FamRB 2010, S. 149; *Götsche*, ZFE 2010, S. 407, 409; Weinreich/Klein/*Wick*, Familienrecht, § 33 VersAusglG, Rn. 10.

617 *Gutdeutsch*, FamRB 2010, S. 149; *Götsche*, ZFE 2010, S. 407, 409; Weinreich/Klein/*Wick*, Familienrecht, § 33 VersAusglG, Rn. 10.

618 Wie z.B. in der Entscheidung des OLG Frankfurt am Main BeckRS 2011, 06399, in der eine Überprüfung der Kürzung sowohl hinsichtlich 2% als auch 240% der SGB-VI Bezugsgröße für das Jahr 2010 vorgenommen wurde. Richtig sei aber der Bezug der Kürzung auf das Ehezeitende, in diesem Fall 1997 gewesen, also ob die Kürzung in Rentenform mindestens 2% der SGB-IV Bezugsgröße für das Jahr 1997 überschreite, so *Bergner*, FPR 2011, S. 483, 484.

619 So im Ergebnis zutreffend *Bergner*, FPR 2011, S. 483, 484.

620 *Bergner/Borth*, FamRZ 2013, S. 589, 593. Die Tatsache, dass es sich bei dem betrieblichen Anrecht um kein Anrecht i.S.v. § 32 VersAusglG handelt, sei hier nicht von Bedeutung, da es um die Kürzung eines Anrechts der gesetzlichen Rentenver-

§ 3b Abs. 1 Nr. 2 VAHRG a.F. ausgeglichen worden, so kommt eine Rückzahlung der Beiträge nur im Rahmen des Abänderungsverfahrens gem. §§ 51, 52 VersAusglG in Betracht.[621]

3. Ergebnis

Die Intention des Gesetzes bei der Einführung des § 33 Abs. 2 VersAusglG ist verständlich. Dennoch sind durch die Statuierung der Wertgrenze praktische Probleme entstanden, insbesondere bei „Altverfahren". Es scheint, dass der Gesetzgeber im Vorweg nicht umfassend bedacht hat, was für Komplikationen und Fragen durch die Modifizierung entstehen können.

Dies wird vor allem bei der Diskussion um den Anknüpfungspunkt bei der Bestimmung der Wertgrenze bei Neufällen ersichtlich, also ob der Ausgleichswert oder der Kürzungswert entscheidend ist. Der Gesetzgeber möchte diesen, laut Begründung, anhand des „Wertes der Kürzung" einfach feststellen lassen. *Bergner* hat dagegen jedoch richtigerweise eingewendet, dass nur der Ausgleichswert auf Grundlage des Scheidungsurteils einfach ermittelt werden kann.

III. Neueinführung des § 33 Abs. 3 VersAusglG

§ 33 Abs. 3 VersAusglG enthält in Hs. 1 und Hs. 2 im Vergleich zur alten Rechtslage eine neue Regelung. Der Umfang der Aussetzung wird durch § 33 Abs. 3 VersAusglG in zweifacher Hinsicht begrenzt.[622]

---

sicherung gehe, *Bergner,* FPR 2011, S. 483, 484; ebenso OLG Hamm, FamRZ 2011, S. 814; a.A. BGH, FamRZ 2013, S. 189, 191, demnach sei die Kürzung nicht zu berücksichtigen, da das Anrecht der betrieblichen Altersversorgung kein Anrecht i.S.v. § 32 VersAusglG sei.

621 Die Beitragszahlung führe nicht zu einer Kürzung des Anrechts, sondern zur Begründung eines neuen Anrechts in der gesetzlichen Rentenversicherung, *Bergner,* FPR 2011, S. 483, 484.

622 BGH NJW 2012, S. 1661, 1662; *Götsche,* ZFE 2010, S. 407, 410; Hoppenz/*Hoppenz,* Familiensachen, § 33, Rn. 8; Weinreich/Klein/*Wick,* Familienrecht, § 33 VersAusglG, Rn. 12.

1. Neue Regelung in § 33 Abs. 3 Hs. 1 VersAusglG

a. Ausführungen des Gesetzgebers

Der Gesetzgeber stellt klar, „Abs. 3 ordnet im Hs. 1 die gegenüber dem bisherigen Recht differenzierte Rechtsfolge an, wenn das Gericht die in Abs. 1 und 2 normierten Voraussetzungen für die Aussetzung der Kürzung grundsätzlich bejaht hat: Die Kürzung der Versorgung der ausgleichspflichtigen Person ist, wie oben ausgeführt, (nur) noch in Höhe des gemäß Abs. 1 festgestellten – fiktiven – Unterhaltsanspruches auszusetzen."[623] Anschließend ist in der Gesetzesbegründung ein Fallbeispiel dargestellt, anhand dessen die Neuregelung verdeutlicht werden soll.

Die Anpassung ist allerdings zu versagen, sofern die ausgleichspflichtige Person trotz teilweiser Kürzung zu einer Unterhaltsleistung nicht leistungsfähig ist. In diesem Fall kommt die Kürzung dann nicht mehr der unterhalts- und ausgleichsverpflichteten Person zugute.[624]

b. Neue Rechtslage gem. § 33 Abs. 3 Hs. 1 VersAusglG

Aufgrund dessen bedarf es der genauen Feststellung der Höhe des „Unterhaltsanspruches". Unter „Unterhaltsanspruch" i.S.d. § 33 Abs. 3 VersAusglG versteht man den in § 33 Abs. 1 VersAusglG festgestellten „fiktiven" Unterhaltsanspruch, also den Unterhaltsanspruch, der dem Ausgleichsberechtigten ohne die Kürzung der Versorgung zustehen würde.[625] Das Familiengericht muss folglich zusätzlich zu der Prüfung in § 33 Abs. 1 VersAusglG, ob ein fiktiver gesetzlicher Unterhaltsanspruch besteht, gem. § 33 Abs. 3 VersAusglG die genaue Höhe des Anspruchs ermitteln, da nur in diesem Umfang die Aussetzung der Kürzung zu erfolgen hat.[626]

---

623 BT-Drucks. 16/10144, S. 72.

624 BT-Drucks. 16/10144, S. 72 f.

625 BT-Drucks. 16/10144, S. 73; BGH NJW 2012, S. 1661, 1662 ff.; OLG Frankfurt am Main NJW 2011, S. 1595, 1596; *Gutdeutsch*, FamRB S. 149, 151; *Bergner*, FPR 2011, S. 483, 486; MK/*Gräper*, BGB, 6. Aufl., § 33 VersAusglG, Rn. 19; Weinreich/Klein/*Wick*, Familienrecht, § 33 VersAusglG, Rn. 13.

626 *Gutdeutsch*, FamRB 2010, S. 149, 151; *Borth*, Versorgungsausgleich, 6. Aufl., Kapitel 8, Rn. 966; Weinreich/Klein/*Wick*, Familienrecht, § 33 VersAusglG, Rn. 13; MK/*Gräper*, BGB, 6. Aufl., § 33 VersAusglG, Rn. 19.

Im Rahmen der Ermittlung des fiktiven gesetzlichen Unterhaltsanspruchs können sich drei verschiedene Fallkonstellationen in der Praxis ergeben:

In der ersten Konstellation ist der fiktive Unterhaltsanspruch seitens des Familiengerichts in dem Verfahren gem. §§ 33, 34 VersAusglG für die Zeit ab dem Wirksamwerden der Anpassung erstmalig zu ermitteln. Im Rahmen dieser Prüfung muss dann gegebenenfalls das volle „Unterhaltsprogramm" im Anpassungsverfahren durchgeführt werden.[627]

In der zweiten Fallkonstellation besteht bereits ein durch gerichtlichen Beschluss oder Vergleich festgesetzter Unterhaltsanspruch. Wie bereits bei den Darstellungen zu § 33 Abs. 1 VersAusglG angedeutet, stellt sich in diesem Fall die Frage, inwieweit das Familiengericht an den bereits bestehenden Titel gebunden ist und in welchem Umfang dann eine erneute Feststellung des Unterhalts in dem Verfahren nach §§ 33, 34 VersAusglG erfolgen kann, oder ob nicht vielmehr zunächst die Abänderung des Titels gem. §§ 238, 239 FamFG durchgeführt werden muss. [628]

In der dritten Fallkonstellation ist bereits ein Verfahren über den Unterhaltsanspruch oder ein diesbezügliches Abänderungsverfahren anhängig. Bei diesem Sachverhalt stellen sich verschiedene erörterungsbedürftige verfahrensrechtliche Fragen.

Die Ermittlung der Höhe der Aussetzung gem. § 33 Abs. 3 VersAusglG setzt sich aus mehreren Schritten zusammen:[629]

Im ersten Schritt wird der fiktive Unterhaltsanspruch ermittelt, also der Unterhaltsanspruch, der ohne die Kürzung der laufenden Versorgung bestehen würde. Der zweite Schritt beinhaltet die Berechnung des Ausgleichswertes im Sinne von § 33 Abs. 3 Hs. 2 VersAusglG. Demnach darf die Kürzung höchstens in Höhe der Differenz der beiderseitigen Ausgleichswerte im Sinne von § 32 VersAusglG erfolgen.

627 So *Borth*, FamRZ 2010, S. 1210, 1214, der diese Notwendigkeit sehr kritisch sieht; ebenso *Gutdeutsch*, FamRB 2010, S. 149, 151.

628 Hinsichtlich dieser Prüfung sowie der Problematik bei bereits bestehenden Titeln wird auf die Ausführungen zu § 33 Abs. 1 VersAusglG in § 3 der Arbeit ab Seite 211 ff. verwiesen.

629 *Götsche*, ZFE 2010, S. 407, 411; HK/*Rehbein*, Versorgungsausgleich, § 33 VersAusglG, Rn 30 f.

Im dritten Schritt werden die gekürzte Versorgung des Ausgleichspflichtigen und der sich daraus ergebende Unterhaltsbetrag des Ausgleichsberechtigten errechnet.[630]

aa. Unterhaltsanspruch entsprechend dem Unterhaltsbetrag[631]

E1 = Ausgleichspflichtige	**E2 = Ausgleichsberechtigte**
Rente aus Anrechten i.S.v. § 32 VersAusglG ohne Kürzung = 1800 EUR	Anwartschaft auf Rente der gRV
Ehezeitanteil dieses Anrechts aus gRV = 1000 EUR	Ehezeitanteil dieses Anrechts aus gRV = 400 EUR
Daraus ergibt sich ein Ausgleichswert von = 500 EUR	Daraus ergibt sich Ausgleichswert von = 200 EUR
	Bereinigte monatliche Einkünfte 1200 EUR

1. Die Berechnung des fiktiven Unterhaltsanspruchs ohne die Kürzung durch den Versorgungsausgleich ergibt:

1800 EUR – 1200 EUR = 600 EUR x ½ = 300 EUR monatlich.

2. Kürzungsgrenze der Rente gem. § 33 Abs. 3 Hs. 2 VersAusglG:[632]

500 EUR – 200 EUR = 300 EUR.

Wird die Rente des Ausgleichspflichtigen gekürzt, so erfolgt die Aussetzung der Kürzung in Höhe des fiktiven Unterhaltsanspruchs von 300 EUR, höchstens jedoch in Höhe der beiderseitigen Ausgleichswerte gem. § 33 Abs. 3 Hs. 2 VersAusglG. Der fiktive Unterhaltsanspruch beträgt ebenso wie die Differenz der beiderseitigen Ausgleichswerte

630 Diese komplizierte Ermittlung soll anhand verschiedener, praktisch relevanter Beispielsfälle vereinfacht dargestellt werden.

631 Sinngemäße Darstellung übernommen von, *Borth,* Versorgungsausgleich, 6. Aufl., Kapitel 8, Rn. 967.

632 Handelt es sich wie hier, bei beiden Ehegatten um Anrechte der gesetzlichen Rentenversicherung, so ergibt sich die Grenze für die Aussetzung der Kürzung aus der Differenz der beiderseitigen Ausgleichswerte. Diese können gem. § 10 Abs. 2 VersAusglG im Vollzug der Entscheidung vom Versorgungsträger verrechnet werden, so auch der BGH NJW 2012, S. 1661, 1662.

300 EUR. Die Aussetzung der Kürzung ist hier nicht weiter zu begrenzen.

3. Zuletzt muss der Unterhaltsanspruch unter Berücksichtigung der ausgesetzten Kürzung berechnet werden. Der tatsächliche Unterhaltsanspruch ist anhand des tatsächlichen Renteneinkommens des Ausgleichsverpflichteten zu ermitteln.

a. Berechnung der nach § 33 Abs. 3 Hs. 1 VersAusglG gekürzten Rente des Ausgleichspflichtigen:[633]

1800 EUR – 500 EUR + 200 EUR + 300 EUR = 1800 EUR.

Dem Ausgleichspflichtigen wird das Anrecht in Höhe von 500 EUR gemindert, gleichzeitig erwirbt er 200 EUR, sodass er nach der Durchführung des Versorgungsausgleichs eine Rente in Höhe von 1500 EUR erhält. Dazu wird der fiktive Unterhaltsanspruch in Höhe von 300 EUR hinzugerechnet.

b. Daraus ergibt sich für den Ausgleichsberechtigten ein Unterhaltsanspruch unter Berücksichtigung der gekürzten Versorgung in Höhe von:

1800 EUR – 1200 EUR = 600 EUR durch ½ = 300 EUR.

Der Berechtigte hat gegen den Verpflichteten im Ergebnis auch nach Kürzung der Versorgung einen Unterhaltsanspruch in Höhe von 300 EUR. Dem Ausgleichsverpflichteten bleibt weiterhin eine laufende Rente in Höhe von 1800 EUR erhalten. Es ergibt sich somit derselbe

633 Nach der hier vertretenden Ansicht hat eine Aussetzung ebenfalls zu erfolgen, wenn der Ausgleichspflichtige trotz Kürzung der Versorgung zur Leistung seines Unterhalts fähig ist. Es wird diesbezüglich auf die Ausführungen in diesem Kapitel ab Seite 147 ff. der Untersuchung Bezug genommen.

Unterhaltsbetrag wie bei der Unterhaltsbestimmung – ohne die versorgungsausgleichsbedingte Kürzung.[634]

Die Aussetzung kommt den beiden früheren Ehegatten je zur Hälfte der Differenz zwischen dem ursprünglichen und dem neuen Unterhaltsbetrag zugute.

Dem Ausgleichspflichtigen werden von dem Kürzungsbetrag allerdings noch die gesetzlichen Sozialversicherungsbeiträge abgezogen, sodass er im Ergebnis doch weniger erhält, als der Unterhaltsbetrag ausmacht.[635] Viele Stimmen in der Literatur kritisieren diese für den Ausgleichspflichtigen nachteilige Rechtsfolge.[636] Begründet wird diese Ablehnung mit der unflexiblen Handhabung der Norm. Im Rahmen des Berechnungsmodells nach § 33 Abs. 1 und 3 VersAusglG könnten weder die Kranken- und Pflegeversicherungsbeiträge noch die Einkommenssteuer berücksichtigt werden. Die Anpassung nach §§ 33, 34 VersAusglG habe nicht die bindende Feststellung des geschuldeten Unterhalts zum Ziel, sondern die Verbesserung der Leistungsfähigkeit des Ausgleichspflichtigen.[637] Selbst der Gesetzgeber räumt ein, dass die nach § 33 Abs. 1 und 3 VersAusglG ermittelten Beträge nicht den tatsächlich unterhaltsrechtlich geschuldeten Betrag darstellen können.[638]

634 *Borth*, Versorgungsausgleich, 6. Aufl., Kapitel 8, Rn. 967; siehe auch die Berechnung in Hoppenz/*Hoppenz*, Familiensachen, § 33 VersAusglG, Rn. 10; zum gleichen Ergebnis kommt die Berechnung von *Götsche*, ZFE 2010, S. 407, 411.

635 BT-Drucks. 16/10144, S. 73; Hoppenz/*Hoppenz*, Familiensachen, § 33 VersAusglG, Rn. 10.

636 *Ruland*, Versorgungsausgleich, 3. Aufl., 9. Kapitel, Rn. 954; *Borth*, Versorgungsausgleich, 6. Aufl., Kapitel 8, Rn. 968; Johannsen/Henrich/*Hahne*, Familienrecht, 5. Aufl., VersAusglG, Rn. 7. Zudem führe der spätere Abzug der Sozialversicherungsbeiträge dazu, dass der im Tenor ausgewiesene Anpassungsbetrag nicht mit demjenigen Betrag übereinstimme, der sich nach Durchführung der Anpassung als Rentenzahlung ergibt, so HK/*Rehbein*, Versorgungsausgleich, § 33 VersAusglG, Rn 34.

637 *Borth*, Versorgungsausgleich, 6. Aufl., Kapitel 8, Rn. 968.

638 So auch der Gesetzgeber BT-Drucks. 16/10144, S. 72; ebenso *Borth*, Versorgungsausgleich, 6. Aufl., Kapitel 8, Rn. 968.

bb. Unterhaltsanspruch in nicht entsprechender Höhe[639]

E1 = Ausgleichspflichtige	**E2 = Ausgleichsberechtigte**
Rente aus Anrechten i.S.v. § 32 VersAusglG ohne Kürzung = 2750 EUR	Anwartschaft auf Rente der gRV
Ehezeitanteil dieses Anrechts aus gRV = 1800 EUR	Ehezeitanteil dieses Anrechts aus gRV = 300 EUR
Daraus ergibt sich ein Ausgleichswert von = 900 EUR	Daraus ergibt sich ein Ausgleichswert von = 150 EUR
	Bereinigte monatliche Einkünfte 1600 EUR

1. Die Berechnung des fiktiven Unterhaltsanspruchs ohne die Kürzung durch den Versorgungsausgleich ergibt:

2750 EUR – 1600 EUR = 1150 EUR x ½ = 575 EUR monatlich.

2. Kürzungsgrenze der Rente aus der Differenz der beiderseitigen Ausgleichwerte gem. § 33 Abs. 3 Hs. 2 VersAusglG:

900 EUR – 150 EUR = 750 EUR.

Wird die Rente des Ausgleichspflichtigen gekürzt, so wird die Kürzung in Höhe des fiktiven Unterhaltsanspruchs in Höhe von 575 EUR, höchstens jedoch in Höhe der beiderseitigen Ausgleichswerte (750 EUR) gem. § 33 Abs. 3 Hs. 2 VersAusglG ausgesetzt.

3. Zuletzt muss der Unterhaltsanspruch des Ausgleichsberechtigten unter Berücksichtigung der ausgesetzten Kürzung berechnet werden. Der tatsächliche Unterhaltsanspruch ist anhand des tatsächlichen Renteneinkommens des Ausgleichsverpflichteten zu ermitteln.

a. Berechnung der nach § 33 Abs. 3 Hs. 1 VersAusglG gekürzten Rente des Ausgleichspflichtigen:

2750 EUR – 900 EUR + 150 EUR + 575 EUR = 2575 EUR.

639 Zur Darstellung des Berechnungsbeispiels vgl. BT-Drucks. 16/10144, S. 72; *Bergner*, NJW 2010, S. 3545, 3547, ähnlich auch *Borth*, Versorgungsausgleich, 6. Aufl., Kapitel 8, Rn. 968.

b. Daraus ergibt sich ein Unterhaltsanspruch unter Berücksichtigung der gekürzten Versorgung in Höhe von:

2575 EUR – 1600 EUR = 975 EUR durch ½ = 487,50 EUR.

Der Berechtigte hat im Ergebnis gegen den Verpflichteten einen Unterhaltsanspruch in Höhe von 487,50 EUR und dieser erhält dementsprechend für die Zeit der Aussetzung eine Rente in Höhe von 2575 EUR.[640] Die Berechnung zeigt, dass die Härtefallregelung von § 33 Abs. 3 Hs. 1 VersAusglG zu einem geringeren Unterhaltsanspruch des Ausgleichsberechtigten führt, als ihm ohne die Kürzung der Versorgung zustehen würde.[641]

Der Gesetzgeber war sich bei Einführung der Regelung über diese Rechtsfolge im Klaren. Nach Auffassung des Gesetzgebers werde den verfassungsrechtlichen Vorgaben hinsichtlich der Aussetzung im Unterhaltsfall trotzdem in ausreichendem Maß entsprochen.[642]

Allerdings wird dieses Ergebnis in der Literatur, insbesondere von *Borth* und *Ruland,* für verfassungsrechtlich bedenklich gehalten.[643] Demnach entsprächen die in § 33 Abs. 1, 3 VersAusglG enthaltenen Bestimmungen nicht in vollem Umfang den Vorgaben des BVerfGs, wonach der Ausgleichspflichtige ohne die Kürzung des auszugleichenden Anrechts den gesetzlich geschuldeten Unterhalt erbringen kann. Die Regelungen hätten zur Folge, dass die Höhe der Ausgleichspflicht von der unterhaltsberechtigten Person abhängig sei.[644]

---

640 *Bergner,* NJW 2010, S. 3545, 3547; *Borth,* Versorgungsausgleich, 6. Aufl., Kapitel 8, Rn. 968.

641 Keine Bedenken hinsichtlich dieses Ergebnisses, MK/*Gräper,* BGB, 6. Aufl., § 33 VersAusglG, Rn. 19; Johannsen/Henrich/*Hahne,* Familienrecht, § 33 VersAusglG, Rn. 7. Demnach sei diese Folge durchaus gerechtfertigt, da beide Ehegatten von der Anpassung profitieren.

642 BT-Drucks. 16/10144, S. 72.

643 *Borth,* Versorgungsausgleich, 6. Aufl., Kapitel 8, Rn. 968; *Ruland,* Versorgungsausgleich, 3. Aufl., 9. Kapitel, Rn. 953.

644 *Borth,* Versorgungsausgleich, 6. Aufl., Kapitel 8, Rn. 968. Die Behandlung der verfassungsrechtlichen Bedenken hinsichtlich der Regelung § 33 VersAusglG erfolgt im Anschluss an die Darstellung unter § 4 dieses Kapitels ab Seite 182 ff.

cc. Bemessung des fiktiven Unterhaltsanspruchs

Entscheidend ist gem. § 33 Abs. 3 VersAusglG der fiktive nacheheliche Unterhaltsanspruch, dem der Ausgleichsberechtigte bei der ungekürzten Versorgung des anderen Ehegatten zustehen würde.[645] Der Unterhaltsanspruch gem. §§ 1569 ff. BGB wird anhand der beiderseitigen Einkommensverhältnisse der Ehegatten bestimmt

(1) Einbeziehung aller Anrechte bei der Bestimmung[646]

Da im Rahmen der Feststellung des Unterhalts nicht zwischen den Anrechten der Regelversicherungssysteme und anderer Versorgungen unterschieden wird, werden auch laufende Versorgungen des Ausgleichspflichtigen, die nicht unter § 32 VersAusglG fallen, bei der Unterhaltsberechnung einbezogen.[647] Dabei wird allerdings nicht beachtet, dass bereits eine Kürzung der Anrechte aufgrund des Versorgungsausgleichs erfolgt ist und dass hier der Gesamtbetrag der Versorgung, also nicht nur der Ehezeitanteil, als Vermögen zugrunde gelegt wird. [648]

Dies sei nach Ansicht von *Bergner* problematisch, da § 33 VersAusglG nur für die Anrechte der Regelsicherungssysteme i.S.v. § 32 VersAusglG gilt, der gesetzliche Unterhaltsanspruch aber nicht nur aufgrund von Anrechten i.S.v. § 32 VersAusglG bestimmt werden könne. Aufgrund dessen möchte *Bergner* „auch andere von dem Ausgleichspflichtigen bezogene Versorgungsleistungen“ im Rahmen der Ermittlung von § 33 VersAusglG berücksichtigen.[649]

Gegen diese Erweiterung spreche zwar grundsätzlich der Wortlaut des § 33 Abs. 3 VersAusglG, der deutlich mache, dass der „gesetzliche Unterhaltsanspruch“ nur anhand von Anrechten der Regelversicherungen gem. § 32 VersAusglG berechnet werden dürfe.[650]

645 BT-Drucks. 16/10144, S. 72.
646 Darstellung übernommen aus *Bergner*, NJW 2010, S. 3545, 3547 f.
647 Garbe/Ullrich/*Schramm*, Verfahren in Familiensachen, § 5, Rn. 120.
648 *Bergner*, NJW 2010, S. 3545, 3546; *Bergner*, FPR 2011, S. 483, 485.
649 *Bergner*, NJW 2010, S. 3545, 3546; *Bergner*, FPR 2011, S. 483, 485.
650 *Bergner*, NJW 2010, S. 3545, 3546; *Bergner*, FPR 2011, S. 483, 485.

Vorrangig sei seiner Meinung nach aber der Sinn und Zweck der Vorschrift, der die Leistungsfähigkeit des Ausgleichspflichtigen bei der Zahlung des gesetzlichen Unterhaltsanspruchs erhalten und den Ausgleichsberechtigten vor einer Beeinträchtigung durch den Versorgungsausgleich schützen möchte.[651] Deshalb solle das Familiengericht bei der Ermittlung des „gesetzlichen fiktiven Unterhaltsanspruchs" i.S.v. § 33 Abs. 1 VersAusglG auch „Versorgungen berücksichtigen, die nicht auf Anrechten gem. § 32 VersAusglG beruhen". In diesem Zuge seien bei dem Ausgleichsberechtigten auch die erzielten Einkünfte aus einer abhängigen Beschäftigung oder einer selbstständigen Tätigkeit miteinzubeziehen.[652]

(2) Berechnungsbeispiel

Die Auswirkungen sollen anhand eines Beispiels dargestellt werden:[653]

E 1 = Ausgleichspflichtige	**E 2 = Ausgleichsberechtigte**
Rente aus Anrechten i.S.v. § 32 VersAusglG (gRV) 2750 EUR + weitere laufende	Anwartschaft auf Rente der gRV
Ehezeitanteil des Anrechts der gRV = 1800 EUR	Ehezeitanteil des Anrechts der gRV = 300 EUR
Daraus sich ergebender Ausgleichswert = 900 EUR	Daraus sich ergebender Ausgleichswert = 150 EUR
Ehezeitanteil des Anrechts der bAV = 400 EUR	
Daraus sich ergebender Ausgleichswert = 200 EUR	
	Bereinigte monatliche Einkünfte = 1600 EUR

1. Die Berechnung des fiktiven Unterhaltsanspruchs ohne die Kürzung durch den Versorgungsausgleich ergibt:

a. Anhand aller laufenden Versorgungen:

3400 EUR – 1600 EUR = 1800 EUR x ½ = 900 EUR monatlich.

651 *Bergner*, NJW 2010, S. 3545, 3546; *Bergner*, FPR 2011, S. 483, 485.
652 *Bergner*, NJW 2010, S. 3545, 3546; *Bergner*, FPR 2011, S. 483, 485.
653 Beispiel übernommen aus, *Bergner*, NJW 2010, S. 3545, 3547.

b. Würde man dagegen nur die Versorgung aus Anrechten im Sinne des § 32 VersAusglG berücksichtigen, ergibt sich ein Anspruch in Höhe von:

2750 EUR – 1600 EUR = 1150 EUR x ½ = 575 EUR.

2. Kürzungsgrenze der Rente aus der Differenz der beiderseitigen Ausgleichwerte gem. § 33 Abs. 3 Hs. 2 VersAusglG. Im Rahmen dieser Ermittlung sind immer nur die Anrechte der Versorgungen gem. § 32 VersAusglG zugrunde zu legen.

900 EUR – 150 EUR = 750 EUR.

Im ersten Fall wäre die Höhe der Kürzung der Aussetzung von eigentlich 900 EUR gem. § 33 Abs. 2 Hs. 2 VersAusglG auf die Höhe der Differenz der beiderseitigen Ausgleichswerte im Sinne von § 32 VersAusglG, also in Höhe von 750 EUR, zu beschränken.

Im zweiten Fall ergibt sich ein fiktiver Unterhaltsanspruch in Höhe von 575 EUR. Eine Begrenzung der Aussetzung der Kürzung gem. § 33 Abs. 3 Hs. 2 VersAusglG ist hier also nicht notwendig.

3. Zuletzt muss jetzt der Unterhaltsanspruch unter Berücksichtigung der ausgesetzten Kürzung berechnet werden. Der tatsächliche Unterhaltsanspruch ist anhand des tatsächlichen Renteneinkommens des Ausgleichsverpflichteten zu ermitteln.

a. Berechnung der nach § 33 Abs. 3 Hs. 1 VersAusglG gekürzten Rente des Ausgleichspflichtigen:

aa. Gekürzte Versorgung des Ausgleichspflichtigen:

3400 EUR – 900 EUR + 150 EUR – 200 EUR + 750 EUR = 3200 EUR.

Daraus ergibt sich für den Ausgleichsberechtigten unter Berücksichtigung der gekürzten Versorgung eigentlich ein Unterhaltsanspruch in Höhe von:

3200 – 1600 = 1600 EUR x ½ = 800 EUR.

bb. Gekürzte Versorgung des Ausgleichspflichtigen:

3400 EUR – 900 EUR + 150 EUR – 200 EUR + 575 EUR = 3025 EUR.

Ein Unterhaltsanspruch unter Berücksichtigung der gekürzten Versorgung entsteht daher nur in Höhe von:

3025 EUR – 1600 EUR = 1425,00 EUR x ½ = 712,50 EUR.

Im Ergebnis zeigt das Berechnungsbeispiel von *Bergner,* dass dem Ausgleichsberechtigten eigentlich ein monatlicher Mehrbetrag in Höhe von 87,50 EUR zustehen würde.[654]

(3) Stellungnahme

Grundsätzlich erfolgt die Feststellung des gesetzlichen Unterhaltsanspruchs anhand der beiderseitigen Einkommensverhältnisse, welche sich bei dem Ausgleichspflichtigen nicht nur aus den Anrechten im Sinne von § 32 VersAusglG ergeben. Daraus wird deutlich, dass auch im Rahmen der Ermittlung des Unterhaltsanspruchs in § 33 Abs. 3 VersAusglG alle Versorgungen als Grundlage herangezogen werden sollten. Der Vorschlag von *Bergner* ist also überzeugend.

654 *Bergner,* NJW 2010, S. 3545, 3548.

dd. Berechnung des fiktiven Unterhaltsanspruchs unter Berücksichtigung des Selbstbehalts des Unterhaltspflichtigen[655]

Grundsätzlich ist bei der Ermittlung des Unterhaltsanspruchs der gesetzlich vorgeschriebene Selbstbehalt des Ausgleichspflichtigen gem. § 1603 BGB und die damit verbundene Ermittlung der Leistungsfähigkeit zu beachten.

(1) Vorgehensweise des AG Waiblingen

Es stellt sich die Frage, ob die Aussetzung der Versorgungskürzung nicht auf die Höhe des fiktiven Unterhaltsanspruchs beschränkt werden soll, wenn andernfalls der Selbstbehalt des Unterhaltsverpflichteten unterschritten wird.[656] Diesen Ansatz hat das AG Waiblingen in einem Verfahren angewendet. Die Vorgehensweise führte dazu, dass die Versorgung in voller Höhe ausgesetzt wurde, sodass der Ausgleichspflichtige dadurch seine Unterhaltspflicht bestreiten konnte.[657]

§ 33 Abs. 3 VersAusglG müsste insoweit einschränkend ausgelegt werden, dass die Aussetzung in diesen Fällen nicht auf die Höhe des Unterhaltsanspruchs begrenzt wäre, sondern eine Aussetzung in voller Höhe des Kürzungsbetrages zulässig ist.[658]

Die Thematik soll anhand eines Beispiels verdeutlicht werden:[659]

E 1 = Ausgleichspflichtige	**E 2 = Ausgleichsberechtigte**
Laufende Rente aus Anrechten i.S.v. § 32 VersAusglG = 1200 EUR	Anwartschaft auf Rente
Ehezeitanteil dieses Anrechts aus gRV= 1000 EUR	Ehezeitanteil dieses Anrechts aus gRV = 200 EUR
Daraus sich ergebender Ausgleichswert = 500 EUR	Daraus sich ergebender Ausgleichswert = 100 EUR

655 Darstellung übernommen aus *Bergner,* FPR 2011, S. 483, 486. Zur Vereinfachung wird in dem Beispiel ein Selbstbehalt in Höhe von 1000 EUR angesetzt.

656 Zu diesem Ergebnis ist das AG Waiblingen in seinen Beschluss vom 10.09.2010 gekommen, BeckRS 2010, 31103; kritisch zu dem Ergebnis *Schwamb,* NJW 2011, S. 1648, 1650; *Bergner,* FPR 2011, S. 483, 486.

657 AG Waiblingen BeckRS 2010, 31103.

658 *Schwamb,* NJW 2011, S. 1648, 1650.

659 Darstellung abgewandelt übernommen von *Bergner,* NJW 2010, S. 3545, 3547.

	Bereinigte monatliche Einkünfte = 1000 EUR

1. Die Berechnung des fiktiven Unterhaltsanspruchs ohne die Kürzung durch den Versorgungsausgleich ergibt:

1200 EUR – 1000 = 200 EUR x ½ = 100 EUR.

Dem Ausgleichsberechtigten würde bei der vollen Auszahlung der Versorgung ein Unterhaltsanspruch in Höhe von 100 EUR zustehen.

2. Kürzungsgrenze gem. § 33 Abs. 3 Hs. 2 VersAusglG:

500 EUR – 100 EUR = 400 EUR.

Die Kürzung der Aussetzung ist nicht gem. § 33 Abs. 3 Hs. 2 VersAusglG zu begrenzen, da der fiktive Unterhaltsanspruch in Höhe von 100 EUR nicht die Höchstgrenze in Höhe von 400 EUR überschreitet.

3. Berechnung des tatsächlichen Unterhaltsanspruchs des Ausgleichsberechtigten unter Berücksichtigung der ausgesetzten Kürzung:

1200 EUR – 500 EUR + 100 EUR + 100 EUR = 900,00 EUR.

Im Ergebnis wäre eine Anpassung gem. § 33 Abs. 3 VersAusglG nicht zulässig.[660] Die Kürzung der Versorgung führt dazu, dass der Unterhaltsverpflichtete unter den Selbstbehalt von 1000 EUR fällt und infolgedessen nicht mehr leistungsfähig ist. Dementsprechend wäre auch eine Anpassung gem. §§ 33, 34 VersAusglG nicht möglich, da eine Aussetzung in Höhe des fiktiven Unterhaltsanspruchs nicht zur Erhaltung der Leistungsfähigkeit des Ausgleichsverpflichteten führt. Denn dem Ausgleichspflichtigen steht auch nach der Anpassung nur eine

660 Dies gilt im Übrigen für die Fälle, in denen ein Unterhaltsanspruch nach der Berechnung gem. § 33 Abs. 3 VersAusglG entfällt, siehe das Beispiel dazu in BT-Drucks. 16/10144, S. 73. Es sei der Zweck von §§ 33, 34 VersAusglG, den Verpflichteten bei der Erfüllung seiner Unterhaltsverpflichtung zu unterstützen, was in diesem Fall nicht notwendig sei, da dem Ausgleichsberechtigten kein Unterhaltsanspruch mehr zusteht, so vertreten von HK/*Rehbein*, Versorgungsausgleich, § 33 VersAusglG, Rn. 40.

Rente in Höhe von 900 EUR zu, der Selbstbehalt ist also unterschritten.

Infolgedessen wird es überwiegend abgelehnt, hier eine Aussetzung durchzuführen, da für den Ausgleichsverpflichteten keine Unterhaltsverpflichtung entsteht, die Aussetzung also nicht kausal ist.[661]

Durch den Ansatz des AG Waiblingen könnte hingegen folgendes Ergebnis erreicht werden: Der Ausgleichspflichtige erhält eine gekürzte Versorgung von insgesamt 800 EUR. Eine Aussetzung in Höhe des fiktiven Unterhalts scheidet grundsätzlich aus, da der Verpflichtete nicht zur Unterhaltsleistung fähig ist. Würde man die Kürzung hingegen in voller Höhe, also um 400 EUR, aussetzen, würde der Ausgleichspflichtige wieder eine Versorgung von 1200 EUR erhalten. Dadurch wäre sein Selbstbehalt gewährleistet und er könnte seiner sich daraus ergebenden Unterhaltsverpflichtung in Höhe von 100 EUR nachkommen.[662]

Die Vorgehensweise wird jedoch von *Schwamb* und auch von *Bergner* stark kritisiert.[663] Zwar sei es insbesondere hinsichtlich der „wenig durchdachten" Regelung des § 33 Abs. 3 VersAusglG und dem sich daraus ergebenden „Zahlenmaterial" verständlich, am Ende einfach eine

661 BT-Drucks. 16/10144, S. 72; *Schwamb,* NJW 2011, S. 1648, 1650; *Bergner,* FPR 2011, S. 483, 486, a.A. *Borth,* Versorgungsausgleich, 6. Aufl., Kapitel 8, Rn. 957. § 33 VersAusglG sei im Übrigen auch dann anzuwenden, da es Zweck der Vorschrift sei, die wirtschaftliche Leistungsfähigkeit des Ausgleichspflichtigen zu erhalten.

662 AG Waiblingen BeckRS 2010, 31103. Unabhängig von der dargestellten Kritik an einer einschränkenden Auslegung des § 33 Abs. 3 VersAusglG, ist *Bergner* der Ansicht, dass das Gericht den fiktiven Unterhaltsanspruch gänzlich hätte neu ermitteln müssen. Maßgeblich sei für § 33 Abs. 3 VersAusglG der auf den Verhältnissen zum Zeitpunkt des Wirksamwerdens der Anpassung beruhende fiktive Unterhaltsanspruch und nicht der auf anderen Verhältnissen beruhende Unterhaltsanspruch auf Grund eines gerichtlichen Vergleichs, *Bergner,* FPR 2011, S. 483, 486. Dieses Argument sei in dem vorliegenden Fall besonders unter Beachtung der neuesten BGH-Rechtsprechung bedeutsam. Demnach habe das Gericht bei seiner Entscheidung über die Anpassung der Rentenkürzung nach § 33 VersAusglG stets zu prüfen, ob ein bereits vorliegender Unterhaltstitel den gesetzlichen Vorschriften über den nachehelichen Unterhalt widerspricht. Dies gelte insbesondere bei älteren Unterhaltstiteln aus der Zeit des Erwerbslebens, BGH NJW 2012, S. 1661, 1663.

663 *Schwamb,* NJW 2011, S. 1648, 1650; *Bergner,* FPR 2011, S. 483, 486.

vollständige Aussetzung durchzuführen und die Leistungsfähigkeit des Verpflichteten erhalten zu wollen.[664]

Es sei gleichwohl zu bedenken, dass diese Einschränkung nicht einfach abweichend vom Wortlaut des § 33 Abs. 3 VersAusglG möglich sei. Insbesondere, da der BGH in der Vergangenheit aufgrund der Rechtsprechung des BVerfGs verfassungskonformen einschränkenden Auslegungen von unterhaltsrechtlichen Vorschriften eher kritisch gegenübergestanden habe.[665] Das BVerfG habe nämlich ausgeführt, dass die Grenze bei einer einschränkenden Auslegung dort liege, wo eine solche Auslegung zu dem Wortlaut und dem klar erkennbaren Willen des Gesetzgebers in Widerspruch treten würde.[666] Aufgrund dessen sei der Ansatz des AG Waiblingen nach Ansicht *Schwabs* unter Berücksichtigung der Rechtsprechung des BVerfGs hier nicht vertretbar, da dieser ganz klar dem Wortlaut des Gesetzes und dem Willen des Gesetzgebers widerspreche.[667]

(2) Stellungnahme

Der Ansatz des AG Waiblingen ist verständlich und praxisorientiert. Der § 33 VersAusglG hat den Zweck, die Leistungsfähigkeit des Ausgleichspflichtigen zu erhalten. Es ist also durchaus nachvollziehbar, die Norm schon in einem früheren Stadium anzuwenden, die Leistungsfähigkeit also erst zu ermöglichen. Dennoch widerspricht diese einschränkende Auslegung der Regelung dem klaren Willen des Gesetzgebers, der diese Konstellation – ausnahmsweise – in dem Gesetzesentwurf angesprochen hat.[668] Dies ermöglicht auch in den gegenständlichen Konstellationen leider keine anderweitige Auslegung, sodass

664 *Schwamb*, NJW 2011, S. 1648, 1650.

665 Die Haltung des BGH beruht auf dem Urteil des BVerfG zur Dreiteilungsmethode, BVerfG NJW 2011, S. 836. Das BVerfG hatte am 25.1.2011 entschieden, dass die vom BGH entwickelte Berechnung von Unterhaltsansprüchen anhand der Dreiteilungsmethode die Grenzen richterlicher Rechtsfortbildung überschreite, ausführlich dazu *Götz*, NJW 2011, S. 801.

666 BVerfG NJW 2011, S. 836, 841.

667 So die Argumentation von *Schwamb*, NJW 2011, S. 1648, 1650.

668 BT-Drucks. 16/10144, S. 72 f.

eine Anpassung – entgegen ihrem Telos – nicht durchgeführt werden kann.

Es ist also festzuhalten, dass eine Aussetzung ausscheidet, wenn die Kürzung der Versorgung zur Unterschreitung des Selbstbehalts führt und auch die Aussetzung der Kürzung in voller Höhe keinen Unterhaltsanspruch des Ausgleichsberechtigten auslösen würde.[669] Dies gilt ebenso in dem Fall, wenn durch die volle Aussetzung der Kürzung – also nicht nur in Höhe des Unterhaltsanspruchs – der Selbstbehalt überschritten werden könnte.

c. Zwischenergebnis

Die Begrenzung in § 33 Abs. 3 Hs. 1 VersAusglG stellt eine erhebliche Veränderung zur bisher geltenden Regelung § 5 VAHRG a.F. dar.[670] Nach dem bis zum 31.8.2008 geltenden Rechtszustand war die Höhe des Unterhaltsanspruches für die Aussetzung der Kürzung unerheblich, die Aussetzung erfolgte vielmehr in voller Höhe des Kürzungsbetrages.[671]

Aus den Ausführungen ergibt sich, dass aufgrund der neuen Regelung des § 33 Abs. 3 Hs. 1 VersAusglG viele verschiedene Konstellationen entstehen können, bei denen eine Aussetzung nun nicht mehr möglich ist. Darüber hinaus hat die Untersuchung gezeigt, dass durch die Begrenzung weitere Fragen bzw. Probleme entstehen können und dass diesbezüglich in der Praxis eine starke Unsicherheit herrscht, wie damit verfahren werden soll.

Grundsätzlich soll den früheren Ehegatten die Differenz zwischen dem ursprünglichen und dem neuen Unterhaltsbetrag je zur Hälfte zukommen. Im Rahmen der Ermittlung der Aussetzung wird jedoch die

---

669 *Bergner*, NJW 2010, S. 3545; *Bergner*, FPR 2011, S. 483, 485; Johannsen/Henrich/*Hahne*, Familienrecht, 5. Aufl., § 33 VersAusglG, Rn. 5; *Ruland*, Versorgungsausgleich, 3. Aufl., 9. Kapitel, Rn. 951.

670 *Bergner*, NJW 2010, S. 3545, 3546; *Borth*, Versorgungsausgleich, 6. Aufl., Kapitel 8, Rn. 966; ders. A. Johannsen/Henrich/*Hahne*, Familienrecht, 5. Aufl., § 33 VersAusglG, Rn. 7.

671 BT-Drucks. 16/10144, S. 73; MK/*Gräper*, BGB, 6. Aufl., § 33 VersAusglG, Rn. 18; *Ruland*, Versorgungsausgleich, 3. Aufl., 9. Kapitel, Rn. 952; *Borth*, Versorgungsausgleich, 6. Aufl., Kapitel 8, Rn. 966; HK/*Rehbein*, Versorgungsausgleich, § 33 VersAusglG, Rn. 27.

Abgabe der Sozialversicherungsbeiträge nicht berücksichtigt, sodass der Ausgleichspflichtige im Ergebnis doch weniger erhält.[672] Zudem können sich Sachverhalte ergeben, in denen die Ermittlung des Unterhaltsanspruchs nach § 33 Abs. 3 Hs. 1 VersAusglG zu einem geringeren Unterhaltsanspruch führt, als er ohne die Kürzung der Versorgung bestünde.

Zwar ist der Wunsch des Gesetzgebers verständlich, „ungerechtfertigte Vorteile der Ehegatten" zu verhindern,[673] da nach der bisher geltenden Rechtslage selbst geringfügige Ansprüche die Aussetzung der Kürzung bewirken konnten. Aufgrund dessen sei es den Ehegatten möglich gewesen, manipulativ selbst Unterhaltsansprüche zu schaffen, um so zu erreichen, dass der Versorgungsausgleich zumindest bis zu Beginn des Rentenbezuges des Ausgleichsberechtigten für den Ausgleichspflichtigen ohne Wirkungen blieb.[674]

Bedenkt man allerdings, dass auch nach der alten Rechtslage nur ein gesetzlicher Unterhaltsanspruch – also kein vereinbarter – die Wirkungen des § 5 VAHRG a.F. auslösen konnte, ist fraglich, inwieweit tatsächlich durch manipulatives Zusammenwirken ungerechtfertigte Vorteile erzielt werden konnten, zumal durch die Änderung ungeklärte Fragen und Sachverhalte entstanden sind, mit denen sich die Gerichte aufgrund fehlender Hinweise des Gesetzgebers auseinandersetzen müssen.

2. Neue Regelung in § 33 Abs. 3 Hs. 2 VersAusglG

Aus den zuvor erörterten Beispielen wird bereits ersichtlich, dass die Anpassung durch § 33 Abs. 3 Hs. 2 VersAusglG weiter eingeschränkt wird.

672 Dies wird teilweise kritisiert von *Ruland*, Versorgungsausgleich, 3. Aufl., 9 Kapitel, Rn. 954; *Borth*, Versorgungsausgleich, 6. Aufl., Kapitel 8, Rn. 968; Johannsen/Henrich/*Hahne*, Familienrecht, 5. Aufl., § 33 VersAusglG, Rn. 7.

673 BT-Drucks. 16/10144, S. 73; *Götsche*, ZFE 2010, S. 407, 411.

674 BT-Drucks. 16/10144, S. 73; *Kemper*, Versorgungsausgleich in der Praxis, Kapitel X, Rn. 56.

a. Ausführungen des Gesetzgebers

Der Gesetzgeber führt dazu aus: „Absatz 3 stellt im zweiten Halbsatz sicher, dass die ausgleichspflichtige Person keinen ungerechtfertigten Vorteil aus der Anpassung zieht. Sie darf nicht bessergestellt werden, als seien die Ausgleichswerte aus den Regelsicherungssystemen (§ 32 VersAusglG) saldiert worden."[675] In der Gesetzesbegründung ist anschließend ein weiteres Fallbeispiel abgebildet, anhand dessen die Neuregelung verdeutlicht werden soll.[676] Dabei ist die Wertgrenze allein bei den Anrechten aus § 32 VersAusglG zu berücksichtigen, aus denen die ausgleichspflichtige Person tatsächlich eine laufende Versorgung bezieht.[677]

b. Neue Rechtslage gem. § 33 Abs. 3 Hs. 2 VersAusglG:

Die Kürzung ist also „höchstens" in Höhe der Differenz der beiderseitigen Ausgleichswerte aus denjenigen Anrechten i.S.v. § 32 VersAusglG, aus denen der Ausgleichspflichtige eine laufende Versorgung bezieht, auszusetzen.

aa. Bei „Neufällen"

In den bisher ausgewählten Beispielen hatte die in § 33 Abs. 3 Hs. 2 VersAusglG genannte Höchstgrenze keine Auswirkungen auf die Berechnung. Anhand der folgenden Ausführungen sollen die Rechtsfolgen aufgezeigt werden.

Bei der Berücksichtigung der Höchstgrenze stellt sich zunächst die Frage, wo diese genau zu bestimmen ist. Da § 33 VersAusglG die Aussetzung einer laufenden Versorgung vornimmt, muss es sich bei dem Höchstwert also um einen auf das Wirksamwerden der Anpassung bezogenen Betrag in Rentenform handeln. Dieser Betrag lässt sich aber nicht alleine anhand der Ausgleichswerte ermitteln. Bei den Ausgleichswerten handelt es sich um übertragene oder begründete An-

675 BT-Drucks. 16/10144, S. 73.
676 BT-Drucks. 16/10144, S. 73.
677 BT-Drucks. 16/10144, S. 73.

rechte in Form der maßgeblichen Bezugsgröße i.S.d. § 5 VersAusglG, die sich auf das Ehezeitende beziehen. Hieraus lässt sich nicht auf den Zeitpunkt des Wirksamwerdens der Anpassung des bezogenen Höchstwertes in Rentenform schließen. Deswegen kommt es für § 33 Abs. 3 VersAusglG im Ergebnis nicht auf die Differenz der Ausgleichswerte an, sondern auch auf die Differenz der sich ergebenden laufenden Versorgungen, woraus sich letztlich die Differenz der „abgegebenen und erworbenen" Versorgungen zeigt.[678]

Der Höchstwert ergibt sich also grundsätzlich aus der Differenz der im Versorgungsausgleich abgegebenen und erworbenen Versorgungen. Bei Anrechten gleicher Art wird die Höchstgrenze bereits aus der Differenz im Zuge der Verrechnung des Versorgungsträgers gem. § 10 Abs. 2 VersAusglG deutlich.[679] Anrechte, die gem. §§ 14, 15 VersAusglG erst im Wege der externen Teilung im Versorgungsausgleich in der gesetzlichen Rentenversicherung begründet wurden, bleiben im Rahmen der Ermittlung unberücksichtigt.[680]

Wenn die beiderseitigen Ausgleichswerte jedoch nicht verrechnet werden können, da sie bspw. unterschiedlicher Herkunft sind, ergibt sich die Höchstgrenze erst aus der Differenz der beiderseitigen Ausgleichswerte gem. § 33 Abs. 3 Hs. 2 VersAusglG. In diesem Fall können die Anrechte im Zuge des Versorgungsausgleichs nicht saldiert werden, sodass die Abzugsgrenze gem. § 33 Abs. 3 Hs. 2 VersAusglG hier zum Tragen kommt, um gleiche Ergebnisse wie im Fall einer Verrechnung erzielen zu können.[681]

Bei der Ermittlung sind jedoch nur die Anrechte zu saldieren, die zu den Anrechten der Regelsicherungssysteme i.S.d. § 32 VersAusglG

678 BGH NJW 2012, S. 1661, 1662; *Bergner*, FPR 2011, S. 483, 488.

679 BGH NJW 2012, S. 1661, 1662. Wenn beide Ehegatten Anrechte bei der gesetzlichen Rentenversicherung besitzen, ergibt sich die Höchstgrenze aus der Verrechnung der Entgeltpunkte, siehe Beispiel *Bergner*, FPR 2011, S. 483, 488.

680 BT-Drucks. 16/10144, S. 71 f.; BGH NJW 2012, S. 1661, 1662; OLG Hamm FamRZ 2011, S. 1951, 1952.

681 *Kemper*, Versorgungsausgleich in der Praxis, Kapitel X, Rn. 77. Werden dem Ehemann bspw. Anrechte bei einer berufsständischen Altersversorgung nach dem Versorgungsausgleich in Höhe von 800 EUR gekürzt und hat die Ehefrau Anrechte in Höhe von 272 EUR bei der gesetzlichen Rentenversicherung, so ergibt sich die Höchstgrenze aus der Saldierung dieser beiden Beträge. In diesem Fall beträgt die Aussetzungsgrenze gem. § 33 Abs. 3 Hs. 2 VersAusglG 525,30 EUR, siehe bei Beispiel *Bergner*, FPR 2011, S. 483, 488.

gehören und aus denen der Ausgleichspflichtige eine laufende Versorgung bezieht.[682] Daraus ergibt sich der Kürzungsbetrag, in dessen Höhe höchstens die Aussetzung in Höhe des fiktiven Unterhaltsanspruchs erfolgen darf.[683]

bb. Begrenzung in Höhe der beiderseitigen Ausgleichswerte[684]

E1 = Ausgleichspflichtige	**E2 = Ausgleichsberechtigte**
Rente aus Anrechten i. S. v. § 32 VersAusglG ohne Kürzung = 2000 EUR	Anwartschaft auf Rente
Ehezeitanteil dieses Anrechts = 1600 EUR	Ehezeitanteil dieses Anrechts = 800 EUR
Daraus ergibt sich ein Ausgleichswert von = 800 EUR	Daraus ergibt sich ein Ausgleichswert von = 400 EUR
	Bereinigte monatliche Einkünfte = 800 EUR

1. Die Berechnung des fiktiven Unterhaltsanspruchs ohne die Kürzung durch den Versorgungsausgleich hat zum Ergebnis:
2000 EUR – 800 EUR = 1200 EUR x ½ = 600 EUR.

2. Da es sich hier um Anrechte gleicher Art handelt, ergibt sich die Höchstgrenze aus der Differenz der Ausgleichswerte im Zuge der Verrechnung gem. § 10 Abs. 2 VersAusglG.

Der Kürzungsbetrag der Rente gem. § 33 Abs. 3 Hs. 2 VersAusglG beträgt:

800 EUR – 400 EUR = 400 EUR.

682 BT-Drucks. 16/10144, S. 72; BGH NJW 2012, S. 1662; *Kemper*, Versorgungsausgleich in der Praxis, Kapitel X, Rn. 62; MK/*Gräper*, BGB, 6. Aufl., VersAusglG, § 33, Rn. 26.

683 *Gutdeutsch*, FamRB 2010, S. 149, 151. In der Praxis bedeutet dies, dass zunächst ermittelt werden muss, aus welchen Anrechten aus den Regelversicherungssystemen der Ausgleichpflichtige eine Rente bezieht, *Kemper*, Versorgungsausgleich in der Praxis, Kapitel X, Rn. 62.

684 Zur Darstellung des Berechnungsbeispiels vgl. BT-Drucks. 16/10144, S. 72; *Bergner*, NJW 2010, S. 3545, 3547.

Wird die Rente des Ausgleichspflichtigen gekürzt, so erfolgt die Aussetzung der Kürzung in Höhe des fiktiven Unterhaltsanspruchs von 600 EUR, höchstens jedoch in Höhe der beiderseitigen Ausgleichswerte gem. § 33 Abs. 3 Hs. 2 VersAusglG. Im vorliegenden Beispiel wurde ein Höchstwert in Höhe von 400 EUR errechnet, sodass die Aussetzung in dieser Höhe zu begrenzen ist.[685]

3. Zuletzt muss der Unterhaltsanspruch unter Berücksichtigung der ausgesetzten Kürzung berechnet werden. Der tatsächliche Unterhaltsanspruch ist somit anhand des tatsächlichen Renteneinkommens des Ausgleichsverpflichteten zu ermitteln.

a. Berechnung der nach § 33 Abs. 3 Hs. 1 VersAusglG gekürzten Rente des Ausgleichspflichtigen:

2000 EUR – 800 EUR + 400 EUR + 400 EUR = 2000 EUR.

b. Daraus ergibt sich ein Unterhaltsanspruch unter Berücksichtigung der ungekürzten Versorgung in Höhe von:

2000 EUR – 800 EUR = 1200 EUR x ½ = 600 EUR.

In diesem Fall entspricht der Unterhaltsanspruch in Höhe von 600 EUR nach der Kürzung der gleichen Höhe, wie er ohne die Kürzung der Versorgung bestanden hätte.[686] Er muss jedoch gem. § 33 Abs. 3 Hs. 2 VersAusglG auf 400 EUR begrenzt werden.

cc. Stellungnahme

Insbesondere bei „Neufällen" ist die Höchstgrenze genau zu bestimmen. Relevant ist nicht nur die Differenz der Ausgleichswerte, sondern

685 Das Beispiel zeigt, dass der Ausgleichswert von 800 EUR des Ausgleichspflichtigen nicht dem im Ergebnis vorliegenden Kürzungsbetrag von 400 EUR entspricht.

686 *Bergner*, NJW 2010, S. 3545, 3547.

auch die Differenz der abgegebenen und erworbenen Versorgungen. Ist eine Verrechnung gem. § 10 Abs. 2 VersAusglG nämlich nicht möglich, müssen die Anrechte erst saldiert werden, um die Höchstgrenze gem. § 33 Abs. 3 Hs. 2 VersAusglG ermitteln zu können.

dd. Einschränkungen gem. § 33 Abs. 3 Hs. 2 VersAusglG bei „Altfällen"

Bei Verfahren, die vor dem 31.8.2009, also nach der bisherigen Rechtslage, durchgeführt wurden, wurde noch eine Gesamtsaldierung aller Anrechte vorgenommen. Die bisherige Rechtslage brauchte im Rahmen der Aussetzungen kein entsprechendes Gegenstück gem. § 33 Abs. 3 Hs. 2 VersAusglG, da eine Saldierung schon im Rahmen des öffentlich-rechtlichen Ausgleichs vorgenommen wurde. Diese wurde im neuen Recht durch den Einmalausgleich abgelöst, woraus auch die Notwendigkeit der Regelung § 33 Abs. 3 Hs. 2 VersAusglG resultiert.[687] Fraglich ist, wie die Höchstgrenze bei Verfahren zu ermitteln ist, die zwar noch nach dem bisherigen Recht durchgeführt, bei denen aber ein Antrag gem. §§ 33, 34 VersAusglG, also nach dem 31.8.2009, gestellt wurde.

Überwiegend wird davon ausgegangen, dass die Höchstgrenze in diesen Fällen dem Betrag entspricht, der im Wege des Splittings nach § 1587b Abs. 1 BGB a.F. ausgeglichen wurde.[688] Der BGH führt dazu aus, dass „ auf diese Weise ebenfalls die Hälfte der Differenz der Ehezeitanteile beider Ehegatten in der gesetzlichen Rentenversicherung übertragen wurde, was dem Vollzug der Entscheidung zum Versorgungsausgleich nach dem neuen Recht gem. § 10 Abs. 2 VersAusglG

687 *Gutdeutsch*, FamRB 2010, S. 149, 151; *Kemper*, Versorgungsausgleich in der Praxis, Kapitel X, Rn. 61.

688 BGH NJW 2012, S. 1661, 1662; OLG Hamm FamRZ 2011, S. 814; *Bergner*, FPR 2011, S. 483, 487. Demnach ergibt sich die Aussetzungsgrenze aus den zum Ehezeitende übertragenen Anrechten der gesetzlichen Rentenversicherung, was im Übrigen auch für Anrechte der Beamtenversorgung und berufsständischen Versorgung gilt; a.A. *Kemper*, Versorgungsausgleich in der Praxis, Kapitel X, Rn. 61, wonach eine Saldierung gem. § 33 Abs. 3 Hs. 2 VersAusglG auch in diesen Fällen nachgeholt werden müsse.

entspricht."[689] Handelt es sich also nur um Anrechte der gesetzlichen Rentenversicherung, so sei die Aussetzung auf den Splittingbetrag begrenzt.

ee. Stellungnahme

Die maßgebliche Differenz gem. § 33 Abs. 3 Hs. 2 VersAusglG ergibt sich bei Altfällen aus dem im Wege des Splittings ermittelten ausgeglichenen Bruttobetrag unter Berücksichtigung des für das Ende der Ehezeit geltenden allgemeinen Rentenwerts des Ausgleichspflichtigen.

c. Zwischenergebnis

Durch den Hin-und-Her-Ausgleich hat sich die Ermittlung des Ausgleichswertes verkompliziert.[690] Das neue System – das keine Saldierung der Anrechte mehr kennt – hat zur Konsequenz, dass die Aussetzung der Kürzung höchstens in Höhe der Differenz der beiderseitigen Ausgleichswerte aus § 32 VersAusglG beschränkt werden muss. Ansonsten könnte auch der Ausgleichspflichtige, der insgesamt der „Gewinner" des Versorgungsausgleichs ist, eine Anpassung durchführen lassen und würde dadurch besser stehen, als wenn kein Ausgleich stattgefunden hätte.[691] Die §§ 33, 34 VersAusglG haben aber den Zweck, unbillige Härten des Ausgleichs zu korrigieren und nicht eine Besserstellung des Ausgleichspflichtigen zu ermöglichen.[692]

Allerdings zeigt die Untersuchung auch hinsichtlich dieser Begrenzung, dass sich verschiedene Schwierigkeiten und Fragen bei der Berechnung bei Neu- und Altfällen ergeben können.

---

689 Der BGH zieht zur Ermittlung der in § 33 Abs. 3 Hs. 2 VersAusglG maßgeblichen Differenz den im Wege des Splittings nach § 1587b Abs. 1 BGB ausgeglichenen Bruttobetrag heran, siehe dazu BGH NJW 2012, S. 1661, 1662.

690 *Ruland*, Versorgungsausgleich, 3. Aufl., 9. Kapitel, Rn. 954; Johannsen/Henrich/*Hahne*, Familienrecht, 5. Aufl., § 33 VersAusglG, Rn. 8.

691 *Kemper*, Versorgungsausgleich in der Praxis, Kapitel X, Rn. 60.

692 BT-Drucks. 16/10144, S. 72.

3. Ergebnis zu § 33 Abs. 3 VersAusglG

§ 33 Abs. 3 VersAusglG bestimmt, dass bei Vorliegen der Voraussetzungen in § 33 Abs. 1 und 2 VersAusglG die Aussetzung der durch den Versorgungsausgleich ausgelösten Kürzung durch das Familiengericht zu erfolgen hat. Jedoch wird die Aussetzung in doppelter Hinsicht begrenzt. Durch die Neuerungen entstehen viele – und im Vergleich zur bisherigen Rechtslage unbekannte – Konstellationen und Fragen, deren Lösungen künftig der Rechtsprechung und Literatur obliegen werden. Die Ausführungen des Gesetzgebers im Gesetzesentwurf befassen sich nur ungenügend mit den einzelnen Problemen.

4. Exkurs: Bewertung im verfassungsrechtlichen Kontext

Aufgrund der eben erörterten Schwierigkeiten und Fragen, die die Regelung des § 33 Abs. 3 VersAusglG mit sich bringt, erheben Teile in der Literatur verfassungsrechtliche Bedenken bezüglich des neuen Unterhaltsprivilegs.[693] Als Gründe werden eine mangelnde Bestimmtheit des § 33 Abs. 3 VersAusglG und die Begrenzung der Aussetzung in Höhe des Unterhaltsanspruchs angeführt.

a. Verfassungsrechtliche Diskussion hinsichtlich § 33 Abs. 3 VersAusglG

Schwamb vertritt die Auffassung, dass die Norm zu unklar formuliert sei, was sich anhand der verschiedenen materiell- und verfahrensrechtlichen Fragen zeige.[694]

Ruland und *Bergner* halten die Vorschrift hingegen im Hinblick auf die durch § 33 Abs. 3 VersAusglG erzielbaren Ergebnissen für verfassungsrechtlich bedenklich. Insbesondere bei Konstellationen, in denen der „Unterhaltsanspruch nicht dem Unterhaltsbetrag ohne die Kürzung entspricht", könnten sich im Gegensatz zur bisherigen

693 *Ruland*, Versorgungsausgleich, 3. Aufl., 9. Kapitel, Rn. 953; *Bergner*, FPR 2011, S. 483, 490; ähnlich *Schwamb*, NJW 2011, S. 1649, 1650; a.A. MK/*Gräper*, BGB, 6. Aufl., § 33 VersAusglG, Rn. 20.

694 *Schwamb*, NJW 2011, S. 1649, 1651.

Rechtslage für den Ausgleichspflichtigen nachteilige Ergebnisse ergeben.[695]

Der Gesetzgeber war sich dieser Auswirkung bewusst, vertritt in dem Gesetzesentwurf aber dennoch die Auffassung, dass dadurch ebenso den verfassungsrechtlichen Vorgaben entsprochen werde.[696] Der Ansicht des Gesetzgebers schließt sich *Gräper* an, der es im Rahmen der Härtefallregelung verfassungsrechtlich nicht für geboten hält, eine völlige Gleichstellung der Situation mit und ohne Versorgungsausgleich herbeizuführen, da dieser schließlich der Schaffung einer eigenständigen Versorgung diene.[697]

Dies wird von *Ruland* kritisiert, insbesondere, da dem Ausgleichsberechtigten die Realisierung seines Unterhaltsanspruchs noch dadurch erschwert werde, dass die Kürzung von betrieblichen und privaten Anrechten durch den Versorgungsausgleich nicht nach § 32 VersAusglG ausgesetzt wird.[698]

b. Stellungnahme

Die Untersuchung hat ergeben, dass die Regelung zu nur schwer überschaubaren materiell- und verfahrensrechtlichen Auswirkungen führt. Es stellt sich also durchaus die – von *Schwamb* – aufgeworfene Frage, inwieweit dem verfassungsrechtlich verankerten Gebot der Normenbestimmtheit dadurch noch entsprochen wird. Das BVerfG hat sich hinsichtlich des rechtsstaatlichen und verfassungsrechtlichen Gebots der Normenbestimmtheit für den Gesetzgeber wie folgt geäußert:

„Das Gebot der Normenbestimmtheit und der Normenklarheit [...] soll die Betroffenen befähigen, die Rechtslage anhand der gesetzlichen Regelung zu erkennen, damit sie ihr Verhalten danach ausrichten können. [...] Zu den Anforderungen gehört es, dass hinreichend klare Maßstäbe für Abwägungsentscheidungen bereitgestellt werden. [...] Je ungenauer die Anforderungen an die dafür maßgebende tatsächliche

695 *Ruland*, Versorgungsausgleich, 3. Aufl., 9. Kapitel, Rn. 953; *Bergner*, FPR 2011, S. 483, 490.

696 BT-Drucks. 16/10144, S. 72; MK/Gräper, BGB, 6. Aufl., § 33 VersAusglG, Rn. 20.

697 MK/ *Gräper*, BGB, 6. Aufl., § 33 VersAusglG, Rn. 20.

698 *Ruland*, Versorgungsausgleich, 3. Aufl., 9. Kapitel, Rn. 953; *Bergner*, FPR 2011, S. 483, 490.

Ausgangslage gesetzlich umschrieben sind, umso größer ist das Risiko unangemessener Zuordnung von rechtlich erheblichen Belangen. Schließlich dienen die Normenbestimmtheit und die Normenklarheit dazu, die Gerichte in die Lage zu versetzen, getroffene Maßnahmen anhand rechtlicher Maßstäbe zu kontrollieren. Diesen Anforderungen wird eine Norm nicht gerecht, die einen identisch formulierten Maßstab für unterschiedliche Situationen vorsieht und in ihnen mit je unterschiedlichem Inhalt angewandt werden soll. Auch wird es der – hier aus Art. 2 Abs. 1 und Art. 14 Abs. 1 GG folgenden – besonderen gesetzlichen Schutzpflicht nicht gerecht, wenn der Prüfmaßstab so ungenau umschrieben ist, dass er keine hinreichenden Anhaltspunkte für die Erfüllung der Schutzaufgabe bietet."[699]

Es ist bedenklich, ob die Regelung des § 33 Abs. 3 VersAusglG diesen Anforderungen entspricht.

Der Gesetzgeber hat zwar eine Regelung über die Höhe der Aussetzung getroffen, aber keine hinreichenden Normen über damit zusammenhängende unterhaltsrechtliche Fragen. Hinsichtlich der maßgebenden tatsächlichen Ausgangslage bei bereits bestehenden Unterhaltstiteln hat der Gesetzgeber vielmehr gar keine Maßnahme im Gesetz vorgesehen, an der sich das Gericht orientieren könnte. Dadurch ergibt sich für die Gerichte, Versorgungsträger und insbesondere für die früheren Ehegatten eine rechtlich schwierige Situation, die zumindest den Belangen des Ausgleichspflichtigen nicht mehr umfassend gerecht wird. Schließlich formuliert die Norm einen identischen Maßstab für unterschiedliche Situationen. So ist zum einen die Aussetzung immer in Höhe des Unterhalts anzusetzen, gleichgültig welche unterschiedlichen Sachverhalte sich hinsichtlich des unterhaltsrechtlichen Selbstbehalts ergeben können. Zum anderen „zwingt" die Norm das Gericht dazu, den Unterhalt in dem Aussetzungsverfahren zu ermitteln, unabhängig davon, ob nicht gerade zuvor Ergebnisse in einem Unterhaltsverfahren erzielt wurden.

Darüber hinaus zeigt das dargestellte Beispiel zu der Berechnung des „Unterhaltsanspruchs des Ausgleichsberechtigten, der nicht dem Unterhaltsbetrag ohne die Kürzung entspricht", dass bedingt durch § 33 Abs. 3 VersAusglG für den Ausgleichspflichtigen nach der neuen

699 BVerfGE 114 S. 1, 53; BVerfGE 83, S. 130, 145.

Rechtslage durchaus nachteilige Konstellationen entstehen können. Dementsprechend ist die kritische Meinung von *Ruland* und *Bergner* ebenfalls verständlich.

Zwar mag der Gesetzgeber und auch das BVerfG anderer Ansicht sein. Die Untersuchung hat allerdings ergeben, dass er sich bei der Neugestaltung nur unzureichend mit den verschiedenen Auswirkungen befasst hat. In diesem Zusammenhang sollte der neue Gesetzeskontext nämlich gesehen werden.

c. Fazit

Es ergeben sich aufgrund der Regelung des § 33 Abs. 3 VersAusglG viele Unstimmigkeiten, die einer Klarstellung, sei es im Rahmen der richterlichen Rechtsfortbildung oder durch den Gesetzgeber, bedürfen. Die Praxis wird sich bis dahin mit den verschiedenen Schwierigkeiten auseinandersetzen und sich in der Zwischenzeit mit pragmatischen Lösungen behelfen müssen. Dabei sollte im Hinblick auf die Belange der früheren Ehegatten nicht streng an dem Gesetz festgehalten werden.

Die Tatsache, dass der Gesetzgeber die Aussetzung der Kürzung in Höhe des Unterhaltsanspruchs begrenzt hat, ist für sich genommen nicht bedenklich. Verfassungsrechtliche Bedenken können sich allerdings hinsichtlich der Bestimmtheit der Norm im Zusammenhang mit der Prüfung des nachehelich geschuldeten Unterhalts ergeben und auch in Fällen, in denen die Berechnung nach § 33 Abs. 3 VersAusglG zu einem geminderten Unterhaltsanspruch führt.

IV. Neueinführung des § 33 Abs. 4 VersAusglG

Stehen dem Ausgleichspflichtigen mehrere Versorgungen gem. § 32 VersAusglG zu, kann das Gericht nach billigem Ermessen entscheiden, ob und wie die Kürzung gem. § 33 VersAusglG ausgesetzt werden soll. [700]

---

700 Hoppenz/*Hoppenz*, Familiensachen, § 33 VersAusglG, Rn. 12; HK/*Rehbein*, Versorgungsausgleich, § 33 VersAusglG, Rn. 43; Palandt/*Brudermüller*, BGB, 75. Aufl., § 33 VersAusglG, Rn. 7.

1. Ausführungen des Gesetzgebers

„Auf diese Weise kann die Aussetzung im Einzelfall entweder bei mehreren Versorgungen anteilsmäßig erfolgen oder nur bei einer mehreren bestimmten Versorgungen.“[701]

2. Neue Rechtslage

Durch die Begrenzung der Anpassung auf die in § 32 VersAusglG genannten Anrechte wird diese Ermessensentscheidung am ehesten noch bei dem Zusammentreffen von gesetzlicher Rente und Beamtenversorgung eine Rolle spielen.[702] Das Gericht kann entscheiden, ob eine Versorgung ganz oder mehrere Versorgungen nur anteilig ausgesetzt werden sollen.[703] Es ist in diesem Rahmen bei der Ausübung seines pflichtgemäßen Ermessens an die grundsätzlichen Missbrauchsgrenzen gebunden.[704] Demzufolge sollte sich die Aussetzung grundsätzlich danach richten, welche Verfahrensweise sich für den Ausgleichspflichtigen am wenigsten belastend auswirkt.[705]

3. Ergebnis

Der letzte und vierte Absatz des § 33 VersAusglG macht den neuen Entscheidungsspielraum der Familiengerichte deutlich. Dessen sollten sich die Familiengerichte bewusst sein und dementsprechend auch immer die Belange des Ausgleichspflichtigen im Blick haben.[706]

701 BT-Drucks. 16/10144, S. 73.

702 *Ruland,* Versorgungsausgleich, 3. Aufl., 9. Kapitel, Rn. 955; MK/*Gräper,* BGB, 6. Aufl., § 33 VersAusglG, Rn. 27.

703 BT-Drucks. 16/10144, S. 73; *Götsche,* ZFE 2010, S. 407, 412; Weinreich/Klein/*Wick,* Familienrecht, § 33 VersAusglG, Rn. 18.

704 MK/*Gräper,* BGB, 6. Aufl., § 33 VersAusglG, Rn. 28.

705 *Bergner,* FPR 2011, S. 483, 488; *Götsche,* ZFE 2010, S. 407, 412.

706 So auch *Bergner,* FPR 2011, S. 483, 488; *Götsche,* ZFE 2010, S. 407, 412.

B. Verfahrensrechtliche Regelungen gem. § 34 VersAusglG

In § 34 VersAusglG werden die verschiedenen Voraussetzungen der Durchführung der Anpassung wegen Unterhalts geregelt. Der Gesetzgeber hat auch in verfahrensrechtlicher Hinsicht erhebliche Änderungen vorgenommen.

I. Neue Regelung des § 34 Abs. 1 VersAusglG

Eine der bedeutendsten Modifizierungen ist die Übertragung der Zuständigkeit auf die Familiengerichte. Liegen die Voraussetzungen für eine Anpassung vor und wurde ein entsprechender Antrag gestellt, so ist der Versorgungsträger verpflichtet, die infolge des Versorgungsausgleichs vorzunehmende Kürzung für eine bestimmte Dauer auszusetzen.[707]

1. Ausführungen des Gesetzgebers

In der Gesetzesbegründung heißt es: „Absatz 1 bestimmt, dass über den Antrag künftig nicht mehr wie bislang der Versorgungsträger entscheidet, sondern das Familiengericht.“ [708] Er begründet diese relevante Änderung damit, dass die Versorgungsträger und ggf. die zuständigen Fachgerichte nach der alten Rechtslage mit schwierigen familienrechtlichen Prüfungen des materiellen Unterhaltsrecht belastet gewesen seien. Die nun zuständigen Familiengerichte verfügen hingegen über die notwendige Expertise bzgl. eventueller Fragen des Unterhalts- und Versorgungsausgleichsrechts verfügen. Dadurch wird insbesondere auch dem Anliegen der Versorgungsträger entsprochen.[709]

Hinsichtlich der Zuständigkeit der Familiengerichte und verfahrensrechtlicher Fragen führt er weiter aus: „Die funktionelle Zuständigkeit des Familiengerichts ergibt sich aus § 23a Abs. 1 Nr. 1 GVG i.V.m. § 111 Nr. 7 FamFG. Die örtliche Zuständigkeit richtet sich nach § 218 FamFG. Ist insoweit ein anderes Familiengericht nach § 232

707 *Götsche,* ZFE 2010, S. 407, 408; *Borth,* Versorgungsausgleich, 6. Aufl., Kapitel 8, Rn. 958;
708 BT-Drucks. 16/10144, S. 73.
709 BT-Drucks. 16/10144, S. 73.

FamFG für ein etwa parallel anhängiges Unterhaltsverfahren zuständig, können die Parteien beispielsweise dort die Abgabe der Unterhaltssache an das für die Versorgungsausgleichssache zuständige Gericht nach § 4 FamFG anregen. Im Übrigen wird das Gericht das Verfahren in der Unterhaltssache aussetzen, bis die Versorgungsausgleichssache entschieden ist".[710]

2. Neue Rechtslage

Bevor auf die neue Zuständigkeit des Familiengerichts eingegangen wird, soll das Anpassungsverfahren kurz als neues Verfahren im Rahmen des FamFG eingeordnet werden. Dies war nach der alten Rechtslage nicht notwendig, da das Unterhaltsprivileg durch die Versorgungsträger durchgeführt wurde.

a. Einordnung des Anpassungsverfahrens als Familiensache

Die Zuständigkeit des Versorgungsträgers, bei dem die Kürzung durchgeführt wurde, war für alle Anpassungsverfahren in der allgemein gültigen Regelung § 9 Abs. 1 VAHRG a.F. normiert.[711]

Die Unterordnung der Anpassung unter den Zuständigkeitsbereich des Familiengerichts hat prozessual zur Folge, dass die Verfahren sowohl als Familiensachen gem. § 111 Nr. 7 FamFG als auch als Versorgungsausgleichssachen gem. § 217 FamFG zu bewerten sind.[712]

Obwohl die Grundlage der Bestimmung der Höhe der Aussetzung der nacheheliche Unterhalt ist, handelt es sich gleichwohl nicht um

---

710 BT-Drucks. 16/10144, S. 73.

711 Die funktionelle Zuständigkeit ergibt sich im Übrigen aus § 23a Abs. 1 Nr. 1 GVG i.V.m. § 111 Nr. 7 FamFG. Die Änderung der Zuständigkeit resultiert aus den Forderungen der Versorgungsträger, die sich nach dem bisherigen Recht i.R.v. § 5 VAHRG a.F. mit schwierigen familienrechtlichen Prüfungen des materiellen Unterhaltsrecht auseinandersetzen mussten, BT-Drucks. 16/10144, S. 73.

712 Dies entspricht der überwiegenden Auffassung u.a. *Gutdeutsch*, FamRZ 2010, S. 1140; *Götsche*, ZFE 2010, S. 407, 412; a.A. *Häußermann*, FPR 2009, S. 223, 225, demnach handele es sich bei §§ 33, 34 VersAusglG um kein Versorgungsausgleichsverfahren i.S.v. § 217 FamFG, da die rechtskräftige Erledigung Voraussetzung für die Anpassung sei.

eine Familienstreitsache im Sinne von § 112 Abs. 1 FamFG.[713] Als Verfahren in Familiensachen sind daher die Vorschriften der freiwilligen Gerichtsbarkeit anwendbar, sodass auch die tatbestandlichen Voraussetzungen für den Unterhalt von Amts wegen festzustellen sind.[714] Meistens wird es sich bei dem Anpassungsverfahren um eine isolierte Versorgungsausgleichssache im Sinne von § 217 FamFG handeln.[715] Nach § 10 Abs. 4 FamFG besteht folglich, außer vor dem BGH, kein Anwaltszwang.[716]

Aus den §§ 217 ff. FamFG ergeben sich die weiteren verfahrensrechtlichen Besonderheiten im Zusammenhang mit dem Anpassungsverfahren. Dementsprechend richtet sich die örtliche Zuständigkeit nach § 218 FamFG,[717] also in der Regel gem. § 218 Nr. 2 FamFG nach dem letzten gemeinsamen gewöhnlichen Aufenthalt beider Ehegatten, und erst wenn sich dieser nicht ermitteln lässt, gem. § 218 Nr. 3 FamFG nach dem Aufenthalt oder Sitz des Antragsgegners.[718]

Fraglich ist in diesem Zusammenhang, wer überhaupt Antragsgegner i.S.v. § 218 Nr. 3 FamFG ist. Da der Antrag grundsätzlich nicht für den geschiedenen Ehegatten von Nachteil sein kann, ist Antragsgegner vielmehr der Versorgungsträger der gekürzten Versorgung, sodass sich die örtliche Zuständigkeit dann nach seinem Sitz oder Aufenthalt rich-

713 Weinreich/Klein/*Wick*, Familienrecht, § 34 VersAusglG, Rn. 4; *Borth*, Versorgungsausgleich, 6. Aufl., Kapitel 8, Rn. 975.

714 *Borth*, Versorgungsausgleich, 6. Aufl., Kapitel 8, Rn. 975; Weinreich/Klein/*Wick*, Familienrecht, § 34 VersAusglG, Rn. 4; *Bumiller/Harders/Schwamb*, FamFG, vor §§ 217–229, Rn. 33.

715 *Götsche*, ZFE 2010, S. 407, 412; *Ruland*, Versorgungsausgleich, 3. Aufl., 9. Kapitel, Rn. 957; MK/*Gräper*, BGB, 6. Aufl., § 34 VersAusglG, Rn. 3.

716 MK/*Gräper*, BGB, 6. Aufl., § 34 VersAusglG, Rn. 3; *Borth*, Versorgungsausgleich, 6. Aufl., Kapitel 8, Rn. 975.

717 *Götsche*, ZFE 2010, S. 407, 412; Johannsen/Henrich/*Hahne*, Familienrecht, 5. Aufl., § 34 VersAusglG, Rn. 1; Hoppenz/*Hoppenz*, Familiensachen, § 34 VersAusglG, Rn. 3.

718 OLG Frankfurt NJW-RR 2010, S. 1449; *Schwamb*, NJW 2011, S. 1648, 1649; *Gutdeutsch*, FamRB 2010, S. 149, 151; Weinreich/Klein/*Wick*, Familienrecht, § 34 VersAusglG, Rn. 3; *Borth*, Versorgungsausgleich, 6. Aufl., Kapitel 8, Rn. 975. Vertritt man die Auffassung, dass es sich bei dem Verfahren um keine Versorgungsausgleichssache i.S.v. § 217 FamFG handelt, richtet sich die örtliche Zuständigkeit stets nach § 218 Nr. 3 FamFG und somit nach dem Sitz des Versorgungsträgers als Antragsgegner, so *Häußermann*, FPR 2009, S. 223, 225.

tet.[719] Wird die Abänderung der Anpassung hingegen vom Versorgungsträger beantragt, sind beide Ehegatten Antragsgegner, sodass sich in diesem Fall die örtliche Zuständigkeit nicht schon aus § 218 Nr. 2 FamFG, sondern aus § 218 Nr. 3 FamFG ergibt. Dann ist die Zuständigkeit beider Gerichte gegeben, in deren Bezirken die Ehegatten ihre gewöhnlichen Aufenthalte haben.[720] Zu beteiligen sind gem. § 219 FamFG die früheren Ehegatten und der Versorgungsträger, bei dem das nach § 32 VersAusglG gekürzte anpassungsfähige Anrecht besteht.[721]

b. Anpassungsverfahren im Verbund mit der Scheidung?

Durch die Einordung als Familien- und Versorgungsausgleichssache stellt sich in der Praxis die Frage, inwieweit das Anpassungsverfahren auf Antrag auch in den Verbund als Folgesache nach § 137 Abs. 2 FamFG gestellt werden kann, sodass im Rahmen der Scheidung darüber entschieden wird.[722] Dies ist dann relevant, wenn zur Zeit der Ehescheidung der unterhaltspflichtige Ehegatte bereits eine ausgleichspflichtige Versorgung i.S.v. § 32 VersAusglG bezieht und der Unterhaltsberechtigte noch nicht.

aa. Zulässige Aufnahme in den Verbund

Gutdeutsch als Befürworter rät zu dieser Verfahrensweise, insbesondere aufgrund der damit einhergehenden praktischen Erleichterungen. Probleme im Zusammenhang mit dem Verfahren wegen Unterhalts

719 OLG Frankfurt FamRZ 2010, S. 916; Weinreich/Klein/*Wick*, Familienrecht, § 34 VersAusglG, Rn. 3; *Häußermann*, FPR 2009, S. 223, 225.

720 Weinreich/Klein/*Wick*, Familienrecht, § 34 VersAusglG, Rn. 3.

721 *Borth*, Versorgungsausgleich, 6. Aufl., Kapitel 8, Rn. 975; MK/*Gräper*, BGB, 6. Aufl., § 34 VersAusglG, Rn. 3; *Ruland*, Versorgungsausgleich, 3. Aufl., 9. Kapitel, Rn. 957. Dadurch wird zudem sichergestellt, dass der über den Unterhaltsanspruch gefasste Beschluss auch den Versorgungsträger bindet.

722 Es wird auf die verfahrensrechtlichen Erörterungen in Kapitel 1 auf Seite 44 ff. Bezug genommen.

könnten durch eine gemeinsame Entscheidung abgemildert werden.[723] Daher sollte auf Antrag die Aufnahme des Anpassungsverfahrens als Folgesache in den Verbund zulässig sein.[724]

Denn bei den Anpassungsverfahren handele es sich um eine Versorgungsausgleichssache im Sinne von § 217 FamFG, sodass über diese grundsätzlich auch als Folgesache nach § 137 Abs. 2 FamFG entschieden werden könne. Schließlich hänge der Versorgungsausgleich ebenso selbst von der Scheidung ab und die Anpassungsverfahren haben diesen zum Gegenstand.[725] Um Widersprüche zu vermeiden, habe der Scheidungsverbund den Zweck, eine gemeinsame Entscheidung von zusammenhängenden Sachen herbeizuführen. Insbesondere bei dem Anpassungsverfahren sei dies sehr relevant, da Ehegattenunterhalt und Aussetzung hier zusammenhängen, was bei der i.R.v. § 33 Abs. 3 VersAusglG vorzunehmenden Ermittlung des fiktiven Unterhaltsanspruchs deutlich werde. Bewirke der fiktive Unterhalt nur eine teilweise Aussetzung der Kürzung, so könne sich dies in einem zweiten Schritt mindernd auf den zu zahlenden Unterhalt auswirken. Es liege also eine „gegenseitige Abhängigkeit" mit dem im Unterhaltsverfahren zu berechnenden tatsächlichen Unterhaltsanspruch vor. Durch eine gemeinsame Entscheidung könnten diese „Wertungswidersprüche" vermieden werden, da der Richter durch die gleichzeitige Verhandlung im Verbund auch eine gemeinsame Entscheidung über die Aussetzung der Kürzung und den Unterhalt vornehmen könnte bzw. müsste.

Dies habe zudem die positive Nebenfolge, dass im Fall der Einlegung eines Rechtsmittels gegen die Entscheidung über den Unterhalt sogleich mit einer Anschlussbeschwerde nach § 66 FamFG gegen die Kürzungsentscheidung – aufgrund eines zu geringen zugrundeliegenden fiktiven Unterhalts – vorgegangen werden könne. Theoretisch seien zwar verschiedene Ergebnisse aufgrund der unterschiedlichen Verfahrensvorschriften möglich. In praktischer Hinsicht würde dieser Fall aber nicht vorkommen, da der vom Richter im Versorgungsausgleichsverfahren ermittelte Sachverhalt auch für den Unterhalt von Bedeu-

---

723 *Gutdeutsch,* ZFE 2010, S. 407, 413; ausführlicher in, *Gutdeutsch,* FamRZ 2010, S. 1140; ebenso Hoppenz/*Hoppenz,* Familiensachen, § 34, Rn. 14; *Bergner,* NJW 2010, S. 3545, 3547; MK/*Gräper,* BGB, 6. Aufl., § 34 VersAusglG, Rn. 3.

724 *Gutdeutsch,* ZFE 2010, S. 407, 413.

725 *Gutdeutsch,* FamRZ 2010, S. 1140.

tung sei, von dem die Beteiligten „nicht ohne Verstoß gegen die Wahrheitspflicht nach § 138 Abs. 1 ZPO abrücken könnten". Darüber hinaus gelte gerade auch im Unterhaltsprozess der Amtsermittlungsgrundsatz nach §§ 236, 237 FamFG in großen Umfang. [726]

Aufgrund der von *Gutdeutsch* vorgebrachten und plausiblen Begründung, insbesondere aber wegen der verfahrensrechtlichen Erleichterung hinsichtlich der Unterhaltsermittlungen hat das OLG Zweibrücken zuletzt entschieden, dass es durchaus geboten sein kann, eine Entscheidung über die Aussetzung der Kürzung wegen Unterhalts bei Vorliegen der dafür erforderlichen Voraussetzungen bereits im Verbund zu treffen.[727] Das gelte jedenfalls dann, wenn neben dem Versorgungsausgleich auch über den nachehelichen Unterhaltsanspruch zu befinden sei. Es sei insbesondere in den Fällen im Verbund zu entscheiden, in denen der fiktive Unterhalt ohne Kürzung niedriger ist als die Differenz der beiderseitigen Ausgleichswerte der anzupassenden Anrechte gem. § 33 Abs. 3 Hs. 2 VersAusglG. Dadurch sei es sowohl möglich den bis zum Vollzug der Versorgungsausgleichsentscheidung geschuldeten Unterhalt als auch den sich daraus ergebenden fiktiven Unterhaltsbetrag, in dessen Höhe die Kürzung auszusetzen ist, und darüber hinaus auch den sich nach der (Teil-)Aussetzung der Kürzung ergebenden Unterhaltsanspruch zu ermitteln. Anderenfalls müsste der Ausgleichspflichtige bei der Verbundentscheidung über Versorgungsausgleich und Unterhalt ohne Anpassung nach §§ 33, 34 VersAusglG sogleich nach Beendigung dieses Verbundverfahrens das Anpassungsverfahren gem. §§ 33, 34 VersAusglG und daran anschließend ein Unterhaltsabänderungsverfahren gem. §§ 238, 239 FamFG einleiten. Zudem wäre er in der Übergangszeit trotz Rentenkürzung zur Zahlung des aus der ungekürzten Rente errechneten Unterhalts verpflichtet.[728] Im Übrigen sei festzuhalten, dass sich die örtliche Zuständigkeit dann aus § 218 Nr. 1 FamFG ergebe.[729]

726 *Gutdeutsch,* FamRZ 2010, S. 1140, 1141.
727 OLG Zweibrücken NJW 2012, S. 1298.
728 So die Argumentation des OLG Zweibrücken, NJW 2012, S. 1298.
729 Weinreich/Klein/*Wick,* Familienrecht, § 34 VersAusglG, Rn. 3.

bb. Gegenauffassung

Die Gegenauffassung hält die Aufnahme in den Verbund für nicht zulässig.[730] *Wick* führt gegen eine Aufnahme in den Verbund an, „dass ein Anpassungsverfahren nach § 33 VersAusglG begriffsnotwendig voraussetzt, dass eine Entscheidung über den Wertausgleich bei der Scheidung rechtskräftig geworden und die Kürzung der Versorgung des Ausgleichspflichtigen bereits eingetreten ist".[731]

Borth begründet seine Ablehnung damit, dass es sich bei der Anpassung nicht um eine Entscheidung im Rahmen der Scheidung handele, sondern um eine Auswirkung des Versorgungsausgleichs.[732] Es sei zu beachten, dass für den Unterhaltsprozess und für das Verfahren über die Aussetzung der Versorgungskürzung unterschiedliche Verfahrensregeln gelten. Während das Anpassungsverfahren gem. § 26 FamFG dem Amtsermittlungsgrundsatz unterliege, gelten für das Unterhaltsverfahren gem. § 113 Abs. 1 FamFG die Vorschriften der ZPO.[733]

Ruland möchte zwar eine gemeinsame Entscheidung bei der Scheidung nach entsprechendem Antrag in der dargestellten Konstellation zulassen, seiner Meinung nach sei das Verfahren dadurch prozessual dennoch nicht als eine Verbundsache einzuordnen.[734]

c. Stellungnahme

Der kritische Ansatz der Gegenauffassung von *Wick* ist insoweit nachvollziehbar, als bei der Anpassung begriffsnotwendig eine rechtskräftige Entscheidung über den Wertausgleich vorausgesetzt wird.[735] Die Argumentation *Borths* vermag allerdings nicht zu überzeugen, da es sich bei der Anpassung letztlich durch die Verknüpfung mit dem Ver-

---

730 *Ruland,* Versorgungsausgleich, 3. Aufl., 9. Kapitel, Rn. 957; *Borth,* Versorgungsausgleich, 6. Aufl., Kapitel 8, Rn. 975; Weinreich/Klein/*Wick,* Familienrecht, § 34 VersAusglG, Rn. 3.

731 Weinreich/Klein/*Wick,* Familienrecht, § 34 VersAusglG, Rn. 3.

732 *Borth,* Versorgungsausgleich, 6. Aufl., Kapitel 8, Rn. 975.

733 Weinreich/Klein/*Wick,* Familienrecht, § 34 VersAusglG, Rn. 5.

734 *Ruland,* Versorgungsausgleich, 3. Aufl., 9. Kapitel, Rn. 957.

735 *Borth,* Versorgungsausgleich, 6. Aufl., Kapitel 8, Rn. 975; Weinreich/Klein/*Wick,* Familienrecht, § 34 VersAusglG, Rn. 18.

sorgungsausgleich auch um eine Entscheidung handelt, die durch die Scheidung bedingt ist. Dieser Zusammenhang wird durch die neue Ausgestaltung des § 33 Abs. 3 VersAusglG verstärkt, da sich die zu errechnenden Unterhaltsansprüche und der Aussetzungsbetrag gegenseitig beeinflussen können. Aufgrund dessen ist dem Ansatz von *Gutdeutsch* hier zu folgen. Er erkennt, welche Vorteile eine gemeinsame Verhandlung bzw. Entscheidung im Verbund haben können – die gleichzeitige Einlegung von Rechtsmitteln – und welche Nachteile bei einer getrennten Vorgehensweise entstehen können. Das hat auch das OLG Zweibrücken gesehen und seine Entscheidung dementsprechend praxisnah gefällt. Selbst *Ruland*, der die Zulässigkeit der Aufnahme eigentlich ablehnt, möchte dennoch aufgrund der erheblichen prozessualen Erleichterungen eine gemeinsame Entscheidung zulassen.

Darüber hinaus sollte bedacht werden, dass den Familiengerichten mit der Übertragung der neugestalteten Verfahren eine große und verfahrenstechnisch schwierig umzusetzende Aufgabe aufgebürdet wurde. Daher sollte ihnen nicht die Möglichkeit verwehrt werden, mit den vom Prozessrecht zur Verfügung gestellten Mitteln so effektiv wie möglich umzugehen.

3. Ergebnis

Es ist festzuhalten, dass das Anpassungsverfahren gem. §§ 33, 34 VersAusglG durch die Zuständigkeitsunterordnung gem. § 34 Abs. 1 VersAusglG zur Familiensache gem. § 111 Nr. 7 FamFG geworden ist.[736] Trotz der Bestimmung des nachehelichen Unterhalts im Rahmen des Verfahrens handelt es sich allerdings um keine Familienstreitsache gem. § 112 FamFG, sodass die allgemeinen Vorschriften der freiwilligen Gerichtsbarkeit gelten. Die Diskussion über eine mögliche Aufnahme in den Scheidungsverbund zeigt, dass der Gesetzgeber bei der Einordnung der Verfahren als Familiensache nicht umfassend alle verfahrensrechtlichen Konsequenzen bedacht hat. Eine Klarstellung bezüglich dieser wichtigen prozessualen Auswirkung wäre wünschenswert gewesen.

736 A.A. *Häußermann*, FPR 2009, S. 223, 225.

II. Neue Regelung des § 34 Abs. 2 VersAusglG

Der § 34 Abs. 2 VersAusglG regelt die Antragsberechtigung, die nach der vorherigen Rechtslage in § 9 Abs. 2 VAHRG a.F. normiert war.

1. Ausführungen des Gesetzgebers

Der Gesetzgeber hat die Antragsbefugnis modifiziert übernommen. Künftig sind die Hinterbliebenen – entgegen § 9 Abs. 2 VAHRG a.F. – nicht mehr zur Antragstellung berechtigt.[737] Relevant war das Antragsrecht für die Hinterbliebenen in Fällen, in denen die Hinterbliebenen zugleich Erben der ausgleichspflichtigen Person waren. In diesem Fall ging die Unterhaltspflicht gegenüber der ausgleichsberechtigten Person gem. § 1586b BGB als Nachlassverbindlichkeit auf die Hinterbliebenen über. Das Antragsrecht für die Hinterbliebenen wurde in die neue Rechtslage bewusst nicht übernommen. Nach Auffassung des Gesetzgebers entsteht in diesem Fällen keine vergleichbare Härte, da die Hinterbliebenen nicht wie der Ausgleichsverpflichtete doppelt belastet werden.[738]

Eine zweite Modifizierung erfolgt durch eine Erweiterung der Antragsberechtigung auf die Versorgungsträger gem. § 34 Abs. 2 S. 2 VersAusglG. Dieser ist allerdings nur in den Fällen antragsberechtigt, in denen die durchgeführte Anpassung abzuändern ist. Damit sollen vor allem die Fälle abgedeckt werden, bei denen geänderte Einkommensverhältnisse der geschiedenen Ehegatten zu einer geringeren Unterhaltsverpflichtung der ausgleichsberechtigten Person führen. In diesem Fall kann der Versorgungsträger die Kürzung der Versorgung wieder in höherem Maße berücksichtigen.[739] Nach Auffassung des Gesetzgebers war die Einbeziehung der Versorgungsträger in diesen Konstellationen notwendig, da die Ehegatten selbst kein Interesse an einer Abänderung hätten. Denn dem ausgleichsverpflichteten Ehegatten komme in diesem Fall aufgrund der geringeren Kürzung ein höheres

737 BT-Drucks. 16/10144, S. 73.

738 BT-Drucks. 16/10144, S. 73. In der Literatur wurde teilweise die Auffassung vertreten, dass bei einer Kürzung der Hinterbliebenenversorgung § 5 VAHRG a.F. entsprechend anzuwenden sei, so Johannsen/Henrich/*Hahne*, Eherecht, 4. Aufl., § 5 VAHRG Rn. 5.

739 BT-Drucks. 16/10144, S. 73.

Einkommen zu und der unterhalts- und ausgleichsberechtigten Person wiederum ein höherer Unterhaltsanspruch.[740]

2. Neue Rechtslage

Das Verfahren beim Familiengericht wird nur auf Antrag eingeleitet.[741] Aus § 23 Abs. 1 FamFG ergibt sich, dass der Antrag bei Verfahren der freiwilligen Gerichtsbarkeit begründet aber nicht beziffert werden muss.[742] Es muss lediglich der Grund bzw. der Sachverhalt vorgetragen werden, warum ein Verfahren gem. §§ 33, 34 VersAusglG beantragt wird.[743] Da es sich um ein isoliertes Verfahren handelt, in dem kein Anwaltszwang herrscht, kann der Antrag gem. § 25 FamFG schriftlich oder zur Niederschrift der Geschäftsstelle beim zuständigen Familiengericht gestellt werden.

Antragsberechtigt sind gem. § 34 Abs. 2 S. 1 VersAusglG im Erstverfahren die beiden Ehegatten, also der Ausgleichspflichtige und der Ausgleichsberechtigte. Durch die Antragsberechtigung des Ausgleichsberechtigten wird diesem ermöglicht, einen eigenen Antrag zu stellen und so für die unterhaltsrechtliche Leistungsfähigkeit des Ausgleichspflichtigen zu sorgen, wenn dieser einen Antrag vorsätzlich oder unwissentlich unterlässt.[744]

Zusätzlich steht auch dem Versorgungsträger nun ein eigenes Antragsrecht gem. § 34 Abs. 2 S. 2 VersAusglG zu. Das Antragsrecht des Versorgungsträgers ist aber nur für den Fall vorgesehen, in dem eine durchgeführte Anpassung wegen einer Änderung des vom Ausgleichspflichtigen geschuldeten nachehelichen Unterhalts abzuändern ist.[745] Dies sei laut Gesetzesbegründung insbesondere in Fällen relevant, in

740 BT-Drucks. 16/10144, S. 73.

741 *Borth*, Versorgungsausgleich, 6. Aufl., Kapitel 8, Rn. 975; Hoppenz/*Hoppenz*, Familiensachen, § 34 VersAusglG, Rn. 2.

742 *Ruland*, Versorgungsausgleich, 3. Aufl., 9. Kapitel, Rn. 957; *Borth*, Versorgungsausgleich, 6. Aufl., Kapitel 8, Rn. 975; MK/*Gräper*, BGB, 6. Aufl., § 34 VersAusglG, Rn. 3.

743 Weinreich/Klein/*Wick*, Familienrecht, § 34 VersAusglG, Rn. 7; *Bumiller/Harders/Schwamb*, FamFG, § 23, Rn. 7.

744 MK/*Gräper*, BGB, 6. Aufl., § 34 VersAusglG, Rn. 3.

745 Weinreich/Klein/*Wick*, Familienrecht, § 34 VersAusglG, Rn. 7; MK/*Gräper*, BGB, 6. Aufl., § 34 VersAusglG, Rn. 3

denen der Ausgleichsberechtigte selbst ein höheres Einkommen erzielen kann und sich dementsprechend die Unterhaltspflicht des Ausgleichspflichtigen reduziert.[746] Es ist also Zweck der Vorschrift, den Versorgungsträger dann von einer entsprechenden Antragstellung des Ausgleichspflichtigen oder Ausgleichsberechtigten unabhängig zu machen.[747]

3. Ergebnis

Der Gesetzgeber hat die Antragsberechtigung in § 34 Abs. 2 VersAusglG an die Bedingungen des neuen Rechts angepasst und dem Versorgungsträger ein eigenes notwendiges Antragsrecht eingeräumt.

III. Neueinführung des § 34 Abs. 3 VersAusglG

In § 34 Abs. 3 VersAusglG wird die Wirkung der Anpassung neu geregelt.

1. Ausführungen des Gesetzgebers

In der neuen Rechtslage ist die Versorgungskürzung erst ab dem Monat auszusetzen, der der Antragstellung folgt. Die Regelung stellt somit klar, dass eine Anpassung mit Rückwirkung über die Antragstellung hinaus nicht mehr stattfindet. Im Gegensatz zur bisherigen Rechtslage wirkt die Anpassung also nicht mehr ex tunc, sondern nur noch ex nunc.[748] Der Gesetzgeber hat die Änderung der Wirkung der Entscheidung auf den Zeitpunkt der Antragstellung aus rechtstechnischen Gründen vorgenommen. Er begründet dies damit, dass die Wirkung auf den nächsten Monatsersten den allgemeinen verfahrensrechtlichen Grundsätzen entspreche. Die Regelung orientiere sich an dem Abänderungsverfahren in § 10a Abs. 7 VAHRG a.F., der seine Rechtswirkungen ebenfalls erst ab Antragstellung entfaltet hatte.[749] Da das reformierte Abänderungsverfahren in § 226 Abs. 4 FamFG dieses Rege-

746 Ders. A. Weinreich/Klein/*Wick*, Familienrecht, § 34 VersAusglG, Rn. 8.
747 MK/*Gräper*, BGB, 6. Aufl., § 34 VersAusglG, Rn. 4.
748 BT-Drucks. 16/10144, S. 74.
749 BT-Drucks. 16/10144, S. 73.

lungskonzept ebenfalls übernommen hat, könne dadurch ein „Gleichklang des maßgeblichen Zeitpunkts" für die Anpassungen und das Abänderungsverfahren hergestellt werden.[750]

2. Neue Rechtslage

a. Antragstellung und Wirkung

Die Entscheidung des Familiengerichts über die Anpassung oder die Abänderung der Anpassung wirkt gem. § 34 Abs. 3 VersAusglG ab dem ersten Tag des Monats, der auf den Monat der Antragstellung folgt. Für den Beginn der Anpassung ist also auf den Zeitpunkt der Antragstellung abzustellen und der Antrag wirkt nur noch „ex nunc". [751]

„Antragstellung" i.S.v. § 34 Abs. 3 VersAusglG ist der Tag des Eingangs der Antragsschrift beim Familiengericht oder der Tag, an dem der Antrag zur Niederschrift der Geschäftsstelle des Familiengerichts abgegeben worden ist.[752] Dies ergibt sich aus dem eindeutigen Gesetzeswortlaut der Norm, die auch keine Ermessensentscheidungen zulässt, sodass auch ein fehlerhaft beim Versorgungsträger gestellter früherer Antrag keine Ausnahme rechtfertigen kann.[753] In der Praxis stellt sich gleichwohl immer öfter die Frage, ob der nach § 34 Abs. 3 VersAusglG zu ermittelnde Anpassungsbeginn auch dann gilt, wenn dieser bereits vor Beginn des Versorgungsbezugs vorliegt. Dies wurde bisher überwiegend verneint. Beginnt der Versorgungsbezug allerdings nach dem Anpassungsbeginn i.S.v. § 34 Abs. 3 VersAusglG, so ist auf diesen letzteren Zeitpunkt abzustellen. Die Anpassung kann sich also erst vom Versorgungsbeginn an auswirken.[754]

---

750 BT-Drucks. 16/10144, S. 73.

751 *Ruland*, Versorgungsausgleich, 3. Aufl., 9. Kapitel, Rn. 958; Johannsen/Henrich/*Hahne*, Familienrecht, 5. Aufl., § 34 VersAusglG, Rn. 3; MK/*Gräper*, BGB, 6. Aufl., § 34 VersAusglG, Rn. 6.

752 BT-Drucks. 16/10144, S. 72; BGH NJW 2012, S. 1661, 1662; OLG Frankfurt BeckRS 2011, 06466; Weinreich/Klein/*Wick*, Familienrecht, § 34 VersAusglG, Rn. 9.

753 BGH NJW 2012, S. 1661, 1662.

754 OLG Hamm NJW 2011, S. 1681; *Schwamb*, NJW 2011, S. 1648, 1649; *Bergner*, FPR 2011, S. 483, 488.

b. Zur Leistung von Nachzahlungen

Soweit der Versorgungsträger Nachzahlungen zu leisten hat, sind diese in voller Höhe an den Ausgleichspflichtigen, als den Inhaber der Rechte aus der Versorgung, auszuzahlen.[755] Beachtlich ist in diesem Zusammenhang, dass die materiell-rechtlichen Unterhaltsansprüche davon nicht berührt werden. Sind also für einen gewissen Zeitraum, in dem wegen der Möglichkeit der Aussetzung der Kürzung ein höherer Unterhalt geltend gemacht worden ist, Nachzahlungen zu leisten, so kann der Ausgleichsberechtigte wegen des sich unter Berücksichtigung des geringeren Kürzungsbetrags ergebenden höheren Unterhaltsbetrags eine Auszahlung bzw. Abtretung des entsprechenden Teils der Nachzahlung an sich verlangen oder sie gem. §§ 53 und 54 SGB I pfänden lassen.[756] Darüber hinaus haben die umsetzenden Vollzugsakte der Versorgungsträger keinen eigenen Regelungsgehalt. Allein die gerichtlichen Entscheidungen der Familiengerichte haben Gestaltungswirkung und sind insoweit auch angreifbar. Eine Anfechtung der Vollzugsakte kommt daher nur in Betracht, wenn die Versorgungsträger die Entscheidung des Gerichts nicht richtig umgesetzt haben.[757]

Im Fall der Beendigung der Aussetzung gem. § 34 Abs. 6 S. 1 VersAusglG entscheidet der Versorgungsträger kraft eigener Kompetenz, sodass es an einem die Wirkung der Anpassung auslösenden Antrag fehlt. In diesem Fall wird die Aussetzung der Versorgungskürzung ab dem Zeitpunkt wirksam, in dem der Ausgleichspflichtige über die Aufnahme des Verfahrens durch den Versorgungsträger informiert wurde.[758]

---

755 Damit ist eine entsprechende Regelung i.S.v. § 6 VAHRG a.F., wonach die Nachzahlungen je zur Hälfte an den Ausgleichspflichtigen und den Ausgleichsberechtigten zu leisten waren, nicht übernommen wurden, *Ruland*, Versorgungsausgleich, 3. Aufl., 9. Kapitel, Rn. 958; Weinreich/Klein/*Wick*, Familienrecht, § 34 VersAusglG, Rn. 9.

756 *Borth*, Versorgungsausgleich, 6. Aufl., Kapitel 8, Rn. 977; MK/*Gräper*, BGB, 6. Aufl., § 34 VersAusglG, Rn. 8.

757 *Ruland*, Versorgungsausgleich, 3. Aufl., 9. Kapitel, Rn. 959.

758 Palandt/*Brudermüller*, BGB, 75. Aufl., § 34 VersAusglG, Rn. 5; Hoppenz/*Hoppenz*, Familiensachen, § 34 VersAusglG, Rn. 8; Weinreich/Klein/*Wick*, Familienrecht, § 34 VersAusglG, Rn. 9; a.A. *Gräper*, BGB, 6. Aufl., § 34 VersAusglG, Rn. 7, wonach sich das Ende der Anpassung aus dem Wegfall der Anspruchsvoraussetzung und somit aus der jeweils entsprechenden Versorgungsordnung ergibt.

3. Ergebnis

Durch die neue Wirkung des Antrags können sich verschiedene Probleme ergeben. Von der Wirkung „ab dem ersten Tag des Monats, der auf den Monat der Antragstellung folgt" sollte dann eine Ausnahme gemacht werden, wenn der nach § 34 Abs. 3 VersAusglG ermittelte Anpassungsbeginn vor dem eigentlichen Beginn des Versorgungsbezuges liegt.[759]

IV. Neueinführung des § 34 Abs. 4 VersAusglG

Die Vorschrift in § 34 Abs. 4 VersAusglG regelt den Übergang des Anpassungsanspruchs auf die Erben.

1. Ausführungen des Gesetzgebers

§ 34 Abs. 4 VersAusglG entspricht dem bisherigen § 9 Abs. 3 VAHRG a.F.[760] Demnach geht der Anspruch auf Anpassung auf die Erben über, wenn der Erblasser bereits einen Antrag nach § 33 Abs. 1 VersAusglG gestellt hatte.

2. Neue Rechtslage

Nach der reformierten Rechtslage steht den Erben kein eigenes Antragsrecht auf Anpassung zu. Allerdings können die Anpassungsansprüche aus § 33 VersAusglG auf die Erben übergehen, wenn der Erblasser zu seinen Lebzeiten einen entsprechenden Antrag auf Anpassung gestellt hatte.[761] „Erblasser" i.S.v. § 34 Abs. 4 VersAusglG können sowohl der Ausgleichspflichtige als auch der Ausgleichsberechtigte

759 So auch OLG Hamm NJW 2011, S. 1681, 1682f; *Schwamb*, NJW 2011, S. 1649; *Bergner*, FPR 2011, S. 483, 488.

760 BT-Drucks. 16/10144, S. 74.

761 *Ruland*, Versorgungsausgleich, 3. Aufl., 9. Kapitel, Rn. 960; MK/*Gräper*, BGB, 6. Aufl., § 34 VersAusglG, Rn. 9; Weinreich/Klein/*Wick*, Familienrecht, § 34 VersAusglG, Rn. 10.

sein.[762] Zusätzliche Voraussetzung ist, dass der Anspruch bereits zu Lebzeiten des Erblassers bestanden hat.[763]

3. Ergebnis

Die Norm entspricht der bisherigen Regelung in § 9 Abs. 3 VAHRG a.F.

V. Neueinführung des § 34 Abs. 5 VersAusglG

In § 34 Abs. 5 VersAusglG werden die Mitteilungspflichten der ausgleichspflichtigen Person geregelt.

1. Ausführungen des Gesetzgebers

Der Gesetzgeber führt dazu aus, dass die Vorschrift insoweit dem § 9 Abs. 5 VAHRG a.F. entspricht, als dass die ausgleichspflichtige Person den Versorgungsträger über die aufgeführten Tatsachen zu unterrichten hat, die zu einer Beendigung der Aussetzung bzw. zu einer Änderung der Anpassung führen können.[764] Die Norm ist lediglich sprachlich angepasst und inhaltlich nur insofern erweitert worden, dass ab jetzt auch Änderungen der Unterhaltszahlungen mitzuteilen sind.[765] Zudem muss der Ausgleichsverpflichtete den Versorgungsträger über den Bezug seiner laufenden Versorgung nach § 32 VersAusglG informieren.[766]

Der Ausgleichspflichtige muss den Versorgungsträger zusätzlich über den Rentenbezug des Ausgleichsberechtigten informieren. Denn damit entfällt die Berechtigung für die Aussetzung der Kürzung. Da der Versorgungsträger den Zeitpunkt grundsätzlich nicht kennt, ist es

762 Weinreich/Klein/*Wick*, Familienrecht, § 34 VersAusglG, Rn. 10.
763 Johannsen/Henrich/*Hahne*, Familienrecht, 5. Aufl., § 34 VersAusglG, Rn. 2; *Borth*, Versorgungsausgleich, 6. Aufl., Kapitel 8, Rn. 976.
764 BT-Drucks. 16/10144, S. 74.
765 BT-Drucks. 16/10144, S. 74.
766 Dies stellt ebenfalls eine Konsequenz aus § 33 Abs. 3 VersAusglG dar, da die Aussetzung gem. Hs. 2 nur in Höhe der Differenz der beiderseitigen Ausgleichswerte vorzunehmen ist und sich eine Änderung auf den Anpassungsbetrag auswirken kann.

die Pflicht des ausgleichspflichtigen Ehegatten, den Versorgungsträger darüber zu unterrichten, wenn der ausgleichsberechtigte Ehegatte eine Versorgung aus einem anderen Regelsicherungssystem erhält.[767] Diese Verpflichtung hat auch der für die ausgleichsberechtigte Person zuständige Versorgungsträger. Aus dem Grundsatz in § 4 Abs. 3 VersAusglG folgt, dass alle Versorgungsträger untereinander die zur Durchführung der Anpassung erforderlichen Auskünfte zu erteilen haben. Folglich muss der für den Ausgleichsberechtigten zuständige Versorgungsträger auf Anfrage dem für den Ausgleichsverpflichteten zuständigen Versorgungsträger mitteilen, ob der ausgleichpflichtigen Person Rentenansprüche zustehen.[768]

2. Neue Rechtslage

Der Ausgleichspflichtige hat gem. § 34 Abs. 5 VersAusglG im Rahmen des Anpassungsverfahrens bestimmte Unterrichtungspflichten gegenüber dem Versorgungsträger, bei dem die Kürzung ausgesetzt ist.[769] Durch die Pflicht zur unverzüglichen Mitteilung von Tatsachen, die sich auf die Aussetzung auswirken können, soll der Versorgungsträger vor der Zahlung von Mehrleistungen geschützt werden, die sich aufgrund einer Änderung der Unterhaltsverpflichtung ergeben können.[770] Dem Versorgungsträger wird die Möglichkeit eingeräumt, selbst einen Antrag gem. § 34 Abs. 2 S. 2 VersAusglG zu stellen oder, wenn die Voraussetzungen gegeben sind, die Beendigung der Aussetzung § 34 Abs. 6 VersAusglG anzuordnen.[771]

§ 34 Abs. 5 VersAusglG nennt Gründe, die auf das Fortbestehen und den Umfang der Aussetzung der Kürzung Einfluss haben. Dies ist zunächst der Wegfall oder die Änderung der Unterhaltszahlungen des Ausgleichspflichtigen. In diesem Fall hat der Ausgleichspflichtige den Versorgungsträger unaufgefordert darüber zu informieren; unabhän-

767 BT-Drucks. 16/10144, S. 74.

768 BT-Drucks. 16/10144, S. 74.

769 *Heiß*, FamFR 2010, S. 291, 293; Hoppenz/*Hoppenz*, Familiensachen, § 34, Rn. 9; MK/*Gräper*, BGB, 6. Aufl., § 34 VersAusglG, Rn. 10.

770 *Gutdeutsch*, FamRB 2010, S. 149, 154; Weinreich/Klein/*Wick*, Familienrecht, § 34 VersAusglG, Rn. 11.

771 MK/*Gräper*, BGB, 6. Aufl., § 34 VersAusglG, Rn. 10; Weinreich/Klein/*Wick*, Familienrecht, § 34 VersAusglG, Rn. 11.

gig davon, aus welchen Gründen die Änderung eingetreten ist. Ihm steht es in diesem Zuge frei, ob er dem Versorgungsträger gegenüber die Änderung des Zahlungsverhaltens näher begründet.[772]

Die Pflicht gilt selbst im Fall eines bereits titulierten Unterhaltsanspruchs. Denn gem. § 238 FamFG hat der Versorgungsträger dann die Möglichkeit, den Unterhalt rückwirkend gerichtlich herabsetzen zu lassen. Daraus wird ersichtlich, dass es letztlich dem Versorgungsträger obliegt, zu beurteilen, ob eine Veränderung der Unterhaltszahlungen tatsächlich eine Abänderung der Anpassung bewirken kann.[773]

Der Gesetzgeber hat klargestellt, dass der Ausgleichspflichtige darüber hinaus den Versorgungsträger über den Bezug einer weiteren laufenden Versorgung aus einem Anrecht im Sinne von § 32 VersAusglG zu unterrichten hat. Dies ist im neuen Recht notwendig, da sich ein zusätzlicher Bezug auf die in § 33 Abs. 3 VersAusglG normierte Höchstgrenze auswirken kann.[774]

Ferner hat er über den Rentenbezug, die Wiederheirat oder den Tod des Ausgleichsberechtigten zu informieren.[775] Bei einem Rentenbezug hat gleichwohl nur der Bezug einer Rente i.S.d. § 32 VersAusglG eine beendigende Auswirkung. Auch die Regelung dieser Pflicht ist notwendig, da der Versorgungsträger des Ausgleichspflichtigen den Bezugszeitpunkt der Versorgung des Ausgleichsberechtigten in der Regel nicht kennt.[776]

Dies gilt ebenso im Fall der Wiederheirat oder des Todes des Ausgleichsberechtigten. Der Grund für die Aussetzung der Kürzung ent-

772 Die Mitteilungspflicht besteht bereits bei einer rein tatsächlichen Einstellung oder Verringerung der Unterhaltszahlung, Weinreich/Klein/*Wick*, Familienrecht, § 34 VersAusglG, Rn. 12; *Gutdeutsch*, FamRB 2010, S. 149, 153 a.A. *Borth*, Versorgungsausgleich, 6. Aufl., Kapitel 8, Rn. 978. Hoppenz/*Hoppenz*, Familiensachen, § 34 VersAusglG, der bereits von dieser Mitteilungspflicht ausgeht, wenn der Ausgleichpflichtige annimmt, keinen Unterhalt mehr oder nur einen geringeren Unterhalt zu schulden.

773 Weinreich/Klein/*Wick*, Familienrecht, § 34 VersAusglG, Rn. 12.

774 *Gutdeutsch*, FamRB 2010, S. 149, 154; *Ruland*, Versorgungsausgleich, 3. Aufl., 9. Kapitel, Rn. 961.

775 *Gutdeutsch*, FamRB 2010, S. 149, 154; *Ruland*, Versorgungsausgleich, 3. Aufl., 9. Kapitel, Rn. 961; MK/*Gräper*, BGB, 6. Aufl., § 34 VersAusglG, Rn. 10; Weinreich/Klein/*Wick*, Familienrecht, § 34 VersAusglG, Rn. 11.

776 Weinreich/Klein/*Wick*, Familienrecht, § 34 VersAusglG, Rn. 14.

fällt im Zeitpunkt des Wegfalls der Unterhaltsverpflichtung.[777] Benötigt der Ausgleichspflichtige zur Erfüllung seiner Unterrichtungspflichten die Mitwirkung des Ausgleichsberechtigten, so ist dieser wiederum dem Ausgleichspflichtigen gem. § 4 Abs. 1 VersAusglG zur Auskunft verpflichtet. Kommt der Ausgleichsberechtigte seiner Auskunftspflicht nicht nach, kann sich der Ausgleichspflichtige gem. § 4 Abs. 2 VersAusglG auch direkt an den Versorgungsträger des Ausgleichsberechtigten wenden.[778]

Wick rät dem Ausgleichspflichtigen, sich aufgrund der umfangreichen Mitteilungspflichten im Fall einer Anpassungsentscheidung seitens eines Rechtsanwalts ausführlich beraten zu lassen, da sich der Ausgleichspflichtige bei einer schuldhaften Verletzung aufgrund der gesetzlichen Informationspflicht gem. § 50 SGB X gegenüber dem Versorgungsträger schadensersatzpflichtig machen könne.[779]

3. Ergebnis

Die in § 34 Abs. 5 VersAusglG geregelten Unterrichtungspflichten sind vom Ausgleichspflichtigen besonders zu beachten. Die Darstellung hat gezeigt, dass es hier durchaus angebracht sein kann, sich den notwendigen rechtlichen Rat einzuholen. Um die Entstehung eventueller Schadensersatzansprüche des Versorgungsträgers zu vermeiden, sollte der Ausgleichspflichtige dem Versorgungsträger besser eine Änderung zu viel als zu wenig mitteilen.

777 Weinreich/Klein/*Wick*, Familienrecht, § 34 VersAusglG, Rn. 14; *Gutdeutsch*, FamRB 2010, S. 149, 154.

778 Aus der allgemeinen Auskunftsplicht gem. § 4 Abs. 3 VersAusglG folgt zudem, dass sich der Versorgungsträger des Ausgleichspflichtigen auch direkt an den Versorgungsträger des Ausgleichsberechtigten wenden kann, MK/*Gräper*, BGB, 6. Aufl., § 34 VersAusglG, Rn. 11.

779 Ansonsten greift § 823 Abs. 2 BGB i.V.m. § 34 Abs. 5 VersAusglG als Schutzgesetz ein, *Borth*, Versorgungsausgleich, 6. Auf., Kapitel 8, Rn. 978; MK/*Gräper*, BGB, 6. Aufl., § 34 VersAusglG, Rn. 11; Weinreich/Klein/*Wick*, Familienrecht, § 34 VersAusglG, Rn. 15.

IV. Neueinführung des § 34 Abs. 6 VersAusglG

§ 34 Abs. 6 VersAusglG enthält eine Sonderregelung über die Zuständigkeit im Fall der Beendigung der Anpassung durch den Versorgungsträger.

1. Ausführungen des Gesetzgebers

Gem. § 34 Abs. 6 S. 1 VersAusglG ist der Versorgungsträger, der die Kürzung der Versorgung der ausgleichspflichtigen Person ausgesetzt hat, für die Entscheidung über die Beendigung der Aussetzung zuständig. Wird dieser nun über eine der in § 34 Abs. 5 VersAusglG genannten Tatsachen unterrichtet, die zum Wegfall der Aussetzungsberechtigung führen, so kann er die volle Kürzung der Versorgung der ausgleichspflichtigen Person wieder anordnen. In diesen Fällen bedarf es keiner erneuten Befassung seitens des Familiengerichts.[780] Dies ist dagegen nicht möglich, wenn sich die Einkommensverhältnisse der geschiedenen Ehegatten aus anderen Gründen ändern. Dann ist die Unterhaltsverpflichtung vielmehr vom Familiengericht gem. § 34 Abs. 6 S. 2 VersAusglG neu zu ermitteln. Dies wird in der Regel zur Abänderung der Anpassung führen. In Einzelfällen ist das Familiengericht dann befugt, die Anpassung insgesamt aufzuheben, sofern die Änderung der Unterhaltszahlungen dazu führt.[781]

2. Neue Fassung

Dementsprechend ist nach der neuen Rechtslage zwischen Konstellationen zu differenzieren, die zur Abänderung oder Beendigung der Anpassung durch den Versorgungsträger führen oder für die weiterhin das Familiengericht zuständig ist.

a. Abänderung der Anpassung

In § 34 Abs. 6 VersAusglG ist die Zuständigkeit bei Beendigung der Aussetzung geregelt.

780 BT-Drucks. 16/10144, S. 74.
781 BT-Drucks. 16/10144, S. 74.

aa. Eigene Entscheidungsbefugnis des Versorgungsträgers

Grundsätzlich entscheidet gem. § 34 Abs. 6 S. 1 VersAusglG der Versorgungsträger über die Beendigung der Anpassung. Die Norm verweist auf die in § 34 Abs. 5 VersAusglG genannten Gründe, sodass der Versorgungsträger bei Kenntniserlangung der entsprechenden Tatsachen zur Entscheidung über die Beendigung ermächtigt wird.[782] Er muss also in diesen Fällen nicht erst beim Familiengericht einen Antrag auf Aufhebung der Anpassungsentscheidung stellen.[783] Die Norm soll dadurch sicherstellen, dass die Entscheidungskompetenz in relativ einfachen Fallgestaltungen i.S.v. § 34 Abs. 5 VersAusglG weiterhin dem Versorgungsträger obliegt.[784]

Einfache Fallgestaltungen sind bei der Beendigung der Unterhaltsverpflichtung des Ausgleichspflichtigen anzunehmen sowie in dem Fall, in dem der Ausgleichsberechtigte eine im Versorgungsausgleich erworbene Versorgung i.S.v. § 32 VersAusglG beziehen kann. Da die Unterhaltsverpflichtung in diesen Konstellationen offensichtlich weggefallen ist, ist eine gerichtliche Überprüfung nicht notwendig.[785]

Wick kritisiert diese Vereinfachung im Fall eines weiteren Versorgungsbezuges i.S.d. § 32 VersAusglG des Ausgleichspflichtigen.[786] Zwar könne der Versorgungsträger in diesen Fällen gem. § 34 Abs. 5 VersAusglG i.V.m. § 34 Abs. 6 S. 1 VersAusglG über eine Beendigung der Aussetzung entscheiden. Der Bezug einer zusätzlichen Versorgungsleistung führe jedoch nicht zwangsläufig zum völligen Wegfall der Aussetzungsberechtigung, sondern beeinflusse grundsätzlich zunächst die nach § 33 Abs. 3 VersAusglG maßgebliche Höchstgrenze und damit den Umfang der möglichen Versorgungskürzung.[787]

---

782 Weinreich/Klein/*Wick*, Familienrecht, § 34 VersAusglG, Rn. 15; *Gutdeutsch*, FamRB 2010, S. 149, 152; *Borth*, Versorgungsausgleich, 6. Aufl., Kapitel 8, Rn. 978; *Ruland*, Versorgungsausgleich, 3. Aufl., 9. Kapitel, Rn. 962; Johannsen/Henrich/*Hahne*, Familienrecht, 5. Aufl., § 34, Rn. 5.

783 MK/*Gräper*, BGB, 6. Aufl., § 34 VersAusglG, Rn. 12.

784 MK/*Gräper*, BGB, 6. Aufl., § 34 VersAusglG, Rn. 12.

785 *Gutdeutsch*, FamRB 2010, S. 149, 152; Weinreich/Klein/*Wick*, Familienrecht, § 34 VersAusglG, Rn. 16.

786 Weinreich/Klein/*Wick*, Familienrecht, § 34 VersAusglG, Rn. 16,

787 Weinreich/Klein/*Wick*, Familienrecht, § 34 VersAusglG, Rn. 16, nach dessen Auffassung es in diesen Fällen einer gerichtlichen Entscheidung bedarf.

bb. Notwendigkeit einer familiengerichtlichen Entscheidung

Bei einer Änderung der Unterhaltszahlung ist hingegen nicht von einer einfachen Fallgestaltung i.S.v. § 34 Abs. 6 S. 1 VersAusglG auszugehen.[788] Dies ergibt sich explizit aus § 34 Abs. 6 S. 2 VersAusglG, wonach die Entscheidungskompetenz weiterhin dem Familiengericht zusteht.[789] Das Familiengericht ist zuständig, da die Höhe der gesetzlichen Unterhaltspflicht dann regelmäßig neu zu ermitteln ist.[790] Das Familiengericht kann die Auswirkungen der Änderung der Unterhaltszahlungen viel besser beurteilen, um dann ggf. eine Abänderung der Anpassung vorzunehmen oder die Aussetzung der Kürzung ganz aufzuheben.[791] Dem Versorgungsträger steht lediglich das Antragsrecht aus § 34 Abs. 2 S. 2 VersAusglG zu. Er ist aber nicht berechtigt, die Aussetzung der Versorgungskürzung selbst zu verändern.[792]

b. Durchführung und Wirkung der Entscheidungen

Entscheidet der Versorgungsträger selbst über die Beendigung der Anpassung, so ändert er den bisher bestehenden Leistungsbescheid entsprechend der Grundsätze, die in der jeweiligen Versorgungsordnung geregelt sind. Er kann diese Entscheidung auf Antrag der geschiedenen Ehegatten oder aufgrund eigener Information nach Anhörung treffen. Möchte der Ausgleichspflichtige gegen die getroffene Entscheidung vorgehen, so hat er – je nach Art des bestehenden Rechtsverhältnisses

788 MK/*Gräper*, BGB, 6. Aufl., § 34 VersAusglG, Rn. 12; ebenso *Gutdeutsch*, FamRB 2010, S. 149, 152; Weinreich/Klein/*Wick*, Familienrecht, § 34 VersAusglG, Rn. 16; Johannsen/Henrich/*Hahne*, Familienrecht, 5. Aufl., § 34, Rn. 5.

789 *Ruland*, Versorgungsausgleich, 3. Aufl., 9. Kapitel, Rn. 962, der dem Wortlaut des Gesetzes entnimmt, dass die Zuständigkeit des Familiengerichts für jeden Fall der Änderung der Aussetzung gelte.

790 Weinreich/Klein/*Wick*, Familienrecht, § 34 VersAusglG, Rn. 18. Siehe dazu die Darstellung zu § 33 Abs. 1 und 3 VersAusglG unter § 2 dieses Kapitels.

791 *Borth*, Versorgungsausgleich, 6. Aufl., Kapitel 8, Rn. 979; MK/*Gräper*, BGB, 6. Aufl., § 34 VersAusglG, Rn. 12.

792 *Ruland*, Versorgungsausgleich, 3. Aufl., 9. Kapitel, Rn. 962; MK/*Gräper*, BGB, 6. Aufl., § 34 VersAusglG, Rn. 12; Weinreich/Klein/*Wick*, Familienrecht, § 34 VersAusglG, Rn. 18.

– den Rechtsweg zu den Sozialgerichten, Verwaltungsgerichten, Arbeitsgerichten oder Zivilgerichten einzuschlagen.[793]

Wie zuvor ausgeführt, sind Entscheidungen des Familiengerichts gem. § 34 Abs. 6 S. 2 VersAusglG hiervon zu unterscheiden. Denn liegen die Voraussetzungen für eine Abänderung der Anpassung vor, passt das Familiengericht die Aussetzung der Versorgungskürzung entsprechend den neuen Gegebenheiten[794] durch rechtsgestaltende Entscheidung an.[795]

Soweit es sich bei dem Anrecht, dessen Anpassung wegen Unterhalts geändert oder beendet wurde, um eine gesetzliche Rente handelt, so sind die Rentenbescheide der früheren Ehegatten aufzuheben bzw. es ist ein neuer Rentenbescheid zu erlassen, der die wieder vorzunehmende Kürzung der Rente aufgrund des Versorgungsausgleichs berücksichtigt.[796] Dies erfolgt entsprechend gem. § 101 Abs. 3b Nr. 1 bis 3 SGB VI, wobei je nach Fallgestaltung zwischen drei Wirkungszeitpunkten zu unterscheiden ist: entweder mit Beginn einer Leistung eines im Versorgungsausgleichs erworbenen Anrechts an den ausgleichsberechtigten Ehegatten (gem. § 33 Abs. 1 VersAusglG) oder des ausgleichspflichtigen Ehegatten (gem. § 33 Abs. 3 VersAusglG) oder bei teilweiser oder vollständiger Einstellung der Unterhaltszahlungen (gem. § 34 Abs. 5 VersAusglG). [797]

Gem. § 99 SGB VI beginnt die Leistung ab dem Zeitpunkt, ab dem sie bewilligt wurde, was auch dann gilt, wenn sie für einen Zeitraum nachzuzahlen ist. Dabei sind zu viel gezahlte Leistungen an den Versorgungsträger gem. § 50 Abs. 1 SGB X wieder zurückzuerstatten.[798]

---

793 Weinreich/Klein/*Wick*, Familienrecht, § 34 VersAusglG, Rn. 17.

794 Johannsen/Henrich/*Hahne*, Familienrecht, 5. Aufl., § 34, Rn. 5; Weinreich/Klein/*Wick*, Familienrecht, § 34 VersAusglG, Rn. 18; a.A. *Borth*, Versorgungsausgleich, 6. Aufl., Kapitel 8, Rn. 978f., nach dessen Auffassung eine Abänderung der Anpassungsentscheidung gem. § 224 Abs. 3 FamFG zu erfolgen habe.

795 MK/*Gräper*, BGB, 6. Aufl., § 34 VersAusglG, Rn. 13.

796 *Ruland*, Versorgungsausgleich, 3. Aufl., 9. Kapitel, Rn. 963; MK/*Gräper*, BGB, 6. Aufl., § 34 VersAusglG, Rn. 13; Weinreich/Klein/*Wick*, Familienrecht, § 34 VersAusglG, Rn. 17.

797 *Borth*, Versorgungsausgleich, 6. Aufl., Kapitel 8, Rn. 980; *Ruland*, Versorgungsausgleich, 3. Aufl., 9. Kapitel, Rn. 963.

798 *Ruland*, Versorgungsausgleich, 3. Aufl., 9. Kapitel, Rn. 964; Hoppenz/*Hoppenz*, Familiensachen, § 33 VersAusglG, Rn. 11; Palandt/*Brudermüller*, BGB, 75. Aufl., § 34 VersAusglG, Rn. 9

3. Ergebnis

Die Darstellung zu § 34 Abs. 6 VersAusglG macht deutlich, dass die Norm sorgfältig angewendet werden muss, da sie zu völlig unterschiedlichen Rechtsfolgen führen kann. Im Falle der Änderung der Unterhaltszahlungen sollte die dann ausnahmsweise bestehende Zuständigkeit des Familiengerichts beachtet werden, da der Versorgungsträger in diesen Konstellationen nicht über die Kompetenz verfügt, abschließend über familienrechtliche Themen zu entscheiden.

C. Weitere verfahrensrechtliche Besonderheiten

Neben den dargestellten Modifizierungen in § 34 VersAusglG ergeben sich in der jetzigen Rechtslage weitere verfahrensrechtliche Besonderheiten.

I. Fragen zur Beschlussfassung

Am Ende des Verfahrens fasst das Familiengericht seine Entscheidung gem. § 38 FamFG in Form eines Beschlusses. Das Gericht muss darin das gekürzte Anrecht des Ausgleichspflichtigen und die Höhe der Kürzung der Versorgung angeben.[799]

Kommt das Gericht nach der Prüfung zu einem positiven Ergebnis, muss auch über die Höhe der Aussetzung entschieden werden. Fraglich ist, wie genau die Höhe im Tenor beziffert werden muss. Dies wurde in der Praxis bisher sehr unterschiedlich gehandhabt.

Nach der Auffassung des OLG Düsseldorf bedarf es keiner konkreten Angabe des Aussetzungsbetrages, wenn die Kürzung in Höhe des vollen Kürzungsbetrages auszusetzen ist.[800] Eine Bezifferung habe den Nachteil, dass die in fester Höhe beschlossene Kürzungsaussetzung fortlaufend angepasst werden müsse, sobald sich die Bruttorente um einen über die Bagatellgrenze des § 33 Abs. 2 VersAusglG hinausgehenden Betrag erhöhe.[801]

799 Weinreich/Klein/*Wick*, Familienrecht, § 34 VersAusglG, Rn. 6.
800 OLG Düsseldorf BeckRS 2012, 15746.
801 OLG Düsseldorf BeckRS 2012, 15746.

Diese Vorgehensweise wird teilweise, insbesondere von *Bergner* stark kritisiert.[802] Nach dessen Ansicht sei im Tenor der Entscheidung stets eine konkrete Bezifferung des Aussetzungsbetrages anzugeben, zumal sich der fiktive, in der Entscheidung ermittelte Unterhaltsanspruch nur nach den Verhältnissen zum Zeitpunkt der Anpassung, nicht aber nach einem auf anderen Verhältnissen beruhenden Urteil richte. Es handele sich um einen statischen und nicht ständig anzupassenden Wert, der nur aufgrund einer Abänderungsentscheidung des Familiengerichts geändert werden könne.[803]

Das OLG Hamm hält es ebenfalls für geboten, den konkreten Betrag für die Aussetzung zu titulieren.[804] Der BGH hat sich in seiner Grundsatzentscheidung zu den §§ 33, 34 VersAusglG der Auffassung des OLG Hamm angeschlossen. Demnach sei es nicht ausreichend, wenn das Gericht die Aussetzung der Kürzung in „voller Höhe" vornimmt. Der gerichtliche Titel, der die durch den Versorgungsausgleich bedingte Kürzung der Rente ganz oder teilweise aussetzt, sei nur dann bestimmt genug, wenn er den Umfang der Aussetzung betragsmäßig festlegt oder dieser sich zumindest ohne weiteres aus dem Titel errechnen lässt. Dafür genüge es aber, wenn die Berechnung mit Hilfe offenkundiger, insbesondere aus dem Bundesgesetzblatt ersichtlicher Umstände möglich ist.[805]

II. Probleme im Rahmen der Kostenfestsetzung gem. § 50 FamGKG

Im Rahmen der Wertfestsetzung für Versorgungsausgleichssachen gem. § 50 FamGKG erscheint es fraglich, wie das Anpassungsverfahren nach §§ 33, 34 VersAusglG kostenrechtlich eingeordnet werden soll.

Der Regelfall für den Versorgungsausgleich „bei der Scheidung" ist in § 50 Abs. 1 FamGKG normiert. Demnach setzt sich der Wert des Verfahrens aus 10 % des dreifachen Nettoeinkommens der Ehegatten zusammen. Im Fall des Versorgungsausgleichs „nach der Scheidung"

802 BGH NJW 2012, S. 1661, 1663 f.; *Bergner*, FPR 2011, S. 483, 489.

803 So *Bergner*, FPR 2011, S. 483, 489.

804 BGH NJW 2012 S. 1661, 1663 f.; OLG Hamm, FamRZ 2011, S. 814 f.

805 BGH NJW 2012, S. 1663; ders. A. *Ruland*, Versorgungsausgleich, 3. Aufl., 9. Kapitel, Rn. 966.

ist er hingegen bei 20 % des dreifachen Nettoeinkommens anzusetzen.[806]

Das OLG Hamm hat den Fall der Anpassung gem. § 33 VersAusglG als einen Versorgungsausgleich „nach der Scheidung" eingeordnet, was zur Folge hat, dass sich der Wert des Verfahrens am aktuellen Einkommen des Antragstellers orientiert und daher mit 20 % von dessen dreifachem Nettoeinkommen festgesetzt wurde.[807]

Diese Berechnung wird von *Schwamb* und *Hauß* kritisiert.[808] Es sei zu bedenken, dass es sich bei dem Verfahren gem. §§ 33, 34 VersAusglG um keinen Versorgungsausgleich „nach der Scheidung" im Sinne der gesetzlichen Definition handele. Das Verfahren falle vielmehr unter das eigenständige Kapitel 4 des Versorgungsausgleichsgesetzes, sodass eine gesonderte Berechnung geboten sei.[809]

Schwamb schlägt vor, den Wert dieser Verfahren angesichts des Verfahrensgegenstandes in Anwendung von § 50 Abs. 3 FamGKG i.V.m. § 42 Abs. 1 FamGKG auf Grundlage des Streitwerts einer vergleichbaren Unterhaltssache zu bestimmen, d.h. mit dem zwölffachen begehrten monatlichen Anpassungsbetrag.[810]

III. Ergebnis

Es ist festzuhalten, dass das Gericht den konkreten Betrag der Aussetzung im Tenor anzugeben hat. Die Tenorierung der Aussetzung „in Höhe der Kürzung" ist nicht ausreichend und muss künftig von den Familiengerichten beachtet werden. In kostenrechtlicher Hinsicht erscheint es sachgerechter, dem Vorschlag *Schwabs* zu folgen und den Wert gem. § 50 Abs. 3 FamGKG i.V.m. § 42 Abs. 1 FamGKG auf Grundlage des Streitwerts einer vergleichbaren Unterhaltssache zu bestimmen, da sich das Verfahren aufgrund des Bezuges zum Unterhaltsrechts als durchaus schwierig erweisen kann.

---

806 *Keske*, FamGKG, § 50, Rn. 5; Schulte-Brunert/Weinreich/*Keske*, FamGKG, § 50, Rn. 3 f.; *Schwamb*, NJW 2011, S. 1649, 1650.

807 OLG Hamm, NJW 2012, S. 1681.

808 *Hauß*, AnwBl 2009, S. 577, 581; *Schwamb*, NJW 2011, S. 1649, 1650.

809 *Schwamb*, NJW 2011, S. 1649, 1650.

810 So ist das OLG Frankfurt am Main in einem Verfahren vorgegangen, BeckRS 2011, 06339; ders. A. *Schwamb*, NJW 2011, S. 1649, 1650.

§ 3 Zentrale Probleme innerhalb des Verfahrens gem. §§ 33, 34 VersAusglG

Im Rahmen der Prüfung der Zulässigkeitsvoraussetzungen von § 33 Abs. 1 VersAusglG sowie bei der Berechnung der Höhe des Unterhaltsanspruchs gem. § 33 Abs. 3 VersAusglG muss sich das Familiengericht mit der Prüfung des fiktiven gesetzlichen Unterhaltsanspruchs befassen. Während in § 33 Abs. 1 VersAusglG lediglich das grundsätzliche Bestehen eines nachehelichen gesetzlichen Unterhaltsanspruchs geprüft werden muss, bedarf es für die Feststellung der Höhe der Aussetzung gem. § 33 Abs. 3 VersAusglG der genauen Bezifferung des Unterhaltsanspruchs. Dies wurde bereits unter § 1 des Kapitels angesprochen. Grundsätzlich können sich drei verschiedene Fallkonstellationen ergeben:

- das Familiengericht muss den Unterhalt erstmalig im Verfahren gem. §§ 33, 34 VersAusglG bestimmen,
- ein festgelegter Unterhaltsanspruch liegt bereits in Form eines Beschlusses oder Vergleichs vor,
- ein Verfahren über den Unterhaltsanspruch oder ein diesbezügliches Abänderungsverfahren ist bereits anhängig.

A. Eintritt des Rentenfalls vor der Scheidung

In der ersten Konstellation ist der Rentenfall schon vor der Scheidung eingetreten. In diesem Sachverhalt besteht noch kein Unterhaltstitel, sodass sich hinsichtlich der Ermittlung des Unterhalts die Frage stellt, welche verfahrensrechtliche Vorgehensweise in diesem Fall am Vorteilhaftesten ist. Diese Konstellation wurde bereits im vorherigen Abschnitt bei den Darstellungen zu § 34 VersAusglG erörtert und auf das gefundene Ergebnis soll an dieser Stelle nur kurz Bezug genommen werden: [811] Die Aufnahme des Anpassungsverfahrens in den Scheidungsverbund sollte zur Vermeidung prozessualer Probleme und Widersprüche möglich sein. Andernfalls müsste zunächst über Versor-

811 Siehe die Ausführung unter § 2 dieses Kapitels ab Seite 151 ff.

gungsausgleich und Unterhalt ohne Anpassung entschieden werden. Anschließend wäre der Ausgleichspflichtige gezwungen, einen Antrag auf Anpassung gem. §§ 33, 34 VersAusglG zu stellen, was wiederum zu einem Antrag auf Abänderung gem. §§ 238, 239 FamFG des zuvor ermittelten Unterhaltstitels führen würde.

B. Berechnung des fiktiven Unterhaltsanspruchs bei bestehendem Titel

Besteht bereits ein Unterhaltstitel, so stellen sich zwei Fragen: Ist das Gericht im Anpassungsverfahren an diesen gebunden und wie sollte ein ggf. neu zu ermittelnder Titel bestimmt werden.

I. Die Frage der Bindung bei bereits bestehenden Unterhaltstiteln

In der Praxis ist im Regelfall schon über einen Unterhaltsanspruch im Vorwege entschieden worden. Problematisch ist, wie sich das Bestehen eines Unterhaltstitels auf die erneute Feststellung des Unterhaltsanspruches durch das Familiengericht im Rahmen des § 33 VersAusglG auswirkt.

1. Keine Bindung an bereits bestehende Titel

Teile der Literatur vertreten die Auffassung, dass das Familiengericht im Rahmen des Verfahrens nach §§ 33, 34 VersAusglG grundsätzlich nicht an bereits bestehende Unterhaltstitel gebunden ist.[812] Der Unterhaltsanspruch und seine Höhe müssten vielmehr im Anpassungsverfahren stets neu ermittelt werden. Selbst wenn der Unterhalt schon in einem Streitverfahren tituliert worden ist, binde der ergangene Beschluss den betroffenen Versorgungsträger nicht.[813]

Für *Bergner* ist das Bestreben zwar verständlich, die entstehenden Schwierigkeiten bei einer erneuten Feststellung eines Unterhaltsan-

812 *Bergner*, FPR 2011, S. 483, 486; Weinreich/Klein/*Wick*, Familienrecht, § 33 VersAusglG, Rn. 14; *Kemper*, Versorgungsausgleich in der Praxis, Kapitel X, Rn. 36; *Borth*, Versorgungsausgleich, 6. Aufl., Kapitel 8, Rn. 965.

813 Weinreich/Klein/*Wick*, Familienrecht, § 33 VersAusglG, Rn. 14.

spruches vermeiden zu wollen. Diese einschränkende Vorgehensweise sei aber nicht mit dem Telos des § 33 VersAusglG zu vereinbaren. Entgegen seiner Vorgängernorm § 5 VAHRG a.F. dürfe die Aussetzung der Kürzung nur noch in Höhe des fiktiven Unterhaltsanspruches und gerade nicht mehr in vollem Umfang vorgenommen werden. Aufgrund dessen sei auch die „zu § 5 VAHRG a.F. ergangene Rechtsprechung über die Bedeutung eines bereits vorliegenden Unterhaltstitels nicht mehr“ verwertbar.[814]

Dementsprechend könne grundsätzlich auch nicht – wie noch nach der alten Rechtslage – davon ausgegangen werden, dass der fiktive Unterhaltsanspruch und der im bestehenden gerichtlichen Beschluss sich entsprechen.[815] Da der unterhaltspflichtige Ehegatte bei Titulierung des Unterhaltsanspruchs in der Regel noch keine Versorgungsleistung beziehe, sei der eigentliche Unterhaltsanspruch mit dem fiktiven Unterhaltsanspruch gerade nicht identisch.

Bergner wendet gegen eine Bindungswirkung ein, dass die Aussetzung auf die Zeit nach dem Wirksamwerden der Anpassung begrenzt sei. Daher könne es seiner Meinung nach nicht entscheidend sein, dass ein „nicht auf den Verhältnissen zum Wirksamwerden der Anpassung gründender gerichtlicher Beschluss oder Vergleich“ seinerzeit hätte abgeändert werden können. Entscheidend sei, dass ein bereits bestehender gerichtlicher Vergleich oder Beschluss keine Rechtskraftwirkung hinsichtlich eines im Rahmen einer Anpassung zu ermittelnden fiktiven Unterhaltsanspruchs begründen könne.[816]

Ferner sei zu bedenken, dass nur der Entscheidungssatz eines Beschlusses über den Unterhaltsanspruch in Rechtskraft erwachse.[817] Da sich sowohl der Streitgegenstand bei Unterhaltsverfahren – Feststellung der Höhe der Unterhaltspflicht – und bei Anpassungsverfahren – Aussetzung der Versorgungskürzung – als auch die Parteien unterscheiden, sei eine Erstreckung der Rechtskraft nicht möglich.

814 So *Bergner*, FPR 2011, S. 483, 486.

815 *Bergner*, FPR 2011, S. 483, 486.

816 *Bergner*, FPR 2011, S. 483, 486.

817 *Bergner*, FPR 2011, S. 483, 486. Die Problematik sei hingegen anders zu beurteilen, wenn bereits eine Unterhaltsfestsetzung gem. §§ 238, 239 FamFG bestehe, so *Borth*, Versorgungsausgleich, 6. Aufl., Kapitel 8, Rn. 972. In diesem Fall wirke die Rechtskraft der in der Endentscheidung getroffenen Feststellung auch im Verfahren gem. §§ 33 f. VersAusglG weiter.

Aufgrund der genannten Gründe stellt *Bergner* klar, dass „kein Weg" an einer erneuten Feststellung des fiktiven Unterhaltsanspruches aufgrund der wirtschaftlichen Verhältnisse im Zeitpunkt ab dem Wirksamwerden der Anpassungsentscheidung vorbeiführe.[818] Eine erneute Ermittlung des fiktiven Unterhalts müsse seiner Ansicht nur dann nicht erfolgen, „wenn sich auch unter Berücksichtigung der Verhältnisse zum Wirksamwerden der Anpassungsentscheidung ergebe, dass der fiktive Unterhaltsanspruch mindestens genauso hoch ist wie der Kürzungsbetrag der laufenden Versorgung."[819]

Kemper und *Borth* lehnen zwar ebenfalls eine Bindungswirkung ab, vertreten allerdings entsprechend der alten Rechtslage den Ansatz, dass bei dem Vorliegen eines Titels der Unterhaltsanspruch grundsätzlich nicht weiter geprüft werden muss.[820] Vielmehr sei in diesem Fall der bereits bestehende Titel zum nachehelichen Unterhalt zunächst als Grundlage der Anpassung nach § 33 VersAusglG heranzuziehen, weil sich hierin der gesetzlich geschuldete Unterhalt gem. § 33 Abs. 1 VersAusglG manifestiere. Zur Umsetzung der Bestimmung der §§ 33, 34 VersAusglG müsse die Höhe des Unterhalts gem. § 33 Abs. 3 VersAusglG gleichwohl durch das Familiengericht erneut ermittelt werden. [821] Dies gelte insbesondere immer dann, wenn Anhaltspunkte dafür bestünden, dass der Unterhaltstitel ganz oder teilweise zu Unrecht besteht und somit abzuändern wäre.[822]

818 *Bergner,* FPR 2011, S. 483, 486; ebenso *Borth,* FamRZ 2011, S. 818.

819 *Bergner,* FPR 2011, S. 483, 486.

820 *Ruland,* Versorgungsausgleich, 3. Aufl., 9. Kapitel, Rn. 949; *Kemper,* Versorgungsausgleich in der Praxis, Kapitel X, Rn. 36; *Borth,* Versorgungsausgleich, 6. Aufl., Kapitel 8, Rn. 966.

821 *Borth,* Versorgungsausgleich, 6. Aufl., Kapitel 8, Rn. 966; *Ruland,* Versorgungsausgleich, 3. Aufl., 9. Kapitel, Rn. 952. Während also teilweise für das Bestehen das Vorliegen eines Titels als ausreichend erachtet wird, muss spätestens aber im Rahmen der Ermittlung des § 33 Abs. 3 VersAusglG eine neue Berechnung durch das Familiengericht vorgenommen werden; ebenso *Ruland,* Versorgungsausgleich, 3. Aufl., 9. Kapitel, Rn. 952.

822 *Borth,* Versorgungsausgleich, 6. Aufl., Kapitel 8, Rn. 966; *Ruland,* Versorgungsausgleich, 3. Aufl., 9. Kapitel, Rn. 952; *Kemper,* Versorgungsausgleich in der Praxis, Kapitel X, Rn. 36; MK/*Gräper,* BGB, 6. Auf., § 33 VersAusglG, Rn. 18. In welchem Verfahren dann die Überprüfung der Abänderbarkeit zu erfolgen hat, wird im folgenden Abschnitt diskutiert.

2. Gegenauffassung

Die höchstrichterliche Rechtsprechung und Teile der Literatur gehen hingegen von einer grundsätzlichen Bindung an einen bestehenden Unterhaltstitel aus.[823] Die Rechtskraft des Unterhaltstitels binde das Familiengericht auch im Rahmen der Vorfrage für die Aussetzung einer durch den Versorgungsausgleich bedingten Kürzung der Rente nach § 33 Abs. 3 VersAusglG.[824] Demnach könne bei einem bereits bestehenden Unterhaltstitel, der den gesetzlich geschuldeten Unterhalt konkretisiere, in der Entscheidung über die Anpassung nach § 33 VersAusglG der Unterhalt nicht unabhängig von diesem Titel fiktiv neu berechnet werden. Vielmehr sei grundsätzlich anzunehmen, dass der titulierte Unterhalt auch den gesetzlich geschuldeten darstelle.[825] Andernfalls müsse die unterhaltspflichtige Partei auf einen „riskanten Abänderungsprozess" verwiesen werden.[826]

Schwamb begründet seine Ansicht insbesondere mit prozessualen Erwägungen. Zwar werde der § 33 Abs. 3 VersAusglG durch diese Vorgehensweise einschränkend ausgelegt. Diese Auslegung sei aber im Hinblick auf die Vereinfachung für die gerichtliche Praxis berechtigt.[827] Außerdem würden zuvor oder parallel laufende Unterhaltsverfahren Vorrang genießen. Abgesehen davon sei habe die Vorschrift den Zweck, einen möglichen Missbrauch des Unterhaltsprivilegs durch die Ehegatten zu verhindern und nicht den tatsächlichen Unterhaltsanspruch umfassend zu bestimmen.[828]

---

823 BGH NJW 2012, S. 1661, 1663; OLG Hamm, NJW 2011, S. 1681; MK/*Gräper*, BGB, 6. Aufl., § 33 VersAusglG, Rn. 12; *Ruland* Versorgungsausgleich, 3. Aufl., 9. Kapitel, Rn. 950; HK/*Rehbein*, Versorgungsausgleich, § 33 VersAusglG, Rn. 19.

824 BGH NJW 2012, S. 1661, 1663; auch Hoppenz/*Hoppenz*, Familiensachen, § 34, Rn. 14.

825 BGH NJW 2012, S. 1661, 1663; OLG Hamm NJW 2011, S. 1681; OLG Frankfurt am Main NJOZ 2012, S. 1243; *Schwamb*, NJW 2011, S. 1648, 1650; HK/*Rehbein*, Versorgungsausgleich, § 33 VersAusglG, Rn. 19; *Holzwarth*, FamRZ 2011, S. 933, 940.

826 So OLG Frankfurt am Main BeckRS 2011, 06399; ders. A. Johannsen/Henrich/*Hahne*, Familienrecht, 5. Aufl., § 33 VersAusglG, Rn. 5.

827 *Schwamb*, NJW 2011, S. 1648, 1650.

828 *Schwamb*, NJW 2011, S. 1648, 1650, der diese Unklarheit des Gesetzes als erheblichen Mangel empfindet.

Einschränkungen hinsichtlich der Bindung des Familiengerichts sind gleichwohl auch nach dieser Auffassung denkbar. Von einer Bindungswirkung könne nicht mehr ausgegangen werden, wenn sich die zugrundeliegenden Verhältnisse der Parteien derart wesentlich geändert haben, dass der Unterhaltspflichtige den Titel nach §§ 238, 239 FamFG ändern oder die Vollstreckung nach § 767 ZPO abwehren könnte.[829]

Das OLG Frankfurt fordert eine neue Berechnung des Unterhaltsanspruchs, sofern sich der Wegfall oder die Verringerung des Unterhaltsanspruchs nahezu „aufdrängen".[830]

Dem hat sich der BGH angeschlossen und ausgeführt, dass in diesen Fällen – nach der Intention des Gesetzgebers – eine erneute Prüfung erforderlich sei.[831] Bestünden Anhaltspunkte dafür, dass der vorliegende Unterhaltstitel nicht mehr den gegenwärtigen Umständen entspricht, so habe das Familiengericht den fiktiven Unterhaltsanspruch neu zu ermitteln. Dies gelte insbesondere dann, wenn ein Unterhaltstitel in Form eines Unterhaltsvergleichs nicht mit dem gesetzlich geschuldeten identisch ist und daher bereits nicht die Voraussetzungen des § 33 Abs. 3 VersAusglG erfüllt.[832]

Demnach habe das Gericht im Rahmen seiner Entscheidung über die Anpassung stets zu prüfen, ob ein bereits vorliegender Unterhaltstitel den gesetzlichen Vorschriften über den nachehelichen Unterhalt widerspricht und sich die tatsächlichen und wesentlichen Verhältnisse seit Schaffung des Unterhaltstitels nicht geändert haben, so dass der Unterhaltstitel selbst nach §§ 238 f. FamFG abänderbar wäre.[833] Davon sei vor allem bei älteren Unterhaltstiteln aus der Zeit des Erwerbslebens auszugehen.[834]

829 BGH NJW 2012, S. 1661, 1663; OLG Hamm, NJW 2011, S. 1681; HK/*Rehbein*, Versorgungsausgleich, § 33 VersAusglG, Rn. 19; Palandt/*Brudermüller*, BGB, 75. Aufl., § 33 VersAusglG, Rn. 3.

830 OLG Frankfurt am Main BeckRS 2011, 06399; HK/*Rehbein*, Versorgungsausgleich, VersAusglG § 33, Rn. 19; ebenso *Schwamb*, NJW 2011, S. 1649, 1650.

831 BGH, NJW 2012, S. 1661, 1663.

832 BGH, NJW 2012, S. 1661, 1663.

833 BGH NJW 2012, S. 1661, 1663.

834 BGH NJW 2012, S. 1661, 1663. Das Ergebnis entspricht im Wesentlichen dem Ergebnis von *Bergner*, FPR 2011, S. 483, 486.

In einer neueren Entscheidung hat der BGH hierzu bestimmt, dass Unterhaltsvereinbarungen durch die Höhe des gesetzlich fiktiven Unterhaltsanspruchs zu begrenzen seien.[835]

3. Stellungnahme

Im Ergebnis kommen beide Auffassungen grundsätzlich zu den gleichen Ergebnissen. Die erste Ansicht geht zwar von keiner Bindung des Titels aus, schließt aber überwiegend aus dem Vorliegen eines Titels, dass keine erneute Prüfung des Unterhaltsanspruchs durch das Familiengericht notwendig ist. Anderes gilt dann, wenn sich Anhaltspunkte ergeben, dass sich die bestehenden Umstände seit der Festsetzung des Titels erheblich geändert haben, sodass eine Abänderung möglich wäre.

Die Gegenauffassung geht zwar von einer Bindung der Familiengerichte an bereits bestehende Titel aus, hält allerdings eine erneute Überprüfung im Rahmen der Anpassung für notwendig, wenn Hinweise bestehen, dass der vorliegende Unterhaltstitel nicht mehr den gegenwärtigen Umständen entspricht.

Nach beiden Auffassungen gilt dies insbesondere dann, wenn bloß ein älterer Unterhaltstitel aus der Zeit des Erwerbslebens vorliegt. Es besteht also überwiegend Einigkeit, dass das Gericht im Rahmen seiner Entscheidung über die Anpassung stets zu prüfen hat, ob ein bereits vorliegender Titel den gesetzlichen Vorschriften über den nachehelichen Unterhalt widerspricht. Da im Fall des Renteneintritts nach der Scheidung regelmäßig nur ein Unterhaltstitel aus der Zeit des Erwerbslebens vorliegt, ist in diesen Fällen stets eine Überprüfung des bisherigen Titels und ggf. eine Neuermittlung des geschuldeten Unterhaltsanspruchs vorzunehmen.

II. Fragen zur Ermittlung des gesetzlichen Unterhaltsanspruchs

Da beide Auffassung in der Regel zum selben Ergebnis gelangen und eine Überprüfung des bestehen Titels für notwendig halten, stellt sich die Frage, inwieweit die Überprüfung eines älteren Unterhaltstitels im

835 BGH FamRZ 2013, S. 189, 190.

Rahmen des Aussetzungsverfahrens nach §§ 33, 34 VersAusglG möglich ist oder ob nicht alternativ zunächst eine Änderung des Unterhaltstitels gem. §§ 238, 239 FamFG zu erfolgen hat.

Insoweit ist das Vorliegen eines Titels vielleicht noch bei der Prüfung der Zulässigkeitsvoraussetzungen gem. § 33 Abs. 1 VersAusglG hilfreich, spätestens im Rahmen der Prüfung der Höhe der Aussetzung gem. § 33 Abs. 3 VersAusglG muss das Gericht gleichwohl eigene Ermittlungen hinsichtlich des Unterhaltsanspruches vornehmen,[836] da gem. § 33 Abs. 3 VersAusglG inzident die Höhe des fiktiven gesetzlichen Unterhalts ermittelt werden muss.[837] Es erscheint also zweckmäßig, den Unterhaltsanspruch auch im Rahmen des Anpassungsverfahrens zu ermitteln wird. Da die Beteiligten anderenfalls zunächst ein Unterhaltsverfahren zur Berechnung einleiten müssten, was lediglich zu dem gehaltlosen Ergebnis kommen würde, dass der Unterhalt wegen der Versorgungskürzung nicht oder nicht in voller Höhe gezahlt werden kann.[838]

Fraglich ist, ob dies auch gilt, wenn bereits ein Unterhaltstitel aus einem vorangegangenen Unterhaltsverfahren vorliegt. Nach der zuvor dargestellten Diskussion muss der fiktive Unterhaltsanspruch auch in diesem Fall neu ermittelt werden, jedenfalls dann, wenn Anhaltspunkte ersichtlich sind, dass der bestehende Unterhaltstitel dem gegenwärtigen gesetzlichen Unterhaltsanspruch nicht mehr entspricht.[839]

1. Neuermittlung des Unterhaltsanspruchs im Anpassungsverfahren

Insbesondere Teile der Literatur bejahen die Möglichkeit der Überprüfung des bestehenden Unterhaltstitels im Rahmen des §§ 33, 34

836 *Ruland,* Versorgungsausgleich, 3. Aufl., 9. Kapitel, Rn. 952; *Borth,* Versorgungsausgleich, 6. Aufl., Kapitel 8, Rn. 970; *Bergner,* FPR 2011, S. 483, 486.

837 BGH NJW 2012, S. 1661, 1663; OLG Hamm NJW 2011, S. 1681; *Bergner,* FPR 2011, S. 483, 486; Johannsen/Henrich/*Hahne,* Familienrecht, 5. Aufl., § 33 VersAusglG, Rn. 5; Weinreich/Klein/*Wick,* Familienrecht, § 33 VersAusglG, Rn. 14; MK/*Gräper,* BGB, 6. Aufl., VersAusglG § 33, Rn. 18; *Ruland,* Versorgungsausgleich, 3. Aufl., 9. Kapitel, Rn. 952; *Borth,* Versorgungsausgleich, 6. Aufl., Kapitel 8, Rn. 966; HK/*Rehbein,* Versorgungsausgleich, § 33 VersAusglG, Rn. 30.

838 Johannsen/Henrich/*Hahne,* Familienrecht, 5. Aufl., § 33 VersAusglG, Rn. 5.

839 BGH NJW 2012, S. 1661; Weinreich/Klein/*Wick,* Familienrecht, § 33 VersAusglG, Rn. 14; *Borth,* Versorgungsausgleich, 6. Aufl., Kapitel 8, Rn. 966.

VersAusglG, da dies eine erhebliche Erleichterung für die Praxis darstellen würde. [840]

Borth und *Wick* führen zur Problematik aus, dass zwar verfahrensrechtliche Diskrepanzen zwischen dem Aussetzungsverfahren und dem Unterhaltsverfahren vorliegen. [841] Während bei ersterem aufgrund der Einordnung als Familiensache gem. § 111 Nr. 7 FamFG der Amtsermittlungsgrundsatz gem. § 26 FamFG gelte, unterliege das Unterhaltsverfahren als Familienstreitsache i.S.v. § 112 Nr. 1 FamFG hingegen der Dispositionsmaxime.[842] Das Gericht solle dann die Prüfung des Unterhalts von Amts wegen durchführen und – entgegen der sonstigen Verfahrensweise – alle unterhaltsrelevanten Tatsachen selbst ermitteln.[843] Diese Vorgehensweise sei sinnvoll und vorzugswürdig.[844] Im Ergebnis solle die Ermittlung der Unterhaltspflicht also vorrangig in dem Verfahren gem. §§ 33, 34 VersAusglG durchgeführt werden, um dann im Anschluss die Abänderung des Unterhaltstitels gem. §§ 238, 239 FamFG zu bewirken.[845]

Borth verweist zudem darauf, dass auch Vergleiche hinsichtlich des Unterhalts in diesen Fällen nicht mehr ohne die Beteiligung des Versorgungsträgers getroffen werden könnten, sodass die vorherige Durchführung des Abänderungsverfahrens nach §§ 238, 239 FamFG keine Vorteile mehr bringe.[846] Der Ausgleichspflichtige müsse sich bei dieser Vorgehensweise allerdings zusätzlich schützen, was durch die Aufforderung des Unterhaltsberechtigten zur Einstellung der Vollstre-

---

840 BGH NJW 2012, S. 1661, 1663; OLG Hamm NJW 2011, S. 1681, 1682; *Bergner*, FPR 2011, S. 483, 486; Johannsen/Henrich/*Hahne*, Familienrecht, 5. Aufl., § 33 VersAusglG, Rn. 5; Weinreich/Klein/*Wick*, Familienrecht, § 33 VersAusglG, Rn. 14; MK/*Gräper*, BGB, 6. Aufl., VersAusglG § 33, Rn. 18; *Ruland*, Versorgungsausgleich, 3. Aufl., 9. Kapitel, Rn. 952; *Borth*, Versorgungsausgleich, 6. Aufl., Kapitel 8, Rn. 966; HK/*Rehbein*, Versorgungsausgleich, § 33 VersAusglG, Rn. 30.

841 *Borth*, Versorgungsausgleich, 6. Aufl., Kapitel 8, Rn. 966; ebenso Weinreich/Klein/*Wick*, Familienrecht, § 33 VersAusglG, Rn. 14.

842 Weinreich/Klein/*Wick*, Familienrecht, § 33 VersAusglG, Rn. 14.

843 Weinreich/Klein/*Wick*, Familienrecht, § 33 VersAusglG, Rn. 14.

844 *Borth*, Versorgungsausgleich, 6. Aufl., Kapitel 8, Rn. 966; ders. A. Weinreich/Klein/*Wick*, Familienrecht, § 33 VersAusglG, Rn. 14; ebenso *Ruland*, Versorgungsausgleich, 3. Aufl., 9. Kapitel, Rn. 952.

845 *Borth*, Versorgungsausgleich, 6. Aufl., Kapitel 8, Rn. 966; Weinreich/Klein/*Wick*, Familienrecht, § 33 VersAusglG, Rn. 14.

846 *Borth*, Versorgungsausgleich, 6. Aufl., Kapitel 8, Rn. 966.

ckung bis zum rechtskräftigen Abschluss des Verfahrens nach §§ 33, 34 VersAusglG erreicht werden könne.[847] Es sei ebenfalls notwendig, dem Unterhaltsverpflichteten dann ein gleichzeitiges Verzichtsverlangen bzgl. des Unterhalts § 238 Abs. 3 S. 2 FamFG zu übersenden. Im Fall der Vollstreckung bliebe dem Ausgleichspflichtige noch die Möglichkeit, ein Abänderungsverfahren nach §§ 238, 239 FamFG einzuleiten und einen Antrag auf Einstellung der Zwangsvollstreckung nach § 242 FamFG i.V.m. § 769 ZPO zu stellen.[848] Dies führe dazu, dass das Verfahren gem. §§ 238, 239 FamFG wegen Vorgreiflichkeit gem. § 113 Abs. 1 S. 2 FamFG i.V.m. § 148 ZPO auszusetzen sei, soweit i.R.d. Aussetzungsverfahrens gem. § 33 VersAusglG die unterhaltsrechtliche Leistungsfähigkeit des Unterhaltspflichtigen bestimmt werde.[849]

2. Gegenauffassung

Die Gegenauffassung lehnt eine umfassende Ermittlung des Unterhaltsanspruchs im Rahmen des Aussetzungsverfahrens ab. Nach der Auffassung von *Schwamb* sei es nicht die Aufgabe des Verfahrens nach §§ 33, 34 VersAusglG, den tatsächlichen Unterhalt des Ausgleichsberechtigten umfassend zu ermitteln. Dies müsse den dafür vorgesehenen Verfahren, wie §§ 238, 239 FamFG, vorbehalten bleiben.[850] In diesem Zuge räumt selbst *Borth* ein, dass in dem Aussetzungsverfahren das „volle Unterhaltsprogramm" durchgeführt werden müsse, was auch die Prüfung der Einkommensverhältnisse beinhalte.[851]

Darüber hinaus erscheint es für *Schwamb* fraglich, inwieweit im Rahmen der Anpassung die kontrovers diskutierte Problematik der Begrenzung oder Befristung des Unterhaltsanspruchs nach § 1587b BGB umfassend geklärt werden könne. Insbesondere, da die festgestellten Ergebnisse im Hinblick auf die Billigkeit vielfach anschließend abgewogen werden müssten.[852]

---

847 *Borth,* FamRZ 2010, S. 1210, 1214.
848 *Borth,* FamRZ 2010, S. 1210, 1214.
849 *Borth,* FamRZ 2010, S. 1210, 1214.
850 *Schwamb,* NJW 2011, S. 1648, 1650.
851 *Borth,* FamRZ 2010, S. 1210, 1214.
852 *Schwamb,* NJW 2011, S. 1648, 1650.

Häußermann verweist darauf, dass Unterhaltsprozesse mitunter über Jahre dauern können und dass nach beiden Instanzen am Ende nicht selten Unterhaltsregelungen herauskämen, die unzählige Zeitabschnitte mit jeweils unterschiedlichen Unterhaltsverpflichtungen regeln.[853] Zudem seien seiner Meinung nach auch Probleme hinsichtlich der Rechtskraft denkbar, soweit die Unterhaltspflicht inzident geprüft werde. Unterhalts- und Aussetzungsverfahren haben unterschiedliche Streitgegenstände, was dazu führen könne, dass in einem gleichzeitigen oder später anhängigen Unterhaltsrechtsstreit sowohl hinsichtlich des Grundes als auch der Höhe anders entschieden werde. Denn die Entscheidung des Familiengerichts über den Unterhaltsanspruch gem. §§ 33, 34 VersAusglG könne nicht in Rechtskraft erwachsen.[854] Dies führe seiner Ansicht nach dazu, dass die in den Unterhaltsprozessen festgestellten Beträge nach der Rechtskraft der Entscheidung alle rückwirkend an das Leistungsrecht anzupassen seien, zusätzlich vermindert um die in den einzelnen Zeitabschnitten geltenden Sozialversicherungsbeiträge. Für die Versorgungsträger entstünden dadurch ebenfalls Probleme, da diese zu Überzahlungen während der laufen Unterhaltsprozesse gezwungen würden.[855]

3. Möglichkeit des Verbunds der Verfahren außerhalb der Scheidung?

Gutdeutsch schlägt aufgrund der bestehenden Probleme vor, dass eine gleichzeitige Antragstellung auf Aussetzung gem. §§ 33, 34 VersAusglG und auf Abänderung des Unterhaltstitels gem. §§ 238, 239 FamFG ermöglicht werden solle. Dadurch könnten die Verfahren miteinander verbunden werden. [856] Grundsätzlich sprächen zwar die unterschiedlichen Regelungen der Verfahren gegen eine Verfahrensverbindung. Allerdings verweise die Vorschrift § 147 ZPO explizit auf die Möglichkeit, rechtlich zusammenhängende Prozesse zu verbinden.[857]

Des Weiteren führt *Gutdeutsch* aus, dass aufgrund der gemeinsamen Vorschriften gem. §§ 58 ff. FamFG keine praktischen Probleme

853 *Häußermann*, FPR 2009, S. 223, 226.
854 *Häußermann*, FPR 2009, S. 223, 226.
855 *Häußermann*, FPR 2009, S. 223, 226.
856 *Gutdeutsch*, FamRZ 2010, S. 1140, 1141.
857 *Gutdeutsch*, FamRZ 2010, S. 1140, 1141.

hinsichtlich Entscheidung und Rechtsmittel entstünden. Zudem seien bei der Bemessung des Unterhalts maßgebende Tatsachen festzustellen, die auch einen wesentlichen Teil bei der Ermittlung der Aussetzung darstellen, sodass eine Entscheidung unter Zugrundelegung der weiteren Auskünfte des Versorgungsträgers problemlos getroffen werden könne. Dadurch könne zum einen eine erhebliche Verfahrenserleichterung erreicht werden und zum anderen könne auch im Rechtsmittelzug gemeinsam entschieden werden.[858]

Nach der Ansicht von *Gutdeutsch* seien auch keine hinreichenden Argumente ersichtlich, die gegen diese Vorgehensweise sprächen. Der Gesetzgeber habe durch seine Ausführungen zu einer in Frage kommenden Abgabemöglichkeit in der Gesetzesbegründung gezeigt, dass er an einer gemeinsamen Entscheidung interessiert sei. Normativ umgesetzt werden könne der Verbund außerhalb des Scheidungsverbundes entweder durch eine erweiternde Auslegung von § 20 FamFG und § 147 ZPO oder durch die analoge Anwendung des § 137 Abs. 2 FamFG. „De lege ferenda“ sei in jedem Fall eine Klärung insoweit wünschenswert, dass Aussetzungsverfahren und Unterhaltsprozess verbunden werden können.[859]

4. Stellungnahme

Die Darstellung zeigt, dass zwar grundsätzlich eine Überprüfung des Unterhaltsanspruchs im Rahmen der §§ 33, 34 VersAusglG möglich und auch praktisch vorzugswürdiger sein kann. Für den Ausgleichspflichtigen können sich jedoch viele verfahrensrechtliche Probleme ergeben, was von *Borth* deutlich aufgezeigt wird. Der Ausgleichspflichtige wäre gezwungen, verschiedene verfahrensrechtliche und auch mit Kosten verbundene Vorkehrungen zu treffen, um nicht zwischenzeitlich noch aus dem alten Titel in Anspruch genommen zu werden. Insofern ist die Bestimmung des Unterhaltsanspruchs im Rahmen des Anpassungsverfahrens nicht zufriedenstellend. Dabei sollte bedacht werden, welcher weitere zusätzliche Aufwand für die Gerichte geschaffen wird.

858 *Gutdeutsch*, FamRZ 2010, S. 1140, 1141.

859 So das Ergebnis von *Gutdeutsch*, FamRZ 2010, S. 1140, 1141; a.A. Weinreich/Klein/*Wick*, Familienrecht, § 33 VersAusglG, Rn. 3 und 4.

Da die genannten Gegenargumente ebenso gegen die andere Vorgehensweise sprechen – Ermittlung des Unterhaltsanspruchs mit anschließendem Aussetzungsverfahren, welches i.d.R. ein Abänderungsverfahren zu Folge hat –, kann auch diese Möglichkeit nicht überzeugen. Es wird vielmehr ersichtlich, dass weder die Überprüfung des Unterhaltstitels im Rahmen der Aussetzung noch die vorherige Abänderung des Unterhaltstitels eine praktisch unproblematische und umsetzbare Lösung bietet.

Infolge dessen sollte der Vorschlag von *Gutdeutsch,* einen Verbund der Verfahren auch außerhalb der Scheidung zuzulassen, in Erwägung gezogen werden. Bislang erscheint diese Vorgehensweise als einzig überzeugender Ansatz, eine gemeinsame Entscheidung zu ermöglichen und praktischen Unstimmigkeiten vorzubeugen.

5. Ergebnis

Tritt der Rentenfall erst nach der Scheidung ein, ergeben sich verschiedene materiell-rechtliche sowie verfahrensrechtliche Fragen. In dieser zweiten Konstellation wird in der Regel bereits ein Titel über den gesetzlich geschuldeten Unterhalt bestehen. Während das Vorliegen dieses Titels bei der Prüfung der Voraussetzung gem. § 33 Abs. 1 VersAusglG noch hilfreich oder vielmehr ausreichend sein kann, muss sich das Familiengericht spätestens im Rahmen der Höhe der Aussetzung gem. § 33 Abs. 3 VersAusglG genau mit der Ermittlung des Unterhaltsanspruchs befassen. In diesem Zusammenhang ist strittig, ob grundsätzlich eine Bindung an den bereits bestehenden Unterhaltstitel besteht und wie der neue Unterhalt bestimmt werden sollte. Da die Norm des § 33 VersAusglG zur Vermischung der Regelungen des FamFG und der ZPO führt, die das bisherige Recht in dieser Ausprägung nicht kennt, können die vorhandenen Bestimmungen kein zufriedenstellendes Ergebnis erreichen.

Das Grundproblem besteht also in den Regelungen §§ 33, 34 VersAusglG selbst, sodass es letztlich der Rechtsprechung und Praxis überlassen bleibt, weiterhin pragmatische Lösungen hinsichtlich der Thematik zu finden. Im Ergebnis wird in der Regel zwangsläufig die Prüfung des Unterhaltstitels im Rahmen der §§ 33, 34 VersAusglG vorgenommen werden müssen. Es kann hier lediglich festgehalten werden, dass der im Tenor des Aussetzungsverfahrens ausgewiesene Anpassungsbetrag nicht mit demjenigen Betrag übereinstimmt, der sich nach der Durchführung der Anpassung als Rentenzahlung tatsächlich ergibt.[860] Um eine Ermittlung zu erleichtern und weitere Widersprüche mit einem bereits bestehenden Titel zu vermeiden, sollte ein Verbund der Verfahren gem. §§ 33, 34 VersAusglG und §§ 238, 239 FamFG möglich sein.

C. Gleichzeitig anhängiges Unterhaltsverfahren bei einem anderen Gericht

Problematisch ist darüber hinaus die Konstellation, in der neben dem Verfahren wegen einer Anpassung nach §§ 33, 34 VersAusglG ein Verfahren über den Unterhaltsanspruch oder ein diesbezügliches Abänderungsverfahren gem. §§ 238, 239 FamFG bei einem anderen Gericht anhängig ist. In Bezug auf die Feststellung des Unterhaltsanspruchs stellt sich die Frage, in welchem Verfahren darüber zu entscheiden ist.

I. Aussetzung des Unterhaltsverfahrens

Überwiegend wird die Auffassung vertreten, dass in diesem Fall zunächst über die Anpassung entschieden werden soll und das Verfahren in der Unterhaltssache solange auszusetzen ist.[861] *Wick* schlägt vor, dass das für das Anpassungsverfahren zuständige Gericht zunächst inzident über die Höhe des gesetzlichen Unterhaltsanspruchs zu entscheiden habe und dass das mit dem Unterhalt befasste Gericht diese Entscheidung anschließend in seinem Verfahren aufnehmen solle. Dies sei vor allem im Hinblick auf die dann notwendige Beteiligung des Versorgungsträgers gem. § 219 FamFG relevant, da dieser durch

860 BT-Drucks. 16/10144, S. 72. Grund dafür ist der Abzug der Sozialversicherungsbeiträge; ebenso *Borth*, Versorgungsausgleich, 6. Aufl., Kapitel 8, Rn. 968.

861 *Bergner*, FPR 2011, S. 483, 486; *Gutdeutsch*, FamRB 2010, S. 149, 154; Weinreich/Klein/*Wick*, Familienrecht, § 34 VersAusglG, Rn. 4; MK/*Gräper*, BGB, 6. Aufl., § 34 VersAusglG, Rn. 2.

einen im Unterhaltsverfahren ergangenen Beschluss nicht gebunden werde.[862]

II. Möglichkeit der Abgabe zu Vermeidung von widersprüchlichen Ergebnissen

Um widersprüchliche Ergebnisse zu vermeiden, wird in der Praxis hingegen der Vorschlag unterbreitet, in diesem Fall die Abgabe der Sache zuzulassen. Es ist allerdings umstritten, ob gem. § 4 FamFG eine Abgabe des Versorgungsausgleichsverfahrens an das für die Unterhaltssache zuständige Familiengericht gem. § 232 FamFG vorgenommen werden sollte oder umgekehrt eine Abgabe der Unterhaltssache an das für den Versorgungsausgleich zuständige Familiengericht.

1. Abgabe an das für das Versorgungsausgleichsverfahren zuständige Gericht

Der Gesetzgeber hat in der Gesetzesbegründung ausgeführt, dass für den Fall eine Abgabe der Unterhaltssache gem. § 4 FamFG an das für das Anpassungsverfahren zuständige Gericht zu erfolgen habe.[863] Eine solche Abgabe könne jedoch nur mit dem Einverständnis - welches in der Regel vorliege - des übernehmenden Gerichts i.S.v. § 4 FamFG durchgeführt werden.[864]

2. Abgabe an das für das Unterhaltsverfahren zuständige Gericht

Häußermann wendet dagegen ein, dass die Beteiligten in beiden Verfahren nicht identisch seien und es sich nach wie vor um zwei unterschiedliche Streitgegenstände handele. [865] Ferner führe die Abgabe in diese Richtung zur Benachteiligung der geschiedenen Ehegatten. Diese hätten grundsätzlich ein Interesse, den Unterhaltsprozess dort zu führen, wo sich zumindest eine der Parteien ständig aufhält.[866]

862 Weinreich/Klein/*Wick*, Familienrecht, § 33 VersAusglG, Rn. 14.

863 BT-Drucks. 16/10144, S. 73; ebenso *Bergner*, NJW 2010, S. 3545, 3546 f.; Johannsen/Henrich/*Hahne*, Familienrecht, 5. Aufl., § 34 VersAusglG, Rn. 1; MK/*Gräper*, BGB, 6. Aufl., § 34 VersAusglG, Rn. 2.

864 BT-Drucks. 16/10144, S. 73.

865 *Häußermann*, FPR 2009, S. 223, 225.

866 *Häußermann*, FPR 2009, S. 223, 225.

Aufgrund dessen wird der Vorschlag des Gesetzgebers von einigen Stimmen in der Literatur nicht geteilt. *Wick* verweist darauf, dass die Regelung des § 113 Abs. 1 FamFG die Möglichkeit der einvernehmlichen Abgabe gem. § 4 FamFG für das Unterhaltsverfahren als Familienstreitverfahren ausschließe.[867] Demnach müsse, wenn überhaupt, eine Abgabe gem. § 4 FamFG an das für die Unterhaltssache zuständige Familiengericht erfolgen. Da der Unterhaltsrichter das Unterhaltsverfahren aber auch aussetzen könne, bestehe dann die Gefahr, dass die Übernahme des Verfahrens aus praktischen Gründen abgelehnt werde. [868]

Nach der Ansicht von *Gutdeutsch* könne dies für den Ausgleichspflichtigen zu einem anderen und für ihn nicht vorteilhaften Ergebnis führen.[869] Außerdem eigne sich das Unterhaltsgericht für die gemeinsame Verhandlung besser, da es für die Ehegatten in der Regel örtlich näher sei, nach § 114 Abs. 1 FamFG kein Anwaltszwang bestehe und überdies für die Anpassung mehrerer Versorgungen verschiedene Familiengerichte nach § 218 Nr. 3 FamFG zuständig sein könnten. Dementsprechend solle umgekehrt eine Zuständigkeit des Unterhaltsgerichts für das Anpassungsverfahren nach §§ 33, 34 VersAusglG begründet und eine Abgabeverpflichtung des Versorgungsausgleichsgerichts normativ festgelegt werden.[870]

3. Ergebnis

Der Vorschlag von *Gutdeutsch*, die Zuständigkeit des Anpassungsverfahrens dem Unterhaltsgericht zuzuordnen und eine Abgabeverpflichtung festzulegen, erscheint aufgrund der großen praktischen Schwierigkeiten sinnvoll. Vertritt man allerdings die Ansicht, dass das Gericht des Versorgungsausgleichsverfahrens grundsätzlich nicht an bestehende Unterhaltstitel gebunden ist, wäre es sinnvoller, vorrangig das Verfahren wegen der Aussetzung durchzuführen.[871]

---

867 Weinreich/Klein/*Wick*, Familienrecht, § 34 VersAusglG, Rn. 4.

868 Weinreich/Klein/*Wick*, Familienrecht, § 34 VersAusglG, Rn. 4; ders. A. *Gutdeutsch*, FamRZ 2010, S. 1140, 1141; *Häußermann*, FPR 2009, S. 223, 225; Hoppenz/*Hoppenz*, Familiensachen § 34, Rn. 14.

869 *Gutdeutsch*, FamRZ 2010, S. 1140, 1141.

870 *Gutdeutsch*, FamRZ 2010, S. 1140, 1141.

871 Ders. A. *Borth*, FamRZ 2010, S. 1210, 1214.

Dementsprechend wäre eigentlich eine Abgabe an das für die Anpassung zuständige Gericht logischer. Da der Gesetzgeber in seiner Begründung von der Abgabe an das Gericht des Anpassungsverfahrens ausgegangen ist, erscheint es wahrscheinlicher, dass in diese Richtung eine Abgabeverpflichtung festgelegt wird. Gleichwohl sollten die von *Gutdeutsch* vorgebrachten Argumente hinsichtlich der Vorteile der Durchführung beim Unterhaltsgericht bedacht werden. Schließlich geht es eigentlich um die Belange der Ehegatten, denen im Fall der Abgabe an das Unterhaltsgericht i.d.R. besser gedient wäre. Im Ergebnis bleibt festzuhalten, dass es einer klaren Abgaberegelung, in die eine oder andere Richtung, bedarf.

Kapitel 4: Überblick der weiteren unter § 32 VersAusglG fallenden Verfahren

Der in § 32 VersAusglG geregelte Anwendungsbereich hat darüber hinaus für die beiden anderen im 4. Kapitel des VersAusglG enthaltenen Anpassungsverfahren sowie für das in §§ 225 f. FamFG normierte Abänderungsverfahren Bedeutung.

§ 1 Anpassungsverfahren i.S.d. VersAusglG

Neben der Anpassung wegen Unterhalts sind die Anpassung wegen Invalidität des Ausgleichsberechtigten oder einer für sie geltenden besonderen Altersgrenze gem. §§ 35, 36 VersAusglG und die Anpassung wegen Todes des Ausgleichberechtigten gem. §§ 37, 38 VersAusglG möglich. In dem folgenden Abschnitt werden die einzelnen Verfahren und ihre Voraussetzungen überblicksartig dargestellt. Die Untersuchung möchte sich an diesem Punkt weder umfassend mit den einzelnen Problemen innerhalb der Verfahren noch mit verfassungsrechtlichen Fragestellungen in Bezug auf diese auseinandersetzen.

A. Das Anpassungsverfahren gem. §§ 35 und 36 VersAusglG

I. Anwendungsfall

Das Anpassungsverfahren gem. §§ 35 und 36 VersAusglG oder auch das sog. „Invaliditätsprivileg“[872] regelt den Fall, dass der Ausgleichspflichtige wegen Invalidität oder einer für ihn geltenden besonderen Altersgrenze bereits eine Versorgung beziehen kann. Bei dem Aus-

872 Gerhardt/v. Heintschel-Heinegg/Klein/*Gutdeutsch/Wagner*, Familienrecht, 7. Kapitel, Rn. 329.

gleichsberechtigten ist der Versorgungsfall hingegen noch nicht eingetreten, sodass der Ausgleichspflichtige eine Kürzung seiner Anrechte durch den Versorgungsausgleich hinnehmen muss, andererseits aus den erworbenen Anrechten aber selbst noch keine Leistungen beziehen kann.[873] Die Vorschrift wurde vom Gesetzgeber neu eingeführt und hatte im Gegensatz zu den Anpassungsfällen in §§ 33, 34 und 37, 38 VersAusglG keinen entsprechenden Vorgänger in dem bisherigen Recht.[874]

Ziel der Regelung ist es, die leistungsrechtlichen Auswirkungen der Reform zu mildern, die sich durch das System der isolierten Realteilung ergeben können.[875] Der Hin- und Her-Ausgleich kann dazu führen, dass der bereits bezugsberechtigte Ehegatte den Verlust seiner Anrechte in Kauf nehmen muss, ohne jedoch aus den erworbenen Anrechten den sofortigen Leistungsbezug in Anspruch nehmen zu können.[876] Dies stellt einen erheblichen Unterschied zu der bis zum 31.8.2009 geltenden Rechtslage dar, in der bei dem ausgleichspflichtigen Frührentner nur der Saldo der beiderseits erworbenen Anrechte gekürzt wurde.[877] Aus einem Beispiel, in dem das auszugleichende Anrecht des versorgungsberechtigten Beamten 1000 EUR beträgt und das des anderen Ehegatten nur 500 EUR, wird ersichtlich, dass dem Bezugsberechtigten durch die Versorgungskürzung in diesem Fall nur eine Versorgung in Höhe von 500 EUR zustehen würde. Durch die entsprechende gesetzliche Regelung in § 35 VersAusglG kann der Ver-

873 *Wick*, Der neue Versorgungsausgleich in der Praxis, Abschnitt H, Rn. 227; juris-PK/*Breuers*, Familienrecht, § 35 VersAusglG, Rn. 1; PWW/*Müller-Tegethoff/Reimers*, BGB, 10. Aufl., § 35, Rn. 1.

874 Die Regelung basiert auf Expertenvorschlag vom DRV Bund, BT-Drucks. 16/10144, S. 74; *Kemper*, Versorgungsausgleich, Kapitel X., Rn. 94; *Ruland*, Versorgungsausgleich, 3. Aufl., 9. Kapitel, Rn. 968.

875 BT-Drucks. 16/10144, S. 74.

876 *Borth*, Versorgungsausgleich, 6. Aufl., Kapitel 8, Rn. 982; Weinreich/Klein/*Wick*, Familienrecht, § 35 VersAusglG, Rn. 2; Hoppenz/*Hoppenz*, Familiensachen, § 35 VersAusglG, Rn. 1; Palandt/*Brudermüller*, BGB, 75. Aufl., § 35 VersAusglG, Rn. 1.

877 BT-Drucks. 16/10144, 74; *Borth*, FamRZ 2010, S. 1210, 1213; Johannsen/Henrich/*Hahne*, Familienrecht, 5. Aufl., § 35 VersAusglG, Rn. 1. Da die Regelung aber unter dem Anwendungsbereich des § 32 VersAusglG fällt, werden zukünftig vor allem Beamte mit einer vorgezogenen Altersgrenze von der Regelung profitieren, so *Schmidbauer*, Der Versorgungsausgleich, S. 147 f; *Borth*, Versorgungsausgleich, 6. Aufl., Kapitel 8, Rn. 982; jurisPK/*Breuers*, Familienrecht, § 35 VersAusglG, Rn. 4.

sorgungsausgleich in Höhe von 500 EUR ausgesetzt werden, sodass der Bezugsberechtigte dadurch keine Schlechterstellung erfährt und weiterhin 1000 EUR erhält.[878]

II. Voraussetzungen des § 35 VersAusglG

Die Absätze § 35 Abs. 1 bis 4 VersAusglG normieren die verschiedenen Voraussetzungen der Aussetzung. Der Ausgleichspflichtige muss zunächst eine laufende Leistung wegen Invalidität oder eine Versorgung wegen Erreichens einer besonderen Altersgrenze erhalten. [879] Diese Leistung muss er aus einem eigenen, durch den Versorgungsausgleich gekürzten Anrecht beziehen. Es darf sich also nicht um eine Leistung aus einem der erworbenen Anrechte handeln.[880] Im Gegensatz dazu erfüllt der Ausgleichsverpflichtete die Voraussetzungen für eine Leistung aus dem erworbenen Anrecht nicht oder noch nicht, da er entweder die Regelaltersgrenze noch nicht erreicht hat oder die dortigen Voraussetzungen für die Invalidität nicht erfüllt. Während der Ausgleichverpflichtete nun die Kürzung seiner Versorgung hinnehmen muss, kann der Ausgleichsberechtigte noch nicht davon profitieren.

Es ist zu beachten, dass die Aussetzung nach § 35 VersAusglG an zwei Werte gebunden ist. Zum einen muss die Kürzung der laufenden Versorgung gem. § 35 Abs. 2 VersAusglG die Grenzbeträge des § 33 Abs. 2 VersAusglG am Ende der Ehezeit überschreiten.[881] Zum anderen darf sie aber gem. § 35 Abs. 3 VersAusglG nur höchstens in Höhe der Ausgleichswerte aus den in § 32 VersAusglG genannten Anrechten ausgesetzt werden, aus denen der Ausgleichsberechtigte noch keine Leistungen beziehen kann.[882] Bei mehreren Versorgungen ist gem. § 35

878 MAH/*Glockner*, Familienrecht, § 22, Rn. 47.

879 Relevant bspw. für Kampfpiloten der Bundeswehr, Johannsen/Henrich/*Hahne*, Familienrecht, 5. Aufl., § 35 VersAusglG, Rn. 1.

880 *Borth*, Versorgungsausgleich, 6. Aufl., Kapitel 8, Rn. 983; *Glockner/Hoenes/Weil*, § 11, Rn. 43; Erman/*Norpoth*, § 35, Rn. 2.

881 D.h.: Die Kürzung muss am Ende der Ehezeit bei einem Rentenbetrag als maßgebliche Bezugsgröße mindestens 2 %, in allen anderen Fällen als Kapitalwert mindestens 240 % der monatlichen Bezugsgröße von § 18 Abs. 1 SGB IV betragen, siehe dazu *Borth*, Versorgungsausgleich, 6. Aufl., Kapitel 8, Rn. 983.

882 Der Ausgleichsverpflichtete soll nicht bessergestellt werden als er stünde, wenn er bereits Versorgungsleistungen aus dem im Versorgungsausgleich erworbenen An-

Abs. 3 VersAusglG jede Versorgung nur insoweit zu kürzen, als dies dem Verhältnis ihrer Ausgleichswerte entspricht.[883]

III. Durchführung der Anpassung gem. § 36 VersAusglG

Die Durchführung der Anpassung gem. § 35 VersAusglG ist in § 36 Abs. 1 bis 4 VersAusglG geregelt. Nach § 36 Abs. 1 VersAusglG erfolgt die Kürzung nur auf Antrag bei dem Versorgungsträger, der die Kürzung vollzogen hat. Es handelt sich somit um ein reines Antragsverfahren.[884] Antragsberechtigt ist gem. § 36 Abs. 2 VersAusglG nur der Ausgleichspflichtige oder der Erbe des Ausgleichspflichtigen, da der Anpassungsanspruch in den Nachlass fällt, wenn der Ausgleichspflichtige zu seinen Lebzeiten einen Antrag gestellt hat.[885] Die Anpassung wirkt gem. § 36 Abs. 3 VersAusglG ab dem ersten Tag des Monats, der auf den Monat der Antragstellung folgt.[886] Maßgeblicher Zeitpunkt ist der Eingang des Antrags bei dem zuständigen Versorgungsträger.[887] Dem Ausgleichsverpflichteten obliegen während des Aussetzungsverfahrens verschiedene Informationspflichten gegenüber dem Versorgungsträger, welche sich aus § 36 Abs. 4 VersAusglG i.V.m. § 4 Abs. 3 VersAusglG ergeben.[888] Kann der Ausgleichspflichtige aus einem im Versorgungsausgleich erworbenen Anrecht eine Leistung i.S.v. § 35 Abs. 1 VersAusglG beziehen, muss er den Versorgungsträger unver-

recht beziehen würde, so HK/*Götsche,* Versorgungsausgleich, § 35 VersAusglG, Rn. 14 ff.; Weinreich/Klein/*Wick,* Familienrecht, § 35 VersAusglG, Rn. 9.

883 Ruland, Versorgungsausgleich, 3. Aufl., 9. Kapitel, Rn. 971; Gerhardt/v. Heintschel-Heinegg/Klein/*Gutdeutsch/Wagner,* Familienrecht, 7. Kapitel, Rn. 329; Johannsen/Henrich/*Hahne,* Familienrecht, 5. Aufl., § 35 VersAusglG, Rn. 5.

884 *Ruland,* Versorgungsausgleich, 3. Aufl., 9. Kapitel, Rn. 973; Johannsen/Henrich/*Hahne,* Familienrecht, 5. Aufl., § 36 VersAusglG, Rn. 2.

885 *Schmidbauer,* Der Versorgungsausgleich, S. 149; Palandt/*Brudermüller,* BGB 75. Aufl., § 36 VersAusglG, Rn. 4.

886 *Borth,* Versorgungsausgleich, 6. Aufl., Kapitel 8, Rn. 985; Weinreich/Klein/*Wick,* Familienrecht, § 36 VersAusglG, Rn. 5.

887 Hoppenz/*Hoppenz,* Familiensachen, § 36 VersAusglG, Rn. 3.

888 Johannsen/Henrich/*Hahne,* Familienrecht, 5. Aufl., § 36 VersAusglG, Rn. 3; Palandt/*Brudermüller,* BGB 75. Aufl., § 36, Rn. 5; *Borth,* Versorgungsausgleich, 6. Aufl., Kapitel 8, Rn. 985

züglich darüber informieren, damit dieser dann die Abänderung oder auch Aufhebung der Anpassung vornehmen kann.[889]

B. Das Anpassungsverfahren gem. §§ 37 und 38 VersAusglG

I. Anwendungsfall und Vergleich zur alten Rechtslage

Das Anpassungsverfahren gem. §§ 37, 38 VersAusglG ermöglicht die Beendigung der Versorgungskürzung, wenn der Ausgleichsberechtigte verstorben ist, ohne nennenswerte Leistungen aus dem im Versorgungsausgleich vom Ausgleichspflichtigen erworbenen Anrecht bezogen zu haben. Die Norm § 37 VersAusglG beinhaltet den Grundtatbestand, unter welchen Voraussetzungen in dieser Fallkonstellation eine Anpassung erfolgen kann. Er tritt somit an die Stelle von § 4 VAHRG a.F., welcher diese Konstellation in der bis zum 31.8.2009 geltenden Rechtslage regelte. Damaliger und heutiger Zweck der Norm ist es, verfassungswidrige Härten auszugleichen, die durch den Versorgungsausgleich entstehen können. Im Gegensatz zu den beiden anderen Anpassungsfällen hat die Anpassung nach §§ 37, 38 VersAusglG eine dauerhafte Aussetzung der Kürzung zur Folge.[890] Die neue Regelung wurde in vielerlei Hinsicht vom Gesetzgeber im Rahmen der Reform modifiziert. Die wichtigsten Änderungen sollen im Folgenden kurz dargestellt werden.

Nach der alten Rechtslage lag die bisherige zeitliche Grenze für die Anwendung der Härtefallregelung gem. § 4 Abs. 2 VAHRG a.F. bei 24 Monaten. Eine Anpassung war somit nur dann möglich, wenn der Ausgleichsberechtigte die Leistung nicht länger als 24 Monate bezogen hatte. Nach der neuen Regelung gem. § 37 Abs. 2 VersAusglG ist eine Anpassung noch 36 Monate nach Leistungsbezug möglich. Der Ge-

889 Der Versorgungsträger entscheidet darüber im Verwaltungsverfahren, *Weinreich/ Klein/Wick*, Familienrecht, § 36 VersAusglG, Rn. 2.

890 §§ 37, 38 VersAusglG stellen einen noch größeren Eingriff in das Versicherungsprinzip und in die mit dem Versorgungsausgleich verbundene Verselbstständigung des auf den Ausgleichsberechtigten übertragenden Anrechts dar, Weinreich/ Klein/*Wick*, Familienrecht, § 38 VersAusglG, Rn. 2.

setzgeber hat die zeitliche Grenze also um 12 Monate erweitert.[891] Im Gegensatz zur bisherigen Rechtslage kommt es nun auf die Dauer des Bezuges und nicht mehr auf die Summe der an den verstorbenen ausgleichsberechtigten Ehegatten erbrachten Leistungen an.[892] Deshalb ist eine Anpassung auch bei Renten wegen nur teilweiser Erwerbsminderung gem. § 43 Abs. 1 SGB VI nicht mehr möglich, sobald sie länger als 36 Monate bezogen wurde.[893] Unter den Begriff der Leistungen i.S.v. § 37 Abs. 2 VersAusglG fallen nur bezogene Versorgungsleistungen des Ausgleichsberechtigten wegen Alters oder Invalidität, aber keine Zusatzleistungen wie bspw. Rehabilitationsleistungen oder Übergangsgelder.[894]

Hinsichtlich möglicher Auszahlungen an die Hinterbliebenen ist nach dem neuen Gesetz zu differenzieren. Die Hinterbliebenen des Ausgleichsberechtigten haben weiterhin auch nach dem Tod des Ausgleichspflichtigen einen Anspruch auf die Auszahlung aus der Leistung durch den Versorgungsausgleich. Neu ist hingegen, dass die Hinterbliebenen des Ausgleichspflichtigen keinen Anpassungsanspruch mehr haben. [895] Diese haben nach der Auffassung des Gesetzgebers sowieso mit der Reduzierung der (Hinterbliebenen-)Versorgung durch den Versorgungsausgleich rechnen müssen, sodass diesen kein schutzwürdiges Interesse an einer Rückgängigmachung zustehe.[896]

Nach § 37 Abs. 1 S. 2 VersAusglG sind Beiträge, die zur Abwendung der Kürzung der eigenen Versorgung oder zur Begründung von

891 *Borth*, Versorgungsausgleich, 6. Aufl., Kapitel 8, Rn. 986; kritisch zu dieser zeitlichen Erweiterung *Ruland*, Versorgungsausgleich, 3. Aufl., 9. Kapitel, Rn. 977 und 982.

892 Laut Gesetzesbegründung soll diese Aufgabe der Berechnungsvorschrift gem. § 4 Abs. 2 VAHRG a.F. der Vereinfachung dienen, BT-Drucks. 16/10144, S. 76.

893 *Borth*, Versorgungsausgleich, 6. Aufl., Kapitel 8, Rn. 988; *Kemper*, Versorgungsausgleich in der Praxis, Kapitel X., Rn. 133; Johannsen/Henrich/*Hahne*, Familienrecht, 5. Aufl., § 37 VersAusglG, Rn. 3.

894 *Ruland*, Versorgungsausgleich, 3. Aufl., 9. Kapitel, Rn. 982; *Wick*, Der neue Versorgungsausgleich in der Praxis, Abschnitt H, Rn. 231; Johannsen/Henrich/*Hahne*, Familienrecht, 5. Aufl., § 37 VersAusglG, Rn. 3; Palandt/*Brudermüller*, BGB, 75. Aufl., § 37 VersAusglG, Rn. 2.

895 Nach der alten Rechtslage kam auch den Hinterbliebenen des Ausgleichsverpflichteten ein Anpassungsanspruch gem. § 4 Abs. 1 VAHRG a.F. zu, Hoppenz/*Hoppenz*, Familiensachen, § 37 VersAusglG, Rn. 7.

896 Zur ausführlichen Begründung der Änderung, siehe BT-Drucks. 16/10144, S. 75; sehr kritisch dazu, *Ruland*, Versorgungsausgleich, 3. Aufl., Kapitel 9, Rn. 977.

Anrechten zugunsten des Ausgleichsberechtigten gezahlt wurden, unter der Anrechnung der gewährten Leistungen an den Ausgleichspflichtigen zurückzuzahlen. Die Beiträge, die der Ausgleichspflichtige an den Träger der gesetzlichen Rentenversicherung gem. § 187 Abs. 1 Nr. 1 SGB VI oder § 58 Abs. 1 BeamtVG geleistet hat, sind somit rückabzuwickeln.[897] Zudem sind auch die Beiträge zu erstatten, die der Ausgleichspflichtige nach dem bislang geltenden Recht im Rahmen des Ausgleichs zugunsten der ausgleichsberechtigten Person geleistet hat.[898]

Die Regelung des § 37 Abs. 3 VersAusglG ordnet an, dass beim Wirksamwerden der Anpassung gem. § 38 Abs. 2 VersAusglG i.V.m. § 34 Abs. 3 VersAusglG die gleichzeitige Löschung der im Versorgungsausgleich erworbenen Anrechte erfolgt.[899] Die Anrechte, die der Ausgleichspflichtige im Rahmen des Ausgleichs von dem Ausgleichsberechtigten erlangt hat erlöschen somit als Folge der Anpassung. Diese Regelung resultiert aus dem neuen Ausgleichssystem. Während dieser Umstand früher im Rahmen der Gesamtsaldierung berücksichtigt wurde, würde der Ausgleichspflichtige andernfalls nach der jetzigen Rechtslage durch die Anpassung eine bessere Versorgungslage erlangen als ohne Durchführung des Versorgungsausgleichs.[900]

Die Anpassung setzt gem. § 38 Abs. 1 S. 2 VersAusglG einen Antrag des Ausgleichspflichtigen voraus. Dieser muss bei dem Versorgungsträger gestellt werden, bei dem das durch den Versorgungsausgleich gekürzte Anrecht besteht. Die Wirkung der Antragstellung wurde in § 38 Abs. 2 VersAusglG neu geregelt und verweist auf § 34 Abs. 3 VersAusglG, wonach die Anpassung ab dem ersten Tag des

897 *Kemper*, Versorgungsausgleich in der Praxis, Kapitel X., Rn. 141; *Borth*, Versorgungsausgleich, 6. Aufl., Kapitel 8, Rn. 990; jurisPK/*Breuers*, Familienrecht, § 37 VersAusglG, Rn. 9.

898 *Schmidbauer*, Der Versorgungsausgleich, S. 150; Johannsen/Henrich/*Hahne*, Familienrecht, 5. Aufl., § 37 VersAusglG, Rn. 2; Erman/*Norpoth*, BGB, § 37 VersAusglG, Rn. 4.

899 Wegen des Erlöschens muss sich der überlebende Ehegatte genau überlegen, ob er eine Anpassung durchführen möchte und dadurch die Streichung der erworbenen Anrechte in Kauf nimmt.

900 Er hätte seine eigenen Anrechte in voller Höhe und zudem würden ihm noch die Anrechte zufließen, die er von dem Ausgleichsberechtigten durch den Versorgungsausgleich erlangt hat, BT-Drucks. 16/10144, S. 76.

Monats wirkt, der auf den Monat der Antragstellung folgt.[901] Im Ergebnis soll so eine Rückabwicklung zulasten der Versicherungsgemeinschaft vermieden werden.[902]

II. Voraussetzungen für die Anpassung

In § 37 Abs. 1 bis 3 VersAusglG sind die Zulässigkeitsvoraussetzungen geregelt. Die Anpassung setzt gem. § 37 Abs. 1 VersAusglG zunächst den Tod des Ausgleichsberechtigten voraus, welcher nicht seitens des Ausgleichspflichtigen vorsätzlich verursacht worden sein darf.[903] Im Rahmen der weiteren Prüfung ist zu differenzieren, ob der Ausgleichsberechtigte vor oder nach Leistungsbezug gestorben ist. Im ersten Fall ist eine Anpassung unproblematisch möglich.[904] Wenn der Ausgleichsberechtigte hingegen bereits eine Leistung aus dem erworbenen Anrecht erhalten hat, ist gem. § 37 Abs. 2 VersAusglG nur entscheidend, dass diese nicht länger als 36 Monate bezogen wurde.[905] Bei mehreren Anrechten muss die Frist von 36 Monaten für jedes Anrecht gesondert geprüft werden.[906] Eine Geringfügigkeitsgrenze, wie bei der Anpassung wegen Unterhalts oder Invalidität gem. §§ 33 Abs. 2 oder 35 Abs. 2 VersAusglG, ist hier nicht zu beachten.

---

901 Im Gegensatz zur bisherigen Rechtslage erfolgt die Aussetzung der Kürzung im reformierten Recht nur noch mit Wirkung für die Zukunft „ex nunc“ und nicht mehr rückwirkend. Diese neue Regelung wird gerade in Bezug auf die Anpassung wegen Todes sehr kritisch gesehen, siehe dazu *Rehme*, FamRZ 2008, S. 738, 747.

902 Der Gesetzgeber begründet die Änderung der Anpassungswirkung gem. § 38 Abs. 2 VersAusglG damit, dass die vollständige Rückabwicklung „ex tunc“ nicht eindeutig aus dem Gesetzeswortlaut hervorginge und eigentlich nur auf dem BSG-Urteil v. 1.9.1988 beruhe, zu der Entscheidung BSG, SGB 1989, S. 209. Die Rückwirkung „ex tunc“ sei aber nicht verfassungsrechtlich geboten, BT-Drucks. 16/10144, S. 76.

903 Ansonsten gilt § 162 Abs. 2 BGB i.V.m. § 105 SGB VI, *Ruland*, Versorgungsausgleich, 3. Aufl., 9. Kapitel, Rn. 976; *Borth*, Versorgungsausgleich, 6. Aufl., Kapitel 8, Rn. 987.

904 Palandt/*Brudermüller*, BGB, 75. Aufl., § 37 VersAusglG, Rn. 2.

905 BT-Drucks. 16/10144, S. 76; *Schmidbauer*, Der Versorgungsausgleich, S. 150; Johannsen/Henrich/*Hahne*, Familienrecht, 5. Aufl., § 37 VersAusglG Rn. 3.

906 *Borth*, Versorgungsausgleich, 6. Aufl., Kapitel 8, Rn. 988; jurisPK/*Breuers*, § 37 VersAusglG, Rn. 6.

III. Durchführung der Anpassung gem. § 38 VersAusglG

Die Kürzung der Anrechte entfällt in der reformierten Rechtslage künftig gem. § 38 Abs. 2 VersAusglG. Zudem erlöschen die durch den Versorgungsausgleich erworbenen Anrechte gem. § 37 Abs. 3 VersAusglG automatisch mit der Anpassung. Über die Anpassung entscheidet gem. § 38 Abs. 1 S. 1 VersAusglG der Versorgungsträger, bei dem das durch den Versorgungsausgleich gekürzte Anrecht besteht. Antragsberechtigt ist gem. § 38 Abs. 1 S. 2 VersAusglG nur der Ausgleichsverpflichtete, aber nicht dessen Hinterbliebene. Nach § 38 Abs. 2 VersAusglG i.V.m. § 34 Abs. 3 VersAusglG ist für das Wirksamwerden der Anpassung nur der Zeitpunkt der Antragstellung bei dem zuständigen Versorgungsträger entscheidend. Auch in diesem Anpassungsverfahren sind die Unterrichtungspflichten des Ausgleichspflichtigen, insbesondere die gegenüber dem Versorgungsträger gem. § 38 Abs. 3 VersAusglG zu beachten. Der Ausgleichspflichtige muss den Versorgungsträger, bei dem er die Anrechte durch den Versorgungsausgleich erworben hat, unverzüglich über den Anpassungsantrag informieren, sodass dieser rechtzeitig die Einstellung seiner Zahlungen vornehmen kann.[907]

§ 2 Differenzierte Betrachtung bei Abänderungsverfahren

Aufgrund der Verweisung in § 225 Abs. 1 FamFG auf § 32 VersAusglG ist der dort geregelte Anwendungsbereich auch für Abänderungsverfahren nach §§ 225, 226 FamFG von Bedeutung.[908]

---

907 *Ruland*, Versorgungsausgleich, 3. Aufl., 9. Kapitel, Rn. 986; Johannsen/Henrich/*Hahne*, Familienrecht, 5. Aufl., § 38 VersAusglG, Rn. 3; Hoppenz/*Hoppenz*, Familiensachen, § 38 VersAusglG, Rn. 4; Palandt/*Brudermüller*, BGB 75. Aufl., § 38, Rn. 5.

908 Ein Muster für die Stellung eines Abänderungsantrags findet sich in: Meyer-Götz/*Cavada*, § 5, S. 174.

A. Die Abänderung gerichtlicher Entscheidungen des Wertausgleichs

Grundsätzlich erwachsen die Endentscheidungen des Familiengerichts über den Versorgungsausgleich gem. § 224 Abs. 1 FamFG in Rechtskraft.[909] Entsprechend der alten Rechtslage unterliegt die Rechtskraft von Entscheidungen über den Versorgungsausgleich allerdings der Einschränkung durch die Abänderungsmöglichkeiten gem. §§ 225 ff. FamFG.

I. Abgrenzung zu den Verfahren in § 227 FamFG

Neben der Abänderungsmöglichkeit der gerichtlichen Entscheidung über den Wertausgleich nach §§ 225, 226 FamFG beinhaltet das Gesetz in § 227 FamFG noch zwei weitere Änderungsverfahren.

Zum einen ist in § 227 Abs. 1 FamFG i.V.m. § 48 FamFG die Abänderung einer Entscheidung über die Ausgleichsansprüche nach der Scheidung gesondert geregelt. Hinsichtlich der Abänderungsvoraussetzungen nimmt § 227 Abs. 1 FamFG Bezug auf die allgemeine Abänderungsvorschrift der freiwilligen Gerichtsbarkeit in § 48 Abs. 1 FamFG.[910] Im Gegensatz zu dem Verfahren nach §§ 225, 226 FamFG verweist die Norm dagegen nicht auf § 32 VersAusglG, sodass der Anwendungsbereich nicht eingeschränkt ist. Somit unterliegen alle im Rahmen der Ausgleichsansprüche nach der Scheidung ausgeglichenen Anrechte der Abänderung gem. § 227 Abs. 1 FamFG.[911] Die Norm entspricht ansonsten der Regelung der Abänderung von Unterhaltstiteln gem. § 238 Abs. 1 FamFG.[912] Entsprechend § 48 Abs. 1 FamFG ist es Grundvoraussetzung für eine Abänderung, dass sich bei einer Endent-

---

909 Die Norm entspricht den §§ 53b Abs. 3, 53d 53g Abs. 1 FGG a.F.; Musielak/Borth/*Borth/Grandel*, FamFG, § 224, Rn. 1; Schulte-Brunert/Weinreich/*Rehme*, FamFG, § 224, Rn. 1; Haußleiter/*Fest*, FamFG, § 224, Rn. 1; Berliner Kommentar/*Schwedhelm*, FamFG, § 224, Rn. 1.

910 *Borth*, Versorgungsausgleich, 6. Aufl., Kapitel 11, Rn. 1188; Gerhardt/v. Heintschel-Heinegg/Klein/*Gutdeutsch/Wagner*, Familienrecht, 7. Kapitel, Rn. 360; Horndasch/Viefhues/*Kemper*, FamFG, § 227, Rn. 1.

911 Hoppenz/*Hoppenz*, Familiensachen, § 227, FamFG, Rn. 4; HK/*Götsche*, Versorgungsausgleich, § 227 FamFG, Rn. 4; Johannsen/Henrich/*Hahne*, Familienrecht, 5. Aufl., § 227, Rn. 1.

912 *Borth*, Versorgungsausgleich, 6. Aufl., Kapitel 11, Rn. 1187; Musielak/Borth/*Borth/Grandel*, FamFG, § 227, Rn. 3.

scheidung mit Dauerwirkung die zugrunde liegende Sach- und Rechtslage nachträglich wesentlich verändert hat.[913]

Zum anderen regelt § 227 Abs. 2 FamFG die Abänderung von Vereinbarungen der Ehegatten, soweit die Abänderung nicht in den Vereinbarungen ausgeschlossen wurde. Im Gegensatz zum Abänderungsverfahren in § 227 Abs. 1 FamFG verweist das Verfahren gem. § 227 Abs. 2 FamFG auf die Voraussetzungen nach §§ 225, 226 FamFG. Die Verweisung bezieht sich somit auf entstandene Ansprüche aus dem Wertausgleich bei der Scheidung.[914]

II. Neustrukturierung der Vorschrift § 10a VAHRG a.F.

Die Regelungen der §§ 225 und 226 FamFG sind im Ergebnis „Nachfolger" der Abänderungsmöglichkeit gem. § 10a VAHRG a.F. Der Zweck der Vorschrift ist der Gleiche geblieben. Da im Zeitpunkt der Scheidung der Versorgungsausgleich in der Regel noch nicht eingetreten ist und sich der Wert aus tatsächlichen oder rechtlichen Gründen bis zu dessen Eintritt im Allgemeinen verändern kann, bedarf es einer Möglichkeit, diese nachträglich eintretenden Änderungen zu berichtigen.[915] Das Verfahren nach §§ 225, 226 FamFG soll etwaige nachträglich eintretende grundrechtswidrige Auswirkungen des Versorgungsausgleichs korrigieren, um so das Prinzip der gerechten Teilhabe auch nach der Durchführung des Versorgungsausgleichs weiter zu garantieren.[916]

Inhaltlich wurde die Norm im Rahmen der Reform in vielerlei Hinsicht neu konstruiert und an das materielle Versorgungsausgleichsrecht angepasst.[917] Zudem wurde die Vorschrift in das Gesetz über das Verfahren in Familiensachen und in den Angelegenheiten der freiwilli-

913 Musielak/Borth/*Borth/Grandel*, FamFG, § 227, Rn. 3.

914 Krenzler/Borth/*Norpoth*, Kap. 11, Rn. 428; Musielak/Borth/*Borth/Grandel*, FamFG, § 227, Rn. 9.

915 Die Änderungsmöglichkeit gem. § 10a VAHRG hatte in der alten Rechtslage keine nennenswerte Bedeutung. Lediglich 0,3 % der Ehegatten nahmen die Möglichkeit einer Korrektur in Anspruch, siehe dazu BT-Drucks. 16/10144, S. 36. *Ruland* ist der Ansicht, dass es zweifelhaft sei, ob sich dies in der neuen Rechtslage ändern wird, *Ruland*, Versorgungsausgleich, 3. Aufl., 10. Kapitel, Rn. 992.

916 So der Gesetzgeber in BT-Drucks. 16/10144, S. 97.

917 BT-Drucks. 16/10144, S. 97; Musielak/Borth/*Borth/Grandel*, FamFG, § 225, Rn. 1.

gen Gerichtsbarkeit integriert, um die Abänderbarkeit von gerichtlichen Entscheidungen des Versorgungsausgleichs den allgemeinen Regeln der Rechtskraftdurchbrechung anzupassen. Die Regelung wurde bei ihrer Gestaltung an die entsprechende Vorschrift der Abänderung von Unterhaltstiteln gem. § 238 FamFG angelehnt.[918]

Die größte inhaltliche Änderung des Abänderungsverfahrens basiert auf dem neuen Ausgleichssystem des Versorgungsausgleichs. Bedingt durch den Einmalausgleich führte eine Abänderung eines Anrechts nach der alten Rechtslage zugleich zur Änderung der gesamten Bilanz. Im Rahmen des Änderungsverfahrens gem. § 10a VAHRG a.F. kam es infolgedessen zu einer „Totalrevision" des bisherigen Ausgleichs.[919] Die komplette Abänderung des gesamten Ausgleichs ist aber nach dem neuen Recht nicht mehr notwendig. Durch den systeminternen Ausgleich jedes Anrechts kann eine Korrektur aufgrund nachträglich eintretender Änderungen auf das jeweilige Anrecht gezielt beschränkt werden.[920]

Durch die Beschränkung der Anrechte gem. § 32 VersAusglG auf die Regelsicherungssysteme sind Anrechte der betrieblichen und privaten Altersversorgung von einer Abänderung gem. §§ 225, 226 FamFG ausgeschlossen.[921]

Zusätzlich hat der Gesetzgeber die Anwendung des § 225 FamFG noch in anderer Hinsicht beschränkt. Nach der früheren Rechtslage war eine Änderung der Entscheidung wegen einem der in § 10a Abs. 1 Nr. 1 bis 3 VAHRG a.F. genannten Gründe möglich:

– Nach § 10a Abs. 1 Nr. 1 VAHRG a.F., wenn ein im Zeitpunkt der früheren Entscheidung ermittelter Wertunterschied von dem zum Zeitpunkt seiner neuen Entscheidung ermittelten Wertunterschied abwich.

918 BT-Drucks. 16/10144, S. 96; HK/*Götsche*, Versorgungsausgleich, § 225 FamFG, Rn. 7; Schulte-Brunert/Weinreich/*Rehme*, FamFG, § 225, Rn. 14; kritisch dazu *Borth*, Versorgungsaugleich, 6. Aufl., Kapitel 11, Rn. 1170.

919 BT-Drucks. 16/10144, S. 96; BT-Drucks. 10/636921, S. 21; HK/*Götsche*, Versorgungsausgleich, § 225 FamFG, Rn. 2; Staudinger/*Rehme*, BGB, § 10a VAHRG, Rn. 3, 4.

920 Die Totalrevision widerspreche dem neuen Ausgleichssystem, so in BT- Drucks. 16/10144, S. 36; ebenso Keidel/*Weber*, FamFG, § 225, Rn. 10.

921 Hinsichtlich dieser Einschränkung wird auf die Ausführungen des 2. Kapitels der Untersuchung auf Seite 81 ff. Bezug genommen.

- Nach § 10a Abs. 1 Nr. 2 VAHRG a.F., wenn ein damals noch als verfallbar behandeltes Anrecht bereits unverfallbar war oder unverfallbar geworden war.
- Nach § 10a Abs. 1 Nr. 3 VAHRG a.F., wenn ein dem schuldrechtlichen Ausgleich überlassenes Anrecht in den Wertausgleich einbezogen werden konnte.[922]

Die neue Regelung des § 225 Abs. 2 FamFG erfasst nur noch Abänderungen, wenn sich nachträglich rechtliche oder tatsächliche Umstände geändert haben, die für die Bewertung des Ausgleichswertes eines Anrechts maßgeblich sind. Daraus ergibt sich, dass die Abänderungsgründe gem. § 10a Abs. 1 Nr. 2 und 3 VAHRG a.F. entfallen sind. [923]

Darüber hinaus ist in der neuen Rechtslage die Abänderung wegen der sog. „Fehlerkorrektur" ebenfalls nicht mehr zulässig.[924] Lag einer der in § 10a Abs. 1 VAHRG a.F. genannten Abänderungsgründe vor, so war es nach der alten Rechtslage im Rahmen des Änderungsverfahrens möglich, nach der Erstentscheidung eingetretene Rechtsänderungen sowie auch Rechen- und Anwendungsfehler des Familiengerichts während des ersten Verfahrens mit zu korrigieren.[925] Nach dem neuen Recht ist die Behebung dieser Rechtsanwendungsfehler nicht von § 225 FamFG erfasst. [926] Das soll gleichwohl nicht bedeuten, dass die Versorgungsträger gehalten sind, bspw. Berechnungs- oder Buchungsfehler auch im Abänderungsverfahren beizubehalten, sodass dennoch bei dem entsprechenden Anrecht eine Fehlerkorrektur erfolgen kann.[927]

---

922 *Ruland,* Versorgungsausgleich, 3. Aufl., 10. Kapitel, Rn. 992; Horndasch/Viefhues/*Kemper,* FamFG, § 225, Rn. 9.

923 In der neuen Gesetzeslage seien beide Varianten nicht mehr notwendig, so die Auffassung des Gesetzgebers, BT-Drucks. 16/10144, S. 97.

924 Schulte-Brunert/Weinreich/*Rehme,* FamFG, § 225, Rn. 13.

925 Die Möglichkeit einer Mitkorrektur ergab sich aus dem Prinzip der Totalrevision, Johannsen/Henrich/*Hahne,* Familienrecht, 5. Aufl., § 225 FamFG, Rn. 3; *Borth,* Versorgungsausgleich, 6. Aufl., Kapitel 11, Rn. 1170; *Ruland,* Versorgungsausgleich, 3. Aufl., 10. Kapitel, Rn. 992.

926 HK/*Götsche,* Versorgungsausgleich, § 225 FamFG, Rn. 15; Bork/Jacoby/Schwab/*Borth,* FamFG, § 225, Rn. 9. Die fehlende Möglichkeit der Abänderung bei Rechtsanwendungsfehler resultiert aus der Angleichung der Regelung an § 238 FamFG, siehe *Borth,* Versorgungsausgleich, 6. Auf., Kapitel 11, Rn. 1170; sehr kritisch dazu Schulte-Brunert/Weinreich/*Rehme,* FamFG, § 225, Rn. 13 ff.

927 BT-Drucks. 16/10144, S. 97.

III. Voraussetzungen der Abänderung gem. § 225 FamFG

Für die Abänderung einer gerichtlichen Entscheidung des Wertausgleichs gem. § 225 FamFG müssen bestimmte Voraussetzungen erfüllt sein.

1. Anrecht eines Regelsicherungssystems i.S.v. § 32 VersAusglG

Bei dem abzuändernden Anrecht muss es sich gem. § 225 Abs. 1 FamFG i.V.m. § 32 VersAusglG um ein Anrecht der „Regelsicherungssysteme" handeln.

2. Änderung des Ausgleichswerts

Als weitere Voraussetzung müssen sich gem. § 225 Abs. 2 FamFG rechtliche oder tatsächliche Veränderungen ergeben, die sich nach dem Ehezeitende auf den Ausgleichswert auswirken. Es muss also eine nachträgliche, rechtliche oder tatsächliche Änderung vorliegen, die rückwirkend den Ausgleichswert im Sinne des § 1 Abs. 2 VersAusglG beeinträchtigt.[928]

Eine rechtliche Änderung liegt vor, wenn sich die gesetzliche Regelung zur Bewertung eines Anrechts ändert. Diese Abweichung muss alle Versicherten erfassen, die zum Zeitpunkt der Rechtsänderung noch keine Versorgung beziehen und deshalb noch kein endgültig gesichertes Anrecht erworben haben.[929] Wie bereits erörtert, sind einfache Rechtsanwendungsfehler der Erstentscheidung nicht mehr als Abänderungsgrund von § 225 Abs. 2 FamFG erfasst.[930] Daneben sind alle tat-

928 Musielak/Borth/*Borth/Grandel*, FamFG, § 225, Rn. 5.

929 Bork/Jacoby/Schwab/*Borth*, FamFG, § 225, Rn. 6; ebenso *Ruland*, Versorgungsausgleich, 3. Aufl., 10. Kapitel, Rn. 1008. Dazu zählen neue rentenrechtliche Bestimmungen oder Neuregelungen im Beamtenversorgungsrecht, wie bspw. die Neubewertung der Kindererziehungszeiten, BT-Drucks. 16/10144, S. 97.

930 Diese können nur dann mitkorrigiert werden, wenn eine rechtliche oder tatsächliche Änderung ohnehin zu einer Abänderung der Entscheidung führt, BT-Drucks. 16/10144, S. 97.

sächlichen, individuellen Änderungen mit rentenrechtlichem Bezug erfasst.[931]

Es werden folgende Konstellationen im Gegensatz zur alten Rechtslage nicht mehr berücksichtigt:

- Der Wegfall eines Anrechts nach rechtkräftig abgeschlossenen Verfahren ist zwar grundsätzlich als Sonderfall gem. § 225 Abs. 2 FamFG zu berücksichtigen.[932] Handelt es sich allerdings um ein betriebliches Anrecht, kann eine Abänderung aufgrund des Verweises in § 225 Abs. 1 FamFG auf § 32 VersAusglG nicht erfolgen.
- Die nach der Ehezeit erfolgte Unverfallbarkeit wird auch nicht mehr von § 225 Abs. 1 und Abs. 2 FamFG erfasst.[933]
- Weder das Vergessen einer Versorgung im Rahmen der Erstentscheidung noch sog. Negativentscheidungen stellen einen Abänderungsgrund i.S.v. § 225 Abs. 2 FamFG dar.[934] Wird ein Anrecht im Rahmen des Versorgungsausgleichs bei der Erstentscheidung vergessen, führt dies künftig nicht mehr zu einer Abänderung gem. §§ 225 f. FamFG.[935]

3. Bewirkung einer wesentlichen Wertänderung gem. § 225 Abs. 3 FamFG

Die Wertänderung des Ausgleichswertes muss i.S.v. § 225 Abs. 3 FamFG wesentlich sein. Dabei wird in § 225 Abs. 3 FamFG zwischen einer relativen und absoluten Wesentlichkeitsgrenze unterschieden.[936] Die relative Wesentlichkeitsgrenze entspricht, jeweils bezogen auf das

931 *Borth,* Versorgungsausgleich, 6. Aufl., Kapitel 11, Rn. 1172. Beispiele dafür sind der vorzeitige Ruhestand oder die Dienstunfähigkeit, HK/*Götsche,* Versorgungsausgleich, § 225 FamFG, Rn. 14.

932 Musielak/Borth/*Borth/Grandel,* FamFG, § 225, Rn. 8; *Borth,* Versorgungsausgleich, 6. Aufl., Kapitel 11, Rn. 1173.

933 HK/*Götsche,* Versorgungsausgleich, § 225 FamFG, Rn. 15; *Borth,* Versorgungsausgleich, 6. Aufl., Kapitel 11, Rn. 1173.

934 Beide Konstellationen wurden von der alten Fassung in § 10a VAHRG a.F. erfasst, siehe dazu BGH FamRZ 1989, S. 1058, 1059.

935 Bork/Jacoby/Schwab/*Borth,* FamFG, Rn. 9; Musielak/Borth/*Borth/Grandel,* FamFG, § 225, Rn. 9.

936 Die relative Wesentlichkeitsgrenze des § 225 Abs. 3 FamFG orientiert sich an der bisherigen in § 10a Abs. 2 S. 2 VAHRG a.F. Im Unterschied zu der bisherigen Fassung wird sie aber nicht mehr auf den Ausgleichsbetrag nach der Saldierung bezogen, BT-Drucks. 16/10144, S. 97.

betroffene Anrecht, 5 % des bisherigen Ausgleichswertes des Anrechts.[937] Um eine Abänderung durchführen zu können, muss sich der Wert des Anrechts also um 5 %, bezogen auf seinen bisherigen Ausgleichswert, verändert haben. Neben dem Erfüllen einer relativen Wesentlichkeitsgrenze muss der veränderte Ausgleichswert auch eine absolute Wesentlichkeitsgrenze gem. § 225 Abs. 3 FamFG übersteigen.[938] Diese liegt bei einem Rentenbetrag als maßgeblicher Bezugsgröße bei 1 % nach § 18 SGB IV.[939] Die Wertabweichung zwischen der Erstentscheidung und dem Abänderungsverfahren muss hingegen 120 % der Bemessungsgrundlage erreichen, wenn der Ausgleichswert in einem Kapitalbetrag besteht.[940]

4. Erfüllung einer maßgeblichen Wartezeit gem. § 225 Abs. 4 FamFG

Neben der Abänderungsmöglichkeit gem. § 225 Abs. 2 FamFG ist eine Abänderung gem. § 225 Abs. 4 FamFG möglich, wenn sie für den Ausgleichsberechtigten zur Erfüllung einer Wartezeit führt.[941] Der Zweck dieser Vorschrift ist es, dem Ausgleichsberechtigten einen konkreten Rentenanspruch zukommen zu lassen, obwohl ihm zur Erfüllung der maßgeblichen Wartezeit nur noch einige Monate fehlen.[942] Dieser „Sonderfall" der Abänderung ist unabhängig von den Wesentlichkeitsgrenzen i.S.v. § 225 Abs. 3 FamFG möglich.[943]

---

937 Keidel/*Weber*, FamFG, 16. Aufl., § 225, Rn. 11.

938 Die absolute Wesentlichkeitsgrenze soll Bagatellverfahren vermeiden, BT-Drucks. 16/10144, S. 97.

939 BT-Drucks. 16/10144, S. 97; Johannsen/Henrich/ *Hahne*, Familienrecht, 5. Aufl., § 225 FamFG, Rn. 12.

940 BT-Drucks. 16/10144, S. 97; Musielak/Borth/*Borth/Grandel*, § 225, Rn. 12; Keidel/*Weber*, FamFG, § 225, Rn. 7.

941 Die Regelung entspricht § 10a Abs. 2 S. 1 Nr. 2 VAHRG a.F., *Ruland*, Versorgungsausgleich, 3. Aufl., 10. Kapitel, Rn. 1023.

942 Relevant ist diese Regelung vor allem für übertragene Anrechte der gesetzlichen Rentenversicherung und der Alterssicherung der Landwirte, in welchen das übertragende Anrecht in Wartezeitmonate umgerechnet werden kann, *Ruland*, Versorgungsausgleich, 3. Aufl., 10. Kapitel, Rn. 1023. Das Rentenrecht sieht hierzu in § 52 SGB VI eine besondere Bestimmung für den Versorgungsausgleich vor, *Borth*, Versorgungsausgleich, 6. Aufl., Kapitel 11, Rn. 1177.

943 HK/*Götsche*, Versorgungsausgleich, § 225 FamFG, Rn. 31; Bork/Jacoby/Schwab/*Borth*, FamFG, § 225, Rn. 12; Keidel/*Weber*, FamFG, § 225, Rn. 8; Johannsen/Henrich/*Hahne*, Familienrecht, 5. Aufl., § 225 FamFG, Rn. 13.

5. Zugunsten eines Ehegatten oder eines Hinterbliebenen

Gem. § 225 Abs. 5 FamFG muss sich die Abänderung zugunsten eines Ehegatten oder seiner Hinterbliebenen auswirken. Sie darf sich also nicht nur positiv für den Versorgungsträger auswirken.[944] Dieser Voraussetzung bedarf es, da der Versorgungsträger gem. § 226 Abs. 1 FamFG ebenfalls antragsberechtigt ist und sonst eine Abänderung nur zu seinen Gunsten durchführen lassen könnte.[945]

6. Keine Durchführung bei grober Unbilligkeit

Die Durchführung einer Abänderung ist zu verneinen, wenn sie gem. § 226 Abs. 3 FamFG i.V.m. § 27 VersAusglG grob unbillig wäre. Im Gegensatz zur bisherigen Rechtslage beinhaltet das Abänderungsverfahren keine eigene Unbilligkeitsklausel, sondern verweist in § 226 Abs. 3 FamFG auf die materiell-rechtliche Vorschrift in § 27 VersAusglG.[946] Somit gilt die Härtefallregelung des § 27 VersAusglG nur entsprechend. Die grobe Unbilligkeit muss sich auf Umstände beziehen, die nach dem Ende der Ehezeit entstanden sind.[947]

IV. Durchführung der Abänderung gem. § 226 FamFG

Die verfahrensrechtliche Durchführung des Abänderungsverfahrens ist in § 226 FamFG geregelt. Antragsberechtigt sind gem. § 226 Abs. 1 FamFG die Ehegatten sowie ihre Hinterbliebenen und auch der Versorgungsträger.[948] Der Antrag selbst ist nur verfahrenseinleitender Natur, da das Verfahren gem. § 26 FamFG dem Amtsermittlungsgrund-

---

944 *Borth*, Versorgungsausgleich, 6. Auf., Kapitel 11, Rn. 1179; *Ruland*, Versorgungsausgleich, 3. Aufl., 10. Kapitel, Rn. 1029; HK/*Götsche*, Versorgungsausgleich, § 225 FamFG, Rn. 34.

945 Musielak/Borth/*Borth/Grandel*, FamFG, § 225, Rn. 15; Hoppenz/*Hoppenz*, Familiensachen, § 225 FamFG, Rn. 13.

946 In der bis 2009 geltenden Rechtslage war in § 10a Abs. 3 VAHRG a.F. eine selbstständige Billigkeitsklausel normiert, *Schramm*, NJW-Spezial 2007, S. 199, 200.

947 *Borth*, Versorgungsausgleich, 6. Auf., Kapitel 11, Rn. 1184; *Ruland*, Versorgungsausgleich, 3. Aufl., 10. Kapitel, Rn. 1030.

948 Bei einer Antragstellung des Versorgungsträgers ist die Voraussetzung gem. § 225 Abs. 5 FamFG besonders zu beachten.

satz unterliegt.[949] Im Antrag muss der Antragsteller darlegen, welche Versorgung einer Änderung unterliegt und weshalb sich eine Abänderung zu seinen Gunsten auswirken wird.[950]

§ 226 Abs. 2 FamFG regelt die Zulässigkeit der Antragstellung. Demnach darf der Antragsteller frühestens sechs Monate vor dem voraussichtlichen Versorgungsbezug den Antrag auf Abänderung stellen.[951] Bei Tod des antragstellenden Ehegatten endet das Verfahren gem. § 226 Abs. 5 FamFG. Verstirbt der Antragsgegner, so muss das Verfahren hingegen mit den Erben fortgeführt werden.[952]

Die Wirkung der Abänderung wird in § 226 Abs. 4 FamFG bestimmt. Die Abänderung wirkt ab dem ersten Tag, der auf den Monat der Antragstellung folgt. Die Durchführung der Abänderung selbst wird je nach der Art des Anrechts entweder im Wege der internen oder der externen Teilung vollzogen.[953]

B. Zu der Abänderung gerichtlicher Entscheidungen nach §§ 51, 52 VersAusglG

Neben dem Abänderungsverfahren in §§ 225, 226 FamFG regelt die Vorschrift § 51 VersAusglG die Abänderung von Entscheidungen des öffentlich-rechtlichen Versorgungsausgleichs, also von Entscheidungen über den Versorgungsausgleich nach der alten Rechtslage.

949 Hoppenz/*Hoppenz*, Familiensachen, § 226 FamFG, Rn. 1; Johannsen/Henrich/*Hahne*, Familienrecht, 5. Aufl., § 226 FamFG, Rn. 1; Musielak/Borth/*Borth/Grandel*, FamFG, § 226, Rn. 3.

950 Eine Bezifferung des Antrags ist hingegen nicht notwendig, Johannsen/Henrich/*Hahne*, Familienrecht, 5. Aufl., § 226 FamFG, Rn. 1; HK/*Götsche*, Versorgungsausgleich, § 226 FamFG, Rn. 5.

951 Im Gegensatz zur alten Rechtslage wird die Zulässigkeit also nicht mehr von dem Erreichen eines gewissen Lebensalters abhängig gemacht, siehe § 10a Abs. 5 VAHRG a. F; Palandt/*Brudermüller*, BGB, 68. Aufl., Anh I zu § 1587, § 10a VAHRG, Rn. 24.

952 Der Erbe tritt dann als Prozessstandschaftler ein, Johannsen/Henrich/*Hahne*, Familienrecht, 5. Aufl., § 226, Rn. 6; *Borth*, Versorgungsausgleich, 6. Auf., Kapitel 11, Rn. 1187; Keidel/*Weber*, FamFG, § 226, Rn. 8.

953 *Ruland*, Versorgungsausgleich, 3. Aufl., 10. Kapitel, Rn. 1039; Hoppenz/*Hoppenz*, Familiensachen, § 226 FamFG, Rn. 17.

I. Zweck der Regelung

Die Übergangsregeln der §§ 48 bis 54 VersAusglG haben den Sinn, eine möglichst schnelle Umsetzung des neuen Rechts zu erzielen, um so ein Nebeneinander zweier Rechtsordnungen zu vermeiden.[954] Das neue Abänderungsverfahren in §§ 225, 226 FamFG wurde in vielerlei Hinsicht inhaltlich verändert, sodass es verfassungsrechtlich geboten war, eine Regelung zu statuieren, die weiterhin auch die Abänderung von „Altfällen" zulässt.[955] Die Regelung des § 51 VersAusglG ist wesentlich weiter gefasst als §§ 225, 226 FamFG, da sie nicht auf § 32 VersAusglG verweist und dementsprechend auch die Abänderung betrieblicher und privater Anrechte umfasst.[956] § 51 VersAusglG normiert eine „Totalrevision" nach neuem Recht. Bei einer wesentlichen Veränderung ist folglich ein komplett neuer Versorgungsausgleich, aber auf der Grundlage der §§ 9 bis 19 VersAusglG, durchzuführen.[957] Jedoch können nur solche Anrechte in die Abänderung miteinbezogen werden, die auch „Gegenstand der abzuändernden Entscheidung" waren.[958]

II. Voraussetzungen der Abänderung gem. § 51 VersAusglG

Die Voraussetzungen für eine Abänderung der Altentscheidungen werden in § 51 VersAusglG genannt. Nach § 51 Abs. 1 VersAusglG muss es sich bei der abzuändernden Entscheidung um eine Entscheidung des öffentlich-rechtlichen Versorgungsausgleichs handeln. Ent-

954 BT-Drucks. 16/10144, S. 85.

955 BT-Drucks. 16/10144, S. 88. Die Norm erfüllt somit den Zweck des § 10a VAHRG a.F. und wird vermutlich noch über Jahrzehnte die Abänderungspraxis regeln, so *Bergner*, NJW 2009, S. 1233, 1235.

956 *Kemper*, FuR 2010, S. 189; siehe dazu auch *Ruland*, Versorgungsausgleich, 3. Aufl., 10. Kapitel, Rn. 1063.

957 So soll eine fortdauernde Geltung des § 10a VAHRG für Altentscheidungen vermieden werden, Johannsen/Henrich/*Holzwarth*, 5. Aufl., Familienrecht, § 51 VersAusglG, Rn. 1.

958 BT-Drucks. 16/10144, S. 85; *Bergner*, NJW 2009, S. 1235, 1236. Anrechte, deren Einbeziehung im Rahmen des neuen Rechts nicht möglich sind, wie Kapitalleistungen gem. § 1 Abs. 2 Nr. 3 VersAusglG, sind bei der Abänderung nicht zu berücksichtigen, Johannsen/Henrich/*Holzwarth*, Familienrecht, 5. Aufl., § 51 VersAusglG, Rn. 2.

scheidungen über die Ausgleichsansprüche nach der Scheidung sind über § 227 Abs. 1 FamFG i.V.m. § 48 Abs. 1 FamFG abzuändern. Bezüglich der weiteren Voraussetzungen verweist § 51 VersAusglG auf § 225 Abs. 2 und Abs. 3 FamFG. Es müssen also wesentliche Wertveränderungen nach dem Ende der Ehezeit vorliegen.[959] Diese Wertveränderung muss sich wiederum durch rechtliche oder tatsächliche Veränderungen ergeben haben.

Im Gegensatz zu § 225 Abs. 2 FamFG werden von § 51 VersAusglG auch wesentliche Änderungen bei der berufsständischen, betrieblichen oder privaten Altersversorgung erfasst.[960] Insbesondere gem. § 51 Abs. 3 VersAusglG ist eine Abänderung auch dann zulässig, wenn sich bei Anrechten aus der berufsständischen, betrieblichen oder privaten Altersversorgung der vor der Umrechnung ermittelte Wert des Ehezeitanteils wesentlich von dem dynamisierten aktualisierten Wert unterscheidet.[961] Dadurch sollen Wertverzerrungen korrigiert werden, die vor dem 1.9.2009 durch die Dynamisierung mithilfe der Barwert-VO entstanden sind.[962] Für die Prüfung der Zulässigkeit der Abänderung sind zwei Werte gegenüberzustellen. Im Rahmen der Bestimmung der wesentlichen Wertänderung ist der Wert des Ehezeitanteils der auszugleichenden Versorgung mit dem Wert zu vergleichen, der sich ergibt, wenn der damals mit der Barwert-VO dynamisierte Wert des Ehezeitanteils durch den damaligen aktuellen Rentenwert dividiert und mit dem heutigen aktuellen Rentenwert multipliziert wird.[963] Eine wesentliche Wertänderung gem. § 51 Abs. 3 S. 3 VersAusglG ist dann zu bejahen, wenn der zweite Wert von dem ersten Wert um 2 %, der

959 Da das Gesetz auch auf die Maßstäbe des § 225 Abs. 2 FamFG verweist, ist eine Fehlerkorrektur für eine Abänderung nach § 51 VersAusglG nicht ausreichend, *Ruland*, Versorgungsausgleich, 3. Aufl., 10. Kapitel, Rn. 1060.

960 § 51 Abs. 2 VersAusglG verweist ausschließlich nur auf § 225 Abs. 2 und 3 FamFG, so dass der eingeschränkte Anwendungsbereich von § 32 VersAusglG nicht anwendbar ist.

961 BT-Drucks. 16/10144, S. 89 f; *Bergner*, NJW 2009, S. 1233, 1236; Hoppenz/*Hoppenz*, Familiensachen, § 51 VersAusglG, Rn. 9.

962 BT-Drucks. 16/10144, S. 89 f.

963 *Bumiller/Harders/Schwamb*, FamFG, § 229, Rn. 7; *Ruland*, Versorgungsausgleich, 3. Aufl., 10. Kapitel, Rn. 1064.

bei der Antragstellung maßgeblichen monatlichen Bezugsgröße nach § 18 Abs. 1 SGB IV, abweicht.[964]

Es ist dabei zu beachten, dass eine Abänderung auch bei Überschreiten der Wesentlichkeitsgrenze gem. § 51 Abs. 3 VersAusglG ausgeschlossen ist, wenn das Anrecht teilweise schon nach § 3b Abs. 1 Nr. 1 VAHRG a.F. ausgeglichen wurde und der Rest infolgedessen den Ausgleichsansprüchen nach der Scheidung unterliegt.[965] Nach § 51 Abs. 4 VersAusglG haben die Ausgleichsansprüche nach der Scheidung in diesem Fall Vorrang vor einer Abänderung gem. § 51 Abs. 3 VersAusglG. Die Regelung des § 51 Abs. 4 VersAusglG gilt allerdings nur für Anrechte der betrieblichen und privaten Altersversorgung.[966]

Unabhängig von einer wesentlichen Wertänderung ist eine Abänderung gem. § 51 Abs. 5 VersAusglG zulässig, wenn durch sie eine für die Versorgung des Ausgleichsberechtigten maßgebende Wartezeit erfüllt wird. Dies ergibt sich aus dem Verweis von § 51 Abs. 5 VersAusglG auf § 225 Abs. 4 FamFG.[967] Darüber hinaus nimmt § 51 Abs. 5 VersAusglG auf § 225 Abs. 5 FamFG Bezug, sodass die Abänderung nur zulässig ist, wenn sie sich zugunsten eines Ehegatten oder seiner Hinterbliebenen auswirkt. Eine Abänderung ist dagegen nicht durchzuführen, wenn sie entsprechend § 27 VersAusglG grob unbillig wäre.

III. Durchführung der Abänderung gem. § 52 VersAusglG

Die Regelung § 52 VersAusglG knüpft hinsichtlich der verfahrensrechtlichen Durchführung der Abänderung an die Vorschrift des § 226

964 Durch die vorzunehmende Berechnung kann für die Familiengerichte und die Versorgungsträger ein erheblicher Mehraufwand entstehen, so *Ruland*, Versorgungsausgleich, 3. Aufl., 10. Kapitel, Rn. 1064.

965 *Bergner*, NJW 2009, S. 1233, 1236; Hoppenz/*Hoppenz*, Familiensachen, § 51 VersAusglG, Rn. 12.

966 Der Ausschluss gem. § 51 Abs. 4 VersAusglG gilt hingegen nicht für Anrechte aus einer Zusatzversicherung des öffentlichen oder kirchlichen Dienstes. Diese sind auch nach einem Teilausgleich über § 51 Abs. 3 VersAusglG abzuändern. Dies ergibt sich aus der ausdrücklichen Bezugnahme auf § 3b Abs. 1 Nr. 1 VAHRG, BT-Drucks. 16/10144, S. 90; ausführlich dazu *Holzwarth*, FamRZ 2008, S. 2168, 2172.

967 Palandt/*Brudermüller*, BGB, 75. Aufl., § 51 VersAusglG, Rn. 8f; Johannsen/Henrich/*Holzwarth*, Familienrecht, 5. Aufl., § 51 VersAusglG, Rn. 14.

FamFG an. Sind die Voraussetzungen für eine Abänderung erfüllt, führt das Gericht eine Totalrevision nach neuem Recht durch. Alle in der Ausgangsentscheidung einbezogenen Anrechte sind jetzt im Rahmen der Abänderungsentscheidung jeweils intern oder extern zu teilen.[968]

C. Rechtliche Unterscheidung von Anpassung und Abänderung

Im Zuge der Erörterung der Anpassungs- und Abänderungsverfahren soll die Anpassung mit der Abänderung verglichen werden. Anpassungs- sowie Abänderungsmöglichkeiten haben grundsätzlich den Zweck, grundrechtswidrige Auswirkungen des Versorgungsausgleichs zu verhindern oder zu korrigieren. Im Fall der Anpassungsverfahren äußert sich die grundrechtswidrige Auswirkung in der Kürzung der Versorgungsanrechte bei dem Ausgleichsverpflichteten ohne die gleichzeitige Gewährung eines angemessenen Versicherungsschutzes bei dem Ausgleichsberechtigten. Die Abänderungsverfahren, insbesondere §§ 225, 226 FamFG, sind hingegen geboten, um nachträglich eintretende Änderungen zwischen dem Wertausgleich bei der Scheidung und dem Eintritt des Versorgungsfalles zu korrigieren. Beide Verfahren entstammen verfassungsrechtlichen Vorgaben und sollen das Prinzip der gleichmäßigen Teilhabe auch im Falle der Scheidung garantieren.

Während die Anpassungsverfahren der Korrektur von Gerechtigkeitsdefiziten dienen, bewirkt das Abänderungsverfahren die Änderungen von Bewertungen oder Einbeziehungen eines Anrechts.[969] Die Anpassungsvorschriften in §§ 32 ff. VersAusglG haben keine Ereignisse zum Gegenstand, die sich auf die Bewertung zum Zeitpunkt der Entscheidung des Familiengerichts auswirken.[970] Es geht vielmehr um die neue Gestaltung der Rechtslage in der Zukunft, ausgelöst durch ein gegenwärtiges Ereignis. Die Abänderungsverfahren gem. §§ 225 ff. FamFG sind hingegen bei rechtlichen oder tatsächlichen Veränderun-

968 *Ruland,* Versorgungsausgleich, 3. Aufl., 10. Kapitel, Rn. 1070 ff.
969 *Kemper,* Der Versorgungsausgleich in der Praxis, Kapitel X, Rn. 3.
970 MK/*Gräper,* BGB, 6. Aufl., § 32 VersAusglG, Rn. 10.

gen nach dem Ehezeitende einschlägig, wenn diese auf den Ausgleichswert eines Anrechts zurückwirken und dadurch zu einer wesentlichen Wertänderung des Anrechts führen.[971]

Darüber hinaus sind beide Verfahren in ihrer Durchführung und Wirkung voneinander zu unterscheiden. Die Anpassungsverfahren sind grundsätzlich nur bei Antrag eines Ehegatten durchzuführen, es handelt sich um reine Antragsverfahren. Die Verfahren nach §§ 225 ff. FamFG unterliegen dagegen dem Amtsermittlungsgrundsatz.[972]

Grundsätzlich ist der jeweilige betroffene Versorgungsträger – mit Ausnahme der Verfahren nach §§ 33, 34 VersAusglG – für das Anpassungsverfahren zuständig.

Das Anpassungsverfahren setzt die Kürzung des Rentenanspruchs i.d.R. nur aus. Sie haben nicht den Zweck, die Rechtsfolgen rechtskräftiger Entscheidungen über den Wertausgleich bei der Scheidung zeitweise oder endgültig zu beseitigen.[973] Ihre Wirkung ist lediglich korrektiv, da sie die Erstentscheidung des Familiengerichts über den Versorgungsausgleich unverändert lassen und keinen Rückausgleich bewirken.[974] Die ursprüngliche Entscheidung wird letztlich nur an die aktuelle Entwicklung angepasst. Es bleibt bei der Trennung des Versorgungsschicksals mit Rechtskraft der Entscheidung zum Versorgungsausgleich.[975]

Im Gegensatz dazu haben Entscheidungen im Rahmen der Abänderungsverfahren in der gleichen Weise Gestaltungswirkung, wie die Erstentscheidung über den Versorgungsausgleich.[976] Aufgrund der Entscheidung können Entgeltpunkte in die gesetzliche Rentenversicherung übertragen werden.

---

971 MK/*Gräper*, BGB, 6. Aufl., § 32 VersAusglG, Rn. 10.

972 *Kemper*, Der Versorgungsausgleich in der Praxis, Kapitel X, Rn. 154; Johannsen/Henrich/*Hahne*, Familienrecht, 5. Aufl., § 226, Rn. 1; Musielak/Borth/*Borth/Grandel*, FamFG, § 226, Rn. 3.

973 BT-Drucks. 16/10144, S. 71; Hoppenz/*Hoppenz*, Familiensachen, Vor §§ 33 ff, Rn. 1.

974 So zu der Wirkung der Härtefallregelungen BVerwG NJW-RR 1995, S. 962; ebenso Palandt/*Brudermüller*, BGB, 68. Aufl., Anh I zu § 1587b, VAHRG, § 4, Rn. 1.

975 *Friederici*, Praxis des Versorgungsausgleichs, § 4, Rn. 1; *Borth*, Versorgungsausgleich, 6. Aufl., Kapitel 8, Rn. 956.

976 *Ruland*, Versorgungsausgleich, 3. Aufl., 10. Kapitel, Rn. 1040.

Die Entscheidung über Versorgungsausgleichs erwächst zwar grundsätzlich gem. § 224 FamFG in Rechtskraft, wird aber durch die Möglichkeit der Abänderungsverfahren eingeschränkt. Durch die Abänderungsentscheidung wird eine dauerhafte und inhaltliche Änderung der Rechtslage geschaffen.[977] Dementsprechend befinden sich die Vorschriften der Abänderungsverfahren, mit Ausnahme von §§ 51 f. VersAusglG, im FamFG. Diese Einordnung macht den verfahrensrechtlichen Charakter deutlich und ordnet die Abänderungsverfahren so den allgemeinen Regeln der freiwilligen Gerichtsbarkeit unter.[978] Daraus folgt, dass ihre Durchführung ausschließlich den Familiengerichten obliegt.[979]

977 *Friederici*, Praxis des Versorgungsausgleichs, § 4, Rn. 1.

978 Dazu kritisch, Schulte-Brunert/Weinreich/*Rehme*, FamFG, § 225, Rn. 1.

979 Dies ergibt sich auch aus der Zuordnung der Abänderungsverfahren als Versorgungsausgleichssache i.S.v. § 217 FamFG. Diese werden in § 111 Nr. 7 FamFG wiederum als Familiensachen definiert und unterliegen demnach gem. § 23a Abs. 1 GVG der ausschließlichen Zuständigkeit des Familiengerichts.

Kapitel 5: Erfolgreiche Umsetzung der gesetzgeberischen Ziele

Das fünfte Kapitel der Untersuchung soll die zweite in der Einleitung aufgeworfene Leitfrage behandeln: Ob und inwieweit mit den gegenständlichen Neuerungen eine erfolgreiche Umsetzung der gesetzgeberischen Ziele, welche Leitfaden der Strukturreform waren, bejaht werden kann.

Der Gesetzgeber hatte sich in der Strukturreform des Versorgungsausgleichs folgende Ziele gesetzt:[980]

- Beseitigung des Gerechtigkeitsdefizits durch gerechtere Teilhabe
- Beseitigung des Anwendungsdefizits.

§ 1 Erfolgreiche Umsetzung durch § 32 VersAusglG

Die Frage, ob der eingeschränkte Anwendungsbereich das Hauptziel des Gesetzgebers im Rahmen der Reform – die Verbesserung und Aufrechterhaltung der gerechten Teilhabe – erfüllt, kann nach den Ausführungen im 2. Kapitel dieser Arbeit nicht bejaht werden.

A. Beseitigung des Gerechtigkeitsdefizits

Durch die Beschränkung jeglicher Änderungsmöglichkeiten auf die Regelsicherungssysteme in § 32 VersAusglG wird dem Grundsatz der gerechten Teilhabe nicht entsprochen. Zwar führt die Einschränkung im Ergebnis dazu, dass beide Ehegatten benachteiligt werden, sodass

---

980 Diese Ziele führte der Gesetzgeber im Rahmen der Strukturreform an, BT-Drucks. 16/10144. Es wird auf die Ausführungen in Kapitel 1 ab Seite 30 ff. Bezug genommen.

keine unmittelbaren Auswirkungen auf die gerechte Teilhabe zwischen den Ehegatten entstehen. Gleichwohl sollte gerechte Teilhabe auch bedeuten, dass die Ehegatten trotz Versorgungsausgleichs in gerechter Art und Weise an ihren Versorgungspositionen beteiligt werden, was durch § 32 VersAusglG nicht in vollem Umfang garantiert wird. Resultat dieser Modifizierung war die Vorlage der Norm im Rahmen eines Normenkontrollantrags gem. Art. 100 GG beim BVerfG. Das BVerfG vertritt zwar die Auffassung, dass die Regelung nicht im Widerspruch zur Verfassung stehe. Zu diesem Ergebnis gelangt der 1. Senat allerdings nur aufgrund der Einschränkung des Grundsatzes der gerechten Teilhabe insgesamt. Geschiedene Ehegatten müssten vielmehr eine Benachteiligung durch den Versorgungsausgleich dulden, da es keine „verfassungsrechtliche Garantie“ gebe, infolge einer Scheidung „keine spürbaren Einschränkungen der Lebensführung“ hinzunehmen.[981]

B. Beseitigung des Anwendungsdefizits

Auch eine Beseitigung des Anwendungsdefizits kann durch die neue Regelung in § 32 VersAusglG nicht umfassend erreicht werden. Zwar ist es grundsätzlich zutreffend, dass die Versorgungsträger der ergänzenden Altersversorgung nicht mit einer nachträglichen Änderung der im Versorgungsausgleich getroffenen Entscheidung belastet werden können. Es sind jedoch durchaus Zweifel an dem eigentlichen Effekt aufgrund der sich aktuell ergebenden Rechtsstreitigkeiten angebracht. Durch die in § 32 VersAusglG geschaffene neue Rechtslage ergeben sich nämlich viele Unklarheiten, sodass auch Versorgungsträger der ergänzenden Altersversorgung zum Teil gerichtlich gefordert werden, was sich für diese durchaus als eine Belastung auswirken kann. Denn aufgrund der geschaffenen Rechtsunsicherheit sind die Versorgungsträger gezwungen, Beiträge zurückzustellen, um ggf. bei einer für sie nachteiligen Gerichtsentscheidung entsprechende Rücklagen zur Verfügung zu haben.

981 BVerfG NJW 2014, S. 2093, 2096.

§ 2 Erfolgreiche Umsetzung durch §§ 33, 34 VersAusglG

Auch eine positive Beantwortung der Frage in Bezug auf die Bestimmungen in §§ 33, 34 VersAusglG erscheint zweifelhaft.

A. Beseitigung des Gerechtigkeitsdefizits

Da der Ausgleichspflichtige in manchen Konstellationen am Ende weniger erhält, als ihm eigentlich zusteht, liegt kein zufriedenstellendes Resultat im Hinblick auf den Grundsatz der gerechten Teilhabe vor. Zudem ist bei der Berechnung in § 33 Abs. 3 VersAusglG eine Berücksichtigung der Sozialversicherungsbeiträge nicht möglich, sodass die ermittelten Ergebnisse nicht den am Ende eigentlich ausgezahlten Betrag widerspiegeln. Diese Unstimmigkeiten führen zu verfassungsrechtlichen Bedenken, sodass abzuwarten bleibt, ob § 33 VersAusglG nicht ebenfalls bald zum Gegenstand einer Vorlage gem. Art. 100 GG wird.

Die von dem Gesetzgeber im Rahmen der Reform vorgebrachten Gründe hinsichtlich der Modifizierung überzeugen insofern nicht, als dadurch die defizitäre Rechtslage umfassend gerechtfertigt wird. Dem Gesetzgeber war es besonders wichtig, eventuelle ungerechtfertigte Vorteile durch die Aussetzung zu vermeiden, wie sie noch nach der alten Rechtslage möglich gewesen seien.[982] Zunächst ist in diesem Zusammenhang festzuhalten, dass dem Versorgungsträger durch eine Aussetzung der Kürzung insoweit keine größeren Nachteile entstehen als im Fall der Weiterführung der Ehe. Eine Kürzung der Versorgung des Ausgleichspflichtigen würde nämlich nicht stattfinden, da auch kein Versorgungsausgleich durchgeführt wird. Der Versorgungsträger müsste in diesem Fall dem Ausgleichspflichtigen bis zu seinem Tod die volle Versorgung ausbezahlen. Da eine Aussetzung der Kürzung nichts anderes bedeutet als gar keine Kürzung, wird dem Versorgungsträger insoweit nicht geschadet.

Darüber hinaus soll die Vorschrift vor Manipulationen schützen, die nach dem bisherigen Recht beim kollusiven Zusammenwirken der

982 BT-Drucks. 16/10144 S. 72 f.

Ehegatten denkbar waren. Die Ehegatten konnten nur geringe Unterhaltsansprüche vereinbaren, um dann in den Genuss der vollen Aussetzung der Kürzung zu gelangen.[983] Abgesehen davon, dass etwaiges manipulatives Vorgehen in der Praxis eher zweifelhaft erscheint, stellt sich die Frage, ob dies als Rechtfertigung für eine Regelung wie § 33 VersAusglG dienen kann, die den Ehegatten viele Umstände und auch Kosten aufbürdet. Insbesondere die von *Borth* vorgeschlagene Vorgehensweise bei bereits bestehenden Titeln zum Schutz des Ausgleichspflichtigen zeigt, welchen Aufwand ein Aussetzungsverfahren erfordert, und vor allem, welche zusätzlichen verfahrensrechtlichen Kosten entstehen können.[984]

B. Beseitigung des Anwendungsdefizits

Darüber hinaus konnte in Bezug auf die Anwenderfreundlichkeit der Vorschriften ebenfalls keine Verbesserung im Vergleich zur vorherigen Rechtslage erreicht werden.

Durch die unklare Formulierung des § 33 VersAusglG und den sich daraus ergebenden Schwierigkeiten werden viele verschiedene Fragen aufgeworfen, so dass die Norm einen deutlichen Rückschritt darstellt. Das Unterhaltsprivileg war nach der alten Rechtslage durch die Regelung des § 5 VAHRG a.F. relativ klar geregelt.

Die Untersuchung der Bestimmungen hat gezeigt, dass die Norm viele dogmatische, aber vor allem praktische Fragen aufwirft. Seitens der Literatur wird § 33 VersAusglG als „wenig durchdacht"[985] und „ungenau gesetzlich formuliert"[986] kritisiert. Nach der Ansicht *Bergners* sei die Regelung zwar „gut gemeint, aber äußerst kompliziert" und verursache „im Ergebnis mehr Aufwand", als dass sie „Nutzen bringt".[987] Anhand der Entscheidungen des BGHs und der umfangreichen OLG-Rechtsprechung zeigt sich, dass die Thematik vor allem in der Praxis tatsächliche Schwierigkeiten aufwirft. Dies bestätigt auch

983 BT-Drucks. 16/10144 S. 72 f.
984 *Borth,* FamRZ 2010, S. 1210, 1214.
985 *Schwamb,* NJW 2011, S. 1649, 1651.
986 *Friederici,* Praxis des Versorgungsausgleichs, § 4, Rn. 1
987 *Bergner,* FPR 2011, S. 483, 490.

Schwamb, dessen Umfragen bei Kollegen ergeben haben, dass inzwischen nahezu die Hälfte der Familienanwälte mit solchen Verfahren und den beschriebenen Problemen konfrontiert wurden.[988]

Die größten Probleme ergeben sich wohl aus der unklaren Formulierung des § 33 Abs. 3 VersAusglG und den damit zusammenhängenden Fragen hinsichtlich der Bestimmung des fiktiven Unterhaltsanspruchs im Rahmen des Aussetzungsverfahrens der Versorgungskürzung.

Der Gesetzgeber wollte die Aussetzung im Unterhaltsfall im reformierten Recht bewusst nur noch in Höhe des Unterhaltsanspruches zulassen. Begründet wird diese Modifizierung ebenfalls vor allem mit der Notwendigkeit, den Ehegatten weiterhin keine ungerechtfertigten Vorteile durch die Aussetzung zukommen zu lassen und so der Gefahr von Manipulationen durch kollusives Zusammenwirken der Ehegatten vorzubeugen.[989] Der Gesetzgeber hatte dabei anscheinend auch eventuelle Probleme gesehen, die sich aus der Norm ergeben können, was sich anhand des Vorschlags der Abgabe des Verfahrens bei gleichzeitigen Unterhaltsverfahren zeigt. Gleichwohl hat er möglicherweise aufkommende Schwierigkeiten bei der Gestaltung nicht für beachtenswert gehalten, da diese Problemfälle seiner Meinung nach „in der Praxis eher eine untergeordnete Rolle spielen würden".[990] Zudem habe der damalige Gesetzgeber bei der Einführung der ursprünglichen Härtefallregelung die Begrenzung in Höhe des Unterhaltsanspruchs ebenso in Erwägung gezogen und seinerzeit „nur aus Gründen der Vereinfachung und Praktikabilität" verworfen. Durch die neue Zuständigkeit des Familiengerichts seien dahingehende Bedenken nicht mehr notwendig, da die Familiengerichte in der Lage seien, die differenzierte Rechtsfolge umzusetzen.[991]

Aus der Begründung des Gesetzgebers ergibt sich, dass ihm zwar gewisse Problempunkte im Rahmen des § 33 VersAusglG bewusst waren, er diese aber nicht für praktisch relevant gehalten hat und darüber hinaus der Auffassung war, dass durch die Übertragung der Durchführung auf die Familiengerichte die auftretenden Schwierigkeiten umfas-

988 *Schwamb*, NJW 2011, S. 1649, 1651.
989 BT-Drucks. 16/10144 S. 72.
990 BT-Drucks. 16/10144 S. 127.
991 BT-Drucks. 16/10144 S. 72.

send gelöst werden könnten. Der Gesetzgeber hat die vorliegende Problematik also angedacht, aber nicht abschließend durchdacht, da er ansonsten im Rahmen einer möglichen Abgabe bei einem gleichzeitigen Unterhaltsprozess zu der Problematik gelangt wäre, wie bei einem bestehenden Titel im Detail vorgegangen werden sollte.

Darüber hinaus sind die Familiengerichte zwar besser in der Lage, die mit der Aussetzung verbundenen unterhaltsrechtlichen Fragen zu lösen, jedoch hilft dies insoweit nicht weiter, wenn die Grundlage für die Aussetzung eine an sich unstimmige Norm bildet. In diesen Fällen können sich die Gerichte nur bis zu einem gewissen Grad durch richterliche Rechtsfortbildung weiterhelfen, sodass durchaus ein Anwendungsdefizit besteht. Ein schönes Bespiel dafür ist u.a. die Entscheidung des AG Waiblingen, das den Versuch unternommen hat, im Fall der Unterschreitung des unterhaltsrechtlichen Selbstbehalts durch eine einschränkende Auslegung des § 33 Abs. 3 VersAusglG eine praxisnahe und sachgerechte Lösung zu schaffen.[992]

Auch die vom Gesetzgeber betonte und geplante Entlastung der Versorgungsträger wird nicht umfassend erreicht. Die Übergabe der Zuständigkeit für Anpassungsverfahren wegen Unterhalts an die Familiengerichte und die in § 34 Abs. 2 VersAusglG normierte Wirkung der Anpassung „ex nunc" stellen für den Versorgungsträger im Rahmen der reformierten Rechtslage zwar erhebliche Erleichterungen dar, die insbesondere durch die Begrenzung der Aussetzungshöhe noch verstärkt werden. Allerdings werden durch die neue Regelung viele Fragen aufgeworfen, die einer Klärung vor Gericht bedürfen und daher auch für den Versorgungsträger belastend sein können.

Im Ergebnis lässt sich also festhalten, dass der Gesetzgeber mit dem neuen Unterhaltsprivileg seine Reformziele nicht erfolgreich umgesetzt hat. Darüber hinaus bewirkt der Ausschluss der ergänzenden Altersversorgung von jeder Korrekturmöglichkeit, dass die Regelungen sich nicht in das wandelnde Versorgungssystem der heutigen Zeit fügen und diesbezüglich vielmehr einen Rückschritt im Vergleich zur alten Rechtslage darstellen. Denn aufgrund der aktuellen Rentensituation werden die Versicherten zunehmend aufgefordert, sich abseits der gesetzlichen Rentenversicherung selbst abzusichern. Die Bestimmung

992 AG Waiblingen BeckRS 2010, 31103.

in § 32 VersAusglG entzieht Anrechten der ergänzenden Altersversorgung hingegen einen gewissen gesetzlichen Schutz, sodass die Norm im Endeffekt nicht mit den gesellschaftlichen und wirtschaftlichen Anforderungen im Einklang steht.

§ 3 Lösungsmöglichkeiten

Um die jetzige defizitäre Situation zu verbessern, kommen verschiedene Lösungsansätze zur Beseitigung des Gerechtigkeits- und Anwendungsdefizits in Betracht.

Entsprechend den vorherigen Ausführungen in Kapitel 2 sollten die Änderungsmöglichkeiten auf Anrechte der ergänzenden Altersversorgung erweitert werden oder wenigstens analog auf alle Anrechte öffentlich-rechtlich organisierter Versorgungsträger anwendbar sein. Nur durch die Öffnung des Regelungsbereichs kann eine Beseitigung des derzeit bestehenden Gerechtigkeitsdefizits erreicht werden.

Die Regelungen in § 33 VersAusglG verursachen im Ergebnis mehr Fragen und Probleme als eine schnelle und praxisgerechte Durchführung. Es erscheint fraglich, dass sich der Gesetzgeber des ganzen Ausmaßes bewusst war, das die Neugestaltung des Unterhaltsprivilegs mit sich bringt, und, wenn ja, ob die Begründung des Gesetzgebers als Rechtfertigung reicht. Zur Beseitigung der vorhandenen Defizite sind verschiedene Lösungsmöglichkeiten ersichtlich.

Die Lösung der Problematik durch die gänzliche Abschaffung des Unterhaltsprivilegs ist gleichwohl nicht zu befürworten.[993] Das Unterhaltsprivileg hat seinen Ursprung in den verfassungsrechtlichen Vorgaben des BVerfGs, auch wenn aufgrund der zuletzt getroffenen Entscheidung Gegenteiliges vertretbar wäre.[994] Die Regelung dient der Vorsorge grundrechtswidriger Auswirkungen, die sich aus dem Versorgungsausgleich ergeben können. Der Wegfall würde dazu führen, dass eine Rechtfertigung des Eingriffs in das Eigentum durch den Versorgungsausgleich nicht mehr gegeben wäre.

---

993 *Hauß*, FamRB 2010, S. 251, 254.

994 BVerfG FamRZ 1980, S. 326; BVerfG NJW 2014, S. 2093.

Eine verfassungsgemäße Lösung der aktuell problematischen Situation kann m.E. nur mit dem Weiterbestehen des Unterhaltsprivilegs gefunden werden. Dabei gibt es zum einen die Möglichkeit, die reformierte Norm in ihrer Ausgestaltung so zu belassen, wie sie ist, und die verschiedenen Fragen durch richterliche Rechtsfortbildung zu klären. Dies haben der BGH[995] hinsichtlich der materiell-rechtlichen Problematik bei bereits bestehenden Unterhaltstiteln sowie das OLG Zweibrücken[996] in Bezug auf die verfahrensrechtliche Frage der Verhandlung der Verfahren im Verbund getan. Die Gerichte könnten dies weiter ausbauen, bspw. durch eine Entscheidung, in der eine Abgabeverpflichtung bei gleichzeitig anhängigen Unterhaltsverfahren bestimmt wird. Letztlich kann eine unklare Norm jedoch nicht durch Rechtsfortbildung so gestaltet werden, dass sie infolgedessen alle Sachverhalte bedenkt und keine Unstimmigkeiten hinsichtlich ihrer Auslegung mehr bestehen. An den Vorschlägen der Literatur wird deutlich, wie verzweifelt die Praxis nach Lösungen sucht, um der komplizierten Rechtslage durch die Vermischung von Anpassung und Unterhalt Herr zu werden.[997]

Zum andere ist es denkbar, dass der Gesetzgeber durch Ergänzungen oder eine Umstrukturierung der Norm für mehr Klarheit sorgt. So könnte bspw. § 33 Abs. 3 VersAusglG mit dem Wortlaut erweitert werden: „Das Gericht hat grundsätzlich eine Ermittlung des Unterhaltsanspruchs vorzunehmen, auch wenn bereits ein älterer Unterhaltstitel aus der Zeit des Erwerbslebens besteht."[998] Dadurch würde der Gesetzgeber bei bestehenden Titeln insoweit für Klarheit sorgen, dass bei älteren, nicht mehr den gegebenen Einkommensverhältnissen entsprechenden Unterhaltstiteln der Unterhalt stets im Rahmen der Aussetzung neu ermittelt werden muss. Zugleich wird es dem Gericht dadurch ermöglicht, einen bestehenden Titel als Grundlage für die Berechnung zu nutzen, was insbesondere bei gerade erst erzielten Ergebnissen eines Unterhaltsverfahrens eine praktische Erleichterung bringt.

995 BGH NJW 2012, S. 1661.

996 OLG Zweibrücken, BeckRS 2011, 29043.

997 So bspw. der Vorschlag von *Gutdeutsch,* FamRZ 2010, S. 1140, 1141.

998 A.A. *Schwamb,* NJW 2011, S. 1649, 1651, der sich eine Klarstellung dahingehend wünscht, dass bei einem vor Gericht zu Stande gekommenen Titel, keine zu berechnende fiktive Abänderung der Unterhaltsverpflichtung vorzunehmen ist.

Der Gesetzgeber sollte sich in diesem Umfang auch zu den anderen relevanten Fragen festlegen, bspw. durch die Zulassung des Verbundes von Aussetzung und Unterhaltsverfahren bei der Scheidung und auch außerhalb der Scheidung.

Dies würde u.a. auch eine entsprechende Änderung oder Klarstellung im FamFG erfordern. Fraglich ist, wie eine Klarstellung sinnvoll erfolgen kann. Einigkeit sollte darüber bestehen, dass es sich bei dem Anpassungsverfahren um eine Versorgungsausgleichssache im Sinne von § 217 FamFG handelt. Bei der Gestaltung der neuen Gesetzeslage wurde seitens des Gesetzgebers (bewusst) übersehen, dass er durch dieses Aussetzungsverfahren ein Verfahren geschaffen hat, das zu einer Vermischung der Anpassung des Versorgungsausgleichs und der Ermittlung des Unterhalts führt. Eine Einordnung als reine Versorgungsausgleichssache erscheint demnach fraglich. Problematisch ist darüber hinaus, dass das Anpassungsverfahren gem. §§ 33, 34 VersAusglG als einziges Aussetzungsverfahren der Zuständigkeit des Familiengerichts unterliegt. Es wäre dementsprechend sinnvoll, das Anpassungsverfahren wegen Unterhalts als ein „Verfahren eigener Art" zu bewerten: weder als eine reine Versorgungsausgleichssache noch als Unterhaltssache. Dies würde die Möglichkeit eröffnen, Regelungen entsprechend der komplexen Rechtslage zu normieren. Möglich wäre, im Rahmen des FamFG ein eigenes Kapitel zu gestalten, in dem Fragen über die erneute Ermittlung des Unterhaltsanspruchs, über die Verbindung von Verfahren sowie Abgabeverpflichtungen geregelt werden.

Schließlich verbleibt dem Gesetzgeber die Möglichkeit, hinsichtlich der Regelung über die Höhe der Aussetzung zur bisherigen Rechtslage zurückzukehren und die Aussetzung in voller Höhe zuzulassen.[999] Angesichts der gravierenden Schwierigkeiten und unterschiedlichen Fallkonstellationen erscheint diese Lösungsalternative am besten geeignet. Denn man wird nur schwer alle sich durch die Vermischung von Aussetzungsverfahren und Unterhaltsprozess ergebenden Fragen zufriedenstellend und umfassend klären können. Schon der Sachverhalt in der Entscheidung des AG Waiblingen zeigt, was für unterschiedliche Fallgestaltungen möglich sind, in denen es sinnvoll und geboten wäre, von der fixen Regelung in § 33 Abs. 3 VersAusglG abzu-

999 Zu dem Ergebnis kommt auch *Bergner*, FPR 2011, S. 483, 490.

weichen.[1000] Den Bedenken des Gesetzgebers, dass die früheren Ehegatten in diesem Fall wieder durch kollusives Zusammenwirken in den Genuss ungerechtfertigter Vorteile gelangen können, könnte man durch andere Regelungen begegnen. Es könnte festgelegt werden, dass eine Aussetzung grundsätzlich nur zulässig ist, wenn das Bestehen des gesetzlich geschuldeten Unterhalts nachgewiesen werden kann. Für den Fall, dass kein Titel besteht, müsste das Gericht, wie nach der bisherigen Rechtslage, nur ermitteln, ob ein nachehelicher Unterhalt gesetzlich geschuldet wird. Dadurch könnte erreicht werden, dass die komplizierten Berechnungen im Rahmen des § 33 Abs. 3 VersAusglG teilweise entfallen.

Die Zuständigkeit sollte in jedem Fall beim Familiengericht belassen werden, da dies bei Nichtbestehen eines Titels wesentlich besser geeignet ist, die unterhaltsrechtliche Lage zu beurteilen. An der Begrenzung der Aussetzung in Höhe der Differenz der beiderseitigen Ausgleichsansprüche sollte weiterhin festgehalten werden, da der Ausgleichspflichtige ansonsten besser dastehen würde, als wenn der Versorgungsausgleich nicht stattgefunden hätte.

§ 4 Gesamtergebnis der Untersuchung

Als Gesamtergebnis dieser Untersuchung ist festzuhalten, dass der Gesetzgeber mit den Regelungen in § 32 VersAusglG und §§ 33, 34 VersAusglG eine Rechtslage geschaffen hat, die viele Fragen aufwirft und Probleme in der Praxis bereitet. Aufgrund dessen wird die Vereinbarkeit der Normen mit verfassungsrechtlichen Grundsätzen zu Recht für bedenklich gehalten.

Darüber hinaus konnte der Gesetzgeber die in der Strukturreform vorgegebenen Ziele nur ungenügend umsetzen. Er mag zwar erreicht haben, dass die Versorgungsträger der ergänzenden Altersversorgung

---

1000 So auch *Schwamb*, NJW 2011, S. 1649, 1651, nach dessen Auffassung der Gedanke des AG Waiblingen aufgegriffen werden sollte. Dadurch könnte vermieden werden, dass die sich mit dem Eintritt in den Ruhestand meistens sowieso verminderte Leistungsfähigkeit des Unterhaltspflichtigen infolge der Kürzung durch den noch nicht in Anspruch genommenen Versorgungsausgleich möglicherweise ganz entfällt.

nicht von nachträglichen Änderungen des Versorgungsausgleichs belastet werden und dass sich frühere Ehegatten durch die Aussetzung wegen Unterhalts keine ungerechtfertigten Vorteile mehr verschaffen können. Das neue Regelungskonstrukt führt gleichwohl zu einer erheblichen Belastung der Familiengerichte, die pragmatische Lösungen für die aufkommenden Probleme finden müssen.

Zudem ist es dem Gesetzgeber mit der Neugestaltung m.E. nicht gelungen, den bedeutendsten Reformgrund, den Versorgungsausgleich und die damit verbundenen Ergebnisse, an die neuen Gegebenheiten der sich wandelnden Versorgungssysteme anzupassen und der ergänzenden Altersversorgung auch im Rahmen der Korrekturmöglichkeiten den Stellenwert einzuräumen, den sie in der heutigen Gesellschaft hat. Die Änderungsmöglichkeiten stehen nicht mit den gesellschaftlichen und wirtschaftlichen Anforderungen im Einklang.

Beide in der Einleitung aufgeworfenen Leitfragen konnten am Ende der Untersuchung nicht bejaht werden. Die Normen entsprechen demnach weder den verfassungsrechtlichen Anforderungen noch konnten die gesetzgeberischen Ziele der Strukturreform erfolgreich durch ihre Implementierung umgesetzt werden.

Letztlich sollte nicht in Vergessenheit geraten, dass die früheren Ehegatten die Hauptleidtragenden bei einer Scheidung sind, sodass auch deren Belange beachtet werden sollten. Wenn der Gesetzgeber der Auffassung ist, weiterhin ein Rechtsinstitut wie den Versorgungsausgleich zu erhalten, sollte er entsprechende Regelungen treffen und nicht nur die Interessen bestimmter Beteiligter – der Versorgungsträger – im Blick haben. Es bleibt zu hoffen, dass diese fehlerhafte Leistung des Gesetzgebers alsbald korrigiert wird.

Statistik über Anträge nach §§ 4, 5, 7, 8 VAHRG und §§ 33, 35, 37 VersAusglG

Kurzbeschreibung:
Sonderauswertung

Deutsche Rentenversicherung Bund (Hrsg.),
Statistik der Deutschen Rentenversicherung,
Sonderauswertung, Ref. 0521, Statistisches Berichtswesen in Würzburg

Statistik über Rentenanträge gemäß § 5 RSVwV - Berichtszeitraum: Januar bis Dezember 2011

Anträge nach §§ 4, 5, 7, 8 VAHRG - (Nichtvertragsfälle)

Leis-tungs-art	Antragsvolumen				Erledigungen im Berichtsmonat							Endbestand
							sonstige Erledigungen					
	Anfangs-bestand	Bestandsberichtigungen	Zugän-ge (ef-fektiv)	Anträge insg. Sp.1+3 -2	Bewil-ligun-gen	Ableh-nungen	insge-samt	Abgabe andere VSTR	Rück-nahme	ander-weit. Erled.	ins-gesamt	absolut
	1	2	3	4	5	6	7	8	9	10	11	12
44	315	115	−36	164	102	12	15	2	–	13	129	35
45	96	33	−14	49	20	8	9	–	–	9	37	12
47	5	−7	33	45	20	5	12	2	2	8	37	8
48	–	–	–	–	–	–	–	–	–	–	–	–

44: Anträge nach § 4 und/oder § 8 VAHRG (Recht bis zum 31.08.2009) bzw. Anträge nach § 37 VersAusglG (Recht ab dem 01.09.2009)

45: Anträge nach § 5 VAHRG (Recht bis zum 31.08.2009) bzw. Anträge nach § 33 VersAusglG (Recht ab dem 01.09.2009)

47: Anträge nach § 7 VAHRG (Recht bis zum 31.08.2009)

48: Anträge nach § 35 VersAusglG (Recht ab dem 01.09.2009)

Statistik über Rentenanträge gemäß § 5 RSVwV - Berichtszeitraum: Januar bis Dezember 2011

Anträge nach §§ 4, 5, 7, 8 VAHRG - (Vertragsfälle)

Leistungsart	Antragsvolumen				Erledigungen im Berichtsmonat							Endbestand
							sonstige Erledigungen					
	Anfangsbestand	Bestandsberichtigungen	Zugänge (effektiv)	Anträge insg. Sp.1 +3 -2	Bewilligungen	Ablehnungen	insgesamt	Abgabe andere VSTR	Rücknahme	anderweit. Erled.	insgesamt	absolut
	1	2	3	4	5	6	7	8	9	10	11	12
44	14	2	1	13	6	2	2	–	–	2	10	3
45	3	1	−2	–	–	–	–	–	–	–	–	–
47	–	–	2	2	1	–	1	1	–	–	2	–
48	–	–	–	–	–	–	–	–	–	–	–	–

44: Anträge nach § 4 und/oder § 8 VAHRG (Recht bis zum 31.08.2009) bzw. Anträge nach § 37 VersAusglG (Recht ab dem 01.09.2009)

45: Anträge nach § 5 VAHRG (Recht bis zum 31.08.2009) bzw. Anträge nach § 33 VersAusglG (Recht ab dem 01.09.2009)

47: Anträge nach § 7 VAHRG (Recht bis zum 31.08.2009)

48: Anträge nach § 35 VersAusglG (Recht ab dem 01.09.2009)

Statistik über Rentenanträge gemäß § 5 RSVwV - Berichtszeitraum: Januar bis Dezember 2011

Anträge nach §§ 33, 35, 37 VersAusglG - (Nichtvertragsfälle)

Leis-tungs-art	Antragsvolumen				Erledigungen im Berichtsmonat							Endbe-stand
	Anfangs-bestand	Bestandsberichtigun-gen	Zu-gänge (effek-tiv)	Anträge insg. Sp.1+3 -2	Bewil-ligun-gen	Ableh-nun-gen	sonstige Erledigungen				ins-ge-samt	absolut
							insge-samt	Abgabe andere VSTR	Rück-nahme	ander-weit. Er-led.		
	1	2	3	4	5	6	7	8	9	10	11	12
44	978	662	28.014	28.330	23.846	1.930	2.027	138	6	1.883	27.803	527
45	154	110	2.582	2.626	2.320	109	133	17	3	113	2.562	64
47	–	–	–	–	–	–	–	–	–	–	–	–
48	19	17	894	896	825	37	18	3	–	15	880	16

44: Anträge nach § 4 und/oder § 8 VAHRG (Recht bis zum 31.08.2009) bzw. Anträge nach § 37 VersAusglG (Recht ab dem 01.09.2009)

45: Anträge nach § 5 VAHRG (Recht bis zum 31.08.2009) bzw. Anträge nach § 33 VersAusglG (Recht ab dem 01.09.2009)

47: Anträge nach § 7 VAHRG (Recht bis zum 31.08.2009)

48: Anträge nach § 35 VersAusglG (Recht ab dem 01.09.2009)

Statistik über Rentenanträge gemäß § 5 RSVwV - Berichtszeitraum: Januar bis Dezember 2011

Anträge nach §§ 33, 35, 37 VersAusglG - (Vertragsfälle)

Leis-tungs-art	Antragsvolumen				Erledigungen im Berichtsmonat							Endbe-stand
	Anfangs-bestand	Bestandsberichtigungen	Zu-gänge (effek-tiv)	An-träge insg. Sp.1+3 -2	Bewil-ligun-gen	Ableh-nungen	sonstige Erledigungen				insge-samt	absolut
							insgesamt	Abgabe andere VSTR	Rück-nahme	ander-weit. Er-le.		
	1	2	3	4	5	6	7	8	9	10	11	12
44	76	59	2.115	2.132	1.891	175	28	1	–	27	2.094	38
45	7	8	178	177	155	8	8	1	1	6	171	6
47	–	–	–	–	–	–	–	–	–	–	–	–
48	2	1	42	43	37	4	1	–	–	1	42	1

44: Anträge nach § 4 und/oder § 8 VAHRG (Recht bis zum 31.08.2009) bzw. Anträge nach § 37 VersAusglG (Recht ab dem 01.09.2009)

45: Anträge nach § 5 VAHRG (Recht bis zum 31.08.2009) bzw. Anträge nach § 33 VersAusglG (Recht ab dem 01.09.2009)

47: Anträge nach § 7 VAHRG (Recht bis zum 31.08.2009)

48: Anträge nach § 35 VersAusglG (Recht ab dem 01.09.2009)

Kolibri 360 GmbH
Ferdinand-Jühlke-Straße 7
99095 Erfurt, Deutschland
produktsicherheit@kolibri360.de